远　见　成　就　未　来

建 投 书 店 投 资 有 限 公 司

More than books

Dear Theo

The Autobiography of Vincent Willem Van Gogh

倾听梵高

上 ———— 离经叛道与绘画之路

[荷]文森特·梵高 著　宗端华 译　廖国强 审译

中国出版集团
中译出版社

图书在版编目（CIP）数据

倾听梵高：全2册 / (荷) 文森特·梵高著；宗端华译. -- 北京：中译出版社, 2021.3（2022.9 重印）

ISBN 978-7-5001-5847-9

Ⅰ. ①倾… Ⅱ. ①文… ②宗… Ⅲ. ①凡高(Van Gogh, Vincent 1853-1890)—传记 Ⅳ. ①K835.635.72

中国版本图书馆CIP数据核字(2018)第299136号

倾听梵高

出版发行：中译出版社
地　　址：北京市西城区新街口外大街 28 号普天德胜大厦主楼 4 层
电　　话：（010）68359101；68359303（发行部）；
68357328；53601537（编辑部）
邮　　编：100044
电子邮箱：book@ctph.com.cn
网　　址：http://www.ctph.com.cn

出 版 人：乔卫兵
特约编辑：任月园　冯丽媛
责任编辑：郭宇佳
翻译统筹：刘荣跃
封面设计：肖晋兴

排　　版：壹原视觉
印　　刷：山东临沂新华印刷物流集团有限责任公司
经　　销：新华书店

规　　格：889mm × 1194mm　1/32
印　　张：19.5
字　　数：307 千
版　　次：2021 年 3 月第 1 版
印　　次：2022 年 9 月第 2 次

ISBN 978-7-5001-5847-9　　**定价**：139.80 元

中　译　出　版　社

序言

真正的艺术家都是强者，是超越已有美术范式、我行我素的个人至上者，他们是历史的脊柱，一个世纪也就那么几个人。

文森特·梵高，一位狂热而理性的天才画家。说他狂热是因为他激烈滚烫的作品，他的阿尔勒，他的星空，他的向日葵，他为爱割下的耳朵。文森特为燃烧而生。在我看来文森特与疯子没有任何关系，他人不过是一双双世俗的浊眼，怎么可能识得一颗透彻的内心？

说他理性，是他的每一笔绘画都是激情的理智。他流动而理性的笔触，他很多签名是隐藏在画面中的，那么完美，甚至不可思议。他对德拉克罗瓦、米勒等艺术家作品的判断与认知，都体现出他的敏感、锐利、独到和理性。在文森特身上，艺术的成熟充分表现于他内心的坚定，他像鞋匠那样耕耘他的画布。他坚信有一天全世界会学着拼他那难拼的名字 Vincent Willem van Gogh（文森特·威廉·梵高）。

多年前，当我阅读过梵高，我说文森特不能只是观看，更需要聆听，观看太表浅了，天才的轨迹神秘而不可琢磨，只用一双眼睛是不够的。《倾听梵高》是梵高的亲笔诉说，他和弟弟提奥的通信详尽地纪录了他的思考、创作与人生愿望。本书分上下两册，画册卷则让您目睹文森特笔下提及作品的完整面貌。

文森特将满腔热火化为奔腾的色彩与恣意的笔触。他用“充沛”来表述他的色彩。而在世俗者的眼里他却是疯子梵高，他的创作是疯癫，他的色彩是病态。想想吧，在当时，在那些真正的“病人”眼里，面对那样的文森特·梵高，他们怎么可能会有别的表述？我却要对文森特说：当你被世俗的理论和画坛所抵制的时候，伟大的梵高诞生了。

梵高，这位天才，有生之年不为当时巴黎的主流艺术圈所接纳，他确实很落魄。1888 年初春，他南下阿尔勒，在那座小镇，在大约 15 个月的时间里，他完成了《星空》《罗纳河上的星夜》《阿尔勒的朗卢桥》《夜间的露天咖啡座》等作品。梵高说：“对于我来说，夜晚看上去比白天更具有活力、更丰富、更具有色彩。晚上画画，天上有闪烁的星星，地上有迷离的灯火，那画面很美，就是安详的作品。”文森特的绘画对象是他最熟悉的景物：原野、农民、一束野花、一朵向日葵、一筐土豆、一片天空，付诸了他极大热情。他纯粹而丰富，他的艺术散发着生命的活力和泥土的香气。文森特在那样压抑和苦闷的岁月中，一定是借助了一只上帝之手，不然怎么会有如此璀璨的画面?

文森特在给提奥的信中说："每个人心中都有一团火，路过的人却只见冒烟。但是总有一个人，总有那么一个人能看到这团火，然后过来陪我一起走。"文森特，你是困顿的，然而你又是何其幸运，在你离开之后，有成千上万个人陪着你。你已是天空中的太阳。

艺术家、文学博士

中国艺术研究院研究员

西班牙康普斯顿大学教授

译者序

2018年4月中旬，天气渐暖，春意正浓，女儿尚在病中。忽然接到建投书局和中译出版社翻译《倾听梵高》的邀约，我在欣喜之余，内心颇为忐忑。

文森特·梵高（Vincent van Gogh，1853—1890）是荷兰后印象派画家、表现主义画派先驱，是继伦勃朗之后荷兰最伟大的画家，也是19世纪世界画坛上最伟大的画家之一。他的作品如《吃土豆的人》《星空》（又译为《星月夜》）《阿尔勒的朗卢桥》《向日葵》《盛开的杏花》《夜间咖啡馆》《包扎着耳朵的自画像》《特兰凯塔耶的铁桥》《奥维尔的教堂》和《有乌鸦的麦田》等，早已跻身全球价格最昂贵的艺术品行列。翻译这样一位伟大画家的自传，本是我梦寐之事。怎奈我教职在身，琐事繁多；又因原著颇巨，翻译时间较短，能否按时完成尚在未定之数。出于对梵高的热爱，我硬着头皮接下任务。经短暂准备，我于5月初开译。不料甫一动笔，我就完全被信中文字吸引，最后竟至夜以继日、通宵达旦。

梵高是一位主要靠自学成才的天才画家。他热爱生活，但生活给予他的，是颠沛流离和多舛命运。他渴望感情生活，却从未得到过真正的爱情；他拙于言辞，不善交际，却有着惊人的文字表达能力；他热爱劳动人民，毕生以描绘他们的生活为己任，却始终得不到人们的理解和同情；他甚至曾遭人殴打，被阿尔勒市民强制送进精神病院；他酷爱艺术，视绘画如生命，在绘画艺术已臻巅峰之际却精神病发，自己结束了短暂的一生。

梵高的一生，是悲剧的一生，伟大的一生。他像一个孤独行客，在人世间踽踽独行。幸而他有一知己，在精神上陪伴他、生活上关心他、事业上支持他——这个人就是他的弟弟提奥。他将自己的感情生活、精神世界、艺术见解和生活琐事一股脑诉诸笔端，向提奥倾诉。于是，就留下了这一部精彩的画家自传。它既是画家人生经历的见证，也是画家心路历程的真实写照。翻译这样一部作品，无异于走进画家的内心世界，重新体验画家的悲苦人生，与他同欢乐，共悲戚。翻译到梵高在阿尔勒发病、割耳，高更离去，他被强制送进精神病院后转到圣雷米医院，他处理自己的画作和耗尽心血建立起来的画室时，笔者心尖发颤，泪流满面。

梵高精通荷、英、法、德 4 国语言，而且感情丰富，爱憎分明。他的文字有着极强的感情色彩和个人特色。喜欢一个人时，他使用尊称；讨厌一个人时，就用其姓名的首字母来指代。比如他心爱的表姐凯·沃斯，一开始他称她为“凯表姐”，求婚遭到拒绝后，就用“K”来称呼她；又如凯表姐的父亲，他一开始称其为斯特里克姨父，后来干脆称他为“S”。梵高读书很多，涉猎甚广，尤以法国作家伏尔泰、左拉、巴尔扎克等为甚。他喜欢在书信中引用原著，因此信件中出现了大量法语；他和提奥探讨艺术人生，汇报自己绘画技艺的进步，描绘自己画作的内容，因此信件中出现了大量美术专业术语，比如素描、写生、颜料、着色和配色、景物和作品评价等描述。

要在较短时间内翻译出这一部皇皇巨著，并非易事。所幸笔者幼时拜师学艺，对美术初窥门径，在这时派上用场。同时，若无单位体谅和家人支持，我不可能在5个月时间内集中全部精力去完成这部译著。

最后要感谢本书出版过程中提供过帮助和支持的所有同事和编辑。译者水平有限，文中个别不当之处在所难免，欢迎广大读者与同行予以批评指正。

是为序。

宗端华

2018年10月24日，于成都成大花园

目　录

第一部

1873 年 6 月—1881 年 12 月

1873年6月，伦敦[1]

亲爱的提奥[2]：

噢，老弟，真想让你来看看我的住所。我现在有一间渴望已久的房间，天花板不再倾斜，不再有蓝色的绿边纸。我同非常有趣的一家人住在一起，他们办了一所幼儿学校。

我很知足，现在经常散步。住处周围安静舒适，空气清新，真庆幸找到这样一个好地方。

我不像在海牙时那样忙了，因为我只在上午9点到下午6点之间工作。周六下午，我们4点就收工。有个周六，我

---

[1] 1853年3月30日，文森特·梵高出生于荷兰南部北布拉班特省的津德尔特。1869年7月，梵高开始在从事艺术品交易的古皮公司海牙分店当学徒。1873年1月，提奥开始在古皮公司布鲁塞尔分店当学徒；5月，梵高转到伦敦分店工作。（书中脚注均为译者所加，此后不再赘述。）

[2] 特奥多鲁斯·梵高（Theodorus van Gogh，1857—1891），梵高的弟弟，昵称“提奥”（Theo），长期在资金和情感上支持哥哥。妻子约翰娜·梵高-博赫（Johanna van Gogh-Bonger，1862—1925），昵称“约”（Jo），积极保存和整理梵高的书信和作品。

还和两个英国人一道去泰晤士河上泛舟，真是美极了。

这座房子不如在海牙居住的房子那样有趣，但我也许适合这里，尤其是今后卖画会变得越来越重要，到时，我或许能发挥一些作用。最近，我们画了很多画，卖出去不少，但还嫌不够；这种趋势必须更持久、更稳定才行。我觉得在英国还有很多事要做。当然，首先要画出好的作品，但这很困难。

我现在一切安好。能研究伦敦、英国人的生活方式和英国人，对我来说就是一大乐趣。何况我还有大自然、艺术和诗歌，如果拥有这些还不够，那什么才叫足够呢？

一开始，英国艺术似乎并不能吸引我，可是必须习惯它。英国倒有一些聪明的画家。其中，米莱尤其出色，他画了《一个胡格诺教徒》，他的画很美；还有鲍顿。老一辈画家中有康斯太布尔，一位生活在30年前的风景画家，他很棒，他的画让我想起迪亚[1]和杜比尼[2]；还有雷诺兹和庚斯博罗，他们专门画美妇人肖像；当然，还有特纳。

---

[1] 纳西斯·维吉勒·迪亚（Narcisse W. Diaz，1807—1876），法国巴比松画派的著名画家，作品多取材于自然风景和古代神话故事，代表作有《枫丹白露森林》《维纳斯与阿多尼斯》等。

[2] 查尔斯·弗朗索瓦·杜比尼（Charles François Daubigny，1817—1878），法国巴比松画派著名画家，印象派重要先驱之一，擅长画水，代表作有《奥伯特沃兹的水闸》《桤树》等。

我知道你钟爱艺术，这是好事，老弟。你喜欢米勒[1]、雅克[2]、施赖尔、弗兰斯·哈尔斯，我很高兴。正如莫夫[3]所说，“这就对了”。是的，米勒画的《天使》的确了不起，那就是美，就是诗。尽情地赞美吧，人们大多赞美得不够。

我读过范·弗洛腾写的一本关于艺术的书，但并不完全同意他的观点。比尔热更加简明，无论他说什么，都说得很对。

上周日，我同我的上司奥巴赫先生一道去了乡下的博克斯希尔山。那是一座高山，距离伦敦大约有 6 小时路程，山上一边长满了黄杨，另一边是高大的橡树林。那里到处是迷人的园林，里面有高大的树木和灌木丛。我仍然忘不了荷兰，尤其是海牙与布拉班特。我们在海牙共度过多么美好的时光！我常常回忆起我们在雷斯维克路上散步和在雨后的磨坊里喝牛奶的情景。我会寄给你一幅魏森布鲁赫所画的那座磨

[1] 让·弗朗索瓦·米勒（Jean-Francois Miller，1814—1875），19 世纪法国最杰出的以表现农民题材著称的现实主义画家、法国近代史上最受人民爱戴的画家，代表作主要有《拾穗者》《播种者》和《死神与樵夫》。

[2] 查尔斯·埃米尔·雅克（Charles Émile Jacque，1813—1894），19 世纪法国画家、版画家，与米勒一起加入巴比松画派，画的主题多为乡村田园的动物，代表作有《羊群》《女牧童与她的羊群》等。

[3] 安东尼·鲁道夫·莫夫（Anthonij Rudolf Mauve，1838—1888），荷兰现实主义画家，海牙画派的领军人物之一，对梵高早期的绘画风格有重要影响，但两人的关系后来因西恩一事而破裂。

坊，他被称为“快乐的魏斯”。雷斯维克那条路留在我的记忆中，也许那是我最美好的回忆。

我很高兴你非常喜欢塞萨尔·德科克。他是少数几个熟知我们亲爱的布拉班特的画家之一。去年，我在巴黎遇见了他。

你得想方设法地掌握绘画方面的知识。建议你尽可能多去博物馆，了解老一辈画家；如有机会，建议你读一点艺术方面的书，尤其是艺术杂志，比如《美术》杂志。

要尽量多出去走一走，保持你对大自然的热爱，这是了解艺术的正确途径。画家们了解自然、热爱自然并引导我们去认识自然。一个人如果真正热爱自然，那么无论何地，他都能发现美的存在。

我正忙于园艺活，还建了一个小园子，园子里种满了罂粟花、豌豆和木樨草。我们现在必须等待，看看收成会怎么样。我最近重操画笔，但又放下了。也许有一天，我还会拿起画笔。很高兴你读过米什莱的书，并且还很了解他。米什莱的书告诉我们，爱的含义远远超出一般人的想象。

“爱情”和福音书带给我一种启示。“女人不老”并不是说世上没有老女人，而是说，一个女人只要有爱，只要还被人爱，她就不会老去。女人和男人是迥然不同的，我们并不了解女人，即使了解，也不过是流于表面。是的，我对这一点非常肯定。丈夫和妻子可以合二为一，就是说，可以合为一个整体，而不是分为两半。是的，我对此也深信不疑。

我给你的那笔钱，你必须花一点去购买阿方斯·卡尔的《环游我的花园》。一定要买。秋天快到了，它会使大自然变得更加庄重且有内涵。

我们的画廊现已筹备就绪，非常漂亮。我们准备了一些精美的作品，有朱尔·杜佩雷、米歇尔[1]、杜比尼、马里斯[2]和伊斯拉埃尔斯[3]的作品。我们将在4月份举办一个画展。你知道阿里·谢弗尔画的那幅《喷泉边的玛格丽特》吗？到哪里去找比这个“如此有爱”的女孩更纯洁的人呢！

不要因为自己的生活太轻松而后悔；我的生活也很轻松。

---

[1] 乔治·米歇尔（Georges Michel，1763—1843），法国风景画家，巴比松画派的重要先驱之一，擅长画荷兰风景油画，代表作有《暴风雨天空下的广袤风景》《有风车的广袤风景》《风车与风景》。

[2] 威廉·马里斯（Willem Maris，1844—1910），荷兰风景画家、海牙学派成员，是马里斯三兄弟（雅各布与马修斯）中的小弟，主要代表作有《挤奶时间》《赶驴的男孩》《湖边的奶牛》《鸭子》等。

[3] 艾萨克·拉扎勒斯·伊斯拉埃尔斯（Isaac lazerus Israels，1865—1934），荷兰印象派画家，擅长画肖像，代表作有《昂贵的帽子》《红色骑士》（获1928年奥运会艺术大赛金奖）等。

我觉得人生很漫长，但死神前来召唤，“带你到不愿去的地方”的时刻来得也很快。

在我寄给你的那本附诗的小册子里，我抄写了海涅的《风平浪静》。前不久，我看到泰斯·马里斯的一幅画，不禁想到了这首诗描写的景象：一座古老的荷兰小镇，一排排红棕色的房屋，山墙、高楼梯和灰色屋顶，白色或黄色的门窗和飞檐，还有运河、船只与一座大型的白色吊桥；一艘驳船正从桥下经过，船上有个人在掌舵。到处生机盎然，一个搬运工推着独轮手推车，一名男子斜倚在吊桥栏杆上望着桥下的河水，还有一个头戴白色软帽的黑衣女人。

寄去素描小品一幅，是我在上周日画的。那天早晨，女房东的小女儿去世了。画上是斯特里塞姆公地一景，是长满橡树和金雀花的一大片草地。如你所见，这幅素描画在《埃德蒙·罗什诗集》的扉页上。诗集中有些诗写得很好，肃穆而又悲伤。那是我为你抄写的。

C. M. 梵高[1]和特斯泰格先生[2]到这里来过，上周日又走了。在我看来，他们过于频繁地往来于水晶宫和另一些跟他

---

[1] 科内利斯·马里纳斯·梵高（Cornelis Marinus van Gogh，1824—1908），梵高的叔叔，也是一位画商。在书信中，他被称为 C.M. 或“科尔叔叔”。

[2] 赫尔曼纳斯·特斯泰格（Hermanus Tersteeg，1845—1927），梵高在海牙时的老上司，但后来对梵高的生活方式表示不满。

们毫无干系的宫殿。我认为，他们还不如来看看我住的地方。我希望并深信，自己现在跟很多人想象的已大不一样。我们会看见的，不过这总要等些时候。

1876年4月，拉姆斯盖特[1]

在耶稣受难日这天离家的情景，我永生难忘。早上，我们去胡芬村领受圣餐。父亲所讲的经文是："起来，我们走吧。"到了下午，我们真的动身了。我从车窗口望出去，看见父亲和小弟弟站在马路上，目送着列车远去。我最后一眼看到的属于荷兰的东西，是一座教堂的灰色小尖顶。

第二天清晨，在从哈里奇前往伦敦的火车上，我看见一片片黑黝黝的田野和绿草地上的绵羊和小羊羔，时不时出现一丛丛蒺藜，还有长着深色树枝、树干上布满灰色苔藓的高大橡树，美不胜收。闪着蓝光的天空还有几颗星星，地平线上有一排灰色的云彩。日出之前，我甚至听见了云雀的歌声。

火车抵达伦敦后，又过了两个小时才驶往拉姆斯盖特，坐火车大约还需要4.5个小时。这条路景色迷人，山脚下覆

---

[1] 1876年3月，梵高从古皮公司辞职离开，回家待了两周；4月中旬，他来到英格兰东南部拉姆斯盖特的一所寄宿学校担任代课老师。

盖着稀疏的草地，山顶上长满了橡树，这让我想起了荷兰的沙丘。我们还经过了坎特伯雷，这座城市里有许多中世纪的建筑，尤其是有一座美丽的大教堂，周围环绕着古老的榆树。我以前经常见到这座教堂的图画。

你可以想象，我朝车窗外张望了好长时间，火车才抵达拉姆斯盖特。

一点钟的时候，我来到了斯托克斯先生家。房子坐落在广场上（周围所有的房子都类似），这种情况在这里很常见。广场中央有一大片草坪，周围用铁栅栏围起来了，栅栏外面长着一丛丛丁香花。孩子们娱乐时就去那里玩耍，我住的房子也在这个广场上。

学校一共有 24 个男孩，年龄在 10—14 岁不等。学校规模不大，餐厅的窗户面朝大海。晚饭过后，我们就去散步。海岸边的房子一般是用黄色石头修葺的哥特式建筑，风格大同小异。房子都带有花园，花园里长满了雪松和其他深色的常绿植物。人们可以在石堤上散步，在两条石堤中间，有一个泊满船只的港口。

昨天，一切都是灰色的。我们晚上和孩子们一道做礼拜。孩子们晚上 8 点上床睡觉，早上 6 点起床。在一间地板破损的房间里放着 6 个脸盆，孩子们的一切洗漱流程都在盆里完成。昏暗的灯光透过窗棂上的破玻璃，照射到洗衣台上，那是一幅令人悲伤的景象。一个 17 岁的助教、4 个孩子和我睡在附近的一间屋子里。给墙上贴印刷品是我仅存的一点私人空间。

我们经常去海滩。今天早上，我还帮着孩子们垒了一个沙堡，就像我们在津德尔特的花园里垒的那样。我教孩子们初级法语。有个孩子已经开始学习德语和另外一些课程，比如算术。我听他们读课文，让他们练听写。目前来说课程并不难，当然放学后我还得继续关注他们。周六晚上，我得帮助其中的 6 位小绅士洗澡。我也试着让他们阅读，我有一些很适合男孩子读的书，比如《广袤的世界》。

在这里度过的日子真的很快乐，但这种快活与宁静是否靠得住，我仍然不太敢相信。人不容易满足。当他觉得事情太容易时，便又开始不满足了。

今天是你的生日。我向你致以最美好的祝福，愿我们彼此的友爱与日俱增。很高兴我们有这么多共同之处，不光是童年的回忆，还有你至今一直在我以前待过的屋子里工作，了解许多我也知道的人和地点，还有你酷爱自然和艺术。

我对你讲过最近看到的那场暴风雨吗？海水变成一片浅黄色，靠近岸边的海水尤其如此；天边有一道亮光，上面是巨大的深灰色云团，暴雨从云团中斜飘着倾泻而下；远处的小镇让人想起阿尔布雷希特·丢勒曾经描绘的一座小镇：有角楼、磨坊、石板屋顶和哥特式建筑。

那天晚上，我从房间的窗户往外望，可以看到房屋的屋顶和榆树的顶端，它们在夜空的映衬下黑乎乎的。屋顶上空只有一颗星星，显得又大又美、又友善。我们永远不会忘记那一景象。

我画了一幅素描小品，画的是学校窗口的情景：孩子们在窗口跟来访的父母挥手道别，画风很忧郁。除了一日三餐，孩子们几乎指望不上别的东西帮助他们度日。

斯托克斯先生说，他绝不会付给我一分钱的薪水，因为只要提供食宿，有的是老师愿意来干。他说的是事实，我还能这样继续下去吗？

恐怕不能。这事要尽快作决定。

终有一日，我也许会满怀惆怅地怀念其他职业提供的"埃及的肉锅"[1]；我指的是，更高的薪水和世人的更多尊

---

[1] 埃及的肉锅（fleshpots of Egypt），语出《圣经》（《旧约·出埃及记》），摩西率希伯来人（犹太人的祖先）逃出埃及并寻找上帝应许的迦南地时，一些奴隶因为当前的苦难而怀念起"埃及的肉锅"来，暗喻当奴隶受虐上了瘾。梵高在此自嘲有受虐瘾，今后也许会怀念现在的日子。

重……这一点我能预见到。

但是，好弟弟，不管怎样，有一点我也许可以向你保证，这几个月我被牢牢地束缚在从教师到牧师的职业氛围里，从中获得的乐趣犹如荆棘一样深深地刺痛了我。在这两种职业中，我能否在其中一种上取得重大进步？

大城市里的人对宗教怀有强烈渴望。工厂或商店里的许多工人都曾经度过一段虔诚的童年时光。可是，城市生活有时会夺走“清晨的露珠”。对“古老故事”的渴望依然存在，在内心深处拥有过的东西会一直存留在那里。我很喜欢这句话：“给我讲讲那个非常古老的故事吧。”第一次听见这话是在我晚上常去的一座巴黎的小教堂里。

乔治·艾略特在她的一部小说中描写了工厂里工人的生活。他们建立了一个小社区，并在灯笼广场的一座小教堂里做礼拜。

我认为，在伦敦做传教士一定是一种很独特的职业，你必须到劳动者和穷人中间去宣讲《圣经》。如果你有一些经验，还可以同他们交谈，去寻找正在找工作的外国人或其他有困难的人，然后尽力去帮助他们。我去过两三次，看是否有机会成为他们当中的一员，因为我会说好几种语言，特别在巴黎和伦敦的时候，我曾经同社会底层人员和外国人打成一片；我自己就是个外国人，也许我适合这个国家，而且可能变得越来越适合。但是，你至少得年满24岁。所以无论如何，我都只能再等上几年。

上周一，我从拉姆斯盖特出发去伦敦，走了很长的路。晚上到达坎特伯雷时，我一直走到一个小池塘边的几棵高大的山毛榉和榆树跟前，才停下来休息了一会儿。凌晨3点半的时候，鸟儿在晨光熹微中开始歌唱，我也再次出发，那正是适合走路的时候。

下午，我来到了查塔姆。在那里，从远处一部分被淹没的低草地和榆树之间，人们能不时看见满是船只的泰晤士河。我相信，那里的天空总是灰暗、阴沉的。在查塔姆，我搭上一辆马车走了几英里路，后来马车夫进了一家客栈，我下车后又继续独自往前走。傍晚时分，我来到了熟悉的伦敦郊外，沿着长长的道路向城里走去。

我在伦敦待了两天，四处奔波，去拜会各种各样的人。我在给一位牧师的信中写道：

> 我是一个牧师的儿子，因为必须为生计操劳，所以没有时间与金钱去读国王学院，而且我比普通学生年长了几岁，但我仍然希望寻找一份与教会有关的工作。

我父亲[1]是荷兰村子里的一个牧师。我 11 岁上学，一直读到 16 岁，然后不得不选择一个职业，却不知道应该怎么选择。一个伯伯[2]肯帮忙（他是美术经销商和版画出版商，古皮公司的合伙人），我才在他于海牙的公司里谋得一份工作。我在那里工作了 3 年，然后去伦敦学习英语，两年后又从伦敦去了巴黎。

由于种种原因，我离开了古皮公司，在拉姆斯盖特的斯托克斯先生的学校里当了两个月老师。我的目标是做与教会有关的工作，所以不得不另觅职业。我虽然没有接受过教会教育，但我的旅行经历，我在不同国家的经历，我与各类人——穷人或富人、宗教或非宗教人士、从事各种工作的人——打交道的经历，我在体力劳动和办公室工作方面的经验，加上我能说多国语言，也许能部分弥补我没有上过大学的不足。但我宁愿将向你冒昧自荐的原因归于对教会和教会事

---

[1] 特奥多鲁斯·梵高（Theodorus van Gogh，1822—1885），荷兰归正会牧师，有兄弟 4 人，与安娜·科妮莉亚·卡本图斯（Anna Cornelia Carbentus，1819—1907）育有 4 子 2 女，梵高是其长子。由于职业关系，他们需要经常搬家。

[2] 文森特·梵高（Vincent van Gogh，1820—1888），梵高的三伯，膝下无子，对几个侄子多有提携。晚年退居北布拉班特省布雷达附近的普林森哈格，因而梵高在信中也以“普林森哈格”指代他。

业与生俱来的热爱。这种爱虽时常处于蛰伏状态，却每次都能被唤醒。

上周我去汉普顿宫参观了美丽的花园、宫殿和图画。其中，荷尔拜因的许多肖像画都很漂亮。

很高兴又看到图画。

1876年7月，艾尔沃斯[1]

我是在课间写这封信的。学校里煤气灯闪烁，你能听见孩子们做功课时的欢快声音；他们中不时有人哼唱一首赞美诗曲调，听起来有点像"古老的信仰"那首。

上周六，我又去伦敦进行了一次长途旅行。我早晨4点钟离开这里，公园内景色宜人：榆树林荫大道上黑黝黝的，穿林而过的道路湿漉漉的，林荫道上空是多雨的灰色天空，远方正下着雨。

在伦敦，我拜访了一些朋友，也去了古皮公司的画廊，在那里见到了范·伊特森带来的素描——很高兴以这种方式再次看到荷兰的城镇和草地。阿茨画的那幅油画《运河上的磨坊》，我觉得真不错。

真希望你见到过伦敦的街道！夜幕降临时，华灯初上，

---

[1] 1876年6月，斯托克斯将学校搬到伦敦附近的艾尔沃斯；7月，梵高开始担任循道宗牧师托马斯·斯莱德–琼斯的助手。

所有人都忙着往家里赶；一切都表明那是周六的夜晚，忙碌的人群中自有一种宁静；你能感觉到人们对即将到来的周日的需要与兴奋。哦，对那些贫困街区和街道上拥挤的人群来说，周日以及在周日所做的一切，是一种非常重要的慰藉。

我在那里打听到一种职业，可能会对我有帮助。在利物浦和赫尔这种港口城市里的牧师，经常需要会几种语言的助理牧师，以便在水手和外国人中间开展工作，还可以去探望病人，并且这一职位有一定的薪资。

我真高兴又走了一次远路。在学校里，大家平时走路不多。想起去年在巴黎充满奋斗的生活，较之自己在这里有时整天足不出户，我有时在想，自己何时才能回到那个世界去？就是回去，可能也跟之前的工作不一样。但是我觉得，我更喜欢向孩子们讲授《圣经》历史，而不是散步，因为这样做多少会让人感到安全一些。

你问我是否还在给孩子们上课，我通常会上到下午一点钟。一点钟以后我去找琼斯先生，有时给琼斯的孩子们上课，或者给镇上的几个孩子上课。到了晚上，我偶尔会写一写布道稿。

琼斯先生答应我，今后不必上那么多课，我可以去他的教区多做点事，比如拜访教民，与他们交谈。

明天，新工作将让我第二次挣到微薄的薪水，我会用这点钱去买一双新靴子、一顶新帽子。我都没法告诉你，琼斯先生答应让我去他的教区工作时，我心里有多高兴，这样我就能慢慢获得自己所需要的东西了。

冬天就快到了。很高兴圣诞节随着冬天来临，愿上帝保佑我们再一次愉快相见。我多么渴望再见到父亲母亲，再与父亲说说话！我们之间相见太少，我们与父母也相见太少；尽管如此，家人之间的亲情和互爱之情如此浓烈，让人心潮澎湃。我止不住转而乞求上帝："主啊，别让我流浪得离他们太远，别离得太远！"

提奥，上周日，我第一次在神的居所里讲道，那里写着一句话："在这地方我必赐平安。"

那天秋高气爽，沿泰晤士河步行前往里士满的感觉十分美妙。河水中倒映出长满黄叶的高大栗子树和湛蓝的天空。透过树梢，人们可以看见坐落在山上的里士满小镇一隅。

在我看来，这几个月我仿佛长大了很多。

明天，我必须去伦敦两个最偏僻的地方，一个在怀特查佩尔，你在狄更斯的书中读到过的最糟糕的地方；然后乘坐汽船去泰晤士河对岸的刘易舍姆。

上周四，琼斯先生让我接替他。我去了阿克顿格林，我从教堂司事家的窗口看到了那片草地。那里很泥泞，可是当天色变暗、雾气上升时，是一幅美丽的景象，能看见平原中央一座小教堂的灯光。

我在小屋里给你写信，周围很安静，我看着你的肖像和墙上的图画：有《安慰者基督》《基督受难日》《墓边的圣女》《老胡格诺教徒》，还有阿里·谢弗尔画的《浪子回头》和《惊涛骇浪中的小船》。当我想到你们，想到这里的一切，想到特南格连、里士满和彼得舍姆时，我就不由得暗自祈祷："主啊，让我成为我父亲的兄弟，一个基督徒和一个基督工作者，让我来完成你开启的事业。"

几天前，多德雷赫特的布拉特先生来拜访文森特伯伯，他们谈到了我。伯伯问布拉特先生，如果我有需要，能否在他的公司里为我谋个职位。布拉特先生认为可以，并且说我必须亲自去谈一谈。所以，我昨天一早就去了他那里。我们安排好了，我在新年后的第一周去试试，然后再看情况如何。回到荷兰，离父亲母亲更近，离你们所有人更近；其次，薪水肯定比在琼斯先生这里更高。我有责任考虑这一点，因为在今后的生活中，一个大男人会需要更多钱的。

至于宗教工作，我仍未放弃。父亲胸怀宽广，希望在任何情况下，我都能表现出这一面。我将不再给孩子们上课，而是在书店里工作。

所以，我很可能会去那里。

1877年1月，多德雷赫特[1]

我在书店里过得很好，也很忙。我早上八点钟到那里，晚上一点离开，但这样也让我感到高兴。工作总是一件好事。

有时，我很高兴我们又生活在同一片土地上，讲着同样的语言。

从房间的窗户向外望去，能看到一个长满松树和杨树的花园，还有爬满常青藤的老房子的后墙。狄更斯说："常青藤是一种奇怪的古老植物。"从我窗口看到的景象非常庄严，但多少有一些阴沉；不过应该在晨光照耀的时候去看，那时将是一番截然不同的景象！

上周日，我去了这里的法国教堂。教堂庄严肃穆，很有魅力，令人印象深刻。做完礼拜后，我沿着河堤上的磨坊散了一会儿步。阳光灿烂，潮湿的沟渠映照出天空的倒影。其

[1] 1877年1月，梵高开始在南荷兰省多德雷赫特的一家书店工作。

他国家也有一些令人好奇的东西。比如法国北部的迪耶普，覆盖着绿草的岩石、大海和天空，以及停泊在港口载着棕色渔网和船帆的旧渔船，就像杜比尼画的油画一样。还有雨中伦敦街道上的灯光，就像今年夏天我去拉姆斯盖特旅行后所经历的一样。但是上周日，当我独自在河堤上漫步时，我觉得站在荷兰土地上的感觉真好！我们童年时代的记忆全都浮现在眼前，我们在2月底那几天常和父亲一起去莱斯伯根，听到云雀在长满嫩玉米的黑土地上空歌唱，蔚蓝的天空飘着白云，还有两边长满山毛榉的石子小路。

昨晚，我一点钟离开书店后，绕着大教堂转了一圈，然后沿着运河，穿过新教堂那扇旧大门，之后才回到家中。天空中飘着雪花，四周万籁俱寂；一些屋子的窗户里闪烁着星星点点的微弱灯光，雪地上映照出守夜人的黑色身影。正值涨潮期，运河与船只在雪地里显得很黑。

上午，我和科尔叔叔一道去了斯特里克姨父[1]家，在那里聊了很久。我给家里写了一封信，告诉家人我们在阿姆斯特丹做些什么，谈论些什么。今天，我收到父亲的来信。上

[1] 约翰内斯·保卢斯·斯特里克（Johannes Paulus Stricker，1816—1886），神学家和圣经学者，曾帮助梵高接受神学训练，对梵高追求自己的女儿持反对意见。

周日，他身体不好。我知道他内心十分渴望发生点什么事，好使我能追随他的职业；父亲总希望我能继承他的衣钵。哦，但愿能够如此。愿上帝保佑！

提奥，好弟弟，我亲爱的弟弟，我如此强烈地渴望那一圣职，可我怎样才能达到目的呢？

继多雷[1]和布里翁[2]的版画之后，今天再给你寄去一套版画供你收藏。只要继续下去，你迟早会成为一名优秀的收藏家，请接受这一点小小贡献。我非常渴望通过这些小玩意与你保持联系。

你的来信让我非常开心，因为你告诉我，库斯阿姨的小写字台在春季大扫除中已经被鲁斯太太找到了。我真高兴，我到阿姆斯特丹的时候会需要它的。在我看来，这是一种新的证据和暗示（我最近观察到许多类似暗示），我会一切顺利，我将在自己渴望的事业上取得成功。某种古老的信念在我心里油然而生：我的想法将得到证实，我的灵魂会得到重生。这将是影响我一生的选择！

---

[1] 古斯塔夫·多雷（Gustave Doré，1832—1883），19 世纪法国著名版画家、雕刻家和插图作家，主要代表作有《堂吉诃德》插图、《圣经》插图等。

[2] 布里翁（Brion），19 世纪法国版画家，生卒年不详。

布拉特先生已经找到了接替我的人选，因此，5月份我也许就能开始新的工作了。

我从斯特里克姨父所写的一本教义问答手册中了解到基督的故事并抄写了文本，这些故事让我联想到伦勃朗[1]和其他人的许多画作。

我希望并且相信，我不会后悔自己为努力成为一名基督徒和基督教工作者而作出的选择。是的，过去的一切都可能对此有所帮助。对诸如朱尔·布雷东、米勒、雅克、伦勃朗、博斯布姆[2]和其他许多人的作品和人生的了解与热爱，都可能成为新思想的源泉。父亲的工作和人生与那些人是多么相似啊！但我认为，父亲的工作和人生的价值更高。

---

[1] 伦勃朗（Rembrandt Harmenszoon van Rijn，1606—1669），17世纪荷兰甚至欧洲最伟大的画家之一，代表作有《杜尔博士的解剖学课》《夜巡》《达娜厄》等。

[2] 约翰内斯·博斯布姆（Johannas Bosboom，1817—1891），19世纪荷兰海牙学院的画家和水彩画家，以擅长画教堂而闻名。

1877年5月，阿姆斯特丹[1]

“无日不写作”，通过写作、阅读、工作和每日练习，坚持不懈会让我最终有所成就。

我有很多工作要做，但仍坚信自己能取得成功。不过这急不得；很多人都这样说，不仅是柯罗：“它只是花了40年的工作、思考和专注。”对于父亲和斯特里克姨父这样的人来说，工作就如同绘画一样，是需要进行大量研究的。

但我有时也会一个人自言自语：我怎样才能达到目的？晚上疲倦了，早晨我就不能按时早起。有时感冒发烧、头昏脑涨、思绪烦乱——毕竟，在经历了这几年的情感动荡之后，我要适应并坚持简单的学习规律也并非易事。

回顾过去，想到未来那些难以克服的困难和自己并不喜欢的大量艰苦工作，想到我或者说这个邪恶的自我想要逃避

[1] 1877年5月，梵高前往北荷兰省的阿姆斯特丹，借住在扬伯伯家里，并在斯特里克姨父的指导下，准备阿姆斯特丹大学的神学入学考试。

的工作；当我感到很多人都在盯着自己时——要是我考试失利，他们就知道错在哪里，他们不会只是轻描淡写地责备我一番，因为他们在一切正确与合乎道德的事情上训练有素；他们会说，他们脸上的表情仿佛也在说："我们帮助过你，指点过你，可你真正努力了吗？我们的回报呢？我们的劳动成果呢？"当我想到这一切，想到这一切悲伤、失望、对失败和屈辱的恐惧时，我就产生了一种渴望——我希望与这一切毫无关系！

但我仍要继续往前走，不过要小心谨慎。我希望自己拥有抵御这一切的力量，这样就知道该如何答复那些威胁我的斥责，并相信尽管一切似乎都在同我作对，我仍然要达到自己追求的目标。如果上帝愿意，他会从我所爱之人和我的支持者眼中看到他们对我的赞许。

今天早上，我在教堂里看见一个小个子老婆婆，她可能是卖暖脚炉的，这让我想起伦勃朗的一幅铜版画——一个妇女在阅读《圣经》时手托着头睡着了。夏尔·勃朗的评论文章写得很美，对画也深有感触。我还想到了米什莱的那句"il n'y a point de vieille femme"（"没有老女人这种东西"）。德热内斯泰的那句诗"她的生命之路走到了尽头"，也让我想起那幅画。

你是否认为，我们还来不及了解生活就来到了人生的暮年？我们有时感到日子过得越来越快，我觉得，有这种感觉是好事，不禁想起“谋事在人，成事在天”这句话。

一个犹太书商替我买了所需的拉丁文和希腊文书籍。他有很多印刷版画，我可以以优惠价从中选购一些。我买了几幅挂在小屋里，营造一点温馨的氛围。为了获取新的思想，这样做是必要的。

昨天在斯特里克姨父家中，他们要我讲一讲伦敦和巴黎的事。我讲述时，所有往事又重新浮现在眼前。我喜欢那些地方的很多东西，那都是我生活过的地方呀！当我走在海牙或津德尔特的街头时，仿佛又回到了过去。过去的一切对我当前的工作是有帮助的。我在荷兰的新教教会里谋到一个小职位，那些回忆将为布道提供很多话题。

我曾经在布伊特康德大街和铁道附近的沙滩上散步，简直无法向你描述那里的黄昏景色有多美！伦勃朗、米歇尔和其他画家都画过那里的风景：大地一片昏暗，落日余晖仍然照耀着天空，映衬出一排房屋和教堂的塔尖，窗户里灯火通明，人和马车就像一些很小的黑影。

我已经开始研习《圣经》，只能在一天工作结束之后的夜晚进行，或者在清晨——工作毕竟是头等大事，但我有责任全力投入另一门学习，我现在正这样做。只要能成功，我宁愿少活几岁，我的好弟弟。

当我们致力于一项艰巨任务、为美好事物而奋斗时，就是在进行一场正义的战斗。其直接后果会使我们远离各种不幸。我们在生活中前进时，生活会变得越来越艰难，但在克服困难的同时，我们内心的力量也会随之变得强大起来。人生就是一场战斗，我们一定要捍卫并保护好自己。为了取得进步，我们必须怀着乐观、勇敢的精神，精心制订计划并作好安排。

有件事显而易见——我们俩都必须努力，要安然度过现在到30岁这段时光并要防止犯罪。我们被置于人生的战场上，就一定要打一场漂亮仗。我们必须成为男子汉，虽然现在还不是。直觉告诉我，未来会发生更重要的大事，我们并非平庸之辈。

今天上午4点多，这里下了一场可怕的雨。我一直望着窗外的船坞和码头；白杨树、接骨木树和其他灌木都被暴风雨吹打得弯下了腰，暴雨倾泻在圆木堆和船只甲板上。但很快，太阳冲破了云层，水池倒映出金光灿烂的天空。不一会儿，就见第一批工人走进了船坞，那真是一道奇异的风景：一长串大小不一的黑色人影，先是出现在阳光初照的狭窄街道上，然后穿过大门走进了船坞。他们大约有3000人，脚步声听起来就像大海在咆哮。

迪克岛上也有许多造船厂。我去那里时，要好好观察一下那些工人；一个要学习画画的人，必须观察工人，尤其是刚好要到工厂去实地绘画的时候。在这些码头上，艺术家们能发现多少绘画素材啊！

写信时，我本能地偶尔画一些小素描。今天上午画的是沙漠中的以利亚——天空乌云滚滚，前景画了一些荆棘丛；其实也没有什么特别之处，但这一切都栩栩如生地出现在我眼前。我认为，在这种时刻，我可以满怀热情地讲出来。

我正忙着写宗教改革史的总结；那一时期的历史非常刺激，很吸引人。我想，如果一个人认真读一些书，比如莫特利的书、狄更斯的书、格吕松写十字军东征的书，他就会不自觉地形成一种简单、实用的历史观。

门德斯给了我希望。如果一切顺利，到3个月结束时，我们将完成他计划好的一切。但是，在闷热的夏日下午，在阿姆斯特丹市中心的犹太人区上希腊文课，感到有许多考试在等着你，出题人是那些博学狡猾的教授——我告诉你，他们让你备感压力，比布拉班特麦田给你的压力还大。在这种日子里，麦田至少是很美的。

我从家里得知，你从科斯特医生那里收到一份医疗账单，共计40荷兰盾，那可是一笔不小的数目。要是能帮衬你一点就好了！可你知道，我现在无金无银。我经常得千方百计地筹集教堂功德箱的捐款（比如，拿邮票去烟草店里换点零钱）。不过，好弟弟，只要努力，我们一定会好起来的。

我怀有对千万种东西的渴望，即使有了钱，也许很快就用来买书或花在别的东西上了；没钱我也能过下去。金钱会让我分心，不能专注于必要的努力学习。现在要战胜各种干扰不容易，要是有了钱，情况会更糟。

也许会有那么一段时间，我们可以将钱花在比买东西更好的地方——到时候，我们也许会有自己的家庭，还有其他人需要去照顾。

上周，门德斯告诉我这座城市有一个很有趣的地方，即从冯德尔公园附近的莱兹门到荷兰火车站的那一片郊区。那里到处是磨坊、锯木厂、带花园的工人住宅以及老房子。那里人口众多，整个地区河道、水网纵横交错，船只来来往往，还有各种式样的美丽小桥。在那种地区做牧师，肯定是一件惬意的事。

好想让你看看犹太人聚居区和其他地方的几样东西！我

经常想起德格鲁，犹太人居住区内有伐木工人、木匠，还有杂货铺、铁匠铺和药房，这些东西会让他很感兴趣。

扬伯伯[1]打算在9月1日去赫尔沃特待上一周。我希望这对我有益处，方便我在客厅里写得晚一点。现在我可以坐在卧室里写，但天色一晚，就忍不住想上床睡觉，而我的小书房里又没有煤气灯。

我正在抄写从科尔叔叔那里借来的法文版《效法基督》全本。这本书令人肃然起敬，写作者一定得到了上帝的青睐。几天前，我对它产生了难以遏制的强烈渴望，也许是因为自己经常临摹鲁伊佩雷斯那幅同名油画的石印复制品。

门德斯这周出城去了。我有了一些空闲，得以实施一个老计划，去特里普房看一看伦勃朗的铜版画。父亲经常会在夜里打着灯笼，走远路去探望病人或奄奄一息之人，与他们谈论伦勃朗的画即使在痛苦或愤怒的漫漫长夜里，也是一盏指路的明灯。

我终于在伦勃朗住过的那条街上找到了那座房子。

不知为何，我整整一周都在思考朱尔·古皮的《共和国五年的一位年轻公民》及其铜版复制品，它就挂在我伦

[1] 约翰内斯·梵高（Johannes van Gogh，1817—1885），梵高的二伯，昵称“扬”（Jan），原是荷兰海军军官，退休后居住在北布拉班特省的赫尔沃特。

敦的房间里。这是一幅艺术杰作，将继续对许多人产生重要影响。

许多有关法国大革命时期的画，比如德拉罗什和米勒的《吉伦特派》《恐怖的最后一批受害者》和《玛丽·安托瓦内特》，同米什莱、卡莱尔的著作以及狄更斯的《双城记》一道，构成了一个多么完美的整体！这些作品中，都有一些关于复活的精神与人生的内容——他们的生命似乎终结了，但他们并没有死，他们只是睡着了。

我想多读一些书，但也许做不到。事实上，我也没必要读这么多书，因为所有这些东西在基督的话里都能找到。我对教堂和书店的依赖性很大，只要有可能，我就会找些借口去那里。

你瞧，圣诞节前的阴郁日子已经近在眼前，此后就是圣诞节。这好似海水在拍打着岩石，岩石后面的房屋却在黑夜里发出了温暖的灯光。

我专心致志地学习，目的都是为了通过考试。无论遇到什么事，我都向门德斯讨教。我像他一样安排自己的学习，因为我喜欢那种学习方式。学习拉丁文和希腊文很难，但学习仍使我感到快乐，因为正做着自己渴望的事。晚上，我可能不会像以前那样熬夜了，伯伯严厉禁止那么做，但我仍牢记着伦勃朗的那幅铜版画下面镌刻的文字："灯光在午夜散发着光芒"。我会将小煤气灯的灯光调暗一点，让它整夜亮着。我经常躺在床上看着煤气灯，心里计划着第二天的学习。

我去了斯特里克姨父家，同他和姨母长谈了一次。几天前，门德斯也去见过他们（一个人不能轻率地谈论天才，尽管他相信世界上的天才比许多人认为的要多；门德斯显然是个杰出的人，我永远要感激能与他保持联系）。我可以高兴地说，他没有打小报告，没说过任何对我不利的话。可姨父问我是否觉得学习很困难，我只好承认。我的确学得很艰难，但会竭尽全力、勇敢地坚持下去。他告诉我要保持勇气。真希望父亲能满意我所做的一切。

可是，代数和数学仍令我感到头痛。圣诞节后，我必须学习这两门课程。我一直在找代数老师，已经找到了一个，是门德斯的堂弟特谢拉·德·马托斯，他是犹太贫民学校的老师。他希望我作好准备，参加明年10月的考试。如果我真想考过，就应该加快学习进度；我刚开始学习时，他们就告诉我，必须要两年的时间才能作好前4门学科的考试准备。

我正在学习，虽然要付出更多代价，但必须学好，这是一场关乎我一生的竞赛和战斗。任何完成了这种学习过程并能坚持到底的人，无论是谁，只要他还活着，就不会忘记这一过程。每个想要达到一定社会地位的人必须经历一段时期的困难和考验，成功也许取决于细节琐事。一个人在考试中说错的一句话或写错的一个字，都可能成为导致失败的根源。愿上帝赐予我所需要的智慧，赐予我如此渴望得到的东西，让我尽快完成学业并获得圣职，这样才能切实履行牧师的职责。

昨天做晨祈祷时，我听到一篇“我的灵不会永远住在他里面”的布道。在经历了一段失望和悲伤的日子后，我们最亲切的渴望和愿望也许能得到满足。到那时，你会听我在某个小教堂里传道吗？

又是一年过去了。在这一年中，我遇到了很多事，我怀着感恩之心回顾这一切，回顾在布拉特家度过的那段时间和在这里学习的几个月。总的来说，这两件事确实是好事。

黄昏来临了。“幸福的黄昏”，狄更斯如是说。他也确实说得对，尤其是当两三个心意相通之人聚到一起，并像抄写员一样，从各自的宝库里拿出或新或旧的东西时。伦勃朗知道这一点，他从内心的丰富宝库中创作出那幅用乌贼墨、木炭和墨水画成的素描，画的是伯大尼的房屋。

透过窗户看到船坞的景色十分美妙：小道两旁的白杨树树干挺拔，枝细叶嫩，在夜晚灰色天空的映衬下显得精致又引人注目；还有伫立在池水中的旧仓库建筑，池水就像《以赛亚书》中提到的“旧池的水”一样静谧，水边仓库的墙壁长期经受风吹雨淋，呈现出深绿色；远处是小花园和四周长满蔷薇花的栅栏；船坞里随处可见工人的黑色身影，还有一条小狗。

有一个兄弟与自己生活、行走在同一个星球上，这种感觉真好。当一个人有许多事情要考虑时，会突然想：我这是在哪里？我在做什么？我要去哪里？这时，他会觉得头晕目眩。然后，一个与他相似的熟悉的声音，或者一封字迹熟悉的书信，使他又一次产生了脚踏实地的感觉。

父亲来过这里了。我真高兴他能来。他的来访给我留下了最愉快的回忆，即在我的小房间里共度的那个早晨。他批改了我的作业，我们商谈了一些事情。时间过得飞快，这你可以想象。后来，我去火车站送他，目送列车远去，直到列车的烟雾消失不见，我才回到房间里。看见父亲坐过的椅子放在堆满书籍和练习本的小桌旁时，虽然知道过不了多久会再见面，我还是孩子似的哭了。

在圣尼古拉节这天，门德斯送给我一本克劳迪乌斯的作品，那是一本内容严肃的好书；我先送了他一本托马斯·厄·肯培的《效法基督》。我在那本书的扉页上写道："他心目中既没有犹太人，也没有希腊人，没有奴仆主人，也没有丈夫妻子，只有基督，基督是一切的一切。"

这周我同门德斯讨论了这句话："那个不厌弃自己生命的人，不能成为我的门徒。"门德斯断言，这个表达过于偏激，但我说这是一条简单的真理。肯培在谈到认识并厌弃自己时，不是也这样说吗？当我们看看别人，发现人家比我们做得更多、更好时，我们很快就会厌弃自己的人生。看看托马斯·厄·肯培，他写了一本简单又诚实的小书，使别的作家难以媲美；或者看看另一个领域里米勒的作品，或者朱尔·杜佩雷的《大橡树》——都在揭示这个道理。

科尔叔叔今天问我，是不是不喜欢热罗姆的《芙里尼》？我告诉他，我宁愿去看伊斯拉埃尔斯或米勒画的家庭妇女，或者爱德华·弗雷尔画的老妇人。因为即使有芙里尼那样美丽的躯壳，又有什么用呢？动物也有美丽的躯壳，甚至比人还漂亮，但像伊斯拉埃尔斯和米勒画出的肉体之内的鲜活灵魂，动物永远不会有。我们被赋予生命，难道不是为了在精神上变得更富有，哪怕外表因此而受到影响？热罗姆塑造的这个人物，没什么值得我同情的——我发现她身上没有一点精神迹象；劳动妇女的一双手，都比他描绘的人物漂亮。

并且这样一个美丽女孩，与像帕克或托马斯·厄·肯培这样的人，或梅索尼耶所画的那些人物比较起来差别更大。除非一个人能同时侍奉两个主子，否则不可能同时爱上两种截然不同的东西，并对两者都怀有同情心。接着，科尔叔叔又问我，是不是对漂亮女人或女孩子不感兴趣。我告诉他，我本应该对她们感兴趣，但我宁愿去接触一个又丑又老还有点不幸的女人，她的人生经历和悲伤使她拥有了思想和灵魂。

父亲劝我多交些朋友。我想画一幅保罗旅行草图，把它送给加涅宾牧师。我很想去拜访他。他是个很有学问的人，如果他见我一片诚意，今后或许会给我提一些好建议。我一直想做这件事。我很怀疑自己能否取得成功——通过所有考试。我要是早点开始，准备起来会容易得多。当然，我可以多学一段时间，更集中精力——其他人关心的许多事对我没有什么吸引力，但我学起来毕竟要付出更多努力。万一失败了，也希望在所到之处留下自己的印记。

一个人要学的东西实在太多了。尽管他们努力安慰我，但我总会产生一种非常严重的焦虑感。除了集中精力学习无法补救，我显然有责任这样做，不管要付出多大代价。

关于责任和怎样才能实现正确的目标，我们谈论过多次，得出的结论是：目标必须是首先找到一个稳定的职位和一个我们可以全身心投入的职业。这是明智的做法，因为时光飞逝，人生短暂；如果某人精通某一行并能很好地理解这一行，他就可以触类旁通，洞悉并理解许多别的事情。

特别重要的是，一个人必须有明确的目标。经过一生的学习和努力取得的胜利，远胜于很早就轻易取得的胜利。无论什么人，只要他真诚地生活，不向生活中遇到的困难和挫折低头，他的人生价值就超越了那些一帆风顺、只知道相对成功的人。别相信这个世界上会有一辈子没遇到困难的人。

就我而言，我必须成为一名优秀的牧师，一个能说正确的话、能够对世界有用的人。经过长时间的准备，在自己的坚定信念得到有力确证后再去传教布道，对我也许更好一些……只要我们努力真诚地生活，生活就会善待我们，哪怕我们注定要经历真正的悲伤和极大的失望，而且可能会犯下大错。与其做一个心胸狭窄、谨小慎微的人，不如做一个斗志昂扬的人，即使他有可能犯下更多错误。爱好广泛是件好事，因为爱当中蕴含着真正的力量。大凡爱好广泛之人，都能够大有作为，能成就许多事。凡因爱而做的事，都能做得很好！

如果一个人始终真诚地热爱值得爱的东西，不把爱浪费在微不足道、毫无价值和意义的事情上，他就会得到越来越多的启迪，会变得更加强大。有时候，进入尘世与人交谈是一件好事，人有时也必须这样做；但那些宁愿独自学习、无须广泛交友的人，也能在尘世与人群中安然前行。即使在最精致的交际圈里，在最好的社会和自然环境中，一个人也必须保持隐士一般的原有特性，否则，他就会像无根的浮萍。人决不能让心灵之火熄灭，而是要让它不断燃烧。

今天，我去了科尔叔叔家，他告诉我，杜比尼死了。听到这个消息，我很难过，就像听到布里翁去世的消息时一样（我房间里挂着他画的《祈福》）。如果能很好地理解他们的作品，这些作品就能够潜移默化地触及人们的心灵。一个人在死亡时意识到自己完成了一件杰作，并且知道自己可以凭借这一作品活下去，至少活在一些人的记忆里，还能够为后来者树立一个良好的榜样，这肯定是一件好事。一件好作品也许不能永恒，但它表达的思想和作品本身，肯定会在很长一段时间内留存于世；即使有后来者脱颖而出，他们能做的也只是沿着前辈的足迹，用同样的方式来创作自己的作品。

1878年7月，埃滕[1]

我借助着小灯笼的亮光给你写这封信，蜡烛快要熄灭了。上周，在艾尔沃斯的牧师琼斯先生的陪同下，父亲和我一道去了布鲁塞尔，见了牧师德荣先生和赫姆斯培训学校的柏克马校长。这所学校开设有3年制课程，而你知道，在荷兰，这样的学习最短也需要6年。他们不要求你在完成课程之前申请传教士职位，而是要求你有能力为百姓举办通俗又有趣的讲座；讲座要简短有趣，不能太长或太深奥。他们考虑更多的是符合实际工作的能力和发自内心的信念。做到这些仍然有许多障碍需要克服，因为人不可能一蹴而就，只有经过长期练习才能培养起严肃而富有感情、流畅又轻松的讲话能力。你讲的话必须有意义、有目的和说服力，能激励听众，

[1] 1878年7月，梵高中途放弃备考，回到北布拉班特省埃滕的父母家；随后在父亲的带领下，来到比利时布鲁塞尔附近的一所新教传教士学校，准备接受为期3个月的见习训练。11月，梵高未能通过考核。

使他们对真理的信仰坚信不疑。

布鲁塞尔的先生们想让我在那里逗留3个月，以便更好地了解情况，但那需要极大的开销。目前，我待在埃滕也只是做一些准备工作。我将试着写一些对今后有用的作文。我昨天写了一篇关于芥菜种比喻的作文，长达27页，我希望其中有些不错的地方。我正在写一篇作文，关于卢浮宫中伦勃朗的油画《木匠之家》。

那天晚上，从津德尔特乘车回来后，父亲和我散了一会儿步。红彤彤的太阳沉落到松树林后面，水塘映照出傍晚的天空；荒野与黄、白、灰色的沙滩连成一体，充满了丰富的情感。你瞧，人生中总会有一些时刻，万事万物（包括我们的内心世界）都充溢着安宁与情感。我们的一生，似乎就是一条穿越荒野的道路，但又不完全如此。

田野如此美丽，人们正在地里收割玉米。土豆快成熟了，叶子也开始枯萎，荞麦上开满了美丽的白花。这里有各种美丽如画的作坊，夜里有灯光时尤其美丽。工人们都有各自的生活圈子和需要从事的工作，只要我们愿意倾听他们的心声。

现在，正是街道清洁工们赶着白色老马套车回家的时候。赶车人穿着一身脏兮兮的衣服，似乎已经在贫穷中深深扎下了根。比德格鲁大师在《穷人的长凳》中画的那一队或那一群穷人更穷。那幅画总让我感到震撼。非常奇特的是，每当看见那些孤独、贫困、痛苦的人们难以形容、无法言喻的凄凉景象，看到他们的结局或者他们的极端境况时，我就会不由自主地想到上帝。

我画了一幅临摹埃米尔·布雷东的《周日的早晨》的铅笔素描，我非常喜欢这幅作品！

你找到了充实自己内心生活的东西，我很高兴。这正是艺术伟大之所在，是那些用思想和心灵进行创作的艺术家的作品之所在，是那些充满精神力量和生命力的语言和事业之所在。艺术的表现力真丰富！你只要记得自己见过的东西，就不会感到无所事事，也不会真正的孤独。

我原本想画一些草图，将旅途中的一些见闻画下来，但这会使我从学习中分心，所以最好还是不着急画。我在匆忙中画了一幅粗略的草图《煤矿工人》。这幅画并没有什么特别出众之处，之所以画，是因为我看见很多人在煤矿里劳动，他们是很有特点的一类人；画里的小房子离大路不远，是与大煤棚相连的一家小客栈——吃午饭时，工人们就到这里来吃面包，喝啤酒。

在英国时，我申请过到煤矿工人中做传教士，但未被理睬，得到的答复是至少要等到25岁时才有资格。传教士的根基或基础之一并不仅仅是《福音书》，而是整部《圣经》——它是“黑暗中升起的光明”。从黑暗到光明！那么，谁最需要光明，谁最想得到光明呢？经验告诉我，那些在黑暗中行走、在地底下活动的人（比如在黑暗的煤矿里工作的矿工），他们对《福音书》中的话语印象深刻，而且相信《福音书》。

在比利时南部靠近蒙斯与法国边界处，有一个矿区叫博里纳日，那里有一个很特殊的劳工群体，他们在许多矿井里工作。我希望能去那里传道，向那里的穷人——那些最需要光明、最适合传教的人宣讲福音，每周全身心地投入传教工作中去。如果我能在那里安安静静地工作3年，回来后就不会总讲一些没有实际价值的内容。我这样说，是很谦虚和自信的。我应该为自己的30岁作准备，能开始一项特殊的训练和经历，能更好地掌握工作，从而变得比现在更加成熟。

牧师德荣先生和牧师彼得森先生要求的3个月见习期已过。我同德荣牧师和柏克马校长谈过了，他们告诉我，我不能按他们允许弗兰德斯本地学生的同等条件入学。要想留下来，我就要有更多可供支配的经济来源，本地学生可是一分钱学费都不交的。

因此，我也许很快要试一试博里纳日那个计划了。

如果不信仰上帝，对上帝没有恒久的信心，要想活下去是很难的；没有信仰，人就会丧失勇气。

1878 年 12 月，博里纳日 [1]

博里纳日这个地方是没有图画的。一般来说，这里的人甚至不知道图画是什么。尽管如此，这里的乡村非常美丽，这里的一切都充满灵性，很有特色。最近，大地被白雪覆盖，一切让人想起中世纪画家勃鲁盖尔的那些农村风俗画，让人想起其他的艺术家，他们知道如何用红绿和黑白色彩来表达奇特的效果。这里有一些凹凸不平的道路，路上长满了伊角灌木；路两边还有一些古树，树皮粗糙，长着奇妙的根系。那些路很像丢勒在铜版画《死亡与骑士》中画的那条路。

几天前，我看见矿工们踏着皑皑白雪回家，真是一幅奇

[1] 1878 年 12 月，梵高获准在比利时南部的博里纳日地区传教，试用期 6 个月。1879 年 7 月底，合同到期，未续约。8 月初，梵高开始第一次寻找工作的徒步旅行，并前去拜访彼得森牧师，但不久后回到埃滕的父母家。11 月，提奥在古皮公司的巴黎分店获得一个固定职位。1880 年 3 月，梵高回到博里纳日地区，住在小村庄奎斯姆斯，并开始第二次寻找工作的徒步旅行，最终走到法国北部的库里耶尔。6 月，梵高首次得悉弟弟一直默默在金钱上支持自己。8 月，他最终决意成为一名画家。

特的景象。矿工们浑身漆黑，从黑暗的矿井里来到日光下，一个个看上去就像刚从烟囱里爬出来的扫烟囱工人。他们的房屋又矮又小，应该叫窝棚才对。这些房屋修建在凹凸不平的道路两边，有的在林子里，有的在山坡上，到处能看见覆盖着苔藓的屋顶。每到夜晚，小屋的窗户就会亮起温馨的灯光。

随处可见一些大烟囱和堆放在矿井入口处的巨大煤堆，博斯布姆的大型素描《绍德方丹镇》很好地表现了乡村的特色，只不过这里出产的是煤，而在绍德方丹镇，人们称它为铁。

就像布拉班特的橡树下面有次生丛林、荷兰有柳树林一样，这里的花园、田野和草甸周围也能看见黑刺篱笆。下雪之后，就产生了在白纸上写下黑字的效果，如同《福音书》的书页一样。

我租了一个小房子，想把它当作自己的家。但父亲和我都认为，和丹尼斯住在一起会更好，所以现在我只把它用作我的工场和书房。我在墙上仍然挂了一些画。

矿工们讲的语言不容易听懂，但他们能听懂普通的法语，不过要讲得既快又流利——这样一来，法语也像他们的方言了。

这里的人没有接受过教育，他们中的大多数人不能阅读，干起艰苦的体力活来却既聪明又敏捷。他们勇敢坦诚，虽然身材矮小却肩膀宽阔，眼里露出忧郁、深邃。他们在性格上有点神经质，我不是说他们懦弱，而是说他们很敏感。对于想在他们面前颐指气使、飞扬跋扈的人，他们天生有一种根深蒂固的仇视和深深的不信任。和烧炭工人在一起，你就必须有烧炭人的性格和气质，不能有一丝自命不凡的傲慢和优越感；否则，你就得不到他们的信任，不能与他们打成一片。

我刚去探望了一位烧炭工人家里的小个子老妈妈。她病得很重，却很有耐心，内心充满信念。我为她朗读了一章福音，然后为他们一家人祈祷。这家人很朴素，性情和善，跟津德尔特和埃滕的布拉班特人一样。我在他们家有一种在自己家里的感觉。一方面，离乡背井的人都会有思乡之情；另一方面，想家的外国人也可能产生宾至如归的感觉。要是上帝保佑我获得这里的长期任命，我将会非常高兴。

这里有许多人患有伤寒症和恶性寒热病，包括被称为“傻子热”的病。这种病常使患者整夜噩梦缠身，神志不清。有一间屋子里一家人都在发烧，他们几乎得不到任何救助，只能由病人护理病人。

大多数矿工因为发烧而形销骨立、面色苍白，一个个看上去饱经风霜，满脸疲惫，比实际年龄更显老一些。女人们整体上也容貌憔悴，萎靡不振。矿区周围是贫穷矿工的小屋，屋旁有一些被煤烟熏黑的枯树，还有带刺的篱笆、粪堆、灰烬堆和一些废弃的煤堆。马里斯可以将它们画成一幅美丽的图画。我现在也想试着画一幅素描。

前不久，我进行了一次非常有趣的探险——我在矿井下面待了6小时。那是附近年头最久、最危险的矿井之一——马卡斯。这个矿井名声不好，因为里面死了很多人，有的死在下井或升井途中，有的死于毒气，有的死于瓦斯爆炸或地下水冒顶，有的死于坑道坍塌。乍看起来，一切都显得荒凉恐怖。我找了个好向导，一个在那里工作了33年的人，一个很有耐心的好人，他把一切讲解得清清楚楚，尽力让我明白这里的情况。

就这样，我们一起下到了700米深的矿井里，去探索那个地下世界里最隐秘的角落。“曼特纳奇斯”[1]或“格雷丁”[2]

---

[1] 曼特纳奇斯（the maintenages）：从希腊文英语 Tenages 变化音译而来，特纳奇斯是古希腊神话人物，是罗德斯神（罗德岛的女神）与赫利俄斯神（太阳神）的儿子，因能力出众而遭妒忌，被兄弟阿克蒂斯、特厄帕斯、马贾尔和坎德鲁斯合伙谋害。

[2] 格雷丁（gredins）：法语，“坏蛋、恶棍、无赖、流氓”之意。

（矿工们作业的小洞窟），被称作埋物所。如果有人把曼特纳奇斯画下来，那将是一件闻所未闻、见所未见的新奇事。你可以想象一下，一条相当低矮、狭窄的坑道里有一排小洞窟，由粗糙的木桩支撑着。每个小洞窟里有一名矿工，穿着又脏又黑的粗制亚麻衣服，在昏暗的灯光下忙着挖煤。有一些小洞里，矿工可以站直；在另一些小洞里，矿工只能仰躺着挖煤。这种布局多少有点像地下监狱里黑暗阴森的通道，或者像一排小型织布机，或者更像农民的一排面包烤炉房。有些地方还在不停地滴水，矿工的矿灯产生了一种奇特的效果，矿灯的反光就像洞窟里面的钟乳石。有些矿工在小洞窟里工作，另一些人则将挖下来的煤装到小手推车上——这个活儿主要由孩子们来完成，有男孩也有女孩。在地下 700 米深处，有一个马厩圈，大约容得下 7 匹老马。

尽管遭受到各种危险的困扰和威胁，矿工们仍会思念矿井——正如上岸的水手会思念大海一样，宁愿留在地下而不是地上。这里的村子看上去荒无人烟，一片死寂，十分凄凉。生命都在地底下活动，而不是在地面。一个人可以在这里生活很多年，但如果不下到矿井里，就无法正确地认识事物的真实状态。

我的工作忙得不可开交，日子过得飞快，也没有时间去思考或对过去吸引我的许多事物继续保持兴趣。

今天晚上，雪开始融化了。我没法告诉你，丘陵地带的乡村在化雪时有多美！雪正在融化，又能看到黑土地上的绿色玉米了。对一个外国人来说，这里的村子是真正的迷宫。村里矿工小屋之间的狭窄街道与沟谷纵横交错，不计其数。你最好把它比作斯海弗宁恩这样的村庄，或者比作我们在图片上看到过的布列塔尼的那些村庄。

最近，我去了一家画室，就是牧师彼得森先生的画室。他的画风很像斯海尔夫豪特或霍彭布劳沃斯，他对美术有很好的想法。他向我要了一幅矿工的素描。我现在经常画到深夜。

春天即将来临，也会带来一些新的绘画题材。伊斯拉埃尔斯这个冬天在做什么？莫夫和马里斯怎么样？他们在这里会发现多少富有吸引力的东西啊！当白马拖着小车将一个伤者从矿井送回家时，你眼前的情景会让你想起伊斯拉埃尔斯画的《失事》；所以，这里的每时每刻都有震撼人心的素材。

莫夫、马里斯或伊斯拉埃尔斯的画表现力更强，比自然本身表达得更清楚。“艺术是人对自然的加工”，除了自然、现实和真实，我还找不到更好的词来界定艺术；然而，是艺术家使艺术获得了意义、概念和个性，是艺术家使艺术拥有了表现力，是艺术家使艺术摆脱羁绊、重获自由并被理解。

文学作品也一样。这些天，我经常阅读《汤姆叔叔的小屋》。如今，奴隶制在许多地方依然盛行。在这本非常精彩的小说中，作家从全新的角度叙事，怀着对被压迫者切身利益的强烈关切和兴趣，用丰富的智慧去描写这一重大问题。这本书令我爱不释手，每读一次都能从中领悟到一些新东西。

感谢你来看我。我们一起度过的时光至少能让我确信，我们依旧生活在充满生命力的土地上。当我再次见到你并和你一起散步时，我产生了过去常有的一种感觉，仿佛生命中自有一种美好、珍贵的东西，值得我倍加珍惜。我感到了久违的喜悦与活力，因为生命于我，已渐渐变得不再珍贵，已无足轻重、了无情趣，至少看起来是这样的。

像所有人一样，我感到了对亲情、友情的需要。我不是铁石心肠的人，不能在错失这些东西时无动于衷，这是一种因空虚而产生的迫切需要。我告诉你这一切，是要让你知道，你来看我对我有多么重要。

目前，我还不太想回去，我很想留在这里。这样做也许是错的，因为我还没有想清楚。不管我多么不情愿，不管这条路有多难走，我还是要去埃滕待几天。

我愉快地回忆起你来看我时的情景，当然也会想起我们讨论过的一些事情。以前，我常听人们谈起：要有计划地改变、提升自己，保持旺盛的斗志。但是，请别生我的气，我有点害怕——我有时按计划去做，结果却适得其反。人们讨论过多少事情，结果被证明根本行不通！

在阿姆斯特丹的那段日子仍然历历在目！你当时也在场，该知道许多事情是怎样计划和考虑的，用尽智慧且怀着最好的愿望去讨论，结果却那样可悲，整件事情简直荒唐透顶！那是我一生中经历过的最糟糕的时刻。与阿姆斯特丹相比，这里是穷乡僻壤，环境也未开化，但在困难的日子里有无微不至的关怀，这样的日子对我充满吸引力，令我向往！我担心又发生好心善意的建议却结出恶果的事情。

要改善自己的生活，你不认为这正是我殷切渴望的吗？我希望自己比现在好得多。正因为我渴望改善，我更害怕采取糟糕的补救办法。假如你认为我应该好好听从你信里的建议，成为一名怀揣空白单据和名片的雕版师，或者做一名簿记员或木匠学徒，或者投身面包师行业——或者按其他人向我提出的许多类似建议（这些建议差异奇大）去做，那你可能就搞错了。可是你说："我并没有建议你一字不差地去做，因为我担心你喜欢过这种懒散的日子；我的意见是，你必须结束这样的生活。"

我可否这样理解，这种"懒散"指的是一种相当奇怪的懒散？我很难为自己辩护，我也不知道，用听从那些建议（比如去做面包师）的方式来反驳这种指责是否合适。这确实是一个果断的答复（总是假设能够以快如闪电的方式成为面包师、理发师或图书管理员），但同时又是一个愚蠢的答复，多少有点像一个骑驴的人，因为被别人指责他行为残忍，就立即从驴背上跳下来，将驴扛在肩上行走一样。

玩笑话暂且放一边。我真的认为，如果我们的关系再好一点，对双方都会更好。如果我真的必须认为我对你、对全家人来说是个麻烦，对任何人都没有益处，如果我必须觉得自己是一个闯入者或者弃儿，那我还不如死了算了。如果我认为真实情况的确如此，我会万分痛苦，不得不在绝望中挣扎。我难以忍受这样的想法，更难忍受的是家里的种种不和、痛苦以及我们之间的烦恼都是因我而起。有时，这一想法令我沮丧到了极点；然后，过了很长一段时间，又会冒出另一个想法：那只是做了一场噩梦。今后，我们也许会学着用更好的方法去理解和看待一些事情。

现在，鉴于家人并未远离偏见、时尚和荣誉之类的秉性，要重新赢得家人的信任非常困难，几乎不可能。我并未完全绝望，因为我们之间仍有可能重新达成真诚的理解，哪怕这很缓慢、渐进，但确定无疑。

对鸟儿来说，换羽是很艰难的时刻，逆境或不幸对人类也同样如此。人可能被困于其中，停留在换羽的困难阶段，也有可能战胜困难重获新生。这一过程不能在众目睽睽之下完成，它一点也不好笑。最要紧的是，我认为对我来说，最好且最理性的办法就是离开，彼此保持适当的距离。这样对你来说，相当于我不存在了。

我是一个富有激情的人，也容易做一些有点愚蠢的事，事后也多少感到后悔。有时，原本该耐心等待，我却说得太快，做得太快。我以为其他人有时也犯同样草率的错误。那么，既然如此，该怎么办呢？一定要认为自己是个危险分子，只能一事无成么？我不这样认为。重要的是要设法用好这种激情。比如，我对书籍的激情就几乎难以抑制，我想不断地进行自我教育，就像自己想吃面包一样。置身于绘画和艺术环境中时，我会对它们产生强烈的激情，强烈到无以复加。

但我并不为此后悔，即使现在，在远离故土的异国他乡，我也常怀思乡之情，思念那片绘画之邦。

我清楚伦勃朗是谁，还有米勒、朱尔·杜佩雷、德拉克洛瓦、米莱和M.马里斯。是的，我现在没有这样的环境了，但那叫作灵魂的东西（人们说灵魂不死）会永远活着，并且一直在探索，永远在探索。因此，我没有屈服于这种思乡病，而是对自己说：那片土地或祖国，本就无处不在。我没有屈服于绝望，而是选择了忧郁中的积极成分。我宁要充满希望、渴望和追求的忧郁，也不要在悲伤和停滞中绝望的忧郁。我多少认真研读了自己所能得到的书籍，比如《圣经》和米什莱的《法国大革命》；去年冬天，我读了莎士比亚、维克多·雨果、狄更斯和哈丽特·比彻·斯托的小说，最近，我又读了埃斯库罗斯的悲剧作品。

我没有正式工作，四处流浪，至今已有5年多（不清楚具体时间了）。你说："自某个时期以来，你开始走下坡路，你堕落了，一直无所事事。"事实果真如此吗？

是的，我有时能挣到生活费养活自己，有时靠朋友发慈悲施舍一点，但我还是尽力活下来了。是的，我让许多人失去了信心；我的经济状况不好，前途未卜；我本来可以做得更好，就为挣一点生活费，我失去了时间。是的，就连我的学习也处于相当悲伤和绝望的状态；我的需求越来越大，远远超出了我的经济能力。但这就是你所说的走“下坡路”，就是你说的“无所事事”？也许你会说：你为什么不按照他们希望的那样去做呢？他们希望你继续上大学。我唯一的回答是：上大学开销太大，将来也不见得比我眼前的路好走多少。

我目前的状况似乎很糟，这已经有相当长一段时间了，今后也许还会持续一阵子。当一切情况都糟糕透顶之后，也许会有否极泰来的时候。当然，我并不指望这种时候，这也许永远不会发生，但万一有好转了呢，我就会说：终于好了！你瞧，毕竟没有虚度光阴。

如果你在我身上不止看见一个懒惰的家伙，还看到点别的东西，我将会非常高兴。因为有两种形式的懒惰形成了巨大的反差。有一种人的懒惰是由懈怠、缺少个性和秉性卑劣造成的，如果你喜欢，你可以将我看作这种人。还有另外一种懒人，他的懒惰是出于万不得已；他内心受到强烈渴望行动的煎熬，他自己也仿佛被囚禁在囚笼里。使人沦陷的，是公正或不公正的名誉毁坏、贫穷、致命的环境和逆境。那座监狱也被称作偏见、误解、对事情的致命无知、不信任和虚假的羞耻感。一个人并不总能告诉我们，是什么在禁锢我们，让我们闭嘴，似乎要埋葬我们；但无论如何，他会感觉到某些障碍，走投无路。这样的人并不总是知道他能做什么，但他本能地感觉到：是的，我适合做某件事；我的人生必定是有目的的；我知道自己可能成为一个完全不同的人！

你知道什么东西能将人从这样的囚禁中解放出来吗？是种种真挚深厚的感情。友情、亲情和爱情，用至高无上和某种神奇的力量打开了牢门。同情得到延续，生活就会恢复正常。

我既然选择了这条路，就必须坚持走下去。如果什么都不做，如果不再学习和追求，我就会迷失方向。但你会问：你的目标是什么？目标会随着粗略的轮廓变成草图，由草图变成图画并最终越来越明确和清晰。这一过程要经过认真劳作、深思熟虑和捕捉转瞬即逝的灵感。

还是讲点别的吧：要是我穷困潦倒，你却飞黄腾达了；要是我失去了别人的同情，你却获得了同情；那么，我会非常高兴。我真心实意地说这番话，并且会一直这样想。

你知道我愿意随时听候差遣，为你做一点事。我们相距遥远，对一些事情的看法也不尽相同，但我们服务于彼此的那一时刻、那一天，也许终将到来。

我正忙于临摹米勒的大型素描，已经完成了“一天内的四个时刻”系列和《播种者》。你要是能看见这些画，也许不至于完全不满意。我临摹过20幅米勒的版画，要是你能多寄一些来，我愿意把它们都临摹下来。我想认真研究一下这位艺术大师，这一点想必你能理解。我知道大型铜版画《挖土的人》很难见到，但请你留心一下，弄清楚那幅版画售价多少。总有一天，我画的那些矿工素描也许能卖点钱，希望能买下那幅版画。

我正怀着急切的心情临摹米勒的“农活”系列。我画了10幅草图，本来应该多画几幅，但想先临摹巴尔格先生的《素描教程》——这本画册是特斯泰格先生好心借给我的。我从早到晚几乎画了整整两周，仿佛觉得，临摹使自己的素描技艺一天比一天鼓舞人心。

我觉得有必要研究一下米勒、布雷东、布里翁或鲍顿这些大师的人物素描。在朱尔·布雷东作品的照片中，有一幅《拾穗者》——夕阳映照下的深色身影。

我画了一幅描绘男女矿工的素描：矿工们在早晨穿过雪地，沿着荆棘篱笆旁的小路向矿井走，他们的身影在朦胧的月光下若隐若现；画面背景隐约可见天空映衬下矗立着的大型煤矿建筑和一处处煤堆。我很想把这幅素描再画一遍，要画得比现在这幅更好。我这个书呆子也画矿工回家，可效果并不好；要画好这样的画很难，因为要画出在斑驳的夕阳映衬下刚好被阳光照到的棕色剪影的效果。

我已经用水彩临摹了两幅泰奥多尔·卢梭的《野外的烤炉》，之后又成功地完成了一幅大型乌贼墨素描。我还很想临摹勒伊斯达尔的《灌木丛》。你知道，这两幅风景画风格相同，情感一致。我一直在粗略地画这样的素描，只不过进展不大。最近似乎好一些，我希望能够画得更好。特斯泰格先生和你都用优秀的作品来帮助我，我认为目前临摹一些优秀作品比贸然动笔去画会更好一点。我还是忍不住要画，画一幅矿工走向矿井的大型素描，不过改变了一下画中人物的位置。我希望在临摹完巴尔格的另外两套系列画作练习后，能够或多或少地画好矿工、男人与女人，如果有机会，我可以找一个有个性的模特——这里有的是模特。

要是你有米歇尔那本版画图书，我还想再看一看那些风景版画。我现在看作品的眼光跟开始画画时已经不一样了。

你瞧，我现在很忙，别再为我担心了。只要我能继续下去，绘画就会以某种方式使我振作起来。它目前还没有结出辉煌的果实，但我希望，这些荆棘会适时开出白色的花朵。

很显然，这种枯燥乏味的奋斗只不过是分娩的辛劳——先承受痛苦，后享受欢乐。

我完成了一次徒步旅行。我曾对自己说，你必须去库里耶尔看一看朱尔·布雷东先生的画室。画室的外观相当令人失望，它是用卫理公会式的砖块新砌成的，呈现出不友好、冷漠且令人不快的一面。要是能看见内部，我当然不会去考虑外观。可我没能看上一眼室内，因为缺少走进去作自我介绍的勇气。我在库里耶尔的其他地方寻找朱尔·布雷东和其他艺术家的踪迹，在一张摄影师的照片中，我发现了布雷东的图画和在老教堂阴暗角落里的一幅提香的《基督下葬》复制品。真是他画的？我不知道，我无法辨认签名。

但我至少看见了库里耶尔周围的乡村、干草堆、棕色泥土、近似咖啡色的黏土以及到处露出白点的泥灰岩，这对我们这些习惯了黑土的人来说很不寻常。库里耶尔竟然也有一座煤矿。我看见上白班的矿工们在暮色中从竖井里上来，但并没有像博里纳日那样穿着男人服装的女矿工。他们穿着破烂的矿工服，其中一个还披着老兵的披风，满脸煤灰，一个个露出疲惫、痛苦的神情。这次旅行对我来说过于劳累，但我不后悔，因为看到了有趣的东西，并学会了对苦难持一种不同却正确的看法。

一路上，我不时用放在手提箱里的素描换一点赖以糊口的面包屑。旅行的最后几天，我不得不露宿。有个晚上，我在一辆废弃的马车上过夜，第二天早上醒来时，马车上结了一层霜，那是个很糟糕的休息场所；另一次，情况好一点，我在一个干草堆里成功地做了一个更舒服的干草卧铺，可一场毛毛细雨降低了我的舒适感。

然而，即使在那种深深的痛苦中，我仍然感到自己的体力在恢复。我对自己说，不管遇到什么情况，都要重新振作起来；我会拿起因为极度灰心而一度放弃的铅笔，我要继续画素描。从那一刻起，一切似乎都改变了。现在，我已经开始了，手中的铅笔变得有些温顺了，而且以后每天都会变得更温顺。

我对梅里翁的铜版画略知一二。你拿一幅他有代表性的铜版画与维奥莱-勒-杜克或其他建筑师的印刷图片正面并排放在一起，就会看到他的全部力量——其他铜版画会起到衬托或对比他的作品的作用。那么，你会看到什么呢？这个梅里翁，即使在画砖、画花岗岩、画铁栏杆或桥梁栏杆时，也会在铜版画中画出人类灵魂的某种东西，让人因为某种不知道的内心忧伤而感动。据说，梅里翁拥有狄更斯笔下的西德尼·卡顿[1]那种爱的能力，他甚至喜欢上了某些地方的石头。

在米勒、朱尔·布雷东和约瑟夫·伊斯拉埃尔斯的作品中，人们发现了更多证据，证明了这一瑰宝——人类灵魂，是用一种更高贵、更有价值和更虔诚的手法表现出来的，如果我可以这样表达的话。等等吧，也许有一天，你会看到，我也成了一名艺术家，虽然我现在还不知道自己能做什么。我希望自己能画一些表现人性的素描，但我必须先画巴尔格的教程，再画一些更难一点儿的素描。这条路很窄，门也很窄，很少有人能窥到门径。

去巴黎当然是我的强烈愿望。但我现在一分钱都没挣到，怎么去呢？我努力作画，但还需要一段时间才能考虑这件事。实际上，为了满足必需的工作条件，我每月至少需要100法郎；我的生活费可以再少一点，但那会艰难度日，甚至缺衣少食。

这里的生活费用很低。但可以肯定的是，我不能在这间小屋里继续住下去了。这间屋子太小，里面还放了两张床，一张给孩子们住，另一张是我的。我要画巴尔格的系

[1] 西德尼·卡顿（Sydney Carton），狄更斯小说《双城记》中的英国律师，长相酷似路茜的丈夫代尔那。为了心上人路茜，他混入巴士底监狱，顶替代尔那走上断头台，牺牲自己以成全别人。

列画，画的尺寸都很大，没法告诉你这给我造成了多大的不便。我又不想搅扰人家的家庭规划，他们已经告诉我，绝对不可以使用家里的另一间屋子，那是供家庭主妇洗衣服用的。

要是有机会与某个优秀杰出的艺术家建立友谊，那对我会有很大益处。但是，贸然去巴黎不过是又去了一个更大的库里耶尔，我原指望在那里遇到一位尚在人世的优秀艺术家，结果一个都没见到。对我来说，最重要的是学会画画，用好铅笔、蜡笔或画笔；做到了这一点，我在任何地方都能画出好画来，而博里纳日也会像威尼斯、阿拉伯和皮卡第一样风景如画。

每天都会遇到困难，都会出现新的困难，但你难以想象，重新拿起画笔对我而言何其快乐。这件事我已经思考了很久。过去，我总认为这是不可能的，认为这件事超出了自己的能力范围；现在，我虽然感觉到自己的不足和在许多事情上痛苦的依赖性，但心智已经恢复了平衡，体能也在日复一日地增强。

所以，如果你能找到方法或机会，请想到我。我会在矿工的小茅屋里安静地待着，竭尽全力作画。

1880年10月，布鲁塞尔[1]

你瞧，我是在布鲁塞尔给你写的这封信。我认为，暂时变换一下住所对自己更好，原因如下：首先，这是出于迫切的需要，我住的那间小屋非常狭窄，光线太差，在那里作画极为不便。好弟弟，要是在奎斯姆斯再待一个月，我一定会贫病交加的。千万不要以为我在这里过得很富裕，不是，我的主食只是无黄油的面包、一些土豆或栗子肉，不过房间条件稍微好一点；有钱时，我偶尔也去餐厅吃一顿稍好一点的，帮助自己恢复体力。近两年来，我在比利时的"黑色乡村"历经苦难，身体近来也不太好。如果有朝一日，我能学会画出自己想要表达的思想，便会忘掉一切苦难而只记住好的一面。我还是必须努力恢复一些体力，因为我需要精神饱满。

[1] 1880年10月，梵高搬往布鲁塞尔；12月，他报名布鲁塞尔皇家美术学院的免费课程；次年3月底，他开始在拉帕德的画室工作。

父亲来信说，我现在可以通过他指定的中介每月收到60法郎。这里各种费用远不止于此，60法郎无济于事。素描材料、临摹的资料等都要花钱，但又绝对必要——只有投入这些，我才能获得公平的回报，否则永远不会成功。

不要指责我铺张浪费，不开销这些才真是我的错。要是能多花点钱，我应该进展更快，进步也更大。

我很清楚，一个人不论怎样节衣缩食，布鲁塞尔的生活费用一定会更昂贵，但我不能没人指导。我认为，只要我努力学习（我就是这样做的），文森特伯伯和科尔叔叔可能会有所表示，即使不为帮助我，至少也该帮帮父亲吧。

这里有几个年轻人刚开始学习素描，也处于并不富裕的境地。我想与某位艺术家建立联系，以便进入一间好画室继续学习；我也觉得很有必要去看一看优秀的画作，同时观摩一下绘画状态中的艺术家。那样，我才能感觉到自己更多的不足，才会知道怎样能够画得更好。

即使从相对差一点的艺术家那里，一个人也能间接学到很多东西。比如，莫夫就从费斯徊那里学到很多有关马厩和马车的透视以及马的结构解剖方面的绘画技巧，而莫夫的技艺不知比费斯徊要高出多少！

我已经很久没看到足够好的图片或素描了，在布鲁塞尔看到的一些优秀画作给了我新的灵感，也提振了我用双手画画的欲望。

我发现，人们能否从荷兰艺术家那里获得关于透视疑难点的明确指示是值得怀疑的。我正在努力学习透视。比起许多不能解释自己画法的人来，海耶达尔这样的人更为可取（他自己似乎是个多面手），他会给予你必要的指点和教导。你谈到海耶达尔，说他是个非常努力寻求素描比例的人，这正是我所需要的。许多画画的人，对于素描的比例很少有——甚至根本没有——概念，对于优美的线条、独特的构图、思想与诗歌等也是如此。

比例、光影与透视都是有规律的，想画好画的人必须了解这些规律；如果不具备这方面的知识，画画无异于一场徒劳的斗争，这样的人也不会有任何成就。今年冬天，我将努力收集一些解剖学方面的资料；我不会再拖延下去了，免得到头来代价昂贵。

我去见了勒洛夫斯先生。他的意见是：从现在起，我必须把主要精力放在写生上，要么画石膏像，要么画模特，而且必须有精通写生的内行作指导。他和另一些人曾经诚恳地建议我去美术学院学习，我也觉得有必要去申请一下，哪怕被录取的可能性不大。布鲁塞尔的教学是免费的，可以在暖和、明亮的房间里学习，这是一件好事，尤其是在冬天。

我相信，你越思考这件事，就越明白我是多么迫切地需要更加浓厚的艺术环境——如果没人教我画画，我怎么能画得好呢？如果不与更优秀的艺术家接触，即使怀有世界上最美好的愿望，我也不可能取得成功。如果没有得到发展机遇，光有美好的愿望是不够的。至于那些平庸的艺术家，你认为我不应该把自己归入他们一流，我该怎么说呢？我会竭尽全力的，但我一点也不鄙视平庸的简单含义——一个人能够突破平庸，肯定不是因为他鄙视平庸。在我看来，一个人刚开始时至少应该尊重平庸，知道平庸意味着什么，知道即使要达到平庸的水平也不容易。

我又用钢笔画了一幅临摹米勒的《伐木者》的素描。我认为，如果今后想学习蚀刻画，钢笔素描是一个很好的准备阶段。钢笔在突出铅笔素描上也非常有用，但不能指望一次就成功。我目前的目标是学会尽快画出一些漂亮又畅销的素描来，这样就可以直接用自己的作品来挣钱。一旦掌握了铅笔素描、水彩画或蚀刻版画技巧，我就可以回到矿工或纺织工人所在的乡下，画出比现在更好的画；但我首先得多学一些绘画技巧。

这些天，我一直忙于作画。我有许多事情要做，但画完之后我仍然感到很高兴；我画了一幅很大的人体骨骼钢笔素描，用了5张安格尔纸。我是在读过冯·察恩的《艺术家使用的解剖草图》后产生了这一想法。我现在要做的就是把肌肉画完，接着画躯干和腿部，加上其他部分就构成了完整的人体；然后接着画人体的背部与侧面视图。你瞧，我正在奋力向前。

我已经完成了十多幅画，有铅笔和钢笔的素描或草图，比以前画得好一些。这些画稍微有点像郎松的特定素描或英国的特定木版画，只是画得更呆板、笨拙一些。我分别画了一个搬运工、一个矿工、一个铲雪的人、一个在雪地里散步的人，还有老妇人和一名具有老年特征的男子。我知道这些素描画得并不怎么好，不过开始有些像模像样了。

我几乎每天都请一个模特，一个老搬运工、一个工人或一个为我摆造型的男孩。下周日，也许会有一两个士兵坐着让我画。我必须准备一些工人服装，好给为我做模特的人穿。例如，一件布拉班特人的蓝色工作服、矿工穿的灰色亚麻套装和他们戴的皮帽子，再有是一顶草帽和一双木鞋、渔夫的黄色油布长雨衣。当然还要有很别致、很有特色的黑色或棕色灯芯绒服装，然后是红色的法兰绒衬衫或内衣。还要几件女装，比如，德坎朋的女装、安特卫普附近带有布拉班特软帽的女装，或者布兰肯贝格、斯海弗宁恩或卡特维克出产的女装。这是取得成功的唯一正确途径：让模特穿上必要的服装后再画。

只有在认真透彻地学习素描之后，只有在长期努力地描绘自己看见的真实情景之后，我才会有所成就。然后，虽然有不可避免的开支，我将会以此谋生。如果我能在这里找到一份永久性的工作就更好了，但我不敢奢望这样的工作，因为我还有很多东西要学，不过最重要的是要在素描方面取得进步，那么一切都会好起来的。

我又画了一幅风景素描，画的是荒原。我很久没有画这样的风景了。我非常喜欢风景画，但更喜欢那些表现日常生活，有时真实得让人感到恐惧的作品，比如保罗·加瓦尔尼[1]、亨利·莫尼耶[2]、奥诺雷·杜米埃[3]、亨利·皮耶[4]、德格鲁精心创作的那些画。现在，我无意假装把自己比作那样的艺术家，我还会继续画工人，希望能够达到为

[1] 保罗·加瓦尔尼（Paul Gavarni，1804—1866），法国插图画家。

[2] 亨利·莫尼耶（Henry Monnier，1799—1877），法国石版画家和作家。

[3] 奥诺雷·杜米埃（Honoré Daumier，1808—1879），法国著名画家、版画家和雕刻家，当时最多产的艺术家，也是法国19世纪最伟大的现实主义讽刺漫画家，代表作有《三等车厢》《洗衣妇》等。

[4] 亨利·皮耶（Henri Pille，1844—1897），法国画家和插图画家。

文章和书籍做插画的水平。当我能请得起更多模特时，我就会取得更大进步。

科尔叔叔经常帮助其他画家，如果有一天我需要他帮助时，他会向我展示他的善意吗？我这样说，并不是想从他那里获得一些经济援助。他完全可以用金钱之外的方式来帮助我，比如，帮我找一份杂志社的正式工作。

就这样，我和父亲谈了这件事。我注意到，人们都在谈论，在我们这样一个家庭里，我竟然如此穷困潦倒，这真是件难以理解的怪事。我对他们说，这只是暂时情况，过一段时间就会好起来。我觉得最好还是与父亲和你商量一下。我在给特斯泰格先生的信中讲到此事，可他误会了我的意思，他觉得我想靠叔叔们的馈赠生活。他持有这种看法，就给我写了一封令人非常沮丧的回信，说我无权这样做。

像勒洛夫斯这样的人，不知道会怎样考虑这种被歪曲的事实；要么是我出了问题，要么是其他人的问题，可他总觉得有什么地方不对劲。因此，他非常谨慎，在我最需要建议和帮助的时候，对我不理不睬。

这样的经历令人很不愉快。现在的问题是，我能否凭借自己的韧性，在绘画方面继续取得进步。我认为自己做得到。

最省钱的方法可能是我今年回埃滕去过夏天，那里有足够多的绘画题材。一个农民看到我在画一截老树干，看见我在那里一坐就是一个钟头，认为我疯了，当然会嘲笑我；一位年轻女士抬头看到一个身穿脏兮兮补丁衣服的劳动者，当然不能理解为什么有人会到博里纳日来，还到煤矿的竖井下面去，她也会得出结论说我疯了。

当然，我根本不在意他们会怎么想，只要你、特斯泰格先生、科尔叔叔和父亲以及其他和我有联系的人了解我，不对这种事大惊小怪，而是说：你的工作要求你那样做，我们明白为什么会这样。

这段时间，我一直和拉帕德[1]在一起画画。拉帕德画了一些很好的写生，其中有几幅美术学院的模特写生，画得很不错。多一点激情和热情对他没有坏处，会让他多一点自信和勇气。他的钢笔风景素描非常迷人，但画里还需要多一点激情。

不知不觉中，你已经给我寄了不少的钱，帮助我继续画画，请接受我的衷心感谢。我坚信你不会因此而后悔的。我

---

[1] 安东·凡·拉帕德（Anthon van Rappard，1858—1892），与梵高关系最长久的艺术家朋友，两人的友谊始于1880年，终结于1885年拉帕德对梵高的早期作品《吃土豆的人》提出严厉批评。现今保存有两人之间的50多封信件。

通过这种方式学到一门技艺，这门技艺肯定不会让我富起来，但无论如何，我今后每月至少能挣到100法郎。

要学好画画是一件非常艰难的事情。

1881 年 4 月，埃滕 [1]

我已经回来几天了，外面天气很好。我很高兴能在这里安静地工作一段时间。我希望尽可能多地画一些写生，这就是今后创作出素描的种子。

天不下雨的时候，我每天都到外面的田野里去，一般是去荒地。我的写生题材内容广泛，其中有一幅画的是荒地里的一座小茅屋；还有一幅画的是通往罗根达尔路边的一座有茅草屋顶的谷仓——这里的人称之为“新教谷仓”；我还画了对面草地里的磨坊和教堂墓地里的榆树；还有一幅画的是伐木工人在一大片开阔地里忙碌着，已经砍倒了一棵大松树。此外，我还尝试着画一些农具，比如马车、犁、耙和独轮手推车。伐木工人那幅画是画得最好的，我想你会喜欢的。

我买了卡萨涅的《论水彩画》来研究。即使我不画任何

[1] 1881 年 4 月，梵高搬回埃滕，继续绘画。夏季，凯表姐在梵高家暂住。11 月底到 12 月底，梵高在海牙短住。

水彩画，我也可以从中得到很多收获，比如对于乌贼墨素描。到目前为止，我只用铅笔作画，重点部位用钢笔加强，有时还使用芦苇笔——笔锋更宽。这样的画法在我最近的绘画中多有体现，因为这些题材要求大量练习，需要注重透视。

还有另一样东西必不可少，我指的是安格尔白纸。它不是无光泽度的白色，而是未经漂白的亚麻布颜色，没有陈旧调子。我从布鲁塞尔带了一些来，在上面作画时很高兴，因为这种纸非常适合钢笔素描，尤其适合用芦苇笔作画。

我很遗憾威廉米安[1]离开了，她是个很会摆造型的模特。我画了一张她和另一个留下来的女孩子的素描，背景是一台缝纫机。现在没有纺车了，对画家和素描家来说，这是一大憾事，不过在纺车的位置上放另外一样东西也同样好看。

我在这里找到了一个好模特，他叫皮尔特·考夫曼，是个园丁。我觉得让他拿把铁锹、耕犁之类的东西摆个造型也许更好，不是在屋里，而是在院子里或者他的地里。不过，要让人们懂得如何摆造型是件多么难的事啊！他们在这方面非常固执，很难让他们作出让步。他们只愿意穿周日穿的、

[1] 威廉明娜·雅各芭·梵高（Willemina Jacoba van Gogh，1862—1941），梵高最小的妹妹，昵称“薇尔”（Wil）或“威廉米安”（Willemien），两人关系最亲密，在梵高生前最后几年里经常通信。她也患有精神方面的问题，晚年在精神病院度过。

没有皱褶的服装摆造型，在膝盖、肘部、肩胛骨和身体的其他部位都没有显示出任何特有的凹凸阴影。

很高兴你又来看我，一起畅谈各种事情。当然，我现在感觉好多了。在你离开的第二天，我躺在床上，同范·金特医生谈了很久，他是个聪明务实的人。我并不认为这种微不足道的小病也值得请医生，而是在一般情况下，不管是否有病，我都喜欢同医生聊一聊，以了解自己的身体状况。要是偶尔听到一句关于健康的可靠真话，你就会对自己的身体有更清楚的认识。

我希望所有人都拥有我开始逐渐掌握的东西：在短时间内毫无困难地阅读一本书并能对书留下深刻印象。读书与欣赏图画是一回事；毫无疑问，人们必须毫不犹豫地、自信地欣赏美丽的事物。

我刚从海牙旅行回来。我是周二出发的，现在是周五晚上。在海牙，我去见了特斯泰格先生、莫夫和德博克。特斯泰格先生很和善，说我取得了进步。

我和莫夫共度了一个下午和半个晚上，还在他的画室里看到许多美丽的东西；我自己的素描似乎更让莫夫感兴趣。他给了我很多提示，我很高兴得到他的指点。我已经安排好在较短时间内回去看他，到时我会有一些新的写生。他给我看了许多写生，并一一向我进行了说明——不是素描或图画的草图，而是真正的写生，但看上去都不算特别重要。莫夫认为我现在应该开始画油画了。

我很喜欢和德博克见面。我去了他的画室。他正在画一幅很大的沙丘图，但我认为，这个伙计必须练一练人物素描，这样才能画出更好的画来。在我看来，他具有真正的艺术家气质。他很喜欢米勒和柯罗，柯罗的人物画不如风景画那样著名，但不可否认，他确实画了不错的肖像画。此外，柯罗还怀着同样的虔诚和爱心去描绘每一根树干，仿佛它们是人一样。柯罗画的树与德博克的树完全不同，我在德博克那里看见画得最好的一幅画就是临摹柯罗的。

我现在要宣布一些消息，也就是说，我的素描和绘画技巧都发生了变化。对《素描教程》的仔细研究和对画帖一遍又一遍的反复临摹，使我对人物素描有了更深刻的认识。我学会了测量、观察以及寻找了不起的线条。因此，在我看来，以前不可能的事情现在逐渐变得可能了，感谢上帝！

我画了5次不同姿态的手持铁锹的农民（实际上，一个“挖土的人”），画了两次播种的人和两次手拿扫帚的女孩，然后画了一个头戴白帽、正在削土豆的妇女，一个拄着拐杖的牧羊人，最后还画了一个坐在壁炉边椅子上的生病老农，他双手托着头、双肘撑在膝盖上。当然，我不会就此停下来，挖土的人、播种的人、耕田的人，男男女女，我会不断地画这些人。

我不再像以前那样面对大自然无能为力了。大自然一开始总是抗拒艺术家的，但认真应对这一问题的人，是不会让自己被这种抗拒引入歧途的；相反，它会刺激你拿出更大的勇气去争取胜利。实际上，自然与真正的艺术家是和谐一致的。大自然当然是“难以琢磨”的，我们必须理解它，用强有力的手去理解它。我并不是说自己已经达到了这种境界，别人也会像我一样思考，只不过我进展得好一点。

如果你把一棵柳树当成一个有生命的物体来画（树原本就是有生命的），那么周围的环境也会随之显得有生命力；只要你把注意力集中在一棵树上，直到赋予它某种生命为止。正如我告诉德博克的，如果我们俩用一整年去画人物画，那么最终我们会和现在大不一样；如果我们不努力，只知一味地画画而不学习任何新东西，那么我们连保持现有水平都做不到，只会倒退；如果我们不画人物，或者不把树木当作人来画，我们就成了没有骨气的人，或者说成了软骨头。他只能同意我的看法。

我从海牙带来的一些木装蜡笔（像铅笔一样）是我现在最常用的，我也开始使用笔刷和擦笔来擦调子，用一点乌贼墨和印度墨水，并时不时添加一点色彩。实际上，我最近创作的素描与以前的几乎没有什么相似之处了。

我谈一点心事。

今年夏天，我深深地爱上了我们的表姐凯·沃斯[1]。可当我向她表白时，她回答我说，无论过去还是未来，她都只会一个人过，所以永远不能回报我的感情。

后来，我犹豫了好长时间，不知该怎么办。我是该接受她的“不，永远不，永远不”呢，还是继续保留一线不放弃的希望？我选择了后者，并且不会为这个决定后悔。当然，自那以后，我也遇见过许多“人生的小烦恼”，但因为爱而产生的烦恼，再小也有价值。人有时会处于绝望之中，有时仿佛被打入了地狱，但与之相连的也有一些美好的东西。

我希望不错过任何一个可以接近她的机会，我的意图是：

[1] 科妮莉亚·沃斯–斯特里克（Cornelia Vos-Stricker，1846—1918），梵高的表姐，昵称“凯”（Kee）。梵高 28 岁时在埃滕家里与她相见，当时她已寡居两年。她还爱着已故的丈夫且对梵高没有爱情，加之家人反对，便拒绝了梵高。

深深爱她，直到

她最终也爱上我。

让人伤心的是，那么多人都反对这件事。但是，我并不想因此而忧郁并丧失勇气。绝不会。

如果这多少给你留下了有点奇怪的印象，我也不会感到吃惊。我必须问一声，如果再多的“不，永远不，永远不”都没吓倒一个人充满激情的真爱，这会让你感到惊讶吗？我想，不仅不会，这反而是非常自然合理的。爱是一种如此积极、强烈和真实的东西，要让一个陷入恋爱的人收回这种感情，就如同要他结束自己的生命一样难以做到。

我不认为自己是有这种倾向的人，真的。生命于我是如此珍贵，恋爱让我高兴，我的生命与恋爱是合为一体的。现在，我把“不，永远不，永远不”看作一块坚冰，把它放在心上，用心去融化它。哪个会赢呢，冰块的寒冷还是我心中的温暖？如果其他人只会说“冰块不会融化”和“愚蠢”之类的话，那我希望他们不要再谈论此事，哪怕“是出于好意，是为了我自己的利益”着想。

凯曾经爱过别人，一想到可能再爱上什么人，她良心上似乎就有所顾忌。我见她总是回忆过去，一心沉溺其中。我就想，虽然我尊重她的感情，虽然她的忧伤深深地打动了我，但我认为其中有一种宿命论。我要尝试提出某种“新东西”，它不会以新代旧，但有权要求自己的位置。

于是我开始表白，起初有点粗鲁、笨拙，但仍很坚定。我最后说：“凯，我爱你就像爱我自己一样。”接着她就说：“不，永远不，永远不。”

今年夏天发生这件事时，起初是一个可怕的致命打击，一下子把我完全击垮了。然后，在那种难以言喻的灵魂痛苦中，我心中升起了一个念头，它就像黑夜里的一盏明灯：谁愿意退缩，就让他退缩吧；有信念的人，要坚持自己的信念！于是，我重新站起来，没有退缩，而是坚信不疑！然后，一切都焕然一新，我自己的体能也随之增强了。

所以，在经历了这一切之后，我依然保持着冷静与自信，这也影响到我的工作，使我比以往更加专注于绘画，我觉得自己会成功。这并不是说我会成为不同凡响的人，而是要成为“平凡的人”。我所谓的平凡是指我的努力将是合情合理的，有权存在并将达成某种目的。我认为，没有什么能像真爱一样唤醒我们去面对现实生活。真正意识到现实生活的人，会走错路吗？我认为不会。但是，我该把这种特殊感情、这种对爱的独特发现比作什么呢？找到意中人是一个很大的惊喜，不过……不过……如果你发现自己面对的不是“是的，我愿意”而是“不，永远不，永远不”是很可怕的。

今年夏天，你才告诉我，你认为最好不要谈论生活中的困难，要把困难留给自己，这给我留下了非常深刻的印象。我不是很同意这种说法，但也很清楚，我对同情的需求促使我向一些不能激励我、反而让我感到压抑的人寻求同情。父亲和母亲心地善良，但对我们内心的感受知之甚少。他们全心全意地爱我们，我和你们一样爱他们。可是，唉，在很多情况下，他们都不能给我们提出切实可行的建议。这不是我们的错，也不是他们的错，而是因为年龄、观念不同以及环境差异……我们的家是我们赖以生存的地方，无论发生什么事，我们都必须感激它、尊重它，我对此表示赞同。你也许没想到，我会如此开诚布公。

自从真正坠入爱河以来，我的素描里有了更多现实的东西。我现在坐在一个小房间里给你写信，周围有很多来自海克的男人、女人和孩子。嗯，我现在开始觉得“我有一只素描家的手”，我很高兴拥有这样的“工具”，尽管它还有点笨拙。

要是你能说服父亲和母亲少一点悲观，多一点勇气和仁慈，我会非常高兴的。我一直在抱怨父母，但仅此而已。他们一点都不明白这件事的原委，只知道说我今年夏天的作为“粗俗而不合时宜”。他们是对我很好，比任何时候都更好，但我希望他们能了解我的想法和我对很多事情的看法。他们有一套让我知难而退的说辞，可是我不能放弃。今年夏天，母亲只要说一句话，就能给我一个机会，让我向凯诉说许多不能在公开场合讲的话。但母亲断然拒绝说那句话，她断绝了我所有的机会。

母亲来到我身边时，带着一脸怜悯的表情，说了很多安慰的话。我相信，她一定为我做了一段美好的祈祷，让我从放弃中获得力量。可直到现在，没人听她的祈祷；相反，我获得了行动的力量。

自从这段爱情开始以来，我就感觉到，除非我全力以赴、不顾一切地全身心投入，否则没有任何机会。即便如此，我的机会也微乎其微。但是，我的机会是大是小，跟我又有什么关系呢？我的意思是说，在爱一个人时，我必须考虑这个问题吗？不，不用计算机会的大小，人是因为爱而爱的。我们要保持头脑清醒，不要让我们的思想蒙上阴影，也不必掩饰我们的感情，更不要扼杀了烈火与光明，只需简简单单地说：感谢上帝，我恋爱了。

任何人，凡是没有经历过爱情的灵魂之战，我再说一遍，凡是没有在汹涌的大海、狂风暴雨和雷鸣电闪中经历过生死徘徊，就对自己信心满满，甚至轻率地想象“她属于我”的人，根本不懂什么是真正的女人心，这只能由一个真正的女人以一种非常独特的方式才能让他彻底明白过来。在我年轻时，曾幻想我爱上了自己的另一半，结果却造成了多年的屈辱。但愿这一切耻辱不是徒劳无功！我是从痛苦的经历和教训中，以“一个曾经的失败者”的身份来讲这番话的。

提奥，假如你像我一样，也陷入了同样的爱情，那么好弟弟，你为什么还要别的爱情呢？到那时，你会发现自己身上有一种全新的东西。像你我这样的人，一般都是与男人打交道，你在很大程度上关注某种实务，我则较少关注。嗯，我们都习惯用大脑来完成大部分工作——通过一定的外交手段，有一定的明确计算。但现在，你瞧，坠入爱河你就会惊讶地发现，还有另一种力量促使我们行动起来，那就是我们的心。

如果一个人的野心和对金钱的热爱超过了爱心，那么我认为那个人出了问题。野心和贪婪是我们内心的孪生伙伴，它们对爱心充满敌意。这两种力量从一开始在我们所有人的心里萌芽，然后在生命中发展壮大，但通常发展得不均衡，在有的人心里发展为爱心，在另一些人心里则发展为野心和贪婪！我的看法是，当爱心得到充分发展时，就会产生出比相反的激情更好的性格。如果一个人只知有爱，却不知如何挣钱，那他也有问题。

假如我看见她爱上了别的男人，我会躲得远远的；假如我看见她为了男人的金钱而嫁给一个她不爱的男人，我就承认自己犯了目光短浅的错误：我错把布罗沙尔的画当成了朱尔·古皮的画，错把一幅时装人物版画当成了鲍顿、米莱或蒂索的画。我会目光短浅吗？我的眼睛受过良好训练，视力稳定。

我给你寄去几幅素描，我想你能从中发现一些布拉班特的东西。现在请你告诉我，为什么它们卖不出去？我怎样才能让它们畅销呢？我想赚点钱买一张火车票，去试探一下那个说“不，永远不，永远不”的人。

但你千万别把我的意图告诉姨父。如果我去得突然，他可能来不及采取措施对付我，只好装作没看见。听到有人爱上他的女儿时，这位主教就会变成另外一个人，一个闻所未闻的巨人，并询问我“这种情况下”（牧师都会这样说）有什么生存手段，或者干脆不问，因为他（作为艺术王国的门外汉）知道，根本不存在什么生存手段。好吧，既然如此，我们现在只能向他展示“素描家的手”，不是用来攻击他，更不是用来威胁他，但我们必须尽可能利用好“素描家的手”。

可那也不能改变这一事实：如果一个人爱上了他的女儿，这个人并不害怕去见他，怕的是不去见他。所有女孩子的父亲都拥有一种东西，叫作“前门的钥匙”。那是一种非常可怕的武器，可以打开或关上前门，跟彼得和保罗能够打开天堂之门一样。那么，这种工具是否适合用来打开每个女儿的心扉呢？我认为不适合，只有上帝和爱情才能打开或关闭女人的心扉。

有爱情的人活着，活着的人就要工作，工作的人才有面包。她拥有女士的手，我拥有“素描家的手”，当我们愿意工作时，我们就不缺一日三餐，她的孩子也不会缺少。

提奥，我必须和她再见一面，再同她谈一谈。我需要前往阿姆斯特丹的路费，路费够了我就去。父亲和母亲已经答应，在这件事情上不反对我，只要我不把他们牵连进来。好弟弟，如果你寄给我路费，我就从海克给你画很多素描，你要什么我画什么。只要“不，永远不，永远不”这块冰开始融化，事情就不会变得更糟。

如果我不把压抑在心里的感情发泄出来，我想我会被憋死的。

正如你知道的，父亲和母亲在一边，我在另一边，凡涉及那位“不，永远不，永远不”的事，什么该做或不该做，意见没法统一。好吧，在听了一段时间情绪强烈地表达“不得体和不合时宜”（只是幻想你在恋爱，他们说你的爱是不文雅的）之后，又出现了另一个词，他们现在说“我在破坏家庭关系”。我“写信”这件事，是表达自己所受的真正委屈，但当他们坚持用“破坏家庭关系”这种卑鄙、鲁莽的话语时，我好几天没同他们说话，也没有在意他们。

我在这里有模特和画室，其他地方的生活费用更昂贵，我的工作会更加困难，请模特花的钱会更多。但如果父母真的要我走，我当然会走的。作为一个男人，有些事情是无法容忍的……

昨天，我又画了一幅素描：一个农家孩子，一大早把炉火点燃，炉灶上架着一把水壶，还有一个老人将引火的木柴放在灶台上。我很遗憾地说，我的素描里还有一些粗糙、冷峻的地方。我认为，她，还有她的影响，一定会让那些东西软化下来。环顾四周，我看到墙壁上挂满了关于同一类题材的写生——布拉班特人。这是我已经开始的一项工作。如果我突然脱离了这些环境，将不得不开始画另一种新的东西，这一类题材的作品就将会半途而废！那怎么成！自5月以来，我一直在这里画画；我开始了解和理解我的模特，我的工作正在取得进展，我花费了很多心血才进展到目前的状态。

因为这一原因，就停止一项业已开始并逐渐取得成果的工作，难道不算糟糕，难道不很荒谬？不，不，不能那样做！那样做不会是正确的。

父亲和母亲都老了，他们有自己的偏见和陈旧观念。父亲看见我拿着米什莱和维克多·雨果的法语著作时，就会联想到窃贼和凶手，或者想到“伤风败俗”，这太荒谬了。我经常对父亲说，“先看一看嘛，这种书只要看上几页，就会给你留下非常深刻的印象”，可父亲顽固地拒绝这样做。我坦率地告诉他，如果我必须在两个建议之间选择一个去做，我会更重视米什莱的建议，而不是他的。

我不会错过米什莱在人世间写下的任何作品。是的，《圣经》永恒，百读不厌，但米什莱给予我如此明确而实用的提示，可以直接适用于匆忙又狂热的现代生活，他帮助我们取得了长足的进步，我们离不开他。

被认为站在现代文明前列的那些男男女女，比如米什莱与哈丽特·比彻·斯托，卡莱尔与乔治·艾略特，还有别的许多人，他们正对你呼唤：“喂，伙计，不论你是谁，只要你怀揣着一颗心，帮我们寻找某种真实、永恒和正确的东西；你只从事一份职业，只爱一个女人。让你的职业成为现代职业，在你妻子身上造就一个自由的现代灵魂，把她从束缚她的可怕偏见中解救出来吧。”

我们现在都是成年人了，处于我们这一代人的底层。我们不属于父母和斯特里克姨父他们那一代人，我们必须更忠实于现代而不是古代——怀旧是致命的。如果老一辈人不理解这一点，我们也不必为此感到不安。我们要走自己的路，肯定会违背他们的意愿；事后他们会主动说：“是的，毕竟你们是对的。”

父亲和母亲在这方面对我很好，他们尽一切努力养活我。当然，我也非常感激这一点。但不能否认，吃、喝、睡觉对一个人来说是不够的，他还渴望更高贵、更高级的东西；是的，他肯定离不开那种东西。

我离不开的那种更高层次的感情，就是对凯表姐的爱。我宁愿放弃刚开始的工作和家里的一切舒适，也不愿停止给她或她的父母写信。你当然会关注我的工作，你已经花了这么多钱来帮助我成功。现在，我正在进步，画也有长进，我开始看到了一线光明。现在，我告诉你，我遇到了威胁。我只求安静地工作，可父亲似乎想把我赶出家门，至少今天早上他是这么说的。

为了工作和成为艺术家，人是需要爱的。一个在工作中需要感情的人，至少自己要感受到感情，并且用心生活。我想她开始明白，我既不是小偷，也不是罪犯；相反，我内心深处比外表更平静、更理智。刚开始时，她并不明白这一点，对我的印象确实不好。但现在，我也不知道是为什么，当天空乌云密布、到处是争吵和诅咒时，她那边却升起了一线光明。

父亲和母亲在“谋生手段”（他们是这样说的）这一问题上，心肠比石头还更顽固。要是存在立即结婚的问题，我当然应该同意他们的看法。但这完全是另外一回事，是关乎心肠的事。因此，我和她必须见面，必须相互写信，这是显而易见、简单合理的道理。

看在上帝的份上，让他们作一次让步吧；如果让一个年轻人为了老年人的偏见而牺牲自己的幸福，那就太愚蠢了。父亲和母亲在这件事上的确抱有偏见。

没有经历过挣扎和艰辛的艺术家，算什么艺术家？可挣扎和艰辛造就了一个傻瓜，那又算怎么回事？素描家从什么时候起失去谋生的机会了？

我又开始画一个忙着在地里挖土豆的人，还添加了一些周围的环境，背景是一些灌木丛和一片天空。我没法告诉你，在我能挣到更多钱并能花更多钱请模特的时候，那片田野会画得有多美；我能告诉你的是，我能画出更加与众不同的画来。对模特们来说，这也是一项艰巨的工作；更重要的是，我请的都不是专业模特，如果是专业模特，我也许会画得更好一些。

你对我的素描给予好评，超出了它应得的评价。请继续来信评论我的画作，别担心评论会伤害我；我愿把这种批评看作同情，其价值胜过阿谀奉承千倍。你对我讲的东西很实用，我必须向你学习，讲求实用。

如果有机会让别人对我的作品感兴趣，我想你尽可以放心地谈论我；为了画出更好的作品，我不得不花更多钱请模特。我现在每天花两角、两角五、三角钱，但不能每天都这样，这样真的不够。多花一点钱，我就可以取得更大的进步。

你知道，我不是故意惹父母伤心的人。当我必须做一些违背他们意愿的事情，常常使他们平白无故地伤心时，我也感到很遗憾。但不要认为，迟到的遗憾场景仅仅是由暴躁的脾气引起的。唉，以前我宣称不会在阿姆斯特丹继续学业时，后来在博里纳日拒绝那里的牧师要我做的事情时，父亲也说过失望的话。父亲和我之间确实存在着根深蒂固的误解。我相信，这种误解永远也无法完全澄清。但我们可以彼此尊重对方，双方在许多事情上看法一致，哪怕有时观点不同，唉，甚至完全相左。

我认为，我从来没从你那里拿到过比 10 荷兰盾火车票钱更多的钱，对我来说，如果我必须去却又因没钱去不成，这真是难以忍受。

“贪婪”是一个非常丑陋的字眼，但这个恶魔不会让任何人孤单。如果它没有时常诱惑你我，我反而会感到非常惊讶。即使到了现在，我们也倾向于“钱是统治者”这种说法。倒不是因为你和我真的屈服于这位财神先生并为他服务，而是因为他的确让你我操碎了心：我，多年在贫困中度日；你，在高薪中生活。这两种状态有一种共同的诱惑，那就是：向金钱的力量低头。现在，金钱魔鬼也许不会要你，让你觉得赚钱多是一种犯罪，也不会让我认为贫穷就是优点。不，像我挣钱这么慢是没有好处的，我得补救。为做到这一点，我希望你能给我更多有用的点拨。

你可以肯定，我会很努力地改变自己身上的许多东西。现在，改善自己经济状况的最好和最有效的方法，就是努力工作。仅仅这样做还不够，还得有我必须为之努力的其他事情。我要消除所有忧郁，以更开阔、更快乐的视角看待人生。我要多与其他人交往，尽可能恢复老关系，结交新朋友，这样对我有益。我会遭遇挫折（这是很可能的），但我会坚持下去，努力争取成功。

我给莫夫寄去了一幅素描，画的是一个在地里挖土豆的人，我想让他看看我的生活迹象。我常常想，是否可以到海牙去待上一段时间，但又总是把描绘布拉班特人和他们的生活空间当成自己的真正工作。我现在已经熟悉它了，即使在这里待上许多年，我仍能发现绘画题材。但是，坚持画布拉班特人并不妨碍我在其他地方寻求新的关系，甚至去其他地方住一段时间。所有的艺术家和素描家都这样做。

我在海牙继续写这封信。我住在莫夫家附近的一家小客栈里。

我对莫夫说："听我说，莫夫，你想去埃滕，想知道调色板的奥秘，但那不是几天就能做到的，所以我来找你。要是你同意，我就待上4—6周，待多久由你来决定；过了那段时间，我就已克服了绘画的第一道小难关。我很冒昧地向你提出这么多要求。"然后莫夫说："你带画来了吗？""是的，这里有几幅写生。"他对那些写生大加赞赏。与此同时，他也提出批评，不过批评提得太少。

莫夫说："我一直以为你是个笨蛋，不过现在我发现，事实并非如此。"我可以向你保证，莫夫这样朴实的一句话，比大量的虚伪赞美更令我高兴。嗯，他立即让我在一双旧木屐和其他静物前坐下，直截了当地对我说："调色板是这样使用的。"晚上，我也去他那里画画。

我无法告诉你，那些天，莫夫和吉特对我有多友善。莫夫还向我展示并讲解了一些东西，当然这些我不能马上做，但会逐渐付诸实践的。

同期，我也去了阿姆斯特丹。S 姨父很生气，不过他用来发泄愤怒的语言比"你该死"更礼貌一些。现在该怎么办？因为你知道，我回来时，对她的爱恋丝毫不比去的时候少，但这并不是因为受到了她的鼓励；正相反，她让我逗留了一阵子，确切地说，是 24 小时。

我也去见了特斯泰格先生。画家当中，我见到了（快乐的）魏森布鲁赫、尤勒斯·巴克赫伊曾和德博克。

我现在画了 5 幅油画写生、两幅水彩画，还有几幅速写。写生画的是静物，水彩画画的是模特写生——一个斯海弗宁恩的女孩。

我到这里差不多有一个月了，开销很大。莫夫给了我一些颜料之类的东西，我自己也得买很多；我还有几天花钱雇了模特，我还需要买双鞋。结果我超出了 200 法郎的限制，这次旅行总共花费了 90 荷兰盾。父亲认为这非常过分。

我想在这里多待一段时间，甚至在这里租一间房，比如在斯海弗宁恩逗留几个月。但照现在来看，我回埃滕也许情况会好一点。

不管怎么说，通过莫夫，我对调色板和水彩画的奥秘有了一些了解，这将补偿我此次旅行所花的 90 荷兰盾。

莫夫说，太阳正为我升起，不过现在还在云层后面。好吧，我没什么可说的，只希望自己能在较短的时间内画出畅销的作品来。是的，我甚至认为在必要时，手上这两幅画也能卖出去，特别是莫夫动笔润色过的那一幅。不过，我宁愿自己先保存一段时间，以便更好地记住这两幅画是怎样创作出来的。

水彩真是用来描绘空气和距离的好东西，连画中人物周围的空气都能画出来，仿佛能呼吸一样。我现在学会了关于色彩和使用油画笔的实用知识，我觉得自己会取得更大的进步。

海牙之行是一次我必须动情记住的经历。我怀着忐忑不安的心情去莫夫家，对自己说：他是否会用一些动听的承诺来搪塞我，还是我在这里会受到不同的对待？我发现，他通过各种方式帮助我，对我鼓励极大。但是，他并不赞成我做的每一件事和说的每句话，“这样画或那样画不对，”他总会同时补充道，“试试这种方法或那种方法。”

所以，当我离开他时，我有了几幅油画写生和水彩画。当然，这些画算不上杰作，但我仍然相信，它们比我以前画的那些画更合理。所以我认为，这是我认真画画的新起点。我现在拥有更多可供支配的技术资源，即油彩和油画笔，所有东西对我来说都是新的。

我们现在必须付诸实践。当莫夫看见我的写生时，他马上说：“你坐得离模特太近了。”在很多情况下，距离太近使我几乎不可能去目测模特的比例，而这肯定是我首要关注的事情之一。我必须设法在某个地方租一个大房间，房间或谷仓都可以；我还必须开始使用更好的颜料和绘画纸。对于画写生和速写来说，安格尔纸是非常好的，它比自己制作尺寸不同的素描本便宜得多，也比买现成的速写本便宜。

提奥，调子与色彩太妙了！没有学会对它们有感觉的人，离现实生活有多远啊！莫夫让我明白了许多以前不明白的事情。你没法想象，当我想起莫夫跟我讲赚钱的事情时，我开始产生了一种如释重负的感觉！

想想看，我多年来一直在用一种错误的姿势挣扎着。现在，就是现在，黎明的曙光真正来临了。真希望你能看到我带来的两幅水彩画，你会发现，它们跟别的水彩画完全不一样。它们可能还有很多缺陷，首先承认，我就很不满意；但它们跟我以前的画大不相同，看起来更明亮、更清晰，这还不排除今后其他的画会变得更明亮、更清晰这一事实。当然，一个人做事不可能一蹴而就，这需要一个渐进过程。

莫夫告诉我，经过几个月的艰苦努力之后再去找他，到时我就能画出可以出售的素描来，但我现在仍然处在一个非常困难的时期。模特、画室、素描和油画材料的费用都增加了，可我现在还没能挣到一分钱。

父亲的确说过，叫我不必担忧必要的开支。父亲对莫夫跟他讲的话以及我带回家的写生和素描都很满意；但我认为，很可悲的是，事实上，这一切费用将必须由他来支付。自从我来到这里以后，父亲从未从我身上得到过任何好处，反而不止一次地为我买东西，比如买外套和裤子；我也的确需要它们，但宁愿他没买那些东西。更主要的原因是，他买的衣裤有问题，不合身，对我基本没什么用。现在我觉得，那也真难为父亲了。唉，这又是人生的诸多小痛苦之一吧！

此外，我讨厌约束。父亲不是与我有同样感觉的那种人，比如我对你和莫夫的那种感觉。他不能理解我，也不同情我，我又不能向他信仰的那套理论妥协——他那套理论令我感到压抑和难受。我偶尔也读《圣经》，但从《圣经》中读到的东西与父亲看见的东西截然不同。在我读书时——我其实不会读得太多，只读少数几个作家的作品，这样做是因为他们看待事物的眼界更开阔，方式更温和、更可爱，还因为他们更了解生活，这样我就能向他们学习。但是，所有关于善与恶、道德与不道德的那些垃圾书籍，我都极少去关注。

一天晚上，我沿着凯瑟尔格拉奇散步，边走边寻找那栋房子，后来找到了。我按响门铃，然后被叫了进去。除了凯，他们都在。作为神职人员的S姨父说，他正打算给我寄一封信，并想把这封信大声读出来。可是我问道："凯在哪里？"（因为我知道她就在城里）。S姨父说："凯一听说你来，就出去了。"好吧，我现在有点了解她了，但我声明，我当时不知道，现在也不确定，她当时的冷漠和粗鲁到底是好征兆还是不好的征兆。现在我非常清楚，除了对我之外，我从未见她在表面上或实际上对任何人显得那样冷酷、无礼和粗鲁。

"要不要让我听那封信，"我说，"都无所谓。"

这份"文件"写得彬彬有礼，颇有学问。除了要求我停止联系之外，再也没有什么别的实际内容。信中建议我积极努力，不要再想这件事。我仿佛听见牧师在教堂里踱着方步，然后高声说："阿门！"然后，我也尽可能平静而礼貌地说："是的，我以前听到过这样的意见；但是，现在还有别的意见么？"这时，S 姨父抬起头来。他认为人的感情和思维能力已经达到极限，我却并不完全相信，他似乎对此感到惊愕。在他看来，不存在任何"别的"可能性。我有点激动，发了脾气；S 姨父也发火了，就像牧师所能做的那样。

但是你知道，在我看来，我是爱父亲和 S 姨父的，所以我作出了退让。到了晚上，他们告诉我，如果我愿意，可以留下来过夜。我说："我非常感激，但如果凯在我到来时离家出去了，我认为留下来过夜不是时候。"然后他们问："那你住哪里？"我回答说："我也不知道住哪里。"于是，姨父和姨母坚持要带我去一个又好又便宜的地方。唉，两位老人还陪着我走过寒冷的、雾蒙蒙的泥泞街道，他们真的指给我一家既好又便宜的客栈。

你瞧，这里面存有一些很有人情味的东西，它使我平静下来。我和 S 姨父又谈过几次，但再也没有见过凯。

我们这些努力谋生的人，为什么不可以生活得好一点？在阿姆斯特丹的这 3 天里，我感到很安静、很郁闷，所有的讨论都显得那么凄凉。到最后，我开始感到非常沮丧。我对自己说：你不会又变得忧郁起来，是吗？于是，在一个周日上午，我最后一次去了S姨父家，对他说："听我说，亲爱的姨父，假如凯是天使，那么她对我来说太高了，我想我不会再爱上天使；假如她是魔鬼，我不想和她有任何瓜葛。在当前的情况下，我还把她看作一个真正的女人，有女人的激情和喜怒哀乐。我深深地爱着她，这是事实，我为此感到高兴。"S姨父也没有多少话要说，只是嘴里嘟哝了几句关于女人激情的话。我不太记得他具体说了些什么，然后他就上教堂去了。

我仍然感到浑身冰凉，仿佛自己倚靠在刚粉刷过的一堵冰冷坚实的教堂墙壁上，倚靠得太久了。我不想被那种感觉吓倒。做一个现实主义者是有点冒险，但是提奥，唉，请接受我的现实主义吧。我告诉过你，我的一些秘密并不是秘密，我不会收回那句话，不论你怎么看我，不管你是否赞同我做的事，这些现在都不再重要了……

然后我就想：我要去找女人；没有爱，没有女人，我就没法活下去。如果没有某种无限的、深奥的、真实的东西，我的生活就一钱不值。可是，接着我就对自己说：你说过，"非她不娶"，可你现在却想去找别的女人，这不合情理，完全不合逻辑。我的回答是：究竟谁是主人，是逻辑还是我？是逻辑因我而存在，还是我因逻辑而存在？关于我的不理性和缺乏理智，真的毫无理由和道理吗？

我现在快30岁了，你是否认为我从未感到过对爱的需要？凯比我的年龄还大，还有过爱情经历，但正因如此，我才更爱她。如果她只想一味生活在旧爱之中并拒绝新的爱情，那是她的事。如果她继续这样回避我，我不能因为她而扼杀我所有的精力。不，我不能那样做。我是爱她，但不会让自己被冻僵并失去勇气。刺激与火花才是我们想要的，那才是爱情，而不仅仅是精神上的爱情。我只是一个男人，一个有激情的男人。我必须去找女人，否则的话，我会被冻僵，会变成石头，要不然就会被吓晕……对我来说，那堵该死的墙的确太冷了。我内心深处经历了一场激战。在战斗中，我所知道的生理学和卫生学知识的一方取得了胜利，我也从惨痛的经历中吸取了教训。

我无须四处寻找。我发现了一个女人，不算年轻，也不漂亮。她个子很高，体格健壮；她没有凯那种女士一样的手，却有一双很能干活的手；她并不粗俗，也不平常，她身上很有女人味。她让我想起夏尔丹[1]、费雷尔，也许还有扬·斯

[1] 夏尔丹（Jean-Baptiste-Siméon Chardin，1699—1779），18世纪法国著名画家，市民艺术的杰出代表，法国皇家学院院士，画风平易、朴实，反映了新兴市民阶层的美学理想，代表作有《洗衣妇》《厨娘》《小孩和陀螺》《午餐前的祈祷》《铜水罐》等。

滕[1]笔下的一些奇特人物。好吧，人们看得出来，她经历过许多忧患，生活对她来说十分艰难；哦，她并不出众，没有任何异乎寻常的特别之处。

这个女人没有骗我——那种把所有女人都看成骗子的人，真是大错特错，只能说明他自己理解力贫乏！这个女人对我很好，而且很善良。

她住在一间简朴的小屋里，墙上的普通壁纸让屋里呈现出一种安静的灰调子，却像夏尔丹的画一样温暖；木地板上铺着一张深红色的旧地毯，地毯上面铺着坐垫，房间里有一个普通的厨房火炉、一个五斗橱和一张简易大床，是一个真正的职业女性的房间。第二天谈话时，她只好站在洗衣盆边。我们什么都谈，谈她的生活，她操心的事，她的痛苦和健康。跟她在一起谈话很有趣，比跟我那位博学的、像教授一样的表兄谈话还有趣。

我现在告诉你这些事情，是希望你明白，虽然我有点多愁善感，但还没有伤感到愚蠢的程度。我想保持一定的活力，保持头脑清醒，保持良好的身体状态，这样才能做好工作。

我把这事也告诉你，是为了让你不再以为我还处于一种

[1] 扬·斯腾（Jan Steen，1626?—1679），荷兰 17 世纪风俗（日常生活）派画家，善于描绘各种日常生活，代表作有《江湖医生》《快乐的家庭》等。

忧郁、抽象和沉思的情绪中。相反，我一直都很忙，不仅仅是想，而是实实在在地忙于油画、水彩画和寻找画室。

有时，我盼望这3个月的时间快点过去，以便再去莫夫那里，但这段时间也会带给我一些好处。莫夫送给我一个油画箱，里面有颜料、油画笔、调色板、刮刀、调色油和松节油；总之，所需物品一应俱全。这件事解决之后，我就要开始画油画了。我很高兴事情进展到这一步。

嗯，我最近画了不少素描，特别是人物写生。要是你见到这些画，就会明白我正在朝哪个方向前进。当然，我更渴望听到莫夫会怎么说。有一天，我还画了一幅有好多儿童的素描，我非常喜欢这幅画。

这些日子正值色彩斑斓的美丽季节。等我在油画方面有所进步，我会把这种景色成功地画下来，但我们现在必须坚守重点。我现在既然已经开始画人物素描，就要坚持画下去，直到把人像画好。我到野外画树木写生的时候，把树木当作真人来画。我指的是，要特别关注树木的形状、比例和结构，这是素描家必须考虑的第一要务；然后才是造型、色彩和周边环境。正是在这些方面，我需要得到莫夫的建议。

提奥，我真是太喜欢我的油画箱了。我认为现在得到它，要比我刚开始学画画时就得到它更好，因为至少已经有了一年的素描基础了。

在荷兰，我感觉更加自在。嗯，我认为我将再次成为一个地地道道的荷兰人，不论是在性格还是在素描和油画风格方面。

我将在 3 月去海牙，然后去阿姆斯特丹。

提奥，我真正的职业生涯开始了。我这样考虑问题，你认为对吗？

第二部

1881 年 12 月—1883 年 9 月

1881年12月，海牙[1]

我的脑子和心里充满了各种各样的东西，必须用素描或图画表达出来。一年之后，我的工作会进展得怎么样呢？

圣诞节期间，我和父亲发生了激烈争吵。父亲叫我最好离开那个家。好吧，他说得斩钉截铁，我当天就离开了。原因是我没去教堂，并且说如果要强迫我去，我就不会考虑再去，就像我在埃滕时经常做的那样；还说我认为他们那一整套宗教体系非常可怕。这样说，是因为在我生命中的悲惨时刻，我深深地陷入其中，如今再也不想去思考那些问题了。唉，事实上，在这整件事的背后，还有很多别的事情，包括今年夏天发生在凯和我之间的事情。

[1] 1881年12月25日，与父亲发生激烈争吵后，梵高搬往南荷兰省的海牙，此后他只能从提奥那里接受资助。1882年1月，他建立自己的画室；1月底，遇到西恩；6月，在海牙市立医院接受淋病治疗。7月，西恩带着5岁的女儿和新出生的儿子住到梵高处。11月，梵高练习石版画技术，以期找到一份插画师的工作。1883年9月，他决定离开海牙和西恩，搬往荷兰东北部德伦特省的乡下。

我回到莫夫那里，对他说："听我说，莫夫，我在埃滕待不下去了，必须到别的地方去住，我更喜欢这个地方。""那好，"莫夫说，"那就住下来吧。"因此，我租了一间画室——也就是可以做画室的一个房间和壁龛，在城郊的施恩韦格，距离莫夫家有10分钟的路程，每月租金7荷兰盾。窗户朝南，又高又大。我想再过一段时间，房间会显得舒适一些。你可以想象，我感到很兴奋。

我现在木已成舟，骑虎难下。总有一天我要独立创业，现在是不太方便，可又有什么办法呢？

有很多烦心事需要我操心，但我仍然有一种满足感。既然已走到这一步，我就不能再走回头路。尽管这条路可能很艰难，但它已清楚地展现在我眼前。

父亲曾说，如果我需要钱，他可以寄给我，但现在已经不可能了。我必须脱离父亲完全独立。怎么独立？我现在也不知道。我和父亲之间的关系，是很难轻易改变的，我们之间的观点和意见分歧实在太大了。

1月1日，我将搬进新画室。屋里没有床，地板上铺一张地毯也可以将就，但莫夫坚持要我买一张床和几样家具。他说："没钱我可以借给你。"照他的说法，我必须穿好一点，不要过分节俭。

我不希望与其他画家有太多交往。每天，我都发现莫夫更值得信赖，我还有什么别的可求呢！我现在已知道自己要往哪个方向发展，就无须躲躲藏藏。我不会回避与人见面，但也不会刻意去寻找他们。

我买的家具是真正“稳重的风格”，就像你所说的，但我认为我的家具比你的更“稳重”，尽管这个词是你发明的。比如，我有真正的厨房椅子和真正牢固的餐桌。

莫夫借给我 100 法郎，作为房租、买家具以及调整窗户和光线之用。你可以想象，我起初非常害怕负债，但这是唯一可能的办法。从长远来看，自己有家具，比花钱买一间所谓的带家具的房屋要便宜得多。我指望你至少在 1 月给我寄 100 法郎来。

莫夫给予我极大希望，我很快就会开始赚钱。我现在有自己的画室，就不会给怀疑我业余、懒散的那些人留下不好的印象。

对于已经发生的事，我不认为是一种不幸；正相反，尽管怀有各种各样的情感，我还是感觉到一种平静，有一种危险之中的安全感。如果我们连尝试新事物的勇气都没有，生活会像什么样子？对我来说，这将是一段艰难的旅程：潮水猛涨以致淹到了嘴唇，也许会涨得更高，但我将进行自己的战斗，我会珍惜自己的生命并努力赢得最好的结果。

弟弟，我现在有了真正的画室，我真高兴。我不敢奢望这事发生得这么快。莫夫正忙于画一幅马拉小渔船上沙丘的大型油画。我觉得在海牙过得很愉快，我在这里发现了许多美丽的东西，我必须努力画出来。

我们已作好安排，我定期画模特写生；这是最终也是最便宜的一种方法。糟糕的是，我口袋里没钱，请不起模特，所以几乎什么也做不了。天气太糟糕，我无法坐在外面写生，但还是试了几次。过去的这几天，我一直感到焦虑不安。我一直在寻找模特，也发现了几个，可请不起。这时，我还得在莫夫面前装作若无其事的样子，莫夫已经为我做得够多了。他答应我会立即提名我成为“普尔奇里”俱乐部的特殊会员，这样我就可以每周两个晚上去那里画模特写生，还可以与其他画家有更多交流。

我没法加深与德博克的友谊，他这个人缺少毅力。谁要是跟他讲一点基本常识方面的道理，他就会生气。他对风景画情有独钟，知道如何使其增添魅力，但还是不能引起人们的注意。他的画主题太模糊、太单薄了。

无奈之下，我今天去了古皮公司，因为想借上帝的名义让特斯泰格借给我一点钱。他给了我 25 法郎，直到我能收到你的钱。如果我们双方同意，由特斯泰格出面安排一下也许更好一点。你知道，提奥，我必须确切地知道我可以期待什么，我必须事先估算我能做哪件事。如果他不信任我，他可以控制开支；如果我不能像过去3周那样继续工作，那就太可怕了。

对你我来说，这是一个奋斗的时刻。我认为我们正在取得进步。

你说："现在是莫夫吸引着你，你在每个人身上寻找他那样的品质，任何跟他不一样的人都不合你的品位。"

我在给父亲的信中坦陈了这件事，说租了一间画室，向他致以新年的最好祝福，希望在新的一年中我们不要再发生争吵。别的就没什么可说的了，也无须多说。

你说："总有一天，你会为此事深深后悔。"亲爱的弟弟，我认为，我做过很多感到后悔的事。眼见情况不妙，我就尽力回避；可是，我没能躲过去。过去的事就让它过去吧。我还会再后悔吗？不，我真的没时间去后悔。素描越来越成为我的一种激情，就像水手对大海的激情一样。

要是在埃滕过这个冬天，情况会好很多，对我来说也更容易，尤其是出于经济原因。假如我开始考虑并为此事焦虑，便会再一次陷入忧郁。既然来到这里，我就必须设法渡过难关。我全身心地投入工作，还有什么可说的呢？埃滕已经失去了，海克也一样，我将努力在失去的地方赢回一些东西。

至于莫夫，是的，我很喜欢他，还很敬重他，我喜欢他的作品。能够向他学习，我认为这是自己的幸运。但是，除了莫夫本人，我也不能把自己局限在一个体系或一种理论中。除了莫夫和他的作品，我也喜欢其他画家，那些与他的绘画方式完全不同的人。至于我本人和自己的画作，其中或有一些相似性，但肯定也有所不同。当我喜欢某人或某样东西时，我总是真诚地喜欢，有时还会充满激情，但不会从体系上发现只有少数人是完美的，其他人则不值一提——远非如此。

我的画室现在看起来不错，我希望你能在某个时候亲自来看看。我把所有的写生挂在墙上，还希望你能把我的画寄还给我——它们可能对我有用处。它们可能卖不出去，我欣然承认它们所有的缺陷，但那些画中有一些自然的东西，因为它们是用某种激情画出来的。

我买了一些花，其中有几盆含苞待放。此外，房间里还有另一种装饰。我从“图表店”非常便宜地买到一些很漂亮的木版画，不是锌版印刷的铜版画，而是直接从木板上拓印的木版画，这正是我多年来一直想要的东西。其中一些作品堪称一流，比如，费尔德斯的《无家可归》，赫尔科默的两幅大型作品和多幅小型作品，弗兰克·霍尔的《爱尔兰移民》和沃克的《旧门》。

我是怀着平常心来保存这些美丽的作品的，因为虽然自己还远远不能画出完美的素描，但我在墙上挂了几幅自己画的农民的写生。它们证明了我对这些艺术家的热爱并非爱慕虚荣，也表明我在努力画一些写实但又饱含情感的作品。

莫夫教了我一种新画法，就是画水彩画。好吧，我现在非常专注于水彩画，常常坐着胡乱涂抹一阵，之后清洗掉，然后再画。我一开始画了几幅较小的水彩画和一幅很大的水彩画。提奥，我告诉你，我第一次把钢笔素描拿给莫夫看的时候，莫夫就说，“你现在必须尝试一下炭笔、粉笔、笔刷和擦笔”。我用那些新材料来画画却遇到了很大麻烦。我一直很有耐心，但似乎毫无起色，有时急得我把炭笔扔到地上去踩，心情非常沮丧。但是，过了一段时间后，我给你寄去了一幅用炭笔、粉笔和笔刷完成的素描，然后带着一大堆画回去找莫夫。当然，他从中找到了一些东西来进行理性批评，我终于向前迈出了这一步。

我现在又回到了时而有耐心时而急躁不安的状态。莫夫说我至少得画坏10幅左右的素描，才能知道如何用好笔刷。

此后就是更加美好的未来，所以我尽可能平静地工作，即使出错，也不再感到灰心丧气。

这里的天气很不好，所以今年冬天对我来说不那么好过。但我还是很喜欢这里，特别是有了自己的画室，这件事使我感到格外高兴。

人们告诉我今天有人去找过我，我想可能是特斯泰格先生。我希望如此，我有几件事要同他谈。他说明天上午会再来。

小幅水彩画中，有一幅是我画室的一角，有个小女孩在那里磨咖啡。我试图表现好调子，她的头或一只手明亮而有生机，同时壁炉、砖和木地板也与背景形成鲜明对比。我会让这幅画至少四分之三呈现出肥皂绿的风格，而只把小女孩所坐的那个角落处理得精致、细腻且富有感情，才是我想要的效果。你知道，我现在还仍然不能把我的想法全部表达出来，但在我看来，这里的要点在于克服种种困难：包括肥皂绿那一部分还不够绿，以及与之相对比的细腻部分还不够细腻。但不管怎样，我还是把草图画了出来，并且思路是清晰的，在我看来也相当不错。当然，你不可能第一天就掌握所有技术。

提奥，我在请模特这件事情上遇到很大麻烦。我去寻找了，可是找到后却很难让他们到画室里来。今天上午，铁匠的孩子没有来，因为他父亲要我每小时支付 1 荷兰盾。就我自己来说，我向你保证，我会尽全力工作；可请模特这件事通常取决于我口袋里有没有钱，它又决定了我绘画的速度是全速还是半速，或者干脆什么都不画。当然，你明白我最喜欢全速前进，不过——唉，你明白我是什么意思。我必须控制自己，直到有更多空间和更大自由。

现在，我在这里安顿下来，每天都会冒出一些小费用。每月 100 法郎足以应付我自己的开支，我花的都是必须花的钱；我尽可能地节衣缩食（我去施粥场吃饭），但每天请模特，供他们吃饭都要花钱，这就完全是另一回事了……可我希望你不反对我继续下去。

又一周过去了。每天上午到晚上，我固定请一个模特，模特很不错。我一直在画水彩画，越来越喜欢。明天，有一位老婆婆来给我做模特。

与此同时，我打算继续画小型钢笔素描，但与今年夏天的大型钢笔素描有所不同：会稍微粗糙一些，更加朴实一些。我外出时，经常在施粥场或三等候车室等地方画一些速写。

所以你瞧，我并没有闲着无所事事，而是努力地在这里扎根。莫夫来看过我，特斯泰格也来过，我非常高兴。我正在取得进步，我将学习画水彩画，然后要不了多久，我的作品就可以拿去卖了。特斯泰格先生说，要是我的小型素描画得还不错，他可能会买一些。我还完成了那个小个子老太太的素描（我给你寄过它的草图）。总有一天，它一定会卖出去的。

相信我，我整天都在刻苦学习，我很高兴这样做。要是不能越来越努力地工作，我会感到非常沮丧。至于素描的尺寸大小和题材，我将乐意听取特斯泰格先生和莫夫的建议。我最近画了几幅大尺寸的素描。昨晚，莫夫对我说，“它开始看上去有点像水彩画了”。好吧，如果我取得了这样大的进步，就既没有浪费时间，也没有浪费金钱。我已经在更大尺寸的画纸上尝试过油画笔与油彩的力量，我也可以冒险画一些尺寸小一点的。

提奥，我觉得自己心里有一股力量，要尽量把它释放出来。糟糕的是，每件事都要让你花钱，但事情还没糟到去年冬天的程度。我会努力工作，一旦掌握了运用画笔的更大力量，就会比现在更加努力工作的。如果我现在积极进取，那么离你不用再寄钱给我的时间就不会太遥远了。

我最担心的事情发生了。我身体一直不好，现在我病倒了。我不时感到头痛和牙痛，还因为焦虑而发烧。我很害怕，不知怎样熬过这一周。我支撑着起来，结果又回到床上。我已经在床上躺了将近 3 天，一直发烧，心情很紧张。我清楚地感觉到，令我失望的是我的体力，而不是热情和勇气。

每天支出的小费用令我担忧。我的素描材料相对较少，仅有的那几样也有缺陷：比如，本周我的画板像水桶一样弯曲了，因为太薄了；我的画架也在搬运途中损坏了。有时候，我的衣服需要缝补，莫夫在这方面已经暗示我好几次了。你知道，我的衣服大多是你的旧衣服改制的，买的几件质量都很差。它们看上去很寒酸，尤其是在绘画时都染上了油彩，就更难保持体面；靴子也一样，内衣也开始穿烂了。

我已经和莫夫安排了一些我应该做的事情，我应该去室外画模特，可我已经身无分文，莫夫则认为我害怕画室外模特。有时，一个人会不由自主地感到沮丧，往往是在心情愉快的时候，哪怕只是暂时的，也是人感到无助时的邪恶时刻。

只要继续努力，要不了多久，我的作品就能赚钱。但在那之前，如果我不得不去思考许许多多不如意的事，那会妨碍我的进步。面对模特时，我不知道拿什么来支付给他，或者不知道第二天还能不能继续。为了工作，我必须保持冷静和安静，但现在太难了。我认为，一幅素描的成败很大程度上取决于画家的心情和条件。我试着尽我所能保持愉快和头脑清醒。但有时，就像现在一样，一种沉重的忧愁压倒了我，然后它就变成了诅咒。这时唯一能做的事，就是继续画画，因为莫夫、伊斯拉埃尔斯和别的许多人，他们知道如何从每一种情绪中获益，他们是我这种人的榜样。

莫夫来看过我，我们再次达成共识：要保持勇气，勇往直前。但我对自己很生气，因为不能做自己想做的事。在这种时刻，人会觉得自己像一个被捆绑住手脚、深陷在黑暗的井底的人，处于完全无助的状态。

现在我好多了，昨晚居然又能起床，在屋子里翻箱倒柜地找东西了。今天早上，模特又来了。我和莫夫商量着叫她如何摆姿势，我试着画了一点，但没法画完。整个晚上，我都感到很虚弱。如果我再休息几天，病就全好了。如果我当心一点，就不必担心再次发病了。总之，我觉得自己不像几年前那样强壮了；那时，从来没发生过卧病在床一天的情况。

唉，我的青春已一去不复返了。我不是指对生活的热爱和精力，而是指一个人感到轻松愉快、无忧无虑的时光。

莫夫说一切都会好起来的，但我的水彩画还是没到能卖的程度。当我的素描变得黑乎乎、脏兮兮、乱糟糟时，莫夫就会安慰我说："如果你的作品现在就是通透的，它只会具有一种特定风格，可能以后就会变得厚重起来。现在你坚持不懈地画，虽有点厚重，但之后它很快就会变得明快起来。”如果真是这样，我倒不予反对。现在，你从我寄给你的那幅小作品中可以看出来，那幅素描是在十多分钟内画完的，但在此之前我画了一幅尺寸更大的。那幅大素描变得很厚重，我画得很艰难，只是当模特意外地重新摆出那个姿势后，我才在一张剩下的沃特曼纸上画出这幅小作品。但水彩画实验相当昂贵——画纸、颜料、画笔、模特都要花钱，另外还很耗时间。

不过，我还是认为，最节俭的方法就是坚持画下去，这段艰难的时期必须熬过去。今年夏天在埃滕的时候，你谈到了我画水彩画的事，当时我甚至不知道该如何着手。

工作越来越吸引我，只有在必要时，我才会努力地从工作中挣脱出来，去写信或者拜访别人。我去看特斯泰格的时候，随身带了几幅素描。他说这几幅比其他的画得更好，并让我再画一些小幅作品，我现在就在忙活它们。我还新画了一幅钢笔素描，画的是一个老太太坐着做针线活。嗯，我开始更习惯于我的模特了，我要继续与她合作。在最近两幅写生中，我对人物把握得更好了，看到那两幅画的人都这样对我说。

几天前，我写信给科尔叔叔，告诉他我在这里有了画室，希望他来海牙时来看看我。文森特伯伯也告诉我，只要我画完一幅比今年夏天那些更小点并更接近水彩画的素描，一定要把画寄给他，他说他会买下来。

你一定要告诉我，你能否弄清楚杂志社喜欢采用什么样的素描？我认为他们可能会选用各种不同类型的人物钢笔素描，我很想画一些适合印制的东西。

最近，我有时和年轻画家布莱特纳一起出去写生。他画得很好，跟我的风格完全不同。我们经常去施粥场或候车室画速写；他偶尔来我的画室看木版画，我有时也去看他。

昨天，莫夫教我画人手和人脸，使颜色保持透明。我必须努力忘掉通过自学得来的一些东西，学会以不同的方式看待事物。一个人要经历很多磨炼，才会对事物的比例具有稳定的眼光。我认为，在我最近的画中，比例比以前好多了——这是迄今为止我的素描中最糟糕的错误；感谢上帝，这种情况正在改变，我现在不怕画任何东西了。

对我来说，与莫夫相处并不总是件很容易的事，我认为我们彼此都很紧张：他需要付出真正的努力才能让我明白，我也同样需要努力才能理解并把他讲的东西付诸实践。但我认为，我们开始理解对方。比起表面的同情来，理解是一种更深厚的感情。他正忙于他的大型图画，画得真棒；他还忙着画一幅冬季的风景画，还有一些精美的素描。我想他在每一幅画、每一幅素描中，都融入了自己生命中的一小部分。最近他说："我似乎没有以前那样坚强了。"凡是在那一时刻看见他的人，绝不会忘掉他脸上的表情。

今天是 2 月 18 号。特斯泰格先生花 10 法郎从我这里买走了一幅小素描，10 法郎够我过一周了。但他要小素描，只要水彩画。我可以再次向你保证，为了在好卖的画（即水彩画）方面取得进步，我工作非常努力，但这不是一下子就能做到的。鉴于我开始画画的时间很短，要是我能成功地画出来，到时也许会画得很快。

除了特斯泰格先生买走的那幅素描，本周我还画了另外 3 幅写生。弟弟，我们（你和我）必须继续前进，总有一天会收获果实的。

今天下午，德博克来看我，正遇上我和模特在一起工作。当德博克看到她时，说也想画她。可德博克说归说，就是不这样做。我很高兴自己一直在画人物，人像更费时、更复杂，但从长远来看，我认为这样做值得。

最近，莫夫对我帮助甚少。今天早上，我还在为令我非常担心的某件事情感到怀疑，但现在我可以安心一段时间了。

莫夫的身体很不好——这事很平常。但我确信，他最近对我态度冷漠，只不过是因为他生病了，并非因为他认为我的工作出了什么差错。他这样说："我并不总是有心情教你画画，有时我太累了。遇到这种时候，你就必须等待一个更好的时机。"

目前，魏森布鲁赫是唯一被允许去看望莫夫的人。我想我应该去和他谈一谈，因此今天去了他的画室。他一见到我，就哈哈大笑，说："我猜你来肯定是要谈莫夫的事。"接着，魏森布鲁赫告诉我，他那天来访的原因是莫夫对我有所怀疑，所以派他去看我，以便听一听他对我作品的看法。后来，魏森布鲁赫对莫夫讲："他画得很好，我也能从他的写生中学到一点东西。"

他接着说："他们称我为'无情剑'，我也被这样称呼。要是我在你的写生里没发现什么好东西，我是不会对莫夫这样说的。"现在，只要莫夫生病或者忙于他的大型画作，我就会去找魏森布鲁赫，他叫我不必担心莫夫对我的态度变化。我问魏森布鲁赫觉得我的钢笔素描怎么样。"挺好的。"他说。

当我告诉他"我看什么东西都像钢笔素描"时，他说，"那你一定要用钢笔来画"。接着，我告诉他，特斯泰格先生因此批评了我。"别往心里去，"他说，"莫夫说你天生就是个画家，但特斯泰格不赞成，莫夫站在你那一边反对特斯泰格的看法，当时我也在场；如果下次再遇上这种事，我也会站在你这一边，因为我见识过你的作品了。”

我并不太在意“站在我这边”，但我必须说，我真受不了特斯泰格先生一再对我说，“你必须开始考虑独立谋生”。我觉得这种说法太可怕了，我所能做的就是保持冷静。我竭尽全力地努力画画，毫不顾惜自己，他们不应该因为我的画没有卖出去就责备我。

我认为，现在能够不时去拜访一下魏森布鲁赫这样的聪明人是一种极大的荣幸，特别是在他们遇到麻烦的时候。比如，他今天上午就是这样做的——让我看他们正在画的一幅素描（还没有完成），并解释将如何完成它——那正是我求之不得的。每当你有机会看别人画油画或素描时，一定要仔细观看；我认为，假如很多画商知道那些画是如何画出来的，他们将会对很多作品作出不同的评判。

今天，我请了一个孩子做模特。他必须休息半小时，我就利用这半小时来写信。

提奥，你千万不要见怪，不要认为我是在挑你的毛病。你给我讲了一些你认为可能会让我高兴的东西，可是我根本高兴不起来。你说那幅小水彩画是你见过的我画得最好的画。

唉，其实并非如此。你拥有的我的那些写生要好得多，今年夏天的钢笔素描也更好。我把那幅画寄给你，只是要让你知道，我要在某个时候画水彩画并非不可能，其他作品里有更为严肃的研究和更多特色。如果说我在什么事情上反对特斯泰格先生的话，就是这件事；他不鼓励我刻苦画模特写生，而鼓励我形成一种绘画风格，可是从我自身的性格和气质来看，这种风格又不完全适合我想要表达的内容。

卖出去一幅素描，我当然感到高兴，可我更高兴同魏森布鲁赫这样真正的艺术家去谈论一幅卖不出去的写生或素描："这才是真正的自然，我自己也会画那样的东西。"金钱于我很有价值，尤其是现在，但在我看来最重要的还是要画一些严肃的作品。

对了，魏森布鲁赫在谈论一幅描绘草地的风景画时，说过这样的话；莫夫在谈论一幅人物画时，也讲过这样的话。那幅画描绘了一个老农坐在火炉边沉思，他仿佛在炉灶冒出的火焰或浓烟中看到了历历往事。做到这一点，所需的时间可长可短，但最可靠的方法是深入大自然。

我将越来越少地追随他人，不管他们是谁，不论是画商还是画家；我唯一要追随的人，就是模特。至少对我来说，绘画没有模特是绝对错误的。

提奥，总而言之，曙光开始出现时是令人愉快的，我现在确实看见了曙光。画一个人，一个活人，真是件很美妙的事；这事很难，但毕竟很精彩。你来信说很快要来荷兰了，我非常高兴。你来的时候，希望我们在画室里能安静地共度一段时间。

自收到你的来信和汇款后，我每天都请一个模特，更确切地说，不止请一个模特。我已经从同一个家庭请了3个人：一个45岁、身材矮胖的女人，她30岁左右的女儿，还有一个年龄在10—12岁的孩子。他们都是穷人，但他们都很乐意当模特。他们还有合适的衣服：美利奴黑色羊毛衫、漂亮的帽子和披肩。你不必太担心钱的问题，我一开始就和他们商量好了：我现在付的钱实在太少，以后再补上。

明天，我要举办一个儿童聚会，有两个孩子，我必须边娱乐边画画。下周日，我将请一个孤儿院的孩子做模特，那是个很了不起的孩子。

我想让画室里多一些生机，想把邻近的各种熟人都请来作画。也许我真的不能与那些非常传统的人相处得很好，但我也许可以和穷人或所谓普通人相处得更好。我放下了一切，对自己说：作为一个艺术家，我生活在自己能够理解和想要表达的圈子里，这样做是对的。与模特交流是一件令人愉快的事情，我能从他们身上学到很多东西。

现在又是月初了。

布雷特纳正忙于一幅大型油画，画一个挤满人的市场。昨天晚上，我和他一道去街上进行人物观察，以便今后在家里用模特来表现他们。就这样，我画了一幅在吉斯特遇见的老妇人的素描，吉斯特简直是一座疯人院。

我必须设法让人买我的素描，但如果我负担得起，我应该把现在画的每一幅画留给自己。我在画单一的人物时，总是把他当作更多人物组合中的一个。但是这些更多的人物组合只能慢慢成熟，比如要画一幅 3 个女裁缝的素描，你至少得画上 90 个女裁缝才行。

特斯泰格先生来看过我。

你在 2 月 18 日的来信中说："特斯泰格先生来这里时，我们谈起了你。他告诉我，无论需要什么东西，你都可以去找他。"既然如此，为什么几天前我向他要 10 法郎，他在把钱给我时，又对我多加指责，让我险些控制不住自己？如果那 10 法郎是给我自己的，我就该把钱扔到他的脸上，可是我得付模特的钱，一个生病的可怜女人，我没法继续再拖欠她，所以我才保持沉默。但在今后的 6 个月里，我不会再去特斯泰格那里，不会跟他说话，也不会再让他看我的作品。

亲爱的提奥，你也许会说：“你必须和特斯泰格保持良好关系，他对我们来说就像大哥哥一样。”可是，亲爱的弟弟，他也许是对你很好；多年来，他让我看到的，只有不友善和粗暴的一面。

提奥，有件事简直近乎奇迹！！！

科尔叔叔让我给他画12幅小尺寸的钢笔素描，画海牙风景，其中有几幅已经画好了。

科尔叔叔来看我时，我拿出夹着小幅写生和速写的画夹。一开始，他什么也没说，直到看到一幅小素描，那是我和布雷特纳一道在午夜12点散步时画的速写，画的是在泥炭市场眺望帕德莫斯（在新教堂附近的犹太人居住区）。第二天早上，我又用钢笔重新画了一张。

“你能再画一些这样的城市风景画吗？”科尔叔叔问道。“可以，有时画模特写生画累了，就画点风景来自我调整一下。这是画弗利尔斯蒂格的，画吉斯特的，画鱼市场的。”“那为我画12幅。”“好的。”我说道，“可这是做生意，我们必须立即敲定价格。我已经为这种尺寸的小素描定好了价格，不论铅笔素描还是钢笔素描，一律售价2法郎50生丁，你觉得是否合理？”

“不，”他说，“如果画得好，我会让你再画12幅阿姆斯特丹，到时我亲自定价，以便你能够多得到一点收益。”

嗯，我认为这次来访的结果没什么不好，我本来多少还有点害怕他来访。我会尽最大努力画好这些小素描，并努力将一些特色融入其中。我想，弟弟，还会有更多这样的生意要做的。稍加练习，我可以每天完成一幅。你瞧，如果画得好的话，它们每天都能为我赚回一块面包和请模特的 1 个荷兰盾。漫长的夏日即将来临，我要为自己的“饭票”而画，也就是说，为赚面包钱和模特费而在早上或晚上画素描，然后白天我就可以认真地画模特。

明天早上，我将出去寻找素描题材。

另外，我刚才遇到莫夫。他交付了大型画作，非常高兴，还答应很快来看我。

还有一件事深深打动了我。我告诉模特今天别来了，可那个穷女人还是来了，我表示抗议。“是的，可我又不是来摆姿势的，我只是来看看你有没有吃饭。”她给我端来一盘黄豆和土豆。

有些事终究会让人生过得有价值。

嗯，我说，提奥，米勒真是了不起！我从德博克那里借来了辛西娅的大作。这本书让我太感兴趣了，以至于半夜醒来也会点上灯，坐着仔细阅读。我白天必须画画。

直到昨天，我才读到米勒的名句：“艺术就是战斗。”

我最近一直努力工作，从早到晚忙得不可开交。我已经完成了给科尔叔叔的12幅素描，希望他能立即付钱给我。这些素描肯定不亚于他看到的画样。我现在正在画头像，我还必须画手和脚，这很紧迫。当夏天来临，寒冷不再成为妨碍之后，我必须以某种方式画裸体写生，不完全是学院式的写生姿势。例如，我很想让裸体模特扮成挖土的人和女裁缝的样子。为了学习透过衣服去感知和看到身体并了解动作，我认为画上十来幅男女写生会对我有很大帮助。每一幅写生都要花费一天的工夫，但难处还在于为此目的寻找模特。

今天晚上，我去了普尔奇里剧院。那里有舞台布景和托尼·奥芬纳斯演出的滑稽剧。我不是去看滑稽剧的，我不喜欢滑稽剧，也受不了挤满人的大厅里的封闭空气，可我想去看舞台布景，尤其是其中有一幅临摹尼古拉斯·马斯的铜版画《伯利恒的马厩》的布景，那幅铜版画是我送给莫夫的。布景的调子和颜色都非常好，但表情显然不对。有一次，我看见了真实的降生过程，当然不是基督降生，而是小牛犊降生。我至今清楚地记得那种表情。那天晚上，在博里纳日，马厩里有一个小女孩，一个戴着白色睡帽、有着棕色皮肤的农家小女孩。当那头可怜的母牛分娩遇到大麻烦处于阵阵痛苦中时，她眼里饱含着同情那头母牛的泪水。那是一种纯洁、高尚、美好的感情，就像柯雷乔、米勒和伊斯拉埃尔斯笔下的人物感情。

我现在正处于这样一个时期：以前的苦差事已变成了一种乐趣。现在，我每周都会做一些以前做不到的事情，仿佛又变年轻了。我意识到，除了疾病，没有什么能夺走我身上现在发展起来的力量。看见一样东西并欣赏它是一件美妙的事情，我要把它画下来，然后就开始画，直到它跃然纸上。

哦，提奥，你为什么不放弃一切去做一个画家呢？如果你愿意，你是做得到的。我有时怀疑，你身上具有成为一个著名风景画家的潜质，我认为你能将桦树和田野上的垄沟画得很好，还会画雪景和天空。

提奥，到目前为止，你可以随心所欲地做自己喜欢的事，但如果你与古皮公司的先生们有过协议，如果你答应他们在公司里待一辈子，你就不再是一个自由人了。在我看来，人的一生中很可能都会遇到这种时刻，即后悔曾经束缚过自己。毫无疑问，你会说，一个人也会有后悔自己成为画家的时刻。如果谁有强烈的信仰和爱，甚至能从别人感到枯燥的东西中得到快乐，比如学习解剖学、透视和比例，这样的人就能生存下来并慢慢地趋于成熟。我对你目前的画商地位表示敬意，但除非一个人拥有一门真正的手艺，能够凭借双手创造出某种东西，否则我怀疑这一地位的稳固性。比如，亚普·马里斯的社会地位就比特斯泰格的更健全和独立。

天啊，我为什么要害怕？我关心特斯泰格的画“卖不出去”或“缺少魅力”做什么？有时，我感到沮丧时，就去看看米勒的《挖土的人》，还有德格鲁的《穷人的长凳》，然后特斯泰格就变得那么渺小且微不足道，他的所有谈话都变得毫无价值，然后我振作精神，点燃烟斗，坐下来继续作画。

提奥，你会问那些东西是否也适合你。我的回答是：“提奥，是谁给我面包，是谁帮助了我？它当然不适合你。”不过，有时我会产生这样的想法：为什么提奥不是画家？那样的“文明”最终不会开始困扰他吗？

至于特斯泰格，我是在他人生一个非常特殊的时期认识他的，当时他正“事业有成”（这个表达恰如其分）。他给我留下了非常深刻的印象——非常聪明，性格开朗，处理各种事情都精力充沛。我对他产生了如此的尊敬，以至于总是与他保持一定的距离，认为他是高我一级的人物。从那以后——从那以后我开始怀疑，而且越来越怀疑，但我始终没有勇气用“手术刀”去剖析他。我过去认为他是个自吹自擂的人，装出一副商人和舍我其谁的模样——在那副铁面具之后，隐藏着丰富的感情和一颗温暖的心脏。但我发现，他的盔甲非常厚，以致我无法确定这个人是否由一块巨大的金属铸成，或者在这块巨铁深处的某个角落是否还有一颗心在跳动。

当我听到他讲“魅力”和“畅销”时，我只是想：一个人竭力完成并尝试将某种性格和感情植入其中的作品，不会不吸引人，也不会卖不出去。提奥，不要变得像特斯泰格那样唯利是图。

现在天气多好啊！到处是春天的迹象。我不能停止画人物，那对我是首要的事情，但有时，我也禁不住到野外去写生。

裸体模特写生我画得不多，我想画大约 30 幅，其中有些很像巴尔格的作品，它们会不会因此而缺乏原创性呢？也许是因为我从巴尔格的作品中学会了理解自然。最近，我画了一些人体分解写生，有头部、脖颈、胸部和肩。你知道，我以前临摹过《素描教程》，但对着真人写生完全是另外一回事。那些线条很简单，用钢笔就可以描出来；可当你坐在模特面前时，关键是要找到那些主要的线条特征，这样只需寥寥几笔，就能把基本要素表现出来。

是的，提奥，自从我来到海牙，最近几个月每个月的花费都超出了 100 法郎；但如果我不这样做，模特就不肯合作，我就不能取得任何进步。在经过大量人物写生之后，一个有多年经验的人是可以凭记忆画人物的，但是对我来说，凭记忆进行系统性绘画似乎太冒险了。即使伊斯拉埃尔斯、布洛默斯和纳赫伊斯都不这样做。

今天给你寄去一幅素描，以表示我对你的感激，感谢你在那个本可能艰难的季节为我做的一切。去年夏天，看到米勒的大型木刻《牧羊人》时，我心想：一根线条竟能表达这么多内容！当然，我不会装作能像米勒那样，在一幅构图中表现那么多内容；但我努力赋予所画人物某种情感，我只希望这幅素描能够让你高兴。在我看来，《悲伤》是我画得最好的人物素描，我认为应该寄给你，将它裱到纯灰色的裱糊纸上会很好看。

当然，我并不总是用这种风格画画，但我很喜欢英国人用这种方式完成的素描，所以就试了一次。为你画的，而你又懂画，我一下子感到非常郁闷。我没有在这幅素描上喷定色剂，因此画中会出现一些令人讨厌的光斑，这时只需将一杯牛奶，或者兑水的牛奶淋到上面，等它晾干，你就会看到画上会出现一种奇特的饱和黑色度，比通常在铅笔素描中看到的效果更好。

我在一定程度上同意你的看法。你说有些素描的效果能与未经打磨的铜版画相媲美；我相信这种特殊效果（我认为业余爱好者理所当然地会喜欢这种效果）是因为作者在激情作画时手抖造成的，跟所使用的材料无关（当然，对铜版画来说又不一样；铜版画中的那种效果是由铜板的毛边造成的）。我的写生中就有几幅画看上去很像“不加修饰”的效果。我认为，为了达到不加修饰的独特效果，绘画的人不应该使用粉笔，而应使用在定色油中浸泡过的炭笔。

用定色油浸泡过的炭笔能画出很棒的作品，我在魏森布鲁赫那里见到过。定色油能够稳定炭笔的颜色，同时黑色会变得更深、更柔和。但是我不希望美丽来自于材料，而希望来自我自己，所以一年之后我再这样做，会比现在更好。等我的情况稍有改观之后，会时不时把自己好好打扮一番，并用一种更有效的素描材料来作画。到那时，只要我内心有某种力量，事情就会倍加顺利，结果会比预期的还要好。在成功到来之前，我只能赤手空拳地与自然界的事物进行搏斗。

科尔叔叔已经付给我画款，又给了我一份新订单，但这是一份很难的订单，画 6 幅特别详尽的城市风景画。我会努力画出来，如果我理解正确的话，从这 6 幅画中将得到与前 12 幅画一样多的报酬。

绘画是一份足以谋生的职业。无论如何，艺术家与靠收入为生的人截然相反。如果进行比较，艺术家与铁匠、医师之间有着更多的相似之处。我很清楚地记得在我成为画家时你讲的话，我认为不切实际，不愿意听。使我不再怀疑的是我读了一本将透视讲得明明白白的书——卡萨涅的《素描入门指南》，一周后我把厨房里面的炉子、椅子、桌子和窗户原封不动地全部画了一遍。在此之前，我认为要深入了解素描及其正确的透视，简直就像巫术一样，或者纯属偶然。只要你把一样东西画好了，你就会情不自禁地渴望去画另外一千种东西。我必须继续再画一年或至少几个月，直到手变得相当稳定，视力相当准确，那时创作出大量卖得出去的作品，就不会再有任何阻碍。我只需要几个月的时间，不能进展得再快了；只要有一点耐心，我就能创作出好作品。如果我的画夹里夹满素描写生，今后它们会用钱来报答我的。我宁愿学好自己的专业，也不愿因为让人可怜而急于卖出一幅小尺寸的素描。

是的，我知道母亲现在生病了，除了我们的家庭和别人的家庭，我还知道许多别的伤心事。我并非没有意识到这一点。我认为，如果我感觉不到这种事，就不可能画出《悲伤》。从夏天开始，我就清楚地认识到，父亲、母亲与我之间的不和已经成为一种慢性病毒，我们之间的误会和隔阂由来已久。现在事已至此，双方都必须为此而受罪。

我的意思是说，如果双方在很久以前就努力生活在更紧密的相互理解中，有福同享，有难同当，永远记住父母和子女必须保持一致，也许就会互帮互助。我们并没有故意犯下错误，这些错误很大程度上归咎于困难环境和匆忙生活的不可抗力。

唉，父亲和母亲在他们的工作中找到了安慰，我也在我的工作中找到了安慰。一个人与他的工作之间有一种亲和力，要定义这种亲和力却并非易事。在这个问题上，很多人的判断都大错特错。弟弟，尽管经历了那么多不幸，我还在很有创造力地工作着。

今天，我又画了一幅呈跪姿的女性人物裸体写生，昨天画了一幅做针线活的裸体女孩素描。我又画了一幅和《悲伤》一样的女性人物素描，不过尺寸更大，我认为画得比第一幅更好。我正在画一条街道，人们在那里挖开路面以铺设下水道或水管，我将其取名为《人们在街道上开挖沟渠》。那幅素描是在吉斯特画的，当时下着雨，我是站在泥泞的路上，在吵闹声和混乱中完成的。

我也在画几幅风景素描，比如，施恩韦格大街的托儿所。

提奥，我绝不是一个当风景画家的料，我画风景画的时候，画中总会出现一些人影。

今天给你寄去一幅素描，画的是拉恩·范·米尔德沃尔特大街的菜园。这只是一幅“黑白”画，是“卖不出去”且“没有魅力”的，但我仍然希望其中有一些特色。我很想知道，从什么时候起，他们可以强迫或试图强迫一位艺术家改变他的绘画技术或观点?！我认为，试图做这种事是很不礼貌的。一个人不能因为希望卖掉自己的画而绘画，而应将绘画看作自己的职责，这样才能画出有价值和严谨的画来；即使对周围环境感到失望，他也不会变得粗心大意或漠不关心。

天气很冷，刮着风，这让我很担心，因为不能继续为科尔叔叔画城市风景画了。不过，温和的天气肯定会再次到来的。

我有时会想：如果生活更轻松一些，我还能做得更多、更好。我确实在工作，正如你从我上一批素描中注意到的，我开始看到了征服困难的一线光明。但你知道，除了努力画画之外，几乎没有哪一天不产生一些新困难，这本身就让人难以承受。

当我认为可以依靠的富有同情心的那些人（比如莫夫和特斯泰格）变得冷漠、充满敌意和恶意时，我就会非常担心。

1月底，莫夫突然对我态度大变，不像以前那般友好。我把这归因于他对我的工作不满意，对此非常焦虑和担心，甚至病倒了。

后来，莫夫来看我，再次向我保证一切都会好起来并给予我鼓励。再后来，在不久之后的一个夜晚，他又开始用一种完全陌生的方式同我说话，好像在我面前完全变了一个人。我心想：我亲爱的朋友，他们似乎用诽谤毒害了你的耳朵，我却完全不知道这阵毒风是从哪里刮来的。莫夫开始模仿我的言谈举止，他说，“你的脸看上去像这样……你讲话是这个样子”，完全是充满恶意的方式。我必须说，这就是一幅很像我的漫画，却是带着仇恨画出来的。我回答说：“亲爱的朋友，假如你曾在伦敦的街道上度过雨夜，或者曾在博里纳日度过寒冷的夜晚，有过饥肠辘辘、无家可归和生病发烧的经历，你脸上也可能会留下丑陋的线条，说话时也会声音嘶哑。”

他讲了几件关于我的事，只有特斯泰格才会那样说我。然后我问他：“莫夫，你最近见到特斯泰格了吗？”“没有。”莫夫说。接着我们继续聊天，大约过了十来分钟，他无意间谈起特斯泰格那天去看过他。我心想：亲爱的特斯泰格，难道这一切都是你在背后捣鬼么？

我偶尔还会去看望莫夫，但他喜怒无常，很不友好。有几次，我被告知他不在家。我去看他的次数越来越少，他再也没来过我屋里。莫夫谈话时也变得心胸狭隘起来，如果我可以这样说的话，他以前可是胸襟开阔的。我必须画石膏素描，那是最重要的事，这是他说的。我讨厌画石膏像，但我的画室里挂着几只石膏手和脚。有一次，他对我说话的口气就连学院里最坏的老师也说不出来，我保持了沉默。当我回到家中时，实在气不过，将那几个可怜的石膏模型都扔进了煤箱，它们被摔成了碎片。我心中想：除非找不到活人的手和脚来画，我才会去画石膏模型。后来，我对莫夫说："伙计，不要再跟我谈石膏了，我受不了。"

接着，莫夫给我留下一张便条，说两个月内不会再理我。我也没闲着，虽然没画石膏写生，但我可以告诉你我现在画画更有活力，而且更加认真，因为我是自由的。两个月快过去时，我给他写了一封信，祝贺他完成了大型油画。

现在，两个月早就过去了，他一直没来看我。从那时起，特斯泰格就一直从中作梗，这促使我给莫夫写信说："让我们握握手，不要再对彼此怀有敌意或怨恨；但如果你要求我对你所说的一切'言听计从'，那你就很难再引导我，我也很难再接受你的引导。所以引导与被引导终有缘尽之时，但这并不能改变我对你的感激之情。”

莫夫没有回信。从那以后，我再也没见到过他。

促使我对莫夫说出我们必须分道扬镳这种话的，是特斯泰格真正影响了莫夫这一事实。特斯泰格告诉我，他将尽力让你停止寄钱给我，他说：“莫夫和我将尽力终结这种事……”我就不再怀疑了，并意识到：他出卖了我。我知道，莫夫给我讲过他对你给我寄钱这件事的看法。要是能再至少支持我一年，那就好了。

提奥，我是个有缺点却充满激情的人，我从来没想过要去抢别人的饭碗和朋友。我有时与别人发生语言冲突，但因意见不合就想断绝别人的生路，这不是诚实人做得出来的事，至少这不是诚实的武器。当你与某人断绝关系时，就试图夺走他的饭碗，这种做法不近情理、不讲感情、不礼貌、不人道。我是个什么人？不过是一个遇到困难努力工作的人；我需要平静、安宁和一点同情，否则就没法工作。

这个冬天我都在努力奋斗。但你能想象，这对我造成了多大的打击吗？有时我的心都要碎了。我敬爱莫夫，这你也知道，而他为我描绘的所有幸福眼看就要化为泡影，这让人太难过了。

特斯泰格对我说：“你以前失败了，现在还会失败，整个故事从头到尾都一样。”等等——不，现在完全不一样。他的推论不过是一种诡辩。我不适合做生意或做手艺，但这并不证明我也不适合当画家。相反，要是当初我能当上牧师或艺术品经销商，那或许我就不适合画素描或画油画，那么当初我就既不该辞职，也不该被解雇。

我真的有一只“素描家的手”，所以不能停止画素描。现在我来问你，从我开始画画那一天起，我可曾怀疑、犹豫或者动摇过？我想你很清楚，我一直在前进。当然，我在战斗中逐渐变得更坚强了。你已经看到我寄给你的那两幅素描，这些都不是偶然的结果，我还可以定期画出这样的作品来。只要我继续画下去，画技也会随之提高。

我担心，我的作品画得越好，遇到的困难和反对也会越多。我注定要忍受许多痛苦，尤其是我无法改变的那些习性。首先是我的外貌与说话和着装的方式；即使今后我挣到更多的钱，我也会与大多数画家不同，因为我对事物的概念、我想要创作的题材，都必然要求我这样做。

我想说的是：寻找题材，在劳动人民当中生活，在大自然中绘画，这些是艰苦的工作，有时甚至是很脏的工作。实际上，推销员的礼仪和着装并不太适合我，也不适合不必为了推销昂贵物品而不得不同淑女和富裕的绅士们交谈的人，更不适合在吉斯特大街上挖坑的工人。让我在一家高档商店里穿一件漂亮的外套，会让我感到不自在。当我在吉斯特大街、在野外或沙丘上画画的时候，我是一个完全不同的人。在那种时候，我这张丑脸及破旧的外套与周围的环境完全和谐一致。我就是我自己，我能愉快地工作。当我穿上一件漂亮的外套时，我请来做模特的工人或许害怕我，会不信任我，会向我要更多的钱。

我并不属于抱怨“海牙没有更多模特”的那一类人。英国画家，尤其是为《图画报》和《笨拙》杂志绘制插画的素描家，他们又到哪里去找模特呢？他们到伦敦最贫穷的小巷子里去寻找，是不是？他们对人民的了解是天生的，还是通过生活在人民中间、通过注意其他人往往视而不见的许多事情从而后天获得的呢？我与所画的人生活在一起就是自甘堕落？我走进工人或穷人的屋子，在画室里接待他们也是自贬身份？

如果有人对我的习惯、奋斗目标、衣着、面孔和说话方式说三道四，我该怎么回答呢？

换一种说法，我举止粗鲁吗？请注意，在我看来，所有的礼貌都建立在善待他人的基础之上，建立在每个怀有乐于助人和对他人有用的善良心肠的人必须感受得到的基础之上；

最后，礼貌建立在一个人与他人一起生活而不是孤身独处的需要之上。因此，我竭尽所能。我画画不是为了惹恼别人，而是为了让别人高兴，让他们看到值得观赏的事物。而这一点，并非每个人都明白。

我不敢相信，提奥，我竟会是一个厚颜无耻、不懂礼貌的怪物，或者按特斯泰格所说，“不该让他留在海牙”。

我去见莫夫和特斯泰格的时候，没法把自己的意愿表达出来。现在求你以我的名义，把事情的原委告诉他们；用比我更好的语言，以必要的风格和风度告诉他们，他们是如何给我造成这么多悲伤的。

关于我未来的计划，我打算如何继续工作，我有些话要对你讲，但你必须先来一趟。

今天我在海边的沙丘上遇见了莫夫，我和他进行了一场非常痛苦的谈话。这次谈话让我清楚，他和我彻底分道扬镳了。莫夫已经走出太远，不可能再回头。我请他来看看我的作品，再谈一谈。他断然拒绝道：“我肯定不会再去看你，一切都结束了。”

最后他说：“你这个人性情歹毒。”

我转过身，独自回到家中。

莫夫对我说的这句话感到生气——“我也是个艺术家”。

我并不打算收回这句话，因为“艺术家”这个词也包括这层含义：总是在寻找不到的地方苦苦求索。据我所知，艺术家的意思是：“我在求索，我在奋斗，我全身心地投入。”这话与“我知道了，我找到了”的意思正好截然相反。

我头上长着耳朵，提奥。如果有人对我说“你这个人性情歹毒”，你说我该怎么办？

他们对我无端猜疑，怀疑我隐瞒了什么东西。文森特正在隐瞒什么见不得光的事情！

好了，先生们，你们这些崇尚礼仪和文化的人，真这样就好了：抛弃一个女人，或者站在被抛弃的女人一边，究竟哪种做法更有风度、更文雅、更有勇气呢？我所做之事是如此简单自然，认为自己有权保守秘密。在我看来，任何一个负责任的男人，在相同情况下都会这么做。

今年冬天，我遇到一个孕妇，她被让她怀孕的男人遗弃了。一个孕妇大冬天在大街上讨生活，你知道是怎么回事。我请她做模特，整个冬天都与她合作。我支付不起一个模特的全额薪水，但这并不妨碍我为她支付房租。谢天谢地，到目前为止，我还能分给她一口饭吃，让她和孩子免于饥饿与寒冷。

我开始了新的生活，但并非有意为之，只因为我获得了重新开始的机会，并且没有拒绝这一机会。

为表达我对凯表姐的感情，我曾坚决地说，“非她不娶”。她的回答却是“不，永远不，永远不”。这还不足以让我放弃她。我仍然存有希望，我爱心依旧。可我无法使自已平静下来，这是一种难以忍受的压力，因为她一直保持沉默，我从来没收到过一封回信。我去了阿姆斯特丹。他们告诉我，“对你所说的‘非她不娶’，她的答复是‘绝不嫁给他’；所以，你的坚持令人厌恶”。我把手伸进灯火里说，“让我跟她见一面，否则我就把手一直放在火里”，难怪特斯泰格后来注意到我手上有伤。但我想是他们把灯火熄灭了，并且说，“你不能见她”。唉，这对我来说太过分了。我觉得，他们说那些令人心碎的话是无法回答的，我的“非她不娶”已经被扼杀了。

后来，不是马上，而是很快我就感觉到，我内心的爱已经死去，随之而来的是一阵阵的空虚，一种无边无际的空虚。你知道我信仰上帝，我并不怀疑爱情的力量，后来却有了这种感觉：“我的上帝，我的上帝呀，你为什么要抛弃我？”然后，一切都变成了空白。

我从莫夫那里得到了排遣与鼓励，一心投入工作。然后，在他对我弃之如履之后，我一连病了好几天。1 月底，我找到了西恩[1]。当我从阿姆斯特丹回来时，我感到我的爱(如此真实、诚实和强烈的爱情)真的被扼杀了。但是，死亡之后是复活。

没隔多久，这个女人就变得像一只被驯服的鸽子一样温顺了，当然不是因为我强迫她，而是她看到我并不粗鲁。嗯，这个人明白这一点。她对我说："我知道你没有多少钱，但只要你和我在一起，让我留在你身边，即使你的钱再少一点，我也可以忍受；我太爱你，不能没有你独自活下去。"如果有人对我说这种话，并且用行动而不是语言来证明这一切，那她就是认真的。难怪我在她面前卸下了矜持的假面具，那可是我很久以来一直保持的、近乎粗鲁的面具。

现在，事情发展到这一步，是这个女人的处境因此更糟了，还是我因此变得更糟糕了呢？眼见她一天天变得开朗、快乐起来，我感到非常惊讶；她像变了个人，跟我在今年冬天遇见的那个一脸病容、面色苍白的女人看上去完全不一样了。然而，我并没有为她做太多的事。我只是告诉她：要这

[1] 克拉西娜·玛丽亚·霍尔尼克（Clasina Maria Hoornik，1850—1904），昵称"西恩"（Sien），再次怀孕期间被梵高收留，梵高离开后，再次在街头生活，最后投河结束了一生。

样做或那样做，那样你就会好起来。她没有把我的建议当作耳边风。见她并不拒绝我的建议，我就更努力地帮助她。今年冬天，她身体很虚弱。刚遇到这个女人时，她之所以能引起我的注意，是因为她看上去病得不轻。现在，她变得健康多了，身体也更好了。但是，孕期总是很艰难的。

你可还记得我们在津德尔特的那位老护士琳恩·维尔蔓吗？西恩就是那样的人。她的头部形状、轮廓线条像极了兰德勒笔下的《激情天使》；因此，这绝非寻常之举，绝对是高尚的举动，但它并不总能立即引起人们的注意。当然，她和画中的女人并不完全一样，我这样说只是为了让你了解她脸上的线条。她脸上长有麻子，不再漂亮了，但身材和线条都很简洁，并不难看。要是你知道弗兰克·霍尔的大型素描《被遗弃者》，我就可以说，她很像画中的那个女人。

我欣赏她的一点是，她对我从不卖弄风骚。她走路很轻，很节俭，有适应环境的良好意愿并且愿意学习。这样，她就可以用一千种方式来帮助我完成工作。

我比其他人更了解她，她有一些怪癖，会让许多人感到厌恶。首先是她讲话很难听，那是她生病的结果；她经常说的一些话、使用的表达方式是有些人绝对不用的，比如我们的妹妹威尔米安，因为她们受的教育方式不同。但我宁愿她说话难听，也胜过言辞文雅而冷酷无情。其次是她的脾气，那是她神经质的性格引起的。她经常发脾气，大多数人都会难以忍受。

我理解这些事，不会为此感到烦恼，直到现在我还能应付。她也很了解我的脾气，要是我对她摆姿势或别的什么事发脾气，她知道该如何去做，而且会让这事很快过去；同样地，当我为一些不成功的事情担忧烦恼时，她知道如何让我安静下来，这正是我对自己无能为力的地方。我们俩人之间仿佛形成了一种默契，不挑剔对方。

她不再漂亮，不再年轻，不再卖弄风骚，也不再愚蠢——这些正是她对我有用的原因。她不是麻烦，不是障碍，她与我一道工作。

即使只有面包和咖啡，她也能忍受，并不抱怨。摆姿势对她来说很困难，但她每天都能学得更好，这对我来说非常重要。我给你寄去几幅写生，你能从中看到，她做模特、摆姿势帮了我很大的忙。

在爱情这件事上，不知道你是否已初窥门径，你是否觉得我是个自命不凡的人？我的意思是说，当一个人坐在病床前，有时口袋里身无分文的时候，才会对爱情有最深刻的感受。它不是在春天里采集草莓，大部分月份都是在灰色和阴郁中度过；但即使在这些阴郁的日子里，人也能学到新的东西。

提奥，我打算娶这个女人。我爱她，她也爱我。我想经历家庭生活的种种酸甜苦辣，以便将自己的亲身经历描绘出来。我了解世俗的偏见，知道我所要做的，就是从自己所在的这个阶级的圈子里退出来，反正这个圈子早已将我抛弃了。我确实是在“贬低”自己，就像他们所说的那样，但他们说得也没错，世人都这样说。我以劳动者的身份生活；作为劳动者，我在劳动者阶层中感到无拘无束。我以前就想这样做，只是当时没能实现。

我很欣赏你说过的那句话：“一个人必须心胸狭隘或怀有偏见，才能对某一个阶层给予绝对的偏爱。”但世人并不因此产生分歧，也不会在人身上看见或尊重“人性”，他们只看重他财富的更大价值。只要他在坟墓这一边，他就能随身携带财产；而坟墓的另一边，世人是不会去考虑的。我则不然，我把人当作人来同情或反感，他们所处的环境使我感到相当冷漠。

如果我不娶西恩，那么最好就不要去打扰她，那也是帮助她的唯一办法。假如她独自一人，痛苦就会逼迫她回到悬崖尽头的那条老路上去。在我们所处的社会和时代里，女人是不能独自生存的。这个社会不会放过弱者，而会将她们踩在脚下践踏。我见过许多被践踏的弱者，所以怀疑所谓的进步与文明的诚意。我确实相信文明，但只相信建立在真正人性基础之上的文明。要牺牲人类生命的那种文明，我觉得很残酷且不值得尊重。

对于真正严肃的事情，人是不能随大流的，也不能仅凭自己的爱好行事。人必须坚持一些基本的东西，那是每一种道德的基础：做事要经得起上帝的拷问。西恩第一个孩子的父亲对她很好，但即使在她怀了孩子的时候，也没有娶她，为了他的地位和家庭。西恩当时还很年轻，还没有现在这样的见识。那个男人的行径在上帝面前是有罪的，但在世人的眼中，他是可以被原谅的，因为“他给了她钱”。

现在，世界上偏巧就有跟他那种人形成反差的人，比如像我这样的人。我不在乎世人的偏见，正如那个人在乎什么是对的一样。他只要表面正确就够了，我却认为最重要的是不要欺骗或遗弃一个女人。

我接受了西恩，虽然不是一开始就有结婚的念头；但当我对她有了进一步了解后，我心里很清楚，如果我想帮她，就必须认真对待这种关系。于是我坦诚地对她说：“我对事情的看法是如此这般，用这种方式，我了解了你和我的立场。

我是很穷，但我不是诱惑者，你觉得你能忍受我吗？否则的话，我们现在就结束这种关系。”她说：“我要和你在一起，即使你一直这样穷。”

现在，我想为自己开辟出一条道路。只要我们能结婚，我和她都会节省开支，尽可能节约。我会慢慢地多挣一些钱，让这个女人能够和我一起生活。我最喜欢固定周薪，像别的工人一样。为此目的，我要全力以赴地工作。我今年30岁，她32岁，我们都不是小孩子了。至于她的孩子，孩子会抹掉她身上的一切污点。我敬重做母亲的女人。

我接受她的过去，她也接受我的过去。不是每个女人都适合做画家的妻子，但她愿意，而且每天都在学习。就我而言，我只能结一次婚。除了娶她，我怎么可能做得更好呢？

但你会发现，我会顺从于自己所能做的任何事情，不会对西恩不忠。如果有人反对我留在海牙，我也不会赖在海牙不走。无论在乡村还是在城里，只要是你喜欢的地方，我都能找到一个活动的空间。展现在我眼前的人物和风景总是饶有趣味，让我能尽力去画出来。对西恩来说，真正的问题是我感觉到的那个问题，“我不可以违背婚姻的承诺”。

要是凯去年夏天听我的话，她也许就不会在阿姆斯特丹突然抛弃我，事情就会是另一个样子。现在，生活的激流推动我向前，促使我前进。如果我想在激烈的斗争中占据上风，就必须紧紧抓住自己的工作以及自己看见和发现的新事物。这就像绘画人生一样：人有时必须采取迅速、果断的行动，聚精会神地画好一个物体，快如闪电地勾勒出它的轮廓。手不能发抖，眼神不能游移，必须全神贯注于眼前的事物上。你必须专注于这一对象，在短时间内把它在本无一物的画纸上呈现出来，以至于事后你都不知道，它怎么就被画出来了。

每一天，我都越发清楚地意识到，我走出的这一步将为绘画事业和找模特开辟一片有趣的天地。在评判我时，也必须考虑这一点。我的职业允许我承担这一桩婚姻；假使我另有职位，我是不会这样做的。

没有人关心她，也没人想要她，她孑然一身，被社会遗弃；我接纳了她，并把我所有的爱、所有的温柔和关怀全都给了她。她感受到了这一点，复活了；或者说，她正在复活。

我只知道做一件事，画画；她也只有一样工作，当模特。她知道贫穷的滋味，我也知道。尽管贫穷，我们还是愿意冒险一试。危险和对危险的恐惧，究竟哪一种情况更糟？对我来说，我更喜欢现实，也就是危险本身。

我在深夜写这封信。西恩不太舒服，她早该去附近的莱顿看一看了，那里有一家妇产科医院。

现在，危机来临了。我对西恩说："亲爱的，我可以帮你，直到你去莱顿，但我不知道你从莱顿回来的时候，会发现我是什么样子。无论有没有饭吃，我都愿意与你和孩子分享我拥有的一切。"至少在第一年，我和她的生活费要仰仗于你。因此，我无日不生活在深深的忧虑之中。我每天照样在画画，但不敢订购超出我支付能力的素描和油画原料，不敢向前迈进。

提奥，这些事是不是影响到了你我之间的关系，使我们产生了隔阂？如果没有，如果我们还能继续握紧彼此的手，不管"世人"怎样反对，如果你能继续帮助我，那我将如释重负，那将是一种预想不到、求之不得的祝福，会让我高兴得寝食难安；我竭尽全力抛开这种想法，即使在用稳定的手把它表达出来的时候，以免显出我的软弱无能。

如果这不幸改变了你对我的感情，我希望你不要在没有提前预警的情况下终止你对我的帮助，你要随时坦诚地告诉我你的想法。

我相信，或者更确切地说，我开始意识到，"提奥将终止对我的帮助"这种想法也许是没有必要的。可是，提奥，我经常看到这种事情发生，所以即使你这样做了，我也不会对你有丝毫不敬，也不会因此生你的气，我应该这样想：他也是迫不得已；他们都这样做，是因为考虑不周，而非出于恶意。

今年冬天与莫夫相处的经历，对我来说是一个沉痛的教训。就我而言，我一开始就犯了一个错误，目光短浅了，我只听懂了莫夫话语的表面含义，或者就假定特斯泰格会记得我已经遇到了很大的麻烦。我认为，莫夫拒绝来看我的真实原因是这样的：一个人没有钱的时候，他当然是毫无价值的。在当前，金钱是强者至上的权利。反驳一个人是致命的。如果你这样做了，那么对方的反应并不是自我反省，而是让你遭到迎头一击，也就是说，“我不再买他的东西了”，或者说，“我不再帮助他了”。

我希望对我好的人能够明白，我的行动发乎深情，源自对爱的需求，莽撞、骄傲和冷漠都不是驱动机器的弹簧。当我迈出这一步时，就证明我已经深深植根于这片土壤之中。我不认为自己应该为更高的职位奋斗，或者为此改变自己的性格。我觉得我的作品植根于人民心中，我必须尽快把握住生活。

我做不了别的事，也不想做别的事，我不能理解其他的做事方法。如果我能成功地让你理解，那么西恩、她的孩子和我就能平安无恙了。

寄来的100法郎我已收到，非常感谢。我急切地期盼你的来信。早晚有一天，你也许会明白，当你和一个有孩子的女人在一起的时候，一天就像一周，一周比一个月还更漫长。如果我理解正确的话，我唯一要做的就是静静地工作，不要再像以前那样老是焦虑并去想这件事。如果我想得太多，就会产生头昏脑涨的感觉，就像你说的，一个没有研究过透视的人试图在风景画中追逐易消失的线条并解释其原因时产生的那种感觉。

为了忘掉这件事，我躺在一棵老树干旁的沙地上画这棵树干的素描；我身着亚麻罩衫，嘴上叼着烟斗，眼睛看着深蓝色的天空，或者看看旁边的青苔和草地。这使我平静下来。我感到心态平和，就像西恩和她妈妈在摆造型时，我测算比例，并根据黑色连衣裙皱褶下面长长的波纹形线条来暗示人体时一样。这样一来，我就能忘我地投入工作。

我又完成了两幅素描：第一幅是《悲伤》，尺寸比上一幅更大，只有人物，没画任何背景，姿势稍微变动了一下，人物的一部分发辫垂到肩上，刻画得更加细致。另一幅叫

《根》，画的是沙地里的一些树根。我试图在这幅风景画中画出人物画一样的情感：树根在颤抖中紧紧依附着大地，却被暴风雨拔起来一半。在苍白苗条的女性人体画和盘根错节的黑色树根画里，我想表达一些为生活而奋斗的内容；或者更确切地说，我尽量忠实于我所面对的大自然，没将它上升到哲学层面。在这两种情况下，都会不由自主地表现出某种艰苦奋斗的东西。《根》只是一幅铅笔素描，但我用铅笔先打了一层底，画好之后再擦掉底色，像画油画那样。

如果你喜欢这两幅素描，它们也许适合放在你的新家里，我是为你的生日画的。

魏森布鲁赫见到了那幅大型素描《悲伤》，讲了一些令我高兴的话，我才敢像现在这样说。他们都批评这幅画的技巧，但讲的都是些老生常谈，比如英国素描等。一开始，我也不太懂英国素描，但我花了一些工夫去了解它们。我认为，最高级、最高雅的艺术表达之一就是英国素描，比如米莱、赫尔科默和弗兰克·霍尔的作品。

我得不到别人所说的“引导和教导”，只能靠自学，也难怪我的技艺从表面上看不同于其他人，但这并不是我的作品卖不出去的理由。我面前就有一幅素描，画的是一个穿着黑色美利奴裙子的女人。我相信，你得到这幅素描几天之后，就会完全适应这种技巧，而不希望它还有别的画法。我坚信大型素描《悲伤》《吉斯特的老太太》和《老头子》及另外一些作品，总有一天会找到买主。

提奥，是不是因为有人说“你走了岔路”，我的路就走不正？科尔叔叔总爱说走正路，就像特斯泰格和那位牧师一样；但科尔叔叔也把德格鲁称作坏人。我认为，如果他们不为我的“道路”操心，而是鼓励我画画，他们会做得更好。你可能会说，科尔叔叔就是这样做的。但我告诉你，为什么他的订单迟迟没能完成。

莫夫曾经对我说：“你那位叔叔只因为去过一次你的画室，所以才给你那份订单；你必须明白，这并不意味着什么。那将是第一份也是最后一份订单；此后，就再也没人对你感兴趣了。”提奥，你一定知道，我受不了这种事；我的手仿佛瘫痪了一样，特别是在科尔叔叔讲过一些关于契约的话之后。我为他画了 12 幅素描，只得到 30 法郎。但我的作品的价值远远不止 30 法郎，我这样做太不值了，我认为那就是在做慈善。新画的麻烦就是这样产生的，所以这不是懒惰；我已经为他们画了写生，但到此为止了。

画家之间曾经有过美好的感情；他们是大人物，都是有别墅与和睦相处计划的人，现在却试图吞并对方。我宁愿住在吉斯特，或任何一条灰色、泥泞、凄凉、阴暗的小巷里。在那里，我不会感到无聊。待在精美的屋子里，我就会感到不适应和无聊。我对自己说："那不是属于我的地方，我再也不去那种地方了。"

我不懂莫夫。不与我交往，也许对他是再好不过的事。

感谢上帝，我有工作，但不靠工作挣钱；我需要钱才能工作，这就是困难所在。我认为，我的工作中没有任何迹象表明我会失败。我并不是一个做事拖沓、没有骨气的人。绘画成为我的一种激情，我越来越投入其中。我对未来并没有什么宏伟计划，因为只要有一刻我内心升起对无忧无虑的富足生活的渴望时，我都会天真地返回到烦恼和忧愁之中，回到充满艰辛的现实生活中，于是会想：这样也好，我可以从中学到更多东西并取得进步。这并非一个人走向毁灭的道路，我只希望烦恼和忧愁不要变得难以忍受。我自信能够挣到足够多的钱来维持生活，当然不是奢侈生活，而是像一个汗流浃背地吃面包的人的那种生活。

前两周时，我的身体一直很差，一连几个晚上睡不着，一直发烧，心情很紧张。我强迫自己继续工作，这可不是生病的时候。西恩和她妈妈已经搬进了一间更小的房子，等她从莱顿回来后，无论我在什么地方，她都要和我住到一起。她们的屋子是一座带庭院的小房子，我希望这周内把它画下来。

3月份的时候，医生还不能确定她确切的分娩期，不过现在他说，可能是在6月底。这一次医生问了她许多问题，比如和谁住在一起。从医生的话里，我现在能断定（我早就猜到了），假如她再次走上街头，那就是找死；我在冬天遇见她时，对她的帮助就是雪中送炭。婴儿的衣物已经备好，当然都是些最简单的。

我不是生活在空中楼阁里，而是生活在平凡的现实中。现实中的人必须行事果断。如果我今年能够每月得到150法郎，我就可以勇敢地担负起这件事。如果我确定你会取消对我的帮助，那就会很悲惨。这样做会带给你和其他人什么满足感呢？我会非常沮丧。对西恩来说，生活将会异常艰难。

接连3个晚上，暴风雨都很猛烈。上周六晚上，我画室的一扇窗户被吹坏了，屋子摇摇欲坠，4块大玻璃窗全被刮破，窗框也被扯松了。风从开阔的草地上吹过来，我的窗户首当其冲。挂在墙上的素描被刮落到地上，画架被掀翻，楼下的栏杆也被吹倒了。多亏邻居帮忙，我才能用胶带把窗户粘上；在至少3英尺见方的洞上，我钉了一条毯子。第二天，我们把窗户修好，真是太麻烦了，因为那是周日。房东也是个可怜虫，他出的玻璃，我付了工钱。

我希望能租下旁边这座房子。它确实够大，阁楼的布置可以改作卧室，画室既宽敞又明亮，比现在这座房子好很多。房东想让我租，他先跟我谈过一次。租金是每月 12 法郎 50 生丁，是一座很坚固的房子，修建得也很好。租金很便宜，因为它在“施恩韦格独一无二”；房东想租给有钱人，但有钱人不想住这里。不过你一定知道，是不是？我不会冒昧地要求任何东西，我只希望你对我仍然像以前那样。

对我来说，过去这两周太难熬了。现在是 5 月中旬，在支付了面包师傅的钱之后，我将只剩下 3 个法郎。除了又干又黑的面包和一点咖啡，我和西恩几乎没有任何吃的，此前我们给婴儿买了一些东西，她去莱顿也花了一些钱。6 月 1 号我得付房租，然后将身无分文，确确实实身无分文。那个人不允许我稍有拖欠，否则他就立即把我的家具拍卖掉。我说，无论如何，我们不应招致公众非议。

我收到父亲、母亲一封亲切的来信。只要能确信这种感情会继续下去，我会非常高兴。可是等他们知道这一切之后，还会亲切地说话吗？他们不同意，肯定会让我伤心，但那也阻止不了我。

非常感谢你的来信。很高兴你坦率地告诉我你对西恩的看法：她搞阴谋，我被她愚弄了。我理解你为什么会想到这种事，的确发生过这样的事情。你说西恩和我之间的这种关系，不一定非得要我娶她。这是我们共同的想法，我们都渴望家庭生活，需要每天在工作中彼此相处，一起生活。如果我们不结婚，人们就会说这样做不对，说我们非法同居；如果我们真结婚了，会很穷，就放弃了所有社会地位的伪装，但这种做法是正直和诚实的。西恩的情况是这样：我真的喜欢她，她也喜欢我。我对她的感情是不如我去年对凯表姐那样强烈，但是对西恩的爱，我也只能做到这样。我们两个都是不幸的人，在一起共同分担我们的负担。这样，不幸也就变成了快乐，无法忍受的也变得可以忍受了。她妈妈是一位老太太，很像托钵修士画的那种女人。她精力充沛，多年来一直支撑着一个八口之家。她不想依赖别人，靠着帮人打杂做女用人过活。

现在你明白了，如果家里人不看重婚姻的形式，我也不会太在意，我只要忠于她就行了。可是我确信，父亲非常看重这一点，他不赞成我跟她结婚，可如果我跟她同居而不结婚，他又会认为这更加糟糕。他们会说："你的婚姻有失身份，你们太穷了。"我的回答是：如果我想过一种时尚的生活，那结果会更糟。但是，我的生活方式十分简单，这一点做得到，两个人搭伙过日子比一个人过更省钱。

父亲的建议是“等一等”。我已经是30岁的人了，额头和脸上爬满了皱纹，看上去像40岁的人，双手的皮肤也起皱了，可父亲仍用老眼光看我，把我当成小孩子。一年半以前，他还写信对我说：“你才刚步入青春期。”

他经常告诉我，说我受教育花的钱比其他人多。在这种情况下，我当然不会向他要钱。生活必需品西恩和我都有了，如果我的画还是卖不出去，就只能靠你那150法郎来付房租、买面包、买鞋和素描原料，总之，用于一切日常开销。我只求一件事：让我去关爱和照顾我可怜的、多病的、受虐的妻子，不要让贫穷和父母来拆散、妨碍和伤害我们。

我向你保证，我会经常想到家里的。唉，现在时机还不成熟；我不会向父母亲吐露一个字。我们必须先设法把事情办好。等我的作品完成之后，他们（我认为是业余爱好者）会更喜欢它。如果你在这里就能理解，这幅速写至少会把他们弄得晕头转向。他们是否能安静地接受这幅画，一多半取决于你怎么对他们讲。

你谈到了遗产继承的猜测，但那是完全不可能的，我知道，我没有理由继承遗产；据我所知，家里也根本没有钱。唯一处境不同、我又能继承遗产的人，是文森特伯伯，因为我是按他的姓氏取名的。但多年来，我同这个人的关系一直很不好。

好吧，弟弟，我希望任何“戏剧性”的场面都能得以避免，那个聪明得不合时宜的人，是不会为了阻止我和她在一起生活而插手的。毕竟，如果说我对西恩有什么帮助的话，也是你的功劳比我大，无论过去还是现在，我不过是一件工具。要是没有你的帮助，我根本就无能为力。

现在你会说：“文森特，你最好想一想透视法和《晒鱼干的谷仓》。”我的回答是：“你说得对，亲爱的弟弟。”所以我要去画这幅素描，你很快就会收到它并以此证明：我最喜欢的莫过于专注于自然和艺术。

当然，在你告诉我这样做没有什么不对时，我一定会完成科尔叔叔的订单。为了完成 6 幅好画，除了已经完成的，我还得再画 6 幅以上。我还不知道这些画能让我得到多少钱，但我会尽全力去做，并希望能在 6 月份拿到这笔钱。

连续好几天，西恩和我从早到晚露宿沙丘，像真正的波西米亚人一样。我们自带面包和一小袋咖啡，从斯海弗宁恩一家小店的一个女人那里要来一点热水。那个女人和她的小店铺美极了，美得难以形容。我在清晨 5 点钟就去了那里，正是街道清洁工们去那里喝咖啡的时候。弟弟，要是能画下来就太好了！让那些人都来为我做模特、摆姿势要花很多钱，但我很想去做。

我现在每天清晨 4 点就外出工作，因为到了白天，街上的行人和顽童太多，根本没法在街上作画；那时也是观察美丽线条最美妙的时刻，一切都在黎明的调子中显现出来。今天给你寄去两幅素描:《晒鱼干的谷仓》和《木匠作坊和洗衣店》。

我面前摆着一部狄更斯的作品。书中的插画很精彩，是巴纳德和费尔德斯画的。其中有一部分伦敦老城的画面，那些独特的木雕使之呈现出不同的景象，比如，与《木匠作坊和洗衣店》就很不一样。但我相信，获得这种能力的方式是继续默默观察真实的景物。正如你会看到的，这幅素描上已经有几个平面，你可以从平面四周、从每一个角落和每一个孔洞甚至透过平面去观赏它，可仍然缺少活力，至少还没达到插画所展示出来的那种水平，但一定会达到的。

今年冬天，我投入油画的费用确实低于其他艺术家。我花了更多钱去制造一种工具，用来研究比例和透视。在阿尔布雷希特·丢勒的一本书中，可以找到对这种工具的描述，古代的荷兰艺术大师们也使用过。在不能按透视规则去构图的情况下，这种工具可以比较附近物体和较远平面上物体的比例。如果一个人想仅凭肉眼去观测（除非他是这方面造诣很高的专家），那肯定要出错。在经过许多努力之后，在木匠和铁匠的帮助下，我最终做成了这种工具。

如果你衣柜里有不再穿但适合我穿的外套和裤子，我将非常高兴。我购物时总是尽力购买适合在沙丘上或在家里工作时穿的衣物，我上街穿的衣服已破烂不堪。去野外写生时，我穿普通衣服并不害臊，可是穿着破烂不堪的绅士服装却让我感到难堪。我的工作服很整洁，主要是因为有西恩照管着，随时做一些必要的缝补。

我很想知道你对西恩的印象如何。她没有什么引人注目的地方，只是一个普通女人。但是对我来说，她身上有某种高贵的东西，一个热爱普通人的人，能够得到她的爱，即使生活中存在着阴暗的一面，我也感到快乐。

要是没遇见西恩，我也许已变得麻木不仁，怀疑一切，是工作和她使我保持着活力。还有一件事我必须说明：她忍受了艺术家生活中所有的烦恼和忧虑，又非常愿意为我做模特、摆造型，我认为和她在一起生活，比和凯结婚更能让我成为一名较好的艺术家。

我现在运气不错，画了几幅素描，科尔叔叔的订单也差不多完成了。

周日，拉帕德来看我，我很高兴他来这里。他是个理解我意图的人，他理解我所有的困难。他看到了我为科尔叔叔画的素描，似乎很喜欢这些素描，尤其是西恩妈妈住的那所院子的大幅素描。我希望你也能看到那幅素描，还有木匠作坊及院里有许多忙碌的小人的另一幅。他送给我 2 法郎 50 生丁，因为他看见一幅素描上有一滴眼泪，就说："这个地方你一定要修复。"我说："的确如此，可是我没钱。"他爽快地回答说，他很乐意给我钱。要不是我不接受，他会给更多。我给了他一大堆木刻和一幅素描作为交换。

那幅有瑕疵的素描是为科尔叔叔画的，并且是其中最好的一幅，画的修复费正如雪中送炭。这幅素描今后也许能卖到 50 法郎。

我真希望能多有几个人让我为他们画画，只要条件与我为科尔叔叔画画一样就行。我特别希望科尔叔叔能继续订货，这一批素描比第一批画得好得多，而且我迟早会画得更好。况且价格这样低，这样的买卖他肯定不吃亏。

现在，海耶达尔已经看到了《悲伤》。我想让一位素描家，比如亨利·皮耶看一看最后那 3 幅素描。我想知道这些素描是否给他留下了印象，能否赢得他的同情。

关于木工铅笔，我是这样推理的。古代的艺术大师们，他们用什么来画呢？当然不会是法伯尔牌 1B、2B 和 3B 铅笔，而是粗糙的石墨。也许米开朗琪罗和丢勒使用的工具有点像木工铅笔，我只知道，比起又细又贵的法伯尔牌铅笔来，用木工铅笔可以画出完全不同的效果。我更喜欢石墨的自然形状，而不是削得很细的铅笔，洒一点牛奶在上面，光泽就会消失。用孔特牌蜡笔去野外画写生时，强光会让人看不清自己在做什么，你也会觉得颜色太黑。石墨比黑色更接近于灰色，还可以再次用钢笔来加深调子，这样一来，石墨最强的效果就会与钢笔形成反差，颜色也会变浅。炭笔是很不错，但用得太久就会失去新鲜感，要想保持细腻的笔法，你必须立即定色。在风景画中，我也看到一些素描家，近有勒伊斯达尔、凡·霍延和勒洛夫斯，经常使用炭笔。如果有人能发明一种可以在户外使用的好钢笔，再配上墨水瓶，或许世界上就会有更多的钢笔素描。

今天，我收到科尔叔叔寄来的一张 20 法郎的邮政汇票，上面一个字都没写。我不知道这一批画是否合他的心意，也不知道他是否会给我一份新订单。较之第一批画 30 法郎的价格，再加上这批素描比第一批更重要，我觉得科尔叔叔收到它们时心情不太好，或者出于某种原因，他不喜欢这批画。我乐于承认，对一个习惯了看水彩画的人来说，钢笔素描肯定有一些粗糙的成分，画中的高光是用橡皮擦出来的，或者是用不透明色重新填上去的。有人并不害怕这种粗糙的技法，正如有人认为，对一个身强体健的人来说，有时在暴风雨中行走反而令人愉悦和精神振奋。例如，魏森布鲁赫就不认为那两幅素描令人讨厌或乏味。

我没有想到，科尔叔叔给我的钱比上一次还少 10 法郎。如果他同意我再为他画 6—12 幅素描的话，我肯定会画的，因为我不想失去任何卖画的机会。我会尽最大努力让他满意，只要够付房租，让生活轻松一点，就值得去做。

我最近一直很想念你，很怀念很久以前你来海牙看我时我们在雷斯维克路上散步、在磨坊里喝牛奶的情景。也许是这些事在我画画时对我产生了某种影响，使我想尽可能天真地画一些东西，就如我以前看到的东西一样。

回想起去磨坊的那些日子，我觉得时间总是那么富有同情心！在那时，我还不可能把当时的见闻和感情全都画出来。所以我说，时间带来的变化不会改变我内心的感情，我认为它们只是更换了一种形式。我现在的生活不如当时那样充满阳光，但还是不愿回到过去。在经历了种种麻烦和逆境之后，我看到不错的苗头正在显现：那就是，把那种感情表现出来。

你来的时候，也许快到 6 月底了，我希望你还能看到我在工作。目前，我在住院，不过只会在这里待两周。三周以来，我一直饱受失眠、低烧和膀胱疾病的困扰，必须安静地躺在床上，必须吞服大量奎宁药片，还经常要打针输液，补充纯净水或明矾水。我的病情并不严重，但你知道，人不能忽视这些事情，应该立即予以治疗，忽视只会使病情变得更严重。你不提这件事，就算帮了我的大忙。人们有时会夸大其词，闲言碎语会使事情变得更复杂。具体病情我只告诉你一个人，如果有人直接问你，你也不必保守秘密。无论如何，你不必为此担心。

西恩会在探视日来看我并照看画室。她正准备去莱顿，我认为她现在住在医院里更好。因为我的缘故，她想留在这里，但我不会同意。我经常想她，希望她能平安渡过难关。

我尽己所能与疾病作斗争并继续工作，但最后，我觉得有必要去看医生。我得预付两周医疗费，全部费用是 10 法郎 50 生丁。一间病房住 10 个病人，但我得告诉你，各方面的医疗都很好。我一点不觉得无聊，彻底的治疗对我有好处。

住院的头几天，父亲来看过我。他的来访非常匆忙，我还没来得及跟他认真地说说话。我宁愿他另选时间来看我。现在，我觉得很奇怪，我生病住院这整件事，简直有点像做了一场梦。近来，没有什么事比听到家里的消息更令我高兴的了，他们对我的感情令我感到安心。他们给我寄来一大包物品，有内衣和外衣、雪茄烟，还有10法郎。我说不出有多么感动，远远超出了我的预料。但他们还不知道一切。我虚弱无力，提奥。为了康复，我需要绝对的休息。因此，一切能促成和平的东西都值得欢迎。

在我住院之前，我觉得病情比现在严重得多。今天上午，医生告诉我，我应该很快就会好起来。

住院前一天，我收到科尔叔叔的一封来信。他在信里讲了很多对我感"兴趣"的话，还说特斯泰格也表现出对我的"兴趣"，但他不赞成我对特斯泰格的兴趣不领情。我现在心平气和、安静地躺在病床上。我可以告诉你，提奥，如果再有人来看我时说出特斯泰格和他在某些场合表现出对我"感兴趣"之类的话，我肯定会发脾气。

我随身带了几本透视方面的书，还有几部狄更斯的小说，其中有《德鲁德疑案》，狄更斯的作品中也讲到了透视。天呀，多了不起的艺术家啊！我希望这次休养会对我的素描产生良好影响，有时一个人在一段时间内不做事情，反而会对事物有更好的看法；当你重新看这些事物的时候，会对它们产生一种全新的感觉。

从病房窗户能看到外面的优美景色：运河上的造船厂、

满载土豆的船只、工人们正在拆除的房屋后墙、花园一角、远处的码头和一排排树木和路灯、与花园相连的一个非常复杂的小院，接着是鳞次栉比的屋顶……整体上形成了一幅俯视图，特别是在晚上和早晨，通过灯光能产生一种神秘的效果，有点像勒伊斯达尔和范·德·米尔的作品。我没法画下来。虽然我被禁止起床，每天晚上还是忍不住要起来看看夜景。

其他人对我很好，这让我变得更加平静，也消除了最近不由自主产生的紧张感。病房里也很有趣，不亚于三等候车室。

我可以向你保证，我渴望看见一些绿色的东西，渴望呼吸新鲜空气。我已经在这里住了两周多了，接下来两周我只好又预付了住院费，如果一切顺利，我可能在10天后出院。我恢复得没有医生预期的那样快，今天早上我问他，是不是出现了并发症使病情更糟了，他说不是，但必须住院休息。

我可以读书，可带来的书读完了。眼看着日子过得如此空虚，自己什么事也做不了，对我来说，这真是一种非常奇怪的感觉。

西恩还在莱顿。或许是因为她离开的时候我太紧张，所以我的病情才会复发。有些时候，人并不总能保持冷静。她独自一人在那里，我很想去看她。她的日子肯定不好过。与女人分娩时所忍受的可怕痛苦相比，我们男人受点罪又算得了什么？在痛苦忍耐力方面，她们是我们的大师。直到最后一天，她还定期来看我，给我带来一些熏牛肉、糖和面包。我现在必须独自在医院住下去，这让我感到很无力。我很抱歉，不能亲自去莱顿，给她带一点她可能需要的食物，因为那里的食物不是特别好吃。

除了西恩和她父母外，我没有再见到其他人，后来特斯泰格先生突然来探望我，这在一定程度上令我感到高兴，但我们并没有谈及任何具体的事。几天以后，艾特森来了，我没怎么在意；然后，扬·梵高也来了。我常常不由自主地想，现在这件事，比我今年冬天第一次去找莫夫时更加令人沮丧。尽管我想把这整件事置诸脑后，像从船上抛出无用的压舱石那样，它还是刺痛了我的心，令我备感压抑。

我收到拉帕德的一封来信。当然，我立即给他寄还了2法郎50生丁；然后他又回信，重复了他在画室里说过的对我的素描的建议，他说喜欢那些画，因为画的风格、感情和特性而同情它们。他建议我把其余的寄给他，他认为能够找到买主。这对我很有好处，因为下面这种情况才会让人沮丧和气馁，即一个人从未听到别人说：这幅或那幅不错，富有感情和特色。看见其他人领悟到了自己想要表达的东西，这真令人振奋。

一连好几天，我重新从床上坐起来，真希望能恢复健康！要是我能在这里工作，能在病房里画一点写生，那该多好啊！病房里有一位老人，长得极像圣杰罗姆：他身材瘦削，肌肉发达，皮肤呈褐色，身上布满皱纹，关节独特而富有表现力。不能让他为我做模特，我感到很郁闷。医生如我所愿：他看上去很像伦勃朗画的人物头像——额头长得很好看，表情极富同情心。我希望能从他那里学到这一点，将来要像他对待病人那样对待我的模特。他很清楚如何消除病人的顾虑，并按照自己的意愿安置病人。我相信，负责这间病房的医生比负责高级病房的医生举止更唐突一些，也许是因为他们不那么害怕伤害病人。嗯，我认为这样反而更好。

去探望西恩是一件很特别的事，所以我问医生，能否准我一个短暂的假期，而不只是在花园内散步。我现在刚回到画室。我没法告诉你，重新回到这里心情有多愉快；也没法告诉你，出院回家路上看见的一切在我眼中有多么美丽——光线更加清晰，空间广阔无垠，每一件物体、每一个人都显得更加重要。整个康复过程中，最令人高兴的事莫过于我对素描的热爱正在复苏，我对周围事物的感觉也在复苏。很长时间内，这种感觉几乎消失殆尽，留下了巨大的空白。我几乎一个月没有抽烟了，现在，老朋友似乎又回来了。我无法告诉你，脱离了被尿壶包围的环境后重新坐在画室里，我有多高兴。当然，医院也很漂亮，非常漂亮，特别是花园里那些疗养的人，有男有女，还有小孩子。

不过有一个缺憾。下周二我必须再去看医生，告诉他我的感觉。他警告我可能还需要在医院里再待两周。唉，这些都是人生的小灾小难。不管怎么样，假如我不必再回去，那才算交了好运。

我去了莱顿。西恩妈妈、小姑娘和我一道去的。你可以想象，由于不知道会听到什么消息，我们有多着急。当听说她“昨晚生了……但你们不能和她说太久”的时候，我们有多高兴！我永远不会忘记听到这些话时的心情“你可以和她说话了”，也有可能，“你再也不能和她说话了”。见到她的时候，我真高兴。她躺在窗户旁边，可以俯瞰一座充满阳光的绿色花园。她见到我们也很高兴，不一会儿就完全清醒了。我们本该在她分娩 12 小时之后到达的，这难道不是一种运气么？每周只允许来访者探视一个钟头。新生婴儿是个非常可爱的小男孩，他躺在摇篮里，显出一副懂事的模样。

她遭了不少罪，当时情况很危急。那些医生们真聪明！可是当她看见我们的时候，她忘掉了所有的痛苦。她甚至告诉我们，我应该马上开始画画。她的预言是否能立即成真，我一点也不介意。有些时候，我一点不后悔自己也遭了不少罪，没能健健康康地站在那里。如果那样的话，我们就不能共同分担痛苦。公平承受，我对此非常感激，但黑暗的阴影仍然威胁着我们。大画家阿尔布雷希特·丢勒在那幅美丽的铜版画中把死神放在那位青年身后，说明他清楚地知道这一点。

噢，提奥，要是没有你的帮助，西恩恐怕活不到今天。历经多年动荡、忧虑的生活之后，她的身体十分虚弱。不过，她现在不必再过那种生活了，一切都会好起来。当她摆脱了所有的痛苦后，她的生命将迎来一个崭新的时期。她无法恢复已经逝去的贫瘠春天，但圣约翰带给她的绿色将会比她逝去的春天更加美丽。你知道，盛夏时节、酷暑刚过时，树上是如何长出新鲜嫩芽来的——在枯萎的老树叶上长出一层嫩绿的新芽。

我是在西恩母亲的房间里写信的，靠近窗户，窗户外面可以看见一个院子。这个院子我已经画了两次，科尔叔叔得到了那些画。我希望你去看他时，也能看见那些画，因为我想听听你的意见。

我在施恩韦格见的第一个人是我的木匠朋友，他曾经多次帮我制作一些小物件。他的老板是隔壁房子的主人，也来到这座院子里。他们劝我和他们一道去看看他们留给我做画室的房间（尚未裱糊墙纸），等待我作决定。我说目前还不能决定，因为西恩和我都在生病。我说不想租房，但他们已经开始裱糊墙纸了，而且想在下周二之前完成裱糊工作。

我得说房子很舒适，看上去整洁、牢固，阁楼窗户看到的景色犹如仙境。一旦身体好一些，我就把它租下来。还有一个小厨房，也有一个小窗户，能看见外面的庭院。我希望常去那里画画。

西恩生完孩子两周后就要出院，这促使我决定租下那座新房子，以便让她在经历了那么多痛苦之后，回来时能看见一个温馨的家。我和房东作了一个安排：首先，他会帮着我立即搬家，并从院子里借给我几个人，用一个下午的时间把家具搬过去，因为我不能搬重物；其次，在我和西恩住进去之前，我不会付给他任何租金，因为她有可能比我先出院。

假如让我来设计这座屋子，特别是要设计一个画室的话，我也不可能做到比现在更好。这条街上，没有哪一座房子的内部像这座房子，尽管外表看上去都一样。

我觉得比以前好了很多，所以我希望能尽快好起来。我的手开始发痒，想重新投入工作了。

嗯，弟弟，在搬家过程中，我又完成了一幅画，这一次是水彩画。它原本是一幅速写，因为我生病而没能完成；现在，它又重获生机了。我画的是海滩上的渔船，巨大的船身躺在灼热的沙滩上，远处薄雾中是一片蔚蓝的大海。那天阳光明媚，太阳正位于我身后，因此人们只能通过投射在地上的倒影和沙土上颤动的热气来感受太阳。这只是一种印象，但我认为这种印象很重要。

我觉得这间画室看起来很真实：素色的灰褐色壁纸，擦洗过的木地板，窗户上的白色斜纹窗帘，每一样东西都很干净。当然，墙上还挂着写生。画室里没有古董和挂毯也好看，只要墙上挂着写生就行。画室每一边都有一个画架，还有一个白色的大工作台。毗邻画室的是一个凹室，用来存放我的全部画板、画夹与颜料盒，木版画也放在那里。画室一角有一个壁柜，里面放着所有的瓶瓶罐罐，还有我的全部书籍。然后是小客厅，里面摆放着一张桌子、几把厨房用的椅子和一个煤油炉子，靠窗的角落里放着一把女人坐的柳条大摇椅。从窗口可以俯瞰码头和草地，这你从画中可以看出。一个男人坐在自己心爱的女人身边，旁边的摇篮里还有一个婴儿，这时他会产生一种强烈的激情。我把伦勃朗的大型铜版画挂在墙上，还有谢弗尔的《安慰者基督》、米勒的《播种者》与《挖土的人》、勒伊斯达尔的《灌木丛》、赫尔科默和弗兰克·霍尔的大型美丽木刻和德格鲁的《穷人的长凳》。

嗯，在厨房里，在她坐的窗前摆上鲜花是绝对必要的。楼上的阁楼里摆放我们俩的大床，我那张旧床留给孩子睡。这些日子里，她妈妈和我都很忙。最困难的是被褥。我们自己动手改造一切，买了稻草、海草和床单，把阁楼里的床垫都塞满了，否则就太贵了。

我不打算像去年那样征求父母的意见。听着，提奥，父亲和母亲都不是能理解我的人，既不能理解我的错误，也不能理解我的好品德。他们无法体会我的感受。我的恳求是：我希望设法在下个月省下 10—15 个荷兰盾；然后，我会请求父亲再到这里来一趟，由我出钱，在这里住上几天。我希望父亲能够对我新的未来有一个清晰而明确的印象，希望他有足够的勇气。这样，他就可以完全放心我对他的感情。提奥，你知道，我想不出更好的捷径、更诚实的方法和途径来修复我和他们之间的良好理解。

我会让他看看西恩和她的小宝宝，这会出乎他的预料；会让他看看整洁的房间和摆满我正在画的作品的画室。简单地说，我会告诉他，今年冬天西恩和我是如何熬过她怀孕的艰难时期的，告诉他你如何忠实地帮助我们，她如何成为我的无价之宝。首先是环境使我们建立起爱与感情，其次是她在帮助我的工作中奉献出的善良和常识。我和她都衷心希望，父亲能同意我娶她为妻。

除了“娶她”，我没有别的话可说。并不是婚礼使她成为我的妻子，使我们紧密结合在一起的，是互爱的坚强纽带，是相互给予的帮助。我对你讲过我想娶西恩，而且要尽快。关于结婚，你说：不要娶她。你认为西恩欺骗了我。我过去不想直接反驳你，因为我始终都相信，你终究会喜欢她的。我只想这样说：她和我之间有婚姻的承诺，我不希望你把她看作我的情妇，或者把她看作与我有关系却不顾及后果的人。婚姻的承诺有两重含义：第一，对民事婚姻的承诺；第二，承诺互相帮助，同甘共苦。可是，对家人来说，民事婚姻也许是最重要的事，但对她和我来说，这是次要的。

我建议将民事婚姻这个话题无限期搁置，或者等我每月卖画能挣到150法郎、不再需要你帮助的时候再提。因为你，也只有因为你，我才会同意暂时不考虑民事婚姻。我只希望，提奥，我对你讲的这些会让你明白，我并不想在每件事情上按照自己的意愿行事，只要做得到，我愿意向你的意愿让步。

我想要的是拯救西恩和她的两个孩子的生命。我不希望她重新回到我发现她时的那种悲惨的状态，我不想让她再感到自己被遗弃而孤身一人。这是我的担当，我必须继续下去。

和西恩在一起的时候，我有一种家的感觉，一种她给予了我家庭生活、我们的人生交织在一起的感觉。这是一种发自内心、深沉而严肃的感情，她阴暗的过去和我的过去给这一感情蒙上了一层阴影，仿佛某个恶魔在威胁着我们，我们一辈子都要与之抗争。与此同时，一想到她，一想到我面前的平坦道路，我就感到平静和快乐。

要像父母那样，把我去年的爱情视作一场梦幻，真的很难很难做到，唉，几乎不可能做到。但是我说："尽管将来已不可能，在当时原本是有可能的。"那不是一场梦幻，而是因为我们观念不合。我只希望自己能理解，凯表姐为什么要那样对待我，我父母和她父母为什么如此不友好地坚决反对这件事。他们话虽不多，却没有丝毫的热情与同情心。就目前来看，这已经成了一道很深的伤口，表面上虽然愈合了，但依旧很敏感。

那么，在这个冬天，我能立即感受到新的"爱"吗？当然不是。但在我内心深处，这些作为人的感情并没有熄灭或消失，我的悲伤唤起了我对他人的同情，这有什么错呢？一开始，西恩对我来说只是一个同类，和我一样的孤独和不幸。由于我自己并没有气馁，所以能够给予她一些实际的帮助；同时，这也是使我不至于沉沦的诱因。

渐渐地，我们的感情变成了对彼此的需要，再也离不开对方——这时，感情就变成了爱。西恩和我之间的感情是真实的，它不是梦，而是现实。你来的时候，不会发现我神情沮丧或心情抑郁，而是会进入一种对你有吸引力的氛围——一间新画室、一个充满活力的年轻家庭；不是让人感到神秘莫测的画室，而是植根于现实生活的画室，一间有摇篮、有婴儿高脚椅的画室。这里没有停滞不前，这里的一切都令人兴奋。它花费了应有的成本，即使现在，我也离不开你的帮助，但你的钱并没有白扔掉，你的钱将产生越来越多的回报。

我在医院里躺了一段时间，然后又开始工作了，那个带孩子的女人为我做模特。对我来说，如果一个人想描绘亲密的家庭生活——描绘一个带孩子的母亲、一个洗衣妇、一个女裁缝，不管把她叫作什么，他就必须生活在现实的家庭生活中，通过不断练习，手必须学会服从于对自己家庭的感觉，试图杀死这种感觉无异于自杀。画室与家庭生活融为一体是没有害处的，对人物画家来说尤其如此。

不要以为我自认为完美无缺，也不要以为许多人讨厌我不是我的过错。我常常极度忧郁和烦躁，渴望得到别人的同情。如果得不到同情，我就会变得态度冷漠，说话难听，甚至常常会火上浇油。我不喜欢和别人一起共事。对我来说，与其他人在一起，同他们交谈，经常是痛苦、艰难的。但你知道其中的原因吗？即使不知道全部，也该知道大部分原因。我是个在身体和道德方面都极其敏感的人，在那些耗尽我健康的悲惨岁月里，我变得神经紧张。问一问医生，他立即就会明白：在寒冷街道上度过的夜晚，获取食物的焦虑，失业造成的持续不断的压力，与朋友和家人的疏远，这些至少是造成我如此脾气性情的主要原因；还有我令人不快的情绪和经常的抑郁，都必须归因于此。但我也有好的一面，难道他们就不能相信我吗？

这是我返回医院的前一个夜晚，现在已经很晚了，画室内很平静，室外却是狂风暴雨，这让室内显得更加宁静。在这平静的时刻，弟弟，我多么希望能和你在一起！我有很多话想对你讲！

你知道吗，弟弟，这些天我时常想起你，非常想念你。首先，我所拥有的一切，我真正拥有的一切，全都属于你，甚至包括我的精力和对生活的热爱。现在，有了你的帮助，我才能继续向前走，我感受到了内心激发出来的力量。但是，我如此想念你，还有另外一个原因。我知道，就在不久前，我来到一座并非真正意义上的“家”的跟前。里面没有妻子，也没有孩子。我不知道你是否有过这种感受，一个人在孤苦伶仃的时候，会不时发出痛苦的呻吟和叹息：上帝呀，我的妻子在哪里？上帝呀，我的孩子在哪里？独居生活真的值得吗？

我希望你能理解我所做的一切，并把它当作一件自然的事情。还有，弟弟，你在西恩身上看见的，只是一位母亲和普通的家庭妇女，而不会有别的，因为这就是她的真实身份，而且我觉得她更了解这一点，因为她知道“模特的另一面”是什么。

我最后买的几样物品是餐盘、叉子、勺子和餐刀。我心想：当提奥和父亲来看我时，这些是为他们准备的。所以，你在窗前的床铺和餐桌上的就餐位置都已准备就绪，只等你到来。你一定会来的，不是吗？

嗯，好弟弟，如果你来到一个充满生机和活力的家庭，并发现你就是这一切的创造者，你是否会产生一种满足感？你知道我的生活并不总是快乐的。如今，在你的帮助下，我焕发了青春。

我去医院见了医生，他告诉我不必再回去了。今天下午，我送了他一幅画以示感激。我画的是一个正在织毛衣的斯海弗宁恩女孩，是在莫夫的画室里完成的，是我画得最好的一幅水彩画，尤其是莫夫也在上面画了几笔，并看着我完成，还让我注意几处要点。

我想明天早上乘车去斯海弗宁恩一趟，然后在海滩上画一会儿画。我现在很容易觉得累，感到精疲力竭，这是我在床上躺得太久的缘故，这是一种很奇怪的感觉。但是在许多方面，我感觉比去年冬天好多了，我对许多事情都心怀感激。天色已经很晚了，我想明天一大早起床，带上绘画材料出发，就好像从现在到我最后一次坐在斯海弗宁恩的沙丘上这段时间里什么事都没发生过。

你信中描绘巴黎夜景那一段令我深有感触，它让我回想起我看见“巴黎的一切”时的情景。在我住院时，一位艺术家偶然给我留下了非常深刻的印象，他是一位描绘城市景观效果的高手，在埃米尔·左拉的《爱情的一页》一书中，我发现了他用精湛的油画或素描技巧描绘这座城市的一些风景画。那本小册子促使我去阅读左拉的一切作品，但对作者本人，我至今只了解几个零碎的小片段。

西恩已经回家，现在就在施恩韦格。到目前为止，她和孩子都很好；她会给孩子喂奶，孩子很安静。我怕她可能会吃一些很贵的食品，但规定的饮食确实是你所能想象的最经济的饮食。所以我真的认为，我们每月150法郎能够过下去。

幸运的是，天气很好，风和日丽，这的确是一次愉快的回家之旅，西恩对一切都兴致勃勃。她特别高兴的是又见到女儿了；我给她买了一双新靴子，她看上去很漂亮。

我真希望你能看到今天的西恩！我向你保证，自这个冬天以来，她的外貌发生了很大变化，是彻底地改头换面，主要归功于给她治病的医生。但是有一点医生影响不了她，那就是我们俩强烈的感情。恋爱中的女人是会发生变化的，当没人关心她时，她就失去了精神，魅力也不复存在。爱丰富了她的内心世界，她的发展也必然仰赖于此。人性必有其自由之路，必须走正常的道路；女人想要的，是和一个男人在一起，永远和他在一起。所以她现在有了另一种表情，眼神看起来不同以往；她的目光安静平和，脸上有一种幸福的表情。她仍然在受苦，所以这种平和、安详的表情更加楚楚动人。她变得更有精神，也更敏感。人们看得出来，苦难和艰苦岁月使她变得文静起来。

从医生和护士长对她的特殊关照中，你会发现，她是一个能让严肃的人产生同情的女人，他们对她的照顾的确相当了不起。我希望你见到她的时候不要有任何顾虑。

现在，这里有一种“家”的氛围，一种“自己的安乐窝”的氛围。我理解了米什莱为什么说“女性是一种宗教”。

和这个女人在一起生活，我就勇气倍增；你的钱将会使我成为一个很好的画家。西恩已变成一个如此动人的小母亲，就像费延-佩兰的铜版画、素描或油画中的人物。我渴望再画一幅她的模特素描，我渴望她和我恢复健康，渴望安静与安宁。

今年冬天，你听到海耶达尔传来有关我画作的消息，比特斯泰格所认为的更好。我觉得自己现在又充满了新的活力。也许在圣诞节前后，在我一年的休整期结束时，我会给你寄去几幅小素描，其中几幅已经开始着色，画上了褐色、红色和灰色的色彩。有时，我也非常渴望画油画，我对此怀有极大的渴望和抱负。

我再说一遍，我非常期待你的到来，我需要同情和关爱。这里不再有雷斯维克的磨坊，我还是很想再和你一起散散步。

至于我，弟弟，磨坊虽已不复存在，岁月连同我的青春也已不可挽回地流逝了，但我内心深处又产生了一种感觉，那就是生活中还有一些美好的东西，还值得我努力地认真对待生活。也许，或者更确切地说，这是一种根深蒂固的感觉，比以前更加坚定，因为当时我经验不足。对我来说，现在的问题是，要把那一段时间的诗意在我的素描中表现出来。

我想画能够打动人心的素描。《悲伤》是一个合适的起点，像《米尔德沃尔特大街》《雷斯维克的草地》和《晒鱼干的谷仓》这样的小型风景画，也许只是微不足道的开端。但在这些画中，至少有一些东西直接来自于我的内心。

不管人物画还是风景画，我想借以表达的并非多愁善感的忧郁，而是严肃的悲伤。

现在这样说似乎有点自命不凡，但这正是我要全力以赴的原因。在大多数人眼里，我算什么？一个一无是处、古怪又讨厌、没有社会地位且永远也不会有用的人。很好，即便真是这样，我也想用我的作品表明，这样一个古怪的人、这样一个无名小卒的心里在想什么。

这就是我的抱负。它的产生不在于愤怒而在于爱，它更多地建立在宁静的基础之上而不是激情之上。的确，我常常处于极度痛苦中，但我内心仍然有一种平静，仍然有纯粹的和谐与音乐。在最贫穷的茅草屋里、在最肮脏的角落里，我看到了素描和图画。我的心被不可抗拒的力量吸引到这些东西上。相信我，我有时会开怀大笑，因为人们怀疑我有各种恶意和荒唐想法，我脑子里没有他们所猜测的丝毫罪孽——

我不是别的，我就是一个自然之友、写生之友、工作之友以及群众之友。

在许多现代图画中，我发现了一种古代艺术大师所不具备的独特魅力。对于古代大师与现代大师之间的差别，我想说的是：或许新一代的艺术家是更为深刻的思想家。还有另一个重大差别：米莱的《寒冷的十月》与勒伊斯达尔的《晾布场》之间，霍尔的《爱尔兰移民》与伦勃朗的《阅读圣经》之间，在情感上有很大差别。伦勃朗和勒伊斯达尔是崇高的，对我们和他们的同时代人来说都是如此，但现代画家中有一种更有个性、更熟悉的东西在吸引着我们。

我最近读了左拉的《娜娜》。我跟你说，左拉真是巴尔扎克转世。巴尔扎克是第一个描写社会的作家，从 1815 年写到 1848 年。左拉从巴尔扎克停止的地方开始，一直写到色当战役，或者更确切点说，一直写到现在。我觉得很精彩。

瞧他是怎么描写哈雷一家的！弗朗索瓦太太这个人物在整本书中都那样平静、高贵且富有同情心，反衬她的是哈雷一家，她与其他女人野蛮的利己主义形成了鲜明对比。我认为，弗朗索瓦太太是真正的人道主义者。至于我为西恩所做的或将要做的一切，我认为凡是像弗朗索瓦太太那样的人，都会以同样的方式对待弗诺朗。注意，这种人道主义是生命的乐趣；没有了它，我就不想再活下去，仅此而已。

我已经讲过人道的爱，因为有些人拥有它。我并没有影响每个人的人道主义计划或方案，但我并不羞于说（虽然我很清楚“人道主义”一词并不一定好听），我本人一直觉得并且将来也会觉得有必要去爱自己的同类。我曾经照顾过一位被烧伤的可怜矿工；我曾经一整个冬天把自己的食物分给一位可怜的老人；天知道还做过些什么，现在轮到西恩了。我并不觉得这样做是愚蠢的，或者是错的。我认为这是非常自然和正确的，所以我无法理解，人与人之间为什么会如此漠不关心。我必须补充一点，假如我这样做是错的，那么你如此忠实地帮助我也是错的。说这种做法是错的，简直太荒谬了。

弟弟，你可还记得，去年冬天我曾告诉你，一年后你会得到水彩画吗？

我已经画了3幅斯海弗宁恩的水彩画，还有《晒鱼干的谷仓》，都是精心绘制的。当我回到那个晒鱼干的谷仓时，一层非常鲜亮的芜菁绿或油菜籽在谷仓前装满沙子的篮子里发芽了，放置沙篮是为了防止沙子从沙丘上飘走。两个月前，除了小花园里的草地，一切都是光秃秃的。现在，这种粗糙、狂野、繁茂地生长与其余的裸露部分形成鲜明对比，产生了一种完美的效果。希望你会喜欢这幅画，远处地平线上，有小教堂尖顶的村庄屋顶和沙丘的景色，一切都很美好。我无法告诉你，画这幅画的时候，我的心情有多快乐。

我重点突出了那棵被切去角梢的老柳树，我认为那是水彩画中画得最好的一部分——一幅暗淡的风景，枯树位于一潭死寂的池塘边，池塘上面长满了芦苇，莱茵铁路公司的车棚、铁轨在这里交会；天上飘着灰色云团，云团呈现出一道明亮的白边，将湛蓝的云层分隔开来。我想把它画得像一个穿着工作服、手持小红旗的信号员，他感受到了天气，心里想着："今天天气阴沉。"

我又重画了一幅雷斯维克的草场，通过改变视角，相同的题材呈现出完全不同的画面；还有一幅斯海弗宁恩晒场的纯自然风景画，一次性完成，几乎没作任何准备，画在一张相当粗糙的镶边手巾上（未经漂白的亚麻布料）。

这些风景画景观复杂，非常难画，但正因如此，画中才有真正的荷兰特色和感情。它们很像我上次寄给你的那批画，除此之外，这几幅画是彩色的——草地里柔和的绿色与红瓦屋顶形成鲜明的对比，天空中的光线与阴暗的前景对比更为强烈。

你会看到，我并不害怕明亮的绿色或柔和的蓝色以及上千种不同程度的灰色，因为没有一种颜色不带灰色，比如红灰色、黄灰色、绿灰色和蓝灰色。

就我的理解，我们对大自然中黑色的看法完全一致。绝对的黑色并不存在；如同白色一样，黑色几乎存在于每一种颜色中，不过调子和强度有所不同；所以在大自然中，人们只能看到这些调子或深浅。只有 3 种基本颜色，红色、黄色、蓝色，“合成色”是橙色、绿色和紫色。通过添加黑色和一些白色，你就可以得到各种程度的灰色，但要说出有多少种绿灰色是不可能的。

色彩的整个化合过程遵循几条简单的规则。用 3 种主色加上黑色和白色，你可以调制出 70 多种不同的颜色来。色彩画家是这样一种人，他看到大自然中的一种颜色，立即知道如何分析它。比如，那种绿灰色是黄色和黑色混合而成的，几乎没有任何蓝色。换句话说，有这样一种人，他知道如何在自己的调色板上调出各种自然的灰色来。

当然，你在我的水彩画中也会发现，有些东西是不对的；这种情况会随着时间的推移而改善。但是请放心，我绝不是固守一种体系或者被一种体系束缚住。这种事存在于特斯泰格的想象中，而不存在于现实中。我认识这里的几位画家，当我看见他们为自己的水彩画和作品焦虑不安时，我经常会想：朋友，错误出在你的画中。

我没有一开始就画水彩画和油画，但从未为此后悔过。我相信，只要我努力工作就可以弥补这一点，这样在画素描和透视的时候，我的手就不会发抖。但是，当我看见年轻的绘画者们凭记忆构图和绘画，在他们喜欢的东西上面随意涂抹（也是凭记忆），接着把画好的东西放到远处，阴着一张神秘莫测的脸，去弄清鬼才知道看起来应该叫什么的东西，最后终于凭记忆画出了一点东西——这种画法有时令我厌恶。整件事让我感到恶心！那些先生们却来问（带着自我保护的神色），我是否也在“画油画”。我认为素描是避免这种命运的不二法门，我已经开始喜欢上素描，而不是把它当作讨厌的东西。

我希望你会明白，在我继续坚持画素描的时候，这样做其实有两个理由：我想在画其他画之前，先练习素描以稳定手感；其次，油画和水彩画会导致巨大的费用支出，一开始不能得到任何回报，在素描基础不好的情况下，费用会成倍增加，甚至会增加到10倍以上。如果我陷入债务，或者周围堆满油画布或涂满颜料的画纸，我的画室很快就会变得像地狱一样，正如我看到过的一些画室的样子。现在，我进入画室时心情愉快，在那里工作也富有激情。

莫夫今后也会明白，我之前并没有骗他，我压根不是不情愿。教我在画别的东西之前先认真画素描的，正是他本人。

我相信你知道，提奥，画彩色画并不比画黑白素描更难，事实也许正相反；据我所知，彩色画的四分之三取决于原始素描，几乎所有的水彩画都有赖于素描的质量。给人一种“马马虎虎”的效果要不得，我的目标是把素描提升到一个更高的层次。在黑白色的《晒鱼干的谷仓》里，这一点已经可以看出来。我认为，你可以在那幅画里了解到一切，还可以追溯整幅画的构图。

可以肯定的是，小伙子，我又恢复成原来的自己，毕竟，在画室里工作真好。新画室比旧画室有很大改进，使得工作更容易。我肯定，我付的房租越多，对我的工作就越好。

总有一天，在外面下雨我不能外出工作时，我一定要用水彩把摇篮画下来。至于其他的，我想在你来的时候让你看一看水彩风景画。我想在今年冬天，即来到这里一年后，画人物水彩画。我认为，首先得多画裸体画，还要多画黑白画。

用不了多久，西恩就可以靠做模特为自己赚取生活费了。我最好的素描——《悲伤》（我认为这是我画得最好的），对，就是她做的模特。一年之内，我会定期画人物素描。我向你保证，我很了解人物素描。尽管我非常喜欢风景画，但更喜欢画人物素描。

为了记录自然，或者画一些小速写，强烈的轮廓感是绝对必要的，今后还要把这种感觉提升到更高层次。我相信，不付出努力是做不到的。首先是通过观察，尤其要进行艰苦的工作和研究；之后，还需要对解剖学和透视学进行专门研究。

我身旁挂着一幅勒洛夫斯的风景画，但我没法告诉你，这个简单的轮廓多么富有表现力，它包含了一切；另一个更引人注目的例子是米勒的大型木版画《牧羊人》。看到这些杰作时，我更强烈地感到轮廓的重要性。例如，你从《悲伤》中可以得知，我花了很大力气才在这方面有所进步；但你会发现，除了追求轮廓，我和其他人一样，对色彩的力量也有一种感觉。

我并不反对画水彩画，但水彩画的基础是素描，在素描基础上可以发展出很多分支。我最终也会掌握这些技艺，如同每个热爱自己工作的人一样。

我昨天看到泰奥菲勒·德博克画得非常漂亮的几幅小炭笔画，天空中有淡淡的白色和蓝色笔触，我喜欢他的炭笔画胜过其他作品。

弟弟，我很高兴你要来。出于多种原因，我认为，如果不让我陪你去看特斯泰格和莫夫，这对我们俩都更好。而且，还因为我习惯穿工作服，这样就可以随意躺在沙地上或坐在草地上（因为在海边沙丘上我从来不用椅子，有时只用一只旧鱼篓），结果我的衣服就像鲁滨孙·克鲁索的衣服一样，不适宜和你一道外出访友。至于其他的，你会明白，我渴望你能抽出哪怕一小会儿和我在一起。

到时，我们真要去草地上散步吗？好极了。还有大海、沙滩以及古老的斯海弗宁恩？真令人愉快。我知道几条穿过草地的美丽小径，那里非常清静，我相信你会喜欢的。我发现那里有一些新旧不一的农舍和别的房屋，都有非常漂亮、临水的小花园。

特斯泰格总是以固有观念去判断我和我的行为，认为我无所事事，无所作为。我听到他低声嘀咕："哦，你那幅画将会像你所做的一切事情一样——一无所成。"我不会傻到跟在他后面说："特斯泰格先生，特斯泰格先生，不管你怎么说，我是个真正的画家，跟其他画家一样。"那我就太傻了。

不，正因为我骨子里确实有艺术感，所以最好还是静静地去草地里或沙丘上露营，或者在画室里画模特。

你必须想象，在凌晨 4 点钟，当人们在乡间小屋里点燃火炉煮咖啡时，当第一个工人悠闲地走进小屋时，我已经坐在阁楼的窗前，用透视仪研究草场和院子了。红瓦屋顶上，一群白鸽在冒着黑烟的烟囱之间飞翔；后面是一大片柔软、嫩绿的草地，宽阔而平坦，延绵达数英里；草地上面是灰色的天空，就像柯罗或凡·霍延的画一样平静和安宁。清晨，在青草丛生的水沟边和有山墙的屋顶上，有生命和觉醒的最初迹象，有飞翔的小鸟，有冒烟的烟囱，还有在庭院深处徘徊的人影——这些都构成了我水彩画的主题。

我将来是否会成功，更多取决于我的作品，而不是别的任何事情——取决于我平静地看着窗外自然界的事物，并忠实、亲切地描绘它们。

对于我要让你看的那些素描，我想的只是这样：我希望它们能向你证明，我的作品并没有停滞不前，而是朝着合理的方向前进。至于我作品的金钱价值，我不会有什么非分之想，但要是我的作品最终不能像别人的作品那样好卖，我也会大吃一惊。我说不清这种事在现在或将来是否发生，但我认为最可靠的方式就是精力充沛地描绘自然，这是不会失败的。对大自然的感情和热爱，迟早会得到人们的回应。画家的职责是全神贯注于自然并运用他的全部智慧在作品中表达情感，使之能够被人们理解。在我看来，为市场作画并不完全正确；相反，它只会欺骗那些业余爱好者。真正的画家都不这样做，但因为他们的真诚，他们迟早会得到同情。这就是我所知道的一切。当然，找到喜欢并热爱你作品的人又是另一回事。你知道，我会竭尽全力尽快把画作卖出去，因为我不想滥用你的好意。

我会越来越专注于艺术。有些人可能会无法挽回地永远诅咒我，但我的职业和工作将为我开启新的关系，这些关系不会因为旧偏见而变得僵化和枯燥乏味，所以会更充满活力，这是由我作品的自然属性决定的。

我再说一遍，每一个用爱和智慧画画的人，都会在他对大自然和艺术的真诚热爱中，找到一种抵制别人意见的保护。大自然从不欺骗我们，总是帮助我们前进。所有这些，都使我感到豁然开朗，更充满活力。

嗯，提奥，我的画已经干了，我想再润色一下。屋檐和水沟的线条像离弦的弓箭射向远方，画的时候是一气呵成的。

亲爱的弟弟，我依然沉浸在你来访的深刻印象中。我以前真的经常压抑绘画的欲望；通过你给予我的东西，我眼前开放了一片新天地：我认为自己比成千上万的人都更幸运，因为你为我消除了那么多障碍。许多画家因为绘画费用昂贵而不能继续下去，我无法用语言来表达我对你的感激之情。

我起步比别人晚，为弥补失去的时间，我必须加倍努力地工作；要不是因为有你，我早就止步不前了。我认为，能够工作一整年而不用焦虑，这是个令人愉快的前景。

首先，我买了一个大型水彩颜料盒，里面有 12 件或 12 管水彩颜料，还有两个盖子，其中一个可以用作调色盘，另有放 6 支水彩笔的空间。这件物品对于野外写生是绝对的必需品，但就是太贵；我以前总想买一个，但又一再推迟，只好将活动颜料片放在碟子里凑合着用。与此同时，我还储存了一大堆水彩颜料，更换了水彩笔。

我会开始画一些小尺寸的画，希望今年夏天练习画一些大型木炭素描，以便为今后画大型油画作准备。我订购了一台新的、更好的透视仪，它可以固定在高低不平的沙丘上。我刚从铁匠那里回来，他在制作支架的铁尖头和透视框的铁角。这样，无论在海岸边还是在草地上或田野里，你都可以透过透视框向外看，就像从窗户里向外看一样。透视框里的垂直线、平行线以及对角线和十字线，或者说等分的正方形，肯定会给出几个基本点。借助这些基本点，你就可以得出一幅可靠的画面，显示出大线条和比例的画面——至少对有透视本能和能够理解其原因与方式的人来说是这样：透视给出了线条方向的明显变化和整体尺寸的变化。如果不具备这方面的知识，仪器就毫无用处，还会让看的人头晕目眩。

经过不断地练习，透视仪能使人的绘画速度快如闪电。一旦素描画好了，画油画也能快如闪电。事实上，对油画来说，它是绝对必要的。透视框真是一件做工精细的工具。它花了我不少钱，但因为我制作得非常牢固，它可以使用很长时间。

我认为你可以想象，把这件仪器对准大海、对准绿色的草地、对准冬天的雪地，或对准秋天细长的树枝和树干组成的奇妙网状结构，或者对准暴风雨的天空，是一件多么令人愉快的事情。我们在斯海弗宁恩的沙滩、大海和天空中看见的东西，我当然希望能及时地表达出来。

现在已经是秋天。森林里飘零的树叶、柔和的光线、细长优雅的根茎和朦胧的事物，有时会让人产生一丝淡淡的抑郁感。但我也喜欢更为坚固、粗壮的一面——比如，正午强烈的阳光照射在一个挖洞、浑身出汗的人身上的那种效果。每年这个时候，海滩上的景色更加美丽。海景中有一种轻柔的效果，树林里有一种更阴沉、更严肃的调子。我很高兴，这两者都存在于生活中。

在荷兰画中，我很少看到这样的颜色效果。昨天傍晚，我忙着画树林里倾斜的地面，上面覆盖着一层腐烂、干燥的山毛榉落叶。你无法想象，在秋日的晚霞中，在树木的映衬下，有哪一条地毯能像这条深褐红色的“地毯”那样光彩夺目？问题是如何表现那种颜色的深度和那片土地的坚固性，我发现这很难做到。怎样才能既画出光线，又表现出那种丰富色彩的光芒和颜色的深度呢？幼小的山毛榉树从地里破土而出，迎着阳光的一面闪闪发光，绿得发亮；它们的阴影一面却呈现出一片温和的暗绿色。

在一片红褐色的土壤后面，是一片非常美丽、温暖的蓝灰色天空；几个捡拾柴火的人在四处游荡，像几个神秘的黑影。一个女人弯腰去捡地上的干树枝，她的白帽子突然出现在深红褐色地面的背景上，她的裙子反出光来；一个男人的黑色轮廓出现在矮树丛上；天空映衬出一顶帽子、一个肩膀，还有一个女人的半身像。这些人物充满诗意——在那深沉、朦胧的暮色中，他们就像画室的土坯模子中浇筑出来的巨大塑像一样。

我在素描里能表现出多大的效果，我自己也不确定，但我知道，我被绿色、红色、黑色、黄色、蓝色、棕色和灰色的和谐所震撼了——那就像是德格鲁的一幅画。

用油彩来画是一件很难的事。我用了多半管的白色颜料来画地面——但那地面的颜色还是很暗；此外，我还用了红色、黄色、土褐色、黑色、赭石和深褐色，结果呈现出一种红棕色，是一种从深褐色到深酒红色的红棕色，甚至还有一圈淡金色的红晕；地面上还有苔藓和一圈清新的嫩草，它们发出明亮的光芒，但这很难被画出来。

这幅画中一定要有某种秋夜的感觉，一种神秘而严肃的东西；在做到这一点之前，我不能分神。由于这种感觉稍纵即逝，我必须画得很快。因此，那几个人物只用了强有力的几笔就勾勒出来了。我突然意识到，那些细小的根茎是如何牢牢地扎根在地里的。我开始用油画笔画根茎，但由于画布上地面的油彩颜料太黏稠，新画上去的颜料马上就被溶解了，我只好从颜料管中挤出颜料来作树根和树干，然后用画笔稍微调整一下。

我终究还是在作品中发现了一种令我震撼的事物的回声。我明白大自然告诉我某样东西，它已经对我讲过了，于是我把它速写下来。

现在，我觉得自己处于惊涛骇浪之上。油画必须继续画下去，我可以赋予它全部力量。我确信自己对色彩有一种本能，它会越来越多地在我身上显现出来；我确信油画已深入我的骨髓。我感到自己身上有一股创造力，我意识到那一时刻终将到来。可以这么说，到那时，我每天都会定期画一点好东西。如果有一天这种事真发生了，我也不会感到惊讶。

你对我如此真诚和有力的帮助，我表示双倍的感激。

我在画板或画布上画油画时，费用又增加了。每样东西都很贵，油画颜料很快就用完了。好油画不在于使用多少颜料，但为了画出充满活力的地面或晴朗的天空，绘画的人有时不能吝惜一管颜料。有时题材要求画得精妙，有时事物本身的属性需要使用厚重的油彩。例如，与雅各布·马里斯比起来，甚或与米勒或朱尔·杜佩雷比起来，莫夫画油画算朴素的了。他画室的雪茄盒里装满了空颜料管，如同左拉描写一次晚餐或社交晚宴后堆放在房间角落里的空酒瓶一样多。

唉，这是所有画家都会遇到的困难；然而，困难中也存在着激励的力量。

我觉得，无论如何，油画都会间接激发出我内心的其他东西。

你来这里的时候，曾说起有朝一日我要努力给你寄一幅能被称为“畅销”的小幅素描。我画了一幅水彩画，描绘了一群孤儿和他们的精神引导者在一起。我有时并不反对选择一些令人愉快惬意的题材，对收藏家来说，这会比那些令人沮丧的题材更有吸引力。

假如我和莫夫仍然保持着良好关系，假如我画了这样一幅水彩画，我想他会为我指出一些变化，以便让它能卖出去，这些变化会让它呈现出完全不同的面貌。实际上，许多画家的水彩画或油画都由另一个画家来加工，有时甚至进行大改。

我常常渴望并需要在不同问题上征求别人的意见，但自从有了与莫夫打交道的经历之后，我就不让步了。我不跟别的画家谈论我的作品。有的人可能非常聪明，可当他说的跟做的不一致时，对我又有什么用呢？我希望莫夫告诉我不透明颜料的用法，而不是说，“你在任何情况下都不能使用不透明颜料”，他自己和其他所有人都在用，而且效果很好。

我并不认为独自奋斗是一种不幸。绘画与写作一样：当一个孩子学习写作时，他认为自己几乎不可能学会，但每个孩子最终都能学会。我真的相信一个人必须学习绘画，这样它就会变得像写作一样容易。唉，小伙子，如果我能做自己想做的事，就应该拓宽自己的油画领域，尤其应该多请几个模特。

我画了一幅北城墙边马铃薯市场的小速写。工人们熙熙攘攘，妇女们提着从船上装满货物的篮子，所有穷人都来自吉斯特、莱迪格·埃尔夫和临近街区，这里总能见到这样的场景。

这些充满活力的东西，正是我想用素描和油画来展示的：这种场景里的生活和运动，还有各式各样的人。画这种画需要了解人体的一般知识，我试图通过大型人物素描练习来达到这一目的。

我还忙于画马，一直画到很晚。真想什么时候弄匹马来做模特。昨天，我听到身后有人说：这个画家有点怪——他从马的尾部画马，而不是从马头开始。我很喜欢这样的评论。

我喜欢在街上画这样的速写，当然也想达到完美的境界。我总是竭尽全力地工作，因为我最大的愿望就是画出美丽的画来。

你是否知道一份名叫《哈珀月刊》的美国杂志？里面有一些精美的素描，令我惊叹不已；其中就有《玻璃工厂》和《钢铁厂》，画的都是工厂里的场景，还有霍华德·派尔在一座古代教友会城镇里画的素描。我对这些作品充满了新的乐趣，因为我有一个新希望，希望自己也能画出这样有灵魂的作品来。

日子过得真快，转眼又到周日了。现在外面很美，树叶染上了各种颜色，有青铜色、绿色、黄色、浅红色，一切都显得丰富又温暖。这些天，我常去斯海弗宁恩。我画了一幅海洋景观写生，画中只有沙滩、大海和天空，显得灰色而孤寂。我有时渴望那个安静的地方，那里只有灰色的大海和一只孤独的海鸟——除了海浪的咆哮，听不到别的声音。它使我得到一种改变，远离吉斯特和土豆市场上的嘈杂喧嚣。

一天晚上，我碰巧看到来了一艘有趣的小渔船。纪念碑附近有一座小木棚，有个人坐在里面瞭望。船一进入视野，那家伙就拿着一面蓝色大旗走出来，后面还跟着一群小孩子。他们站在那个拿旗的人身边，显然很高兴，我想他们以为自己是在帮着渔船靠岸。几分钟后，一个家伙骑着一匹老马走过来，他得去取锚。然后，这一群人中又加入了男男女女（包括带着孩子的母亲）来欢迎渔船上的人。等渔船靠得够近时，骑马的人就走进水里，把锚带回岸上。然后，船上的人被带到岸上，由穿着橡胶高筒靴的伙伴们背到岸上。每上岸一个，人群中都会发出一阵热烈的欢呼声。等他们全部上岸后，整支队伍就像一群羊或者像一辆大篷车那样朝家里走去，那个骑骆驼的人（我指骑马那个人）高耸在他们头上，犹如一个高大的幽灵。

我几乎花光了最后一个荷兰盾。周五下午，我请了一个模特，一个来自济贫院的人，我不想不给钱就把他打发走。我不得不付一些额外费用，因为颜料箱摔坏了。当时，我被迫从一个高坎上跳下去尽快收拾自己的物品，以便躲开拴在莱茵车站外面的马，工人们正在那里装煤。

我用油彩画了工人们工作之处的煤堆、一匹马和马车。那座小院和那些煤堆太美了，以至于我没法停手——我原打算这周画素描的，因为油彩太贵。我事先不得不请求允许我在那里画画，因为那不是公共场所。我现在希望能经常去那里画。

至于给你寄一幅油画写生的事，我一点也不反对。这样做之前，我们必须就几件事达成一致看法。像莫夫那样的人（或任何别的艺术家），肯定有他自己独特的调色方法，但没人能一下子就做到这一点。以我为例，我最近画的海洋风景画，在色彩上与我画的头两幅油画差别很大，所以你不应根据我现在寄给你的画来判断我的调色技艺，我相信自己作品的色彩和构图会发生很大变化。

在野外画的写生，不同于要向公众展示的作品。在我看来，后者是前者的结果，但它可能（甚至一定）与前者有很大不同。在作品中，画家给人的印象往往是个人的；在写生中，他的目的仅仅是对自然的东西作一些分析——要么使他的想法或概念更正确，要么为了发现一个新的想法。例如，我本人非常喜欢莫夫的写生，因为它们既冷静又忠实；它们还缺少某种魅力，但这些写生作品将会达到那样的高度。

现在，这里的天气虽然有点糟，却很美（有风、雨、雷电）。我喜欢这种天气，对其他人来说却很冷。野外写生即将告一段落，重要的是在冬季来临之前尽可能多地从中获益。

到了冬天，我要把画室收拾干净；也就是说，要把墙上的写生取下来，把碍手碍脚的东西全部搬走。这样才能腾出足够的空间画模特。人物油画对我很有吸引力，但它必须成熟起来；我必须学习更好地了解这门有时被称为“烹饪艺术”的技艺。刚开始时，我在油画上刮擦很多，经常还得重新来，但从中也有所收获。

等你下次寄钱来，我要买几支不错的貂毛油画笔，我发现，那才是用来画人手或彩色轮廓的真正画笔。里昂牌画笔无论有多细，都会留下太宽的纹路和笔痕；如果要非常精致地画树枝，貂毛油画笔也绝对必要。

我认为自己需要多画人物写生。不同的人物写生画得越多，今后创作真正的作品或素描时就会越容易。总之，我认为写生就是种子，播种得越多，收获的希望就越大。

夜已深，这几个晚上我都没有睡好觉。我想，假如我不是经常去野外写生，假如我在画中没有发现那么多乐趣，我很快就会变得抑郁起来。在野外满怀激情地画画，是更新并保持力量的活动。只有在过度劳累时，我才会觉得很痛苦；

至于别的，我相信自己会恢复健康。

所有秋天美丽的景色和想要从中获益的愿望，都是我心中的想法，我希望自己能按时睡觉。

父亲突然来看我，这次见面很愉快，令我深感意外。我认为，这比他从别人那里听到我的消息要好得多。我真的很高兴见到他并与之交谈。我们在雷斯维克大路上散了一会儿步，那里非常美丽。我又听说了很多关于尼厄嫩的事，还有那座有古老十字架的教堂墓地。它在我脑子里挥之不去，希望有朝一日能把它画下来。我想画雪地里有木十字架的教堂墓地，画一个农民的葬礼。

最近几天，我一直埋头画水彩画。你还记得位于斯宾司特拉特街头的莫尔蒙国家彩票中心吗？一个下雨天的早晨，我路过那里时，看到一群人站在那里等着买彩票。他们大多是老年妇女，还有一些说不出自己在做什么或怎样生活的人。从表面上看，对“今天抽奖”如此感兴趣的那些人，对你和我来说似乎相当荒谬；但那一小群人，他们等待的表情打动了我。我画速写的时候，那种表情使我领悟到一种更大、更深刻的含义。

你能从那种表情中看到贫穷与金钱。当你把穷人的悲惨境遇，与他们把本应购买食物的最后一分钱用于购买彩票以拯救自己的疯狂努力进行对比时，他们对彩票的幻想就变得严肃起来。对所有这些人来说几乎都一样：在人们理解一件事的全部含义之前，有时必须先仔细思考一下。

我正就这一场景画一幅大型的水彩画；我还在画一幅教堂长凳的画，那是我在吉斯特的一座小教堂里看见的情景。济贫院的人会去那里（他们在那里意味深长地自称为“孤男”和“孤女”）。我想你会喜欢在周日穿着日常衣服的这一群老人。

刚讲到孤男时，我就被模特的到来给打断了，然后画这个男模特，一直画到天黑。他穿着一件宽大的旧大衣，显出一副奇怪的宽阔身材；我也画他坐着抽烟斗的样子。他是个聋子，头顶秃得很怪，耳朵很大，长着白胡须。

我肯定你会喜欢我现在的画作。你会像我一样立即注意到，我需要画大量的人物画。我正全力以赴，几乎每天雇用一个模特。我越来越注意到，写生接近模特是多么有用和必要；画画的人会在画中重新发现模特，写生会让绘画者对自己的困难记忆犹新。本周，我还希望请一个济贫院的女人来做模特。我非常需要钱。我必须买一些沃特曼纸和画笔。你无法相信，一个人有时需要多少东西。

近来，大自然如此美丽，我必须把它们画到纸上。这是真正的秋天气候，多雨，寒冷，但充满情调；特别是在潮湿的街道和倒映出天空的道路背景下，出现了引人注目的路人时，显得尤其美丽。

我完全同意你所说的，有些时候我们似乎对大自然充耳不闻；这时，大自然似乎也不再同我们说话。我也经常有那样的感觉。有时，人们只能等待这种时刻过去。但有许多次，我通过改变题材，成功驱散了那种消极冷漠的感觉。我对人物画却越来越感兴趣了。

记得有一幅版画或素描给我留下了深刻印象，它很好地表现了光的效果和风景的情调。一般的人物画家会激发我一种冷静的尊重，而不是热烈的赞同。然而，我清楚地记得杜米埃的一幅素描，画的是香榭丽舍大道上一棵栗树下的一位老人（巴尔扎克作品中的一页插画）。那幅素描不算很重要，但令我印象非常深刻的是，杜米埃的观念中有一种非常强烈和充满男子汉气概的东西。我认为：用那种方式去思考和感受一定是件好事，目的是专注于能提供精神食粮的事物，专注于能够触动活人的某些事物，而不是草地或云彩。

同样原因，我总是觉得英国素描家或英国作家塑造的人物很有吸引力，因为他们像周一早上一样清醒，他们刻意保持简洁、实事求是并坚持分析；我觉得他们坚强有力，在我们感到虚弱无力的日子里能够给予我们力量。同样的，在法国作家中，巴尔扎克和左拉也是如此。

能买到便宜一点的杜米埃的版画吗？如果他有更多像我最近发现的版画那样漂亮的作品，比如《五个不同年龄段的酒鬼》，或者像那个老人形象一样的作品，那么他的重要性就超出了我的想象。我记得，去年我们在去普林森哈格的路上谈过这件事。那时你说，你喜欢杜米埃胜过加瓦尔尼。我开始怀疑自己只知道他很少的一部分作品，我不知道的那些可能才是我最感兴趣的。

从画室的窗口望去，我看到一幅美丽的效果图。这座有着塔楼、屋顶和冒烟烟囱的城市，屹立在光亮的地平线上，显出一个阴暗的轮廓。然而，那道光是一条宽阔的光带，上面悬挂着一片乌云。乌云底部浓密，顶部却被秋风撕裂成碎片，让大风刮走了。那道亮光，使得潮湿的屋顶在城市的黑暗中闪闪发光。

要是我整个下午不忙着画那些担着泥炭的人物形象的话，我真该把它画下来，确切地说，试着把它画下来。我现在满脑子想的都是那些人，容不下新题材。

我非常想念你。你告诉我那些在巴黎和女性一起生活的艺术家的性格，说他们不像其他艺术家那样心胸狭隘，也许会竭力保持一点年轻的气息。我认为这是很好的观察。这样的人到处都有。要想在自己的家庭生活中保持一些新鲜感，那里可能比这里更难，因为那里的生活更像是逆水行舟。有多少人在巴黎陷入绝望——冷静，理性，合乎逻辑，正当地绝望！

我相信，人是有可能成功的，一个人不应该刚开始就感到绝望，即便在这里或那里遭遇失败。一个人有时会感到一种衰颓，有时会事与愿违，但仍有必要重新振作起来，拿出新的勇气。伟大的事情不是凭冲动完成的，而是由一系列小事汇聚而成。伟大的事情不是偶然发生的，一定是意志的产物。什么是绘画？一个人如何学会绘画？绘画是努力工作，要穿越横亘在你感觉到的事情和你能做的事情之间的一道无形的铁墙。

我们俩有一个共同点，都喜欢在剧院的幕后看戏。换句话说，我们都有分析事物的倾向。我相信，这就是绘画所需要的素质——在油画或素描中，一个人必须发挥这种力量。

明天，我要请一个模特来画几个小时——一个拿铁锹的男孩，他是一个搬运工，一个很古怪的人。他鼻子扁平，厚嘴唇，蓄着粗糙的直发——但无论他何时走动，身姿都很优雅，至少有风度和个性。

在我的脑海里，有两件事始终是真实的，相辅相成的：一个人不能没有想象力，但通过不断研究自然并与之搏斗，想象力可以变得更敏锐、更正确。狄更斯说："伙计们，你们的模特不是你们的最终目标，而是赋予你们思想和灵感以形式和力量的手段。"

我想，今年冬天我会有一些好模特。院子的主人已经答应，把找工作的人送到我这里来，这在淡季是常有的事。我乐意给他们几间屋子住一个早上或一个下午，换取我想要的。

又到周日了，还在下雨。本周，我们还遭遇了风暴，树上没剩下几片树叶了，但这也有它美的一面。莱茵河车站上空，是一片略带微黄却依然灰暗的天空，不时有一阵雨点，许多饥饿的乌鸦在天空飞来飞去。我可以告诉你，我很高兴炉火还燃着，因为屋子里都透着寒气。当你点烟斗时，它仿佛也被毛毛细雨淋湿了。

在这样的日子里，一个人想见某个朋友，可是他哪里都去不了，也没人来看他，这时就会产生一种空虚感。就在这时，我感觉到了绘画对我的意义，它给生活带来了怎样的情调，不管别人赞成与否。在令人忧郁的日子里，一个人会为有一个目标而感到高兴。我认为，如果一个人想画人物画，他就必须首先怀有一种如《笨拙》杂志的圣诞漫画所说的“对所有人友善”的感情——也就是说，一个人必须真正热爱自己的同胞。我尽最大的努力，尽可能保持这种心境。正因如此，我很抱歉没有和画家们进行任何交流，也很抱歉在今天这样的下雨天，不能和他们一道舒适地围坐在火炉旁，看着素描或版画，以这种方式相互激励。

现在，野外写生已经结束，我指的是在户外安稳地坐着画画。我盼望冬天的到来，那是一个可以有规律工作的季节。我希望自己能进展顺利。我们真正拥有的春天和夏天是何其短暂啊！有时候，在我看来，去年秋天到今年秋天之间仿佛只是一眨眼的工夫，这也许是因为我一直在生病的缘故。除了有时觉得很累，我现在感觉挺正常。

真想不到，本周我收到家里寄来的一个包裹，里面有一件冬衣、一条暖和的裤子和一件暖和的女式外套。这令我非常感动。

我同意你对那幅长凳的小素描的看法：那是按老式画法完成的，但我这样做多少带些目的性。我的确非常欣赏一些图画和素描，它们是用和谐的灰调子与当地调子的明确景观画成的。我也相信，那些志不在此并被称作画法老式的艺术家们将会艺术长青，因为他们的画法和坚持自有其存在的道理。

我刚读完维克多·雨果的《九三年》。那本书就像德康或朱尔·杜佩雷描绘（我意思是描写）出来的。小说中描写的情感现在变得越来越少，而在新事物中，我真的找不到更高贵的东西。

跳舞的人必须向小提琴手付费。提奥，我担心，很多为新事物而牺牲旧事物的人，到头来只怕会后悔不已，尤其是在艺术领域。总之，尽管有分歧，但仍有一批画家、作家和艺术家们团结一致，他们是一股力量。他们并不是在黑暗中行走，他们拥有这样的光明：他们当然知道自己需要什么，并且深信不疑。我讲的是柯罗、米勒、杜比尼、雅克和布雷东都还年轻的时候，在荷兰曾经有伊斯拉埃尔斯、莫夫和马里斯。

他们一个个相互支持，这就是强大的力量。那时的美术馆比较小，画室也许比现在更富有。那些拥挤的画室，狭小的商店橱窗，最重要的是艺术家们像烧炭党人一样的信念，他们的温暖，他们的火焰，他们的热情，他们多么高尚！

你和我都没有亲眼看见过那一时期，但我们对那一时期的爱使我们向它靠拢，让我们不要忘记它。

如果我能经常见到你，和你谈谈我的工作，应该能创作出更多的作品，它们肯定会来自于我的写生。我现在完成了大约 12 幅水彩画，我相信，如果我能间或征求一下你的意见，就能画出更多作品，并使它们发挥出更为直接的作用。不管怎样，这些天我工作得很愉快，希望最终会有一些令你高兴的作品。

本周，我收到拉帕德的一封来信，他对这里的画家很少画模特的做法也感到震惊。他的画在艺术展览会上落选了。我问你，是不是就只有他和我最没出息？

嗯，小伙子，有件事我可以向你保证，你下次来的时候，除了水彩画和油画写生，我还要请你不辞辛劳地翻看我画夹里的一百幅画。今天上午，我碰巧整理了自己的画，也就是你上次来访后画的模特写生（不包括以前的写生，也不包括我速写本上的素描），我数了一下，大约有 100 幅。不知道是不是所有画家，包括瞧不起我的作品、认为我的作品不屑一顾的那些人，都能画得比我更多。

过去这几天，我一直在全神贯注地阅读赫尔科默对现代木刻版画的论述。赫尔科默说，管理者们要求的是为达到目的而制作的木刻，不再需要正确而诚实的素描，只要求能够覆盖页面的一个尴尬角落就可以了。管理者们宣称，公众要求的是对于一个公共事件的再现，只要再现是正确且有娱乐性的，他们就会满意，而根本不在意其艺术质量。

对于适合大众的艺术，这里的艺术家很少有或者根本没有一点热情。如果画家们都关注自己的作品（在我看来，作品是为大众创作的，至少我认为这是艺术家们最崇高、最高尚的使命）能为每个人所接受，那么他们取得的成就可能也会同《图画报》在创刊头几年取得的成就一样。

《图画报》在强大到足以独立办刊时，租了一间屋子，凭借 6 台印刷机开始创业。我想起了伦敦的大雾和那间小作坊里的喧嚣声；在想象中，我看到素描家在那几间画室里怀着最饱满的热情开始工作。

我看见米莱拿着《图画报》的创刊号跑向查尔斯·狄更斯，狄更斯当时已走到生命的尽头。米莱一边让他看卢克·费尔德斯的作品《无家可归和饥饿的人》（描写夜间收容所的穷人和流浪汉），一边说“就让他为你的《德鲁德疑案》画插画”。狄更斯说：“很好。”

《德鲁德疑案》是狄更斯的最后一部作品。费尔德斯通过这些小插画与他接触。在狄更斯去世那天，他走进了狄更斯的房间，看到了房间里那张空椅子，于是，在《图画报》某一期旧刊号上，登载了那幅感人至深的素描《空椅子》。

空椅子有很多，今后还会有更多，在赫尔科默、卢克·费尔德斯、弗兰克·霍尔、威廉·斯莫尔等人待过的地方，迟早会只剩下空椅子。然而，出版商和经销商们会继续向我们保证，一切都很好，我们正处在一个伟大时期。但是，如果他们自以为可以使每个人都相信，物质的重要性超过了道德的重要性，即使没有后者，也能完成任何好的事情，那么他们是多么冷酷无情！就像《图画报》一样，艺术领域的其他许多事情也是如此。道德的重要性减少了，取而代之的是物质的重要性。然而，人们渴望的变革会到来吗？

我对加尔瓦尼时代和现在伟大的素描家的热爱和尊重越多，就越了解他们的工作，特别是因为自己也曾想画几幅在白天的大街上人人都看得见的作品。我欣赏赫尔科默、费尔德斯、霍尔以及《图画报》的其他创办者们的作品，他们与我产生的共鸣甚至超越了加尔瓦尼和杜米埃，原因在于后者似乎把社会看作邪恶的，前者以及像米勒、布雷东、德格鲁、伊斯拉埃尔斯这样的人，他们选择的题材与加尔瓦尼和杜米埃的题材一样真实，同时有一种更严肃的感情。

我认为，那种感情应该保留下来。艺术家不一定是牧师或教会典狱长，但他对自己的同胞一定要有一颗温暖的心。在我看来，画家的职责就是在他的作品中融入一个想法。我认为，每年冬天《图画报》都刊载一些作品来激发对穷人的同情心，这是非常高尚的。

已经有人攀上了艺术王国的顶峰。当然，在未来的岁月里，我们仍然会看到美好的作品，但我们看到更崇高的作品了吗？——没有。试想一下，有多少伟人已不在人世，还有多少将不久于人世——米勒、布里翁、卢梭、杜比尼、柯罗，往前数有莱斯、加尔瓦尼、德格鲁，再往前还有安格尔、德拉克洛瓦、杰里科——想一想现代艺术已经有多么古老。就我而言，我担心也许在几年后，这一领域会出现一种恐慌。

你知道今天一大早这里的人们看到了什么景象吗？真是太棒了，就像布里翁在卢森堡的那幅《洪水结束》中所画的一样，即在地平线上出现了一道红色亮光，红光上面覆盖着雨云。

这景色让我想到了那些风景画家。我不禁要欣赏眼前的景色，但每当我看到那些古老的风景画时，都会感到欢欣鼓舞。比如，有一段时间，我从斯海尔夫豪特的一幅画前经过时，心里就会想：那种景色根本没法比。从长远来看，现代风景画的画法并没有给人留下强烈而深刻的印象。如果一个人长期以来一直在寻找新事物，当他再次见到像塞热和尤勒斯·巴克赫伊曾笔下的纯真图画时，他会感到非常高兴。我有时对进步感到失望，但这并不是故意的；恰恰相反，这种感觉是完全违背我的意志，在我的思想中不由自主发展起来的，因为我越发感到一种空虚，并且无法用现在的事物去填补这种空虚。

在我看来，在当今杂志登载的许多素描中，一种非常传统的优雅风格有可能取代那种典型的、质朴的乡土气息，雅克的素描就是一个例子。你不认为这一原因也在于艺术家的生活和个性吗？你有没有发现，有很多人喜欢在灰色的天气里散步？我还惊讶地发现，当一个人同画家交谈时，大多数情况下对话都不太有趣。莫夫有时有能力用语言来描述一件事物，让你像看见它一样；但是，当你和一个画家交谈时那种特殊的露天感觉——你认为它还像以前那样强烈吗？

昨天和今天，我画了一个老人的两幅人物素描。他坐在那里，胳膊肘支在膝盖上，双手托着头。很久以前，我让舒伊特梅克坐在那里，我一直保存着那幅素描，因为我想有一天画得更好。这么一个老工人，穿着缀有补丁的棉麻粗布衣服，真是太有感觉了！今天早上，我画了一幅布洛克的肖像，他是犹太书商，是站在滨南霍夫大街上的那个小个子男人。我非常感激布洛克，他让我想起许多年以前的事情。

有时，我非常渴望再去一次伦敦，想多了解一些木刻和印刷方面的知识。我感到内心有一种力量，我必须发展它，那是一团不能扑灭且必须让它继续燃烧的火焰——我不知道它会给我带来什么结果，但也不应怀疑它是否为一团阴郁的火焰。在这样的时代，一个人必须拥有什么样的愿望？什么是相对而言最幸福的命运？

我一直在忙着画挖土的人，希望能画出点像样的东西来。这里有一份叫作《燕子》的大众杂志，由鹿特丹的爱恩唯尔出版；我最近想知道，他们会不会录用表现挖土的人这样的作品。杂志每月只出一期，去一趟鹿特丹要花钱，我还担心自己会带回这样的消息：生意太难做了。我宁愿多花点时间在绘画上，直到画出一套不错的系列作品。我经常囊中羞涩，所以常常又想努力挣点钱。怎么办呢？我认为，很可能要不了多久，对插画家的需求就会比现在多。

在过去的五六天里，我的钱几乎花光了，都花在请模特上了。如果画夹里夹满我能找到或请到的模特的素描，我就能拥有一点小装备，希望它能帮助我找到工作。

在布鲁塞尔的时候，我试着去石版印刷商那里找工作，结果四处碰壁。西蒙诺和弗维公司最不愿意接纳我。他们说，来当学徒的那些年轻人很少有令他们感到满意的；生意太清淡，员工已经够了。我提到了德格鲁和罗普斯的石版画，他们说，是的，但这样的素描家已经不复存在了。我在他们那里和其他机构得到的印象是，石版画显然正在消亡；然而，插画这项新发明证明，他们正试图重振石版画。

不知我理解得是否正确，这种新的石版画纸是这样的：当一个人在上面画一幅素描，这幅画就会保持原样，不经过其他素描家、雕版师或石印工之手，可以直接移植到铜版或石版上，然后就可以绘制出无数副本，而后者是原画的翻版。

终于有一位画家来看我了——范德韦勒，他是在街上把我拦下的；我也去看过他。那家伙的画室里有很多好画。他想让我把画老人的许多素描合成一幅整图，但我觉得自己还没有准备好。

这里的天气一直很冷，现在天色相当暗，灰暗而阴沉，但它让一切事物染上了一层毫不令人惊讶的粗糙效果。

今天，我一直在重画从埃滕带来的旧画。我在田野里又看到了同样光秃秃的柳树，不禁想起了去年看见它时的情景。有时，我渴望画风景画，就像我渴望长途行走来提神一样。在自然界中，我看到的是表情与灵魂。有时，一排光秃秃的柳树就像一群修道院里的男人；小玉米有一种难以言喻的纯洁和温柔，让人想起婴儿熟睡时的表情；路边被人践踏过的草坪，看上去就像贫民窟里的人一样又累又脏；几天前，天下着雨，我看见一堆白色卷心菜在地里被冻僵了，这让我想起一群穿着薄衬裙、披着旧披巾的女人。

一个人在情绪低落的时候，到荒芜的海滩上走一走，去看一看灰暗的大海上涌起的一道道白色波纹的浪花，那会有多美妙！当婴儿在早晨醒来，看见照射到摇篮里的阳光而牙牙学语或咯咯发笑的时候，在小宝贝的眼神中我可以看到比海洋更深、更浩瀚、更永恒的表情。

我希望我们心里永远保留一点对布拉班特田野和荒地的回忆。这种回忆会因为艺术的再现和强化而加强，即使多年的城市生活也无法将它抹掉。

在斯马尔德斯的印刷工的帮助下，我完成了一幅小老头的石版画。如果它能让人想起那个时代的旧石版画（当时，人们对这门艺术的热情普遍比现在高涨），我会很满意的。

我很想画系列人物版画，比如，画 30 幅。如果能让人看到我们自费印刷的 30 幅版画（不是吝啬小气，而是大手笔），这会让我们在杂志社老板眼中更有声望。但现在我不会不画素描而去做别的，这一点你不必担心。我一定会等到有了一些现金之后，才去尝试更多的石版画实验。

今天早上的景色格外美丽。长途散步对我很有好处，因为忙于素描和石版画，我本周几乎没有外出。至于石版画，我希望能有好结果。

今天早上，我还去了一趟印刷厂。我在那里目睹了一切，转印到石版上——准备石版，然后就是印刷。我喜欢学习印刷术。在我看来，印刷术一直是一个奇迹，就像一粒微小的谷种成长为麦秆般的奇迹，一个每天发生的奇迹。将一幅素描播种在石版或蚀刻版上，然后从中收获成果。

人们一直在说，在荷兰，我们没法为大众制作版画。我从不相信这种说法；现在我明白，这是可以做到的。这一切都起源于你的一句话："我遇见了比奥，他知道一种平版画的方法，你应该在他将要寄给你的一种纸上试一试。"

我曾对自己说，我的职责首先是尽最大努力画好素描，目前又画了几幅新的素描。第一幅是一个播种者——在黑暗的地面上，一个身材高大的老人的黑色轮廓。老人尖鼻子、尖下巴、小眼睛，嘴巴凹陷，脸上的胡子被剃光了。第二幅也是播种者，身穿浅棕色的棉麻粗布夹克和裤子，站在一排秃顶柳树边的黑色田野上格外显眼。这是一个完全不同类型的人，留着修剪过的胡子，宽阔的肩膀，又矮又胖，有点像头牛——他的整个身板都是在地里劳动练出来的。第三幅是草地上拿一把大镰刀的割草人。另一幅画的是那些穿着短上衣、戴着高高的旧礼帽的小老头，人们有时会在海边沙丘上遇到他们，其中一个正提着一篮子泥炭回家。

为迎接圣诞节，哈泼出版社出版了一本杂志，其中有一些自称为“礼帽俱乐部”的画家绘的插画。插画中画得最好的是阿比的素描，主要表现了从前荷兰人以新阿姆斯特丹之名建立纽约时的场景。鲍顿也是俱乐部成员，或者是荣誉会员。但我认为，他比其他所有人更严肃，也不会大肆炫耀。阿比的画很漂亮，他有自己的风格，这是件好事。提到这一点，是因为我相信你会同意我的观点：并非所有美国人都是坏人；在其他地方也一样，会遇到一些极端情况，除了那些最令人憎恶、最不可能的夸夸其谈者和拙劣的画师外，有些人也会给你留下一种荆棘丛中的百合花或雪莲般的印象。我必须把美国人的这些素描和《现代生活》中的图画进行比较。

昨天，我碰巧读到米尔热写的一本书——《饮水者》。它散发着波西米亚时代的芳香，我很感兴趣。但我认为，这本书缺乏独创性，也不够真诚。作者们遇到那样的画家似乎也不走运：这些作家中，有巴尔扎克（他笔下的画家相当乏味）和左拉；左拉笔下的克劳德·劳蒂尔真有其人，但人们还是希望看到他描绘另一类画家，而不是劳蒂尔，劳蒂尔似乎是作者根据那一画派的某个人来塑造的。我认为，那一画派被称作“印象派”，构成艺术团体核心的不是他们。

我经常想，要是能把更多时间花在真正的风景画上该多好啊！我经常看见一些自己认为很精彩的作品，就不由自主地说：我从来没有见过那样的作品。但是为了画风景油画，我就不得不忽略其他东西。

比起从孩提时代就见惯了田野的人，许多画家内心深处都不具备对大自然的这种认识。许多男性风景画家画出来的作品都不能令你我满意。你也许会说，每个人自孩提时代起都会见到各种风景和各种人物。问题在于：是不是每个人都会像孩子一样反思？是不是每个见过荒野、田园、树林、雨雪和暴风雨的人都会喜欢它们？不是每个人都能像你我这样——那需要一种特殊的自然与人文环境，必须有助于对自然产生这样的认识；那需要一种独特的气质和性格，必须有助于使这种认识根植于心中。

风景画领域的确正在出现巨大的缺憾，我想引用赫尔科默的话：那些解释者允许他们的聪明去玷污使命的尊严。我相信公众会说：把我们从乱七八糟的艺术中拯救出来，把简洁的田野还给我们。若是一个人看到卢梭的一幅美丽图画，他费尽心机以保持画作的真实和诚实，这该多好啊！真正的好作品不是对自然的绝对复制，而是对自然的透彻了解，以至于画出来的自然是清新又真实的，这正是许多人缺少的东西。

你知道，让诚实的人从事艺术事业是非常非常有必要的吗？几乎没有人知道，美丽作品的秘诀很大程度上在于其真实性和真挚的感情。“聪明”，正如这里人所说的（这个词已经被滥用了），我自己也不知道它的真正意义何在，但我见过它被用在那些微不足道的事情上；“聪明”，难道艺术要靠它来拯救吗？

有一幅米勒的自画像我非常喜欢。那是一幅戴着一顶牧羊人帽子的头像，从那半眯着眼睛的表情、从画家那强烈的表情来看，它是多么美丽！还有那洞悉一切的眼神，就像一只公鸡的眼睛，如果我可以这样说的话。

卡莱尔说得很对：“找到工作的人是有福之人。”我认为画家就很幸福，只要能表达出他看到的东西，他就能与大自然和谐相处。一个人知道自己要做什么，还有大量的题材。如果那项工作是努力带来和平，就像米勒一样，那么它就会更具刺激性——人也就不那么孤单，因为他会想：我的确是孤零零地坐在这里，但坐在这里默默无语时，我的作品或许会对我的朋友说话；凡是见到我作品的人，都不会认为我是个没心没肺的人。

同自己作斗争，努力提升自己，更新自己的能量，这一切都因为物质上的困难而变得复杂起来。杜米埃那幅画一定很美。为什么表达得如此清楚的一幅作品却不被人理解？这是一个谜，也是许多艺术家难以忍受的事情。

有人想做诚实的人，我就是这样的人。我努力工作，可仍然做不到收支平衡；我必须放弃这项工作，如果我想继续做下去，我就要花更多的钱。我害怕交朋友，就像一个麻风病人，只能从远处跟别人打招呼：别靠近我，同我交往会给你们带来悲伤与损失。我不能把自己呈现为一个能谈出一笔好买卖或者能带来巨大利润计划的人；正相反，显而易见的是，这事将以亏损告终。可我心里还有一种力量在涌动，我有工作要做，必须做。我必须准备用一副平静的面孔开始工作，过平凡的生活，与模特和来收房租的人相处，实际上是与每个人相处。

我开始觉得，如果去英国，应该有机会找到一份能帮助我进步的工作。达到这个目标曾经是我的理想，现在仍然是，正是它促使我克服了巨大的困难。然而，一想到事情的发展方向，我的心情就会变得沉重起来。许多可能在我能力范围之内的职位，会把我引向与自己的目标毫无关联的事情上去。

这些事情超出了我的能力范围，我一开始可能被接纳，但从长远来看，那些接纳我的人终究会对我不满意；他们会解雇我，或是我自动离开，就像在古皮公司一样。

我身上有一种环境不允许存在也不允许其发展的力量，使我经常感到非常痛苦。对于自己必须做什么，我内心一直很纠结。我喜欢尽最大努力画素描，可是那些编辑还要亲自到那里去——噢，我讨厌想到这件事。提奥，你知道，我喜欢做《图画报》创办者那样的工作，我想在街上找一个男人、女人或小孩，然后在画室里画出来；可是，不，他们会问我："你能借助电灯制作彩色石版画吗？"

当然，这种商业状态对我产生了直接影响，它使我的工作要么变得更难，要么更容易，但画素描本身占据了我的主要心思。与抑郁的感觉形成鲜明对比的是，绘画给我带来一种愉悦的感觉；描绘的东西越有趣，这种感觉就越强烈。许多想做的事我都做不了。如果有钱，才有可能去做，但我并不是说不喜欢现在的状态，也不是说我不满意，远非如此。

几年前，我和拉帕德一道在布鲁塞尔郊外的约萨帕德山谷散步，勒洛夫斯就住在附近。当时，那里有一个采砂场，有人在里面工作；还有一些女人在寻找野菜，有一个农民在播种。看着眼前的一切，我几乎感到绝望。"我能成功画出令我如此喜欢的场景吗？”现在，我不再绝望了，我能更逼真地描绘那些农民和妇女。只要耐心地画，我就能成功地做到当时想做的事。

布雷特纳在鹿特丹的高中谋得了一个职位。我见过他一幅未完成的优秀画作，也许永远无法完成了。获得这些职位似乎存在某种致命的东西，这也许是艺术家生活中非常忧虑的、黑暗的阴暗面。

这几天，我牙疼得厉害，有时会影响到右眼和右耳，神经衰弱或许也要归咎于牙疼。如果一个人牙疼，他对许多事情就会漠不关心；但奇怪的是，杜米埃的画实在太妙了，它们几乎能让人忘了牙疼。

今天，我去了范德韦勒那里，他对手托着头的小老头那幅版画很感兴趣。在这幅版画中，我试图表达的东西（但我不能很好地表达，或者说它在现实中非常引人注目，但版画只是暗镜像中的一种弱表达形式）在我看来，似乎存在着米勒所信仰的“某种高高在上的东西”，即存在着上帝与永恒。这样一个小老头，当他安静地坐在炉边的角落里时，也许他自己也没有意识到，在他那无限感人的表情中，存在着某种高尚的东西、某种伟大的东西、某种注定不属于底层懦夫的东西。

在《汤姆叔叔的小屋》中，最美的一段文字也许就是那个可怜的奴隶知道自己必须死的时候记起的话：

思虑犹如洪水泛滥，
忧愁如暴风吼，
当我安抵天上美家，
我主是我一切。

这绝非神学，只是一个事实，荒野里最贫穷的小樵夫、农夫或者矿工瞬间可以拥有的情感和灵感，让他感觉到自己接近了永恒的家园。伊斯拉埃尔斯把这情景描绘得非常漂亮。

我新画了两幅素描：一幅是一个读《圣经》的男人，另一幅是一个对着桌上的晚餐做祈祷的人。当然，两幅画都是用你所谓的“过时情调”的方式画出来的。我认为《饭前祷告》画得更好，不过两幅画是相辅相成的。其中一幅画中，透过窗户可以看见窗外的雪景。我在这两幅画中意在表达对圣诞节和新年的特殊情感。无论在荷兰、英国，还是在布列塔尼地区、阿尔萨斯地区，这多少带有一点宗教色彩。现在，人们不必完全同意这种宗教情感的形式，但如果这种感情是真诚的，就必须予以尊重。就我而言，我完全可以分享这种感情，对上帝的信仰也会通过形式而改变——这种改变犹如春天长出新树叶一样必要。如果素描里面有任何情感或表情，那也是因为我自己感觉到了。

我多么希望圣诞节这两天我们能在一起，我真希望能在画室里再次见到你。我最近一直在努力画画，因为我充满了圣诞节的情感，但光有这种情感还不够，必须在作品中把它表达出来。

所以，我正在画一个济贫院老人的两幅大头像，他满脸大胡子，戴着一顶老式礼帽。这家伙的脸上长满皱纹，充满诙谐，正是人们在温馨的圣诞节炉火旁想见到的那种脸庞。我目前在画大头像，我觉得有必要更深入地研究头骨结构和对相貌的描写。这项工作令我非常着迷，我最近发现了一些自己寻找了很久的东西。

好吧，我希望你这些日子也能够享受大自然，去感受短暂的冬季以及这个季节里遇到的各种人。

在这一年过去之前，我觉得必须再次感谢你，感谢你的帮助和情谊。很抱歉，我今年仍未能画出一幅畅销画来，我真不知道问题出在哪里。

我希望你能再来我的画室，我特别担心你认为我没有什么进步。你会发现，我的工作正在慢慢开展，会发现我有很高的目标。谢谢你的忠实情谊，小男生，这一年我又得到了你的支持。我希望自己也能带给你一些快乐，总有一天我会做到的。

此刻，女人和孩子们跟我坐在一起。想到去年的情景，现在已大不相同。女人更加健康，也更坚强了，脸上的焦虑神色多已不见；孩子是你能想象的最漂亮、最健康、最快乐的小家伙；还有那个可怜的小女孩，你从画里可以看到，她以前的痛苦并没有消除，我常常为她感到焦虑，但她还是和去年大不一样了。当时她的状态非常糟糕，现在看上去更有孩子气了。

一个女人，无论她天生多么善良、高贵，如果她无法生存，又得不到自己家人的保护，她随时面临着被淹死在卖淫池中这一巨大而又直接的危险。还有什么比保护这样一个女人更自然的呢？我们的生活如此依赖于我们与女人的关系（当然，反过来也是如此），在我看来，我们绝不能轻视她们。

有些事情我们认为是好的和真实的，尽管在理性的审视下，许多事情仍然不可理解，仍然处于黑暗之中。虽然我们所生活的社会认为这样的行为是轻率的、鲁莽的，我也不知道还有什么别的词来形容，但一旦我们心中隐藏的同情和爱的力量被唤醒，我们还能说什么呢？社会的推理通常反对那些被情绪引导、凭冲动办事的人。我们不能反驳这样的推理，但人们几乎可以得出这样的结论：有些人内心曾经敏感的神经，特别是那些合起来被称为良心的东西已经麻木了。好了，我可怜那些人，在我看来，他们的人生是没有目标的。

如果一个人遇到这种事，可以预料，他会陷入矛盾冲突，尤其是内心的矛盾冲突中，真的不知道该怎么办才好。难道人们不能从这种斗争甚至错误中获益吗？难道不正是它们使我们得到发展，没有让我们系统性地远离各种感情吗？在我看来，正是后者使许多所谓的精神力量在现实中变得强大起来，而不是变软弱。拯救生命是一件伟大的好事。为无家可归者建立一个家，是的，这只能是好事；不管世人怎么说，都不会有错。

好了，现在的情况还不完全正常，但远比我去年希望的好得多。我内心很充实，老是想念你。刚才，我又画了一幅那个女人的素描。

我可以告诉你，我今年的经历是这样的，尽管有充满忧愁和非常艰难的时刻，但是与妻子和孩子们在一起生活，肯定比没有要好得多。先学会了解对方，这样更明智、更谨慎。

如果可以安排好，我应该也会这样做，因为成熟的爱情使婚姻变得相当次要，这是一件好事，这样更安全，也不会伤害任何人；但是，除了我这里，她就没有别的家了。好吧，人得考虑环境。

生活是多么神秘啊，爱情则是一个神秘之谜。米什莱说得很怪："开始的时候，爱情像蜘蛛网一样脆弱，然后会变得像电缆一样牢固，但只有在忠诚的条件下才会如此。"谁想要变化，谁就必须忠贞不渝。想认识许多女人的人，必须忠诚于一个女人；在一段爱情中，有许多不同的阶段和变数。

和我同居的女人既不识字，也不懂艺术，这经常使我感到遗憾。尽管她决然做不到这些，我对她还是那么依恋——难道这不是我们之间某种真诚的证据吗？也许她以后会学习的，也许这会加强我们之间的关系，但因为现在有孩子，她根本没有空闲。特别是通过孩子们，她接触到了现实，也在不知不觉中学习。书籍、现实和艺术对我来说都一样，游离于生活之外的人会使我厌烦，但正处于生活中的人自然会知道并感受到生活。

假如不在现实中寻找艺术，我就会发现她很愚蠢。我当然不希望这样，我还是能满足于现状。男人思想的目标是思考和分析，如果女人不总在她们的思想中表现出男人的能量和弹性，我们也不能责怪她们。总的来说，她们在承受痛苦方面付出的力量要比男人多。她们受苦更多，也更敏感。她们并不总能理解我们的想法，但当一个人对她们好的时候，她们有时候还是能理解的——尽管不是总能理解，但“精神上是愿意的”。有时，女性身上会表现出一种奇特的善良。

我最近常去吉斯特走一走。刚开始的时候，我曾和这个女人在大街小巷里散步。那时，那里的一切都很美好。回到家的时候，我对女人说：“还跟去年一样。”你谈到了醒悟，不，不，在爱情中确实有枯萎和萌芽，就像在自然界中一样，但没有什么东西会完全消亡。虽有潮起潮落，但大海依然是大海。在爱情中，无论女人还是艺术，都会有疲惫和无能的时候。我认为爱情和友谊不仅是一种感觉，还是一种行动，它需要努力与主动，否则就会精疲力竭和烦躁。我认为，如果人们认为爱会妨碍人的清晰思考，那是错误的，正是在这个时候，一个人才能清晰地思考，而且思维比以前更活跃。一个人在恋爱前后的差别，正如一盏没有点亮的灯和已经点亮的灯之间的差别。灯就放在那里，是一盏好灯，它现在发光了，这才是它真正的功能。爱使许多事情变得更加平静，这样一个人才更适合自己的工作。

不知道海耶达尔是否会在与我同居的这个女人的日常生

活中发现一点可以入画的东西，杜米埃肯定会的。

今天是周日。我一直忙于画画，现在，我坐下来静静地写信。你还记得吗？刚开始的时候，我寄给你几幅素描，有《冬天的故事》《一掠而过的影子》。你当时说，人物动作描绘得不够好。几年来，我只在人物画方面下苦功，以捕捉人物动作和构图。塑造人物是极其困难的。这跟打铁一样——一个人画模特，持续不停地画，起初没有结果，直到最后才圆润起来。人们发现这和打铁有相似之处，铁在烧红之后才具有可塑性，你就得继续对它进行加工。我不知怎地失去了创作灵感，失去了让想象力发挥作用的动力。可是，我和拉帕德在一起的时候，他用温和的语气说："你画的第一批画很不错，你应该用同样的方法再画一些。"我的欲望就这样被唤醒了。

这一周，我一直在努力画一幅大型素描。我想你会在其中发现某种反复出现的早期热情，不过现在更加主动了。这些是在沙丘里挖炭的挖掘者。自那时起，我发现了如何影响构图。当我找到方法之后，一切都变得顺利起来。凌晨4点钟，我就开始到阁楼工作。现在，这幅素描差不多要完成了。我先用炭笔画，再用画笔和打印油墨，这样画里面就有了一些精髓。你到这里来的时候，一定会看到，那些写生对素描初稿里面的人物来说是多么详尽。我是在苗圃外面的沙堆上画的那些写生。我想，当你再看一遍这幅画时，你发现的东西会比你第一次看到的更多。我真的很想画一点有刺激性的东西，能够让人思考的东西。我希望这幅画完成后，你不介意哪天把画带给画插画的那些人看一看，这幅画比孤立的写生更能让他们高兴。

我已经开始重新画素描，并打算继续画下去。我和范德韦勒去了迪克沙滩，在那里又看到了挖沙的人。自那以后，我几乎每天都去那里，每天画一个模特。现在，第二幅素描也被我一鼓作气画好了，画的是推着手推车的人和挖沙的人，我非常想把这些画展现出来。这两幅画在我心里酝酿已久，但没钱把它们画出来。现在，借助拉帕德的钱，它们终于成型了；我还想画树林里的伐木工人、垃圾车和满面灰尘的推车人以及在泥土里挖土豆的人。

我为此作了准备，订购了一个内框和一个很大的木制外框。如果要认真对待的话，这些大幅作品就要花一些钱。作品必须通过模特才能完成；即使你使用写生，也必须通过模特来重新润色。要是我能请更多模特，就能把这些作品画得好得多。好弟弟，在我找到工作之前，你给我的钱对我来说是不可或缺的。我今天拥有的一切，我都必须如数偿还。

我面前有两张新的空白画纸，必须着手在上面画。我必须每天画一个模特，直到把他们画到作品里去。我要开始画了，但你必须明白，几天之后，我又会变得身无分文，然后又要等待漫长可怕的 8 天，在这些日子里什么也做不了，只有等待每月 10 日的到来。

唉，弟弟，要是能找到愿意买我素描作品的人该有多好！这份工作对我来说绝对必要。我不能停止画画，我不在乎别的东西，也就是说，当我不能继续绘画时，我对其他东西的愉悦感就立即消失了，然后就会变得抑郁起来。我就像个织布工人，当看到自己的线没有织在一起，织布机上的图案消失了，所有的努力和深思熟虑就付诸东流了。

我已经把两幅作品的素描小图寄给了科尔叔叔。我希望他能帮助我完成计划，让我把海边沙丘上的系列素描作品画出来。你能不能把素描拿给我们的朋友维塞林[1]看一看，告诉他我觉得用木画框装饰作品会很好看？如果他来海牙，请他无论如何到我画室来看看。

你是否还记得你在海牙的时候，有什么人是我可以向他

[1] 埃尔贝特·扬·凡·维塞林（Elbert Jan van Wisselingh，1848—1912），荷兰艺术品经销商，曾在古皮公司工作，与梵高在伦敦时结识。

展示作品的？我自己没有给人看过，只有一个人例外，他就是兰特希尔。对他来说，这肯定是很好的事。我希望今后能卖点画给他，所以不想让他看到任何有瑕疵的作品。兰特希尔是拉帕德的叔叔还是什么别的亲戚，拉帕德写信告诉我，他曾经让对方看过我的一幅小素描。

今晚，范德韦勒来看我的画作。他的意见是赞赏的，我感到很高兴。我认为你不必害怕着手向别人推荐我的作品，它不会是失败之作；我们会为它找到朋友的。你能不能给特斯泰格写上一两句，告诉他我现在手上有大幅的素描作品？

你知道，我十分期待你的到来。我想你会看到，弟弟，你忠诚的帮助和为我作出的牺牲已经结出了一些果实，还会结出更多果实。

今天早上，我 4 点钟就出门了。我打算开始画那些拾荒的人，确切地说，我已经开始了。这幅画需要马匹写生，我今天在莱茵河站的马厩里画了两幅写生。垃圾手推车是一样很了不起的东西，但它非常复杂，很难画，我要付出很多辛勤的劳动。一大早，我就画了几幅草图。我认为，能让人看到闪闪发光的绿色小点的那幅是最好的。画中的一切物体，包括前景中的女人和背景中的白马，都必须要突出一点点绿色和头顶上的一片天空。在明暗对比的调子中，一群女人和一匹马构成颜色较浅的一部分，满身尘土的男人和粪堆的颜色要深一些。前景中有各种被丢弃的物品，有旧篮子碎片、锈迹斑斑的路灯和破罐子。

我几乎没剩下什么钱了，但还是为这幅新画雇请了模特。今天，也许会用暂时剩下的这点钱去买一顶软帽和一张斯海弗宁恩披肩。要是我能得到那张打过补丁的披肩，小伙子，我就有了这幅灰坑素描画里的第一个妇女形象；这一点我非常肯定。

好吧，提奥，我们必须保持勇气，努力进取。有时候，我们可能会很艰难，不知道该怎么熬过来，但这是无法避免的。

今天早上，我去救济院探望了一个小个子女人（我得同她商谈做模特摆姿势的事），她把女儿的两个亲生孩子带大了，正是所谓的“守护神”。我被那个小个子祖母的奉献精神深深打动了。我突然想到，当一个老太太把她皱巴巴的手放到这样一个小家伙身上时，我们男人可能也克制不住自己的感情。我看见了那位真正的母亲，她穿着破烂衣服走进来，蓬头垢面，头发也没有梳理过。弟弟，她让我想到了和我同居的那个女人。哦，只要一个人心里还记得这些基本的人性，显而易见，照顾那些本来会变得干瘦、枯萎的人就是做了一件好事。

和我在一起的那个女人，她的家人却试图让她离开我。他们的主张是她和母亲要为弟弟管理家务。她弟弟离婚了，是个臭名昭著的恶棍。他们劝她离开我的理由是我挣钱太少，对她不好；我只让她做模特、摆姿势，最终会让她陷入困境。注意，因为照看婴儿的缘故，她今年几乎没为我做过模特。所有这些事，他们都是背着我秘密商议的；最后，那个女人把这事告诉了我。我对她说："你喜欢怎么办就怎么办吧，除非你想重操旧业，否则我是不会离开你的。"

最糟糕的是，提奥，只要我们手头拮据，他们就会以那种方式使那个女人难过。她的混蛋弟弟竭力想让她去过从前那种生活。除了她母亲，我没有干涉过他们任何人，我信不过他们。对这个女人，我只能说，如果她断绝与家人的一切联系，她就是明智和忠诚的。我劝阻她不要去那里，如果她执意要去，那就让她去吧。

我收到一封家里的来信。这封信非常友好并附有一个包裹，里面有一件女人的外套、一顶帽子、一包雪茄烟、一块蛋糕和一点钱。

今天，我在老年收容所。我在窗口画了一棵扭曲的苹果树边的一个老园丁，还有救济院的木匠铺——我和救济院里的两位老人曾在那里喝茶。我可以作为客人进入男收容室，这是一间很典型的收容室。例如，一个小个子老头坐在一张病榻上，伸着细长的脖子，就像一根木头。从那间木匠铺能够看到有两个老头的凉爽花园，那正是我要画的东西——它让我想起梅索尼耶画的两个牧师在一起饮酒的小版画。我已要求准许我去画女收容室和花园，但不确定是否会被允许。

去年冬天，我去看了沃尔堡的老年收容所。那里小很多，但更典型。我到那里的时候，天已黄昏，老人们围着一个火炉，坐在旧椅子和长凳上。

那些老年小收容所多美啊！我无法用语言来描绘它们。伊斯拉埃尔斯描绘得很完美，但让我觉得奇怪的是，世人很少关注这一世界。在海牙，我每天都能看见这个许多人视而不见的世界，它与许多画家所描绘的世界不同。我知道人像画画家们也忽视了这个世界，我记得和他们一起散步碰到某个人时，耳边反复听到令人震惊的声音：“唉，这些人真脏！”或者说：“又是那种人！”人们料不到这些话会出自画家之口。假如没有这种经历，我也不敢那样说。是的，这经常令我感到惊讶；我记得同眼光独到的亨克斯也有过这样一场对话。他们似乎有意避开最严肃、最美好的事物；他们自愿缄口不言，剪断了自己的翅膀。

与此同时，我得到了那张斯海弗宁恩披肩。它简直棒极了，我要马上着手画这幅画。垃圾手推车的草图进展顺利，我已经捕捉到了室内的羊群效应，而不是露天和阴森棚屋下的光线：一群倒空垃圾桶的妇女形象已逐渐成形。但是，来来往往的手推车，满面灰尘、手拿叉子在棚屋里翻找的那些男人，都必须在不失去整体褐色光线效果的情况下表现出来；相反，这种效果还必须得到加强。

我一直在努力画这幅画，这是一件很棒的作品。它的第一版多次修改过，一开始是白色的，后来我把有些地方改为黑色，以便把画誊到第二页画纸上——第一页画纸已经太旧了。我正在重画这幅画。我必须早起，这个时候我才能得到需要的效果，要是能按我心里所想的那样画出来就好了。我希望能同莫夫讨论一下这幅画，但不知怎样做才好。油画不是我的主要目标，也许我应该尽快作好画插画的准备，而不是让一个对插画不感兴趣的人来给我提建议。

你说与其他画家交往过多没什么好处，我认为这完全正确，但有一些交往无疑是有益的。的确，一个人有时会有一种深深的渴望，想和了解自己技艺的人讨论一些作品。如果两个人有相同的工作和研究志向，他们就可以极大地增强对方的力量并相互鼓励。一个人不能总是远离自己的家园，一个人的家园不仅仅是自然概念，还必须有去寻找和感受同样东西的人类心灵。只有这样，这个家园才算得上完美，才会让人有宾至如归之感。因此，我很高兴范德韦勒要来看我，但我和拉帕德相处得更好。

有一天，我在斯海弗宁恩看到一幅美丽的景象：人们推着一辆装满渔网的大车，这些渔网散布在海边的沙丘上。我的斯海弗宁恩披肩非常漂亮，我希望能弄到一件有领子的短袖渔夫夹克和一顶女式软帽，斯海弗宁恩的素描也必须尽快画出来。

收容所的事令人失望。他们不许我去那里画——说没有这种先例，此外，他们正在进行春季大扫除，新地板都堆放在收容室里。好吧，没关系，收容所多得是，只是在这间收容所里我认识一个经常为我做模特的老人。

在画写生的时候，画一幅更大素描的计划，即画挖土豆的计划，已经开始在我心里生根。我把它牢记在心里，我想你也许会从中发现一些东西。我想这几天就开始画这幅素描。我可以让你看看我大幅写生中那些人物，然后抽空去选一块好的土豆种植地，对其进行写生，以确定风景线条。到秋天，他们挖土豆的时候，素描应该快要完成了，我只需对它进行最后的润色即可。这些人物应该使这幅画处处忠实于生活，而不仅仅是研究服饰。

去年我见到过这里的挖掘场景，前年我在布拉班特看见过这一场景，大前年我在博里纳日也看见过——不过那是矿工们在挖掘，所以我把这一景象牢记在心。那一排挖掘的人必须是一排黑暗的人影，只能从远处看到，但人物动作和形态复杂多变。例如，一个年轻人的剪影，旁边是一个典型的斯海弗宁恩的老人，穿着白色和棕色的补丁西装，头戴一顶漆黑的旧帽子；一个身穿黑色衣服、身材矮小结实的女人，旁边是一个身材高大、身着白色裤子和浅蓝色外套、头戴草帽的割草人。

这些天我的工作热情高涨，相对来说也并不觉得累，我对这幅作品太感兴趣了。我克制自己的创作欲望已经很久了，但我内心深处发生了一场革命，时机已经成熟，现在我放松了强加于自己的束缚，可以更自由地呼吸了。毕竟我相信，自己花这么长时间去刻苦钻研写生是一件好事。我认为这正好印证了莫夫的一句妙语，尽管他有那么多作品和丰富的经验，他还是说："有时，我也弄不清楚牛的关节在哪里。"

大约去年这个时候，我还在住院。我发现去年夏天的写生很糟糕，之所以这样认为，是因为我刚刚看了一幅画那些煤堆的旧写生，想看看当时画得怎么样。我现在认为，写生中的人物画得太慵懒。我开始重新集中精力于人物素描，并间接地想到了油画。

这和我去年对一些人说的话大致相同。他们告诉我："油画就是有色彩的素描。"我说："黑白素描实际上就是用黑白两色完成的油画。"他们说："油画就是素描。"我说："素描就是油画。"但我当时技术太弱，除了语言表述之外，什么都做不了；我现在说得少了，更多是默默地用作品来说话。

我收到一封拉帕德寄来的很有特色的来信。我对他讲了我打算画一幅挖土豆的大型素描的计划。嗯，我当天就开始画了，因为拉帕德的懒散刺激到了我；这幅画深深吸引了我，昨晚几乎画了一整夜。我看见它清楚地呈现在我眼前，这是迄今为止我所画的最具实力的一幅素描。我已经接近一些英国艺术家的画风，虽然没想过要模仿他们——可能是因为我天生就会被相同的东西吸引。

我在这么短的时间内画了这么多幅素描，你千万不要感到惊讶。创作一幅素描时，思考和专注起了很大作用；我发现自己通过一天半的辛勤劳动就获得了很好的结果，就像我在这幅画中所做的那样。可以这样说，一个人发现自己被作品深深吸引时，他就会坚持下去，一直画到搁笔为止。

我总是记得看到布丹的第一幅画（他最近的作品之一）

时给我留下的强烈印象。我记得那幅画叫作《码头》：在码头上守望的妇女们期待着船只在暴雨夜归来。自那以后，我在卢森堡和其他几个地方都见过这场面。我发现布丹非常诚实认真；我观察到，即使他画得很仓促，他的画还是正确合理的。我并不认识他，当我看见他的作品时，我就能想象出他是怎么画出来的。我希望通过这段时间的艰苦努力，使自己的手变得更加灵巧。

因为这幅素描，我今晚又睡不着了。在夜晚万籁俱寂的时候，抽着烟斗是一件很惬意的事。

现在还不到凌晨4点。昨天傍晚这里刮起了风，到夜晚下起雨来。现在雨停了，一切都很潮湿。天空灰蒙蒙的，到处移动着颜色深浅不一的云团，或呈黄白色，或呈中性调子。时间还早，树叶也呈现出灰调来。一个农夫穿着蓝色罩衫，骑着牧场的一匹棕色马从湿漉漉的路上走来。

背景中的城市呈现出灰色轮廓，调子也是灰色的；湿漉漉的红色屋顶在这一轮廓中显得非常突出。地面和草地上的颜色变化使得一切都很明亮，看上去更像一幅杜比尼的作品，而不是柯罗的画作。清晨，最美的东西莫过于大自然。

祝你生活愉快，小弟弟。相对来说，除了经济上的许多顾虑和担忧外，我也过得很愉快。我很幸运有自己的工作；

我工作得非常愉快，并有一种“走上正轨”的坚定感觉。

是的，小伙子，如果一个人心无旁骛地坚持画画，如果一个人诚实自由地探索自然，并且不放弃内心的追求，那么，不管人们说什么，他都会感到冷静而坚定，能平静地面对未来。是的，一个人可能会犯错误，可能在这里或那里有所夸张，但他画的画都是原创的。你在拉帕德信中读到了这样的话：“我过去总是用这种或那种风格画画，缺少足够的个性；但至少最近这批画是有个性的，我觉得我找到了自己的路。”我现在也差不多有这种感觉。

你的来信很受欢迎。多谢了！我现在非常拮据，真是身无分文了。最近这几天，那女人没有奶水喂孩子，我也感到非常虚弱。作为最后的努力，我绝望地去找了特斯泰格。我心想：我这样做又不会有什么损失，这可能是改变事态的一种方法。于是我带着一张大幅素描去了那里，画的是一排挖土的人，有男有女，前景是土堆，背景是一个小村庄的屋顶。

我对特斯泰格说，我完全理解，这幅素描对他来说没有多大意义，我让他看这幅画是因为他很久没有看过我的作品了。我想以此证明，我对去年发生的事情没有任何恶意。嗯，他说他也没有任何恶意；至于这幅素描，他去年曾经对我讲过我应该画水彩画，他不想再重复。然后我告诉他，我偶尔也试着画水彩画，我的画室里现在就有几幅，但我对另一种画的兴趣更大，觉得自己越来越喜欢笔法苍劲的人物画。

他说很高兴看到我至少还在画画。这时，他来了一封电报，我就走了。我真不知道他是否喜欢那幅素描。好吧，我昨天又画了一整天，希望把人物画得更好。

如果他认为那幅画是完全荒谬的，我一点儿也不会感到惊讶。即使他真的觉得那幅画很疯狂，我也绝不会让这件事扰乱我的心境，也不会把他的意见当成结论。我仍然认为，特斯泰格对我、对我的举动和去年发生的事会有另一种看法，这一时刻终将到来。但我会把这一切留给时间去处理，如果他坚持对我所做的一切挑错，我也会冷静对待并继续走自己的路。我告诉特斯泰格，我非常渴望与莫夫保持良好关系，但他对此未置一词。从长远来看，如果有些人对我所做的和计划的荒谬事情仍未改变看法，我会感到非常吃惊。

我已经画了 4 幅挖土豆的大幅写生。我画了一个将铁叉插进地里的男子，一个做着同样动作的女人，一个把土豆扔进篮子里的人；附近的人跪在地上，用短柄叉挖土豆。我想，在地势平坦的乡下，到了晚上，这些跪着的人影可能会产生一些美好的东西——某种虔诚的感情，所以我仔细地描绘了这一场景。

提奥，现在讲一讲这些素描：我认为我没法把它们卖出去。我记得伊斯拉埃尔斯在谈论范德韦勒的大幅图画时对他说的话："你当然不会把它卖掉，但这绝不会让你气馁，因为它会让你获得新朋友，让你卖掉其他作品。"

我写给科尔叔叔的信杳无回音。所以你瞧，提奥，我把画卖出去的可能性微乎其微。我向你保证，去见特斯泰格并不是一件令人愉快的事，但我这样想：也许他会倾向于原谅并忘掉我们之间发生的一切。但我相信，正如你当时描述的那样："他有时对我和他握手的方式感到恼火。"

你不时写信告诉我，你在我的作品中发现了一些东西，我想你没有错。特斯泰格的冷漠是不对的，这种冷漠与敌视有关。你从一开始就为我做了那么多，是的，为我的工作做了一切，你可能会继续从中发现一些好东西。如果我能做到这一点，就会忘掉这一年所有的烦恼。

写信的时候，我想到了（也许你还记得，虽然是多年以前的事了）当莫夫还住在军营附近时，有一天晚上他让你和我看了一张他的一幅素描的照片——一把耕犁。我当时几乎没有想过自己也会成为一名素描画家，也没想到在莫夫与我之间会出现问题。我总是怀疑这些问题还没有自行解决，特别是如果仔细思考，我和他之间几乎没有任何意见分歧。

嗯，和刚开始时相比，我在这里逐渐觉得自在了。我有太多的事情要做，这完全吸引了我，我还有很多想法和计划。我对用炭笔作画的厌恶感日渐减少。其中一个原因是，我找到了为炭笔画定色的方法，再用打印机油墨来画。总有一天，在我负担得起的时候，我会在帆布上画一幅精美的素描，就像我现在在纸上画素描一样，再试着画油画。我有一些想法，很适合用油彩来表现。

你知道我有时候渴望什么吗？去布拉班特旅行。我想去画尼厄嫩古老的教堂墓地，还有纺织工人；用一个月时间去布拉班特写生，然后带回大量写生，画一幅大型素描，例如农民的葬礼。

你来的时候，我可以让你看一样东西，或许可以称之为现代木版画杰作百品，一个别处肯定找不到的收藏。那些作品创作者的名字，即使是鉴赏家也不知道。谁知道巴克曼？谁认识格林兄弟？谁知道雷加梅的素描？极少有人知道。总的来看，他们让人惊叹于他们在绘画上的坚定，他们的个性以及他们在大街上、在菜市场、在医院里、在济贫院里最普通的人物和题材上所表现出来的严肃观念和深刻见解。

我在《挖土豆的人》那几幅画上做了一些加工；我已经

开始画同一主题的第二幅写生，上面只有一个老人形象；此外，我手上还有一幅写生，画一片广阔的田野上的一个播种者；我还有烧杂草和背着一袋土豆的人的写生。当我想到特斯泰格说我必须画水彩画的意见时，想到假如自己错了，就试着尽我所能改变主意，但我无法理解，假如用水彩来画背土豆、播种者和挖土豆的老人的人物画，怎样才能保留他们的人物个性？

结果将会非常平庸，我拒绝那样的平庸。不管怎么说，我的作品中还有一些特色（从长远看）与莱尔米特追求的东西是一致的。我认为，莱尔米特的秘诀肯定没有别的，只是他对人物——也就是说，坚定、严肃的劳动人民形象——有着透彻的了解，他是从人民的心里获取素材的。对特别想表现大胆、活泼和广博的人物形象的画家来说，水彩画并非最佳的手段。

如果一个人专门追求调子或色彩，情况就不同了，水彩是一种很棒的手段。我必须承认，对于这些相同的人物，如果从调子、色彩和另一种意图的角度出发，人们可能画出不同的作品来。但问题是：如果我的情感和个人感觉首先被吸引到角色、构图和人物行为上面，谁又能责怪我忠实于这种感情，不用水彩画来表达自己的感受，而只使用黑色和褐色的素描呢？

有些水彩画的轮廓表现得非常明显，比如雷加梅、平威尔、沃克和赫尔科默的作品，我还经常想到比利时默尼耶的水彩画。即使我作了这样的尝试，特斯泰格还是不会感到满意。他老是说："这画卖不出去，必须首先考虑可销售性。"我认为他更直白的意思是："你是个傲慢自大的平庸之徒，你不肯屈服，不肯画平庸的作品，你所谓的'探索'只会使你显得可笑。"恐怕特斯泰格永远都会对我说"永远不"。

在我画的普通人物画中，有几幅是许多人认为在性格和感情上都堪称过时的作品，比如《挖土的人》，它看上去更像人们在哥特式教堂长凳的浮雕上看到的东西，而不像现在的素描作品。我经常想起布拉班特人，他们总能激发我的同情心。我希望能在秋天再去布拉班特写生。我想去画布拉班特的耕犁、纺织工人和尼厄嫩的乡村教堂，但这一切都要花钱。

我很想画的，我认为能画的，是父亲在一条小路上穿过荒野的形象，这一人物要画得严谨且有个性。一条白色的沙路穿过一片褐色的荒地，天空稍微画一点淡淡的颜色，但笔触要有激情；然后画父亲和母亲手挽着手，背景是秋天的景色，或者是叶子已经枯萎的树篱。

在我画一个农民的葬礼时，我也想让父亲的形象入画，我当然想这样做。撇开宗教观点的分歧不谈，一个贫穷的乡村牧师的形象，无论在人物类型还是个性上，对我来说都是我所知道的最富有同情心的形象之一。如果有一天我不想去画，那就是不忠实于自己。我想画一幅不是每个人都能看得懂的素描：人物形象基本予以简化，明确忽略那些不属于真实角色和只是偶然的细节。因为它不是父亲的肖像画，而是一个贫穷牧师去探望病人那种类型的画。同样的，手挽手的那对夫妻必须是一个男人和女人在爱和信任中携手偕老的画面，而不是父亲和母亲的肖像画。我希望让他们做模特，但他们必须知道，这是一幅很严肃的画。如果画得不是很像他们，他们也许就不明白这一点。

简化人物形象是我非常关注的一件事。谈到人物的表现方式，我越来越多地得出结论：人物表情不仅表现在人物特色上，也同样表现在整体姿态上。我最讨厌的东西莫过于学术上的陈词滥调；我更喜欢看米开朗琪罗的雕塑《夜》、杜米埃画的醉汉，抑或莫夫画的老房子。

我最近一直在想，最好还是搬到乡下去，搬到海边去，或者搬到典型的田野劳动的地方去，我认为这有助于节省开支。我在人物画方面进展顺利，但在经济上正在失去优势。

这项工作要花钱，因此，你越努力工作，就越深陷债务；而不是工作使人渡过难关，不是通过努力工作来克服困难。

这里的优点是我的画室很好。毕竟，一个人不能完全脱离艺术世界；一个人很难做到不四处去看一看，听一听。我热爱大自然，但有很多东西把我束缚在城市里。

我对德博克就有这种感受。我在他的画室里见到的第一样东西，是一张很大的巨幅素描——一架积雪的巨大风车，半浪漫主义半现实主义的风格——一种我并不讨厌的结合；再有一些精致的油画，几幅很美的写生。有些速写在调子和颜色上比去年更成熟、更正确，背景更加坚实。但是在我看来，层面和质量的相对比例总是过于模糊，比例不正确，而正确比例正是柯罗、卢梭、迪亚、杜比尼和杜佩雷作品的典型特征。这些画家有一个共同点：他们对比例都很慎重，他们作品的背景很有表现力，也不那么肤浅。但是，德博克的作品也有很多优点，如果画法上少一点想象成分，看画的人也许会更加高兴。

我也不明白，他为什么不稍微改变一下题材。比如，我本周画了几幅风景写生，昨天那一幅画的是德博克和我发现的灯塔后面沙地上壮观的马铃薯地，前天画的是栗树下的一块地，还有一幅画的是一块满是煤堆的场地。我很少画风景画，但我现在也画了，同时有3种不同的题材。德博克无疑是个风景画家，可他为什么不多画点风景，而老是去画有一棵小树和一小片草地的沙丘呢？

7月1号，我们的小家伙满一岁了。他是你能想象到的最快活、最可爱的孩子；我认为这是那个女人的自我救赎，小家伙长得很好，她也总是忙个不停。至于别的，我有时认为，让她住到乡下，远离城市和家庭，将有助于她彻底改头换面。她其实是一个“永远长不大”的人，性格太容易受环境影响，总以一种沮丧而冷漠的方式去面对各种后果，缺少对某一事物的坚定信念。

我同德博克谈起过斯海弗宁恩的房子，相形之下，我没有抱怨我画室的租金太高。德博克每年支付400法郎，我只支付170法郎！如果我想住到海边，是不可能选斯海弗宁恩的，我得去更远的地方——也许要去荷兰角或者马肯。

我很想去海滩上画画，我会要求德博克让我在他的阁楼一角存放一些绘画材料，这样就不用每次都拽着它了。如果一个人必须带上所有的东西走路，画画时就会没劲儿，手会发抖。因此，在德博克家找一个小小的落脚处，可能会让我比现在更加专注地在海边和斯海弗宁恩画写生。

上周日，我去了范德韦勒家。他正在画小溪边的一头牛，为这幅画画了一些写生。他要去乡下待一段时间。

你知道卢梭画的《树林边》吗？在雨后的秋天，画上可瞥见一片广阔的沼泽草地，牛群在那里吃草，前景相当清晰。对我来说，那是最好的画之一。它不仅仅表现自然，还是一种启示。在我看来，人们必须绝对尊重那幅画，而不应该附和有些人，说它夸张或完全是矫揉造作。

昨天，布雷特纳露面了，我完全没料到他会来。我很高兴，因为我刚到这里的时候，他很高兴和我一起出去（不是指乡下，而是在城里）寻找各种类型和令人好奇的模特。在海牙，没有一个人和我一起做过这件事。大多数画家发现这座城市很丑陋，但它有时也很美。举个例子，昨天我在诺丁德看见工人们正忙着拆掉宫殿对面的那部分建筑，一群人、马车和马匹都弄得一身白灰。当时天气凉爽，刮着风，天空灰暗，地点也很有特色。

科尔叔叔一直没有给我一个字的回音，我认为这么做不够体面；特斯泰格没有来看我，这也不算是体面的事——在我这一边，正试图修复关系；莫夫不仅和我吵过架，也同奇尔肯吵过。

我打算为几幅素描拍照。我将从《播种者》和《挖泥炭的人》开始拍——一幅有许多小人像，另一幅有一个大的人像。我可以随时将我画的素描照片寄给你，以便给某个人看——也许是比奥，看他能否找到买主。我们必须坚持向比奥说明这一点。我必须设法挣点钱，这样才能开始画别的作品，也可以尝试画油画。我现在正想画油画。

另外，德博克来看过我，这是一次相当愉快的来访。他很喜欢我去年的几幅油画作品，我却越来越不喜欢那些画；我希望今年画几幅好一点的。我希望能和德博克相处得更好一点，这对我们没有害处，我们可以相互学习一些东西。我同他谈过这事。我去斯海弗宁恩画写生的时候，就可以把我的东西放在他家里。我也希望能在不久的将来去看看布洛姆斯。

我打算在斯海弗宁恩画一段时间，一大早就去那里，待上一整天。

我已经尽己所能整理好油画材料，补充了必需的东西并买好了有轨电车的车票。支付了这些绝对必要的费用后，我已经身无分文了。只要我到斯海弗宁恩去看一看，我就会时不时带上那个女人去摆个姿势，或至少让她指明人物的位置和大小。我有一个模特，是一个农家男孩，我跟他谈了油画写生的事。如果需要的话，他可以一大早就和我一起去海边很远的沙丘。

昨天晚上，我收到两个土地测量员送来的一份礼物，令我喜出望外（自我上次给你写信以来收到的第二件）——是一件典型的斯海弗宁恩人穿的夹克衫，竖领，已经褪色，打着补丁。

第一个土地测量员的父亲是颜料经销商，他有一些帕亚尔颜料存货，莫夫是他的顾客。我给他儿子上课，除了许多善意的保证外，我没有得到过任何实际的东西；我利用这些条件对他说，他的存货里无疑有一些旧的管装油画颜料。我提出购买旧颜料，如果他将来愿意以相同的价格卖给我新管颜料，我愿意按帕亚尔牌的净价购买，也就是说，再给我三分之一的折扣。他查看了库存，我们作出了安排。这样我不仅减少了油彩颜料开支，也减少了水彩颜料开支。我很高兴，这样一来，我继续画油画就不那么困难了。

我收到了你的来信，对你说的“我不能让你对未来抱任何希望”这句话感到一阵无法抑制的悲伤。

如果你说的只是经济方面的问题，那我不会太在意。你会记得，一个月前你来信说世道艰难，我的回答是：“好吧，那我们彼此更有理由竭尽全力，你尽量寄给我必要的生活费，我尽最大努力取得进步，这样我们或许能卖一些作品给杂志。”从那时起，我创作了几幅较大的作品，这比单一人物写生的主题更丰富一些。

如果你指的是我的工作，我就不明白为什么我该当如此。我不知道你那样说是什么意思，我怎么可能知道？它对我造成了无情打击。我想知道你是否看到了我的进步。

弟弟，要是你没有补充令我担心的话，我也不会如此忧郁。你说，“让我们期待世道变好吧”。你明白，在我看来，这是一件必须小心的事情。期待世道变好不是一种感觉，而应该是当下的行动。我强烈地希望世道变好，所以全身心地投入现在的工作中，不去考虑未来，只相信画画自然会有画画的报酬。

在斯海弗宁恩，我一直在画《补渔网》（即《斯海弗宁恩妇女》），还有两幅沙丘上的劳动者的大幅作品。它们需要付出艰辛的劳动，却是我最想完成的作品：一长排挖土的人（市政府雇的穷人）。

当我想去斯海弗宁恩画画的时候，我就想：那好，就让我们来完成这件事；可是，现在我真希望自己还没开始做这件事。小伙子，因为费用太大了，我负担不起。然而我太喜欢画油画了！

去年夏天，你在这里的时候，给我钱去购置一些必要的补给材料，我就开始着手工作。过了一段时间，你来信说你要寄一些钱来，说钱到了之后就有油彩盒了。事实并非如此，从那时起，你的运气就不好。在冬天开始的时候，我收到了那笔额外的钱。

在画这些人物画时，是绝不可能购买颜料或画水彩画的。有时，哪怕只有一点点机会，我都会试着画油画。我向拉帕德借钱，我从父亲那里收到一笔额外的汇款。我就像被线拴着的一只甲虫，可以爬行一点点，但又不可避免地停下来，所以我并不总是能做心里想做的事。我刚刚开始的、比任何事都更需要做的，是油画人物写生；但我不知道自己怎样才能负担得起。我担心得要命，千方百计地节省，可无论我怎样绞尽脑汁，每次开销还是超出了我能够负担的能力，最近几周、几个月都是这样过的。你的钱一寄到，我不仅要设法靠它过上 10 天，还有许多东西要立即支付，这样在剩下的 10 天里，钱就所剩无几了。此外，那女人还得给婴儿喂奶，而她常常没有奶水。我有时因为饿得发晕而不得不坐在沙丘上或别的什么地方，因为我吃不饱；在这种时候，穿越沙丘的小路就像是穿越沙漠一样。全家人穿的鞋子都是补好又磨破了，还有更多这样的小烦恼令人发愁。

唉，提奥，要是我能坚信事情会好起来的话，我也不会这样忧虑。但是，你现在说的话对我来说就成了“压垮骆驼的那根稻草”。

我该怎么办呢？我在斯海弗宁恩见过布洛默斯两次，同他交谈过，他看了我几幅画并叫我去看他。我在那里画了几幅油画，画了一点大海，画了有人补渔网的一块地；在画室里画了一个人在土豆地里的一块空地上种卷心菜；我手上还有一幅补渔网的大型素描。在我画这幅画的时候，去年的一些事情又引起了我的兴趣，结果我的画室里又挂了另外几幅油画写生。我非常想画挖土豆的人的油画，现在正是时候。如果我能继续随心所欲地去做，不用等秋天结束，《挖土豆的人》就已经画好了；还有我钟爱的大海，必须用油彩来画，否则就达不到预期效果。

但我感到自己的热情正在消失。你说“寄希望于未来”，这在我听来好像是你对我没有信心。真是这样吗？除你之外，我没有别的朋友。每当我情绪低落时，就只会想到你。

提奥，要是在一开始你跟我说画画的事情时，我们就能够预见到我今天的作品，我们是否应该在决定我是否该成为一名画家（或素描家——这又有什么区别）上犹豫再三？要是我们当初能够预见到，我不认为我们当时应该犹豫，不是吗？因为很明显，它需要一位画家的手和眼才能创造出这样一个沙丘场景。

当人们充满敌意和冷漠的时候，我常常会感到非常沮丧，甚至会失去所有的勇气；然后我又振作起来，重新回到自己的工作中，对着作品哈哈一笑。我目前在工作，没有白白虚度一天，我确实相信自己的未来有希望，尽管现在感觉不到。我的脑子里没有对未来进行哲理性思考的余地。那样做要么徒增烦恼，要么是自我安慰。你是否也努力坚持现在对我的态度，让我们今天能继续坚持，而不是明天？

最近有件事给了我极大鼓舞。我已经有好几个月没有画油画了，但比起去年那些油画来，现在的油画写生还是有所进步。去年给我造成很大麻烦的素描和比例的问题，我现在已经掌握了。坐在大自然面前时，我不再立即想到素描和油画这两件事，只想到油画。

你说照片的效果有点浅陋。当我想到一个人的体格如何影响他的工作时，我一点也不感到惊讶。真的，提奥，为了工作，我们都应该吃好一点，可是我负担不起。如果我不能以某种方式多呼吸一点自由，这种情况还会继续下去。我认为照片上素描的调子还不够深，不能很好地表现自然激发出来的情感；如果你把它们同我刚开始画的作品进行比较，我确信自己还是取得了进步的。

提奥，我不赞成一个人的开销超出收入，但当涉及停工还是继续画画的问题时，我赞成尽全力继续画画。米勒和其他前辈们一直工作到被治安官抓住，其中一些人被投入监狱，另一些人不得不东躲西藏，但我不知道他们当中哪一个放弃了自己的工作。我的工作才刚刚开始，但看到了远处的失败黑影，有时它使我的作品变得很忧郁。

是的，提奥，如果只是钱的问题，你不必宽恕我；如果作为朋友和兄弟，你需要对我的工作保持一点同情心，不管作品是否卖得出去。只要能继续得到你的同情，我就不会太在意别的事情。我们必须冷静、谨慎地寻找方法。为了在经济方面保持对未来的希望，我建议搬到乡下去住，这样可以省下一半房租；在这里花在劣质食物上的钱，我们应该用来购买好的健康食物，这对女人和孩子是必需的，事实上对我也一样。同时，这对请模特也许更有优势。

我有时想要去英国。他们在伦敦出版了一份重要的新杂志——《画报新闻》，不亚于《伦敦新闻画报》和《图画报》。也许我在那里可以找到带薪工作。如果能接触到伦敦的艺术家，我认为自己能在那里学到很多东西；在泰晤士河边的造船厂，我能画多美的画啊！

我挂了几幅去年夏天画的油画写生，因为在画新的写生时，我突然意识到那些画中有某种东西。我在冬季和春季画素描的时候，那幅油画对我有间接帮助，这种情况一直持续到我画最后的那几幅素描。然而，我现在觉得画一段时间的油画会很好。我本想画一幅女人坐在草地上补渔网的大幅油画，但我准备放弃，直到见到你再开始画。我感到心烦意乱，怀疑自己是否敢继续画下去，这需要很多钱。目前，我已经画了 7 幅夏季风景水彩画。

我一直计划画一幅《挖土豆的人》的大作品，可能要到明年才能完成，在这个季节可以完成一半。范德韦勒回城之后，我希望多去见见他。听说他的画作《运沙车》在阿姆斯特丹得了银奖。我相信他会喜欢上《挖土豆的人》那几幅画的，他也许会提一些实施计划的有用建议。我知道，我必须画很多写生，它们给我带来的麻烦会比画素描多。今年我必须画大量油画，然后才会看见更多光明。唉，提奥，要是能在这方面多花点钱，我就能取得更大进步。可是我找不到出路。

因为发烧、神经紧张或者别的什么原因（我也说不清楚），我感到很不舒服。今天清晨，我突然感到所有的烦恼一起向我袭来。房东、颜料经销商、面包师、杂货商，天知道还要支付谁费用，但我已囊中羞涩，所剩无几。最糟糕的是，在经历了许多这样的日子之后，我感到自己的抵抗力正在减弱，我感到自己被一种疲惫感征服。在这种时刻，人们希望自己是钢铁铸成的，后悔自己是血肉之躯。

这对我来说太难了，我已经看不清未来。我无法用语言来表达，我也不能理解为什么我画画不能成功。我已经全身心投入其中，甚至一度以为这是个错误。

我感到遗憾的是，我没有病死在博里纳日，反而开始画油画。我对你只是个负担，对此我又无能为力。要成为一名好画家，一个人必须经历许多阶段，如果他尽了最大努力，那么他画的东西就不会一无是处。

现在情况看起来很糟。要是我孤身一人就好了，但还要考虑那个女人和孩子，他们都是可怜人，我要保护他们，要对他们负责任。我不能跟他们讲这件事，可现在对我来说又太难受。画画是唯一的治愈良方，如果画画也无济于事，我就会崩溃。

看到那些照片，你就能更好地想象我现在的心境。我现在画的素描只是表现我意图的阴影，只是一个有确定形状的阴影；我所看到的、我的目的却并不模糊，是完全真实的。只有耐心和有规律的工作才能达到这一目的。断断续续画画的念头，对我来说是一场噩梦。我认为，画画尽量少花钱是对的，但是，连绝对必需的条件都达不到，会让任何人感到忧郁。

问题在于，靠卖画来支撑画画的可能性到底有多大？当一个人卖不出去画，又没有其他收入时，他就不可能取得本应循序渐进取得的进步。

我有一种焦虑不安的感觉。我还能继续下去吗？好吧，我打算进行一次长途步行，试着摆脱这种感觉。

唉，提奥，工作带来了烦恼和忧虑，但同没有活力的苦难生活比起来，那又算得了什么呢？让我们不要失去勇气，不要互相折磨让对方沮丧，而要互相安慰。

我和布洛姆斯谈了我油画的事，他要我坚持下去。我也觉得，在完成了最近这 10—12 幅素描之后，我现在必须改变路子，而不是以相同的方式去画更多素描。

窘困是每天要克服的东西，不能让它成为一个顽疾。我一直在思索克服它的办法和手段，但除了重新振作精神和体力外别无他法，因为我担心走上错路。我非常需要钱，我必须修复自己的健康和油彩盒，否则，我担心事后会发生更难以补救的事。

我可以让你看一看人类历史上有许多人完全战胜了这种相似的一时潦倒。几乎所有得到罗马大奖、在留学时期一刻不停地钻研人像的人，最后在课程结束时都能画出相当聪明、相当工整的东西（但它们并不好看，因为那里面还欠缺某种“灵魂”，只是到了后来他们感到自由一些，可以走出自己的路时，这一点才开始得以改善）。我并不认为自己在素描上像其他同行那样聪明；然而，尽管没有任何课程的督促，我还是以极大毅力主动钻研人像，以期提高我的素描水平。而正是由于这种努力，由于过度投入，我最终陷入了窘困。

休息是不可能的，我要尽力坚持工作。你让我像魏森布鲁赫那样，我是有这种想法。然而，根本不可能那样做，因为去海边待两周花的钱，远超出在家里待两周，可我甚至不知道在家里该如何挣扎着度过这两周。我认为，在主题和风格的变化中分散一下注意力倒是件好事。画完这几幅人物画后，我觉得有必要去看看大海、青铜色的土豆叶、田里的麦茬或是翻耕过的土地，但人物画总是吸引着我。

最近这几天，我仍然在努力画油画，目的是想让你看一看这些画。在我看来，最近几幅油画在色彩上更坚实了。举个例子，我画了几幅在雨中泥泞湿滑的道路上行走的人，更好地表现了这种情绪。

最近画油画的时候，我感到有一种色彩力量在我心中觉醒，这种感觉不同于以往，更加强烈。

我经常想画得不那么枯燥乏味，可是试了一遍又一遍，结果还是一样。现在，我让自己离画远一点，用肉眼观察，而不是去分析物体的构图，这样能更直接地把物体看成彼此相对的各种色块。

你那里有一幅我去年画的油画写生，画的是森林里的几根树干。我并不认为那幅画真的很糟，它不是人们在油画家画室里见到的那种画。有些油彩用得对，但尽管用对了，却没有产生应有的效果。我刚完成的这几幅画，油彩没有那么厚，因为颜色交织，色彩变得更加稳固；笔触相互覆盖，使色彩更圆润，更像云彩和青草那样柔和。

我不知道这会导致什么结果，也不知道它会如何发展。我有时会想，我并不适合做一名油画家，我的性情似乎很明显地表明了这一点——不过这种想法也只到此为止。现在，我非常清楚地看到，我最近的油画作品不一样了。我急切地想让你看到它们，如果你也看到了正在发生的变化，我就不会怀疑我们走对了路。对我自己的作品，我不敢相信自己的眼睛。

比如这两幅新作品，我画的时候正在下雨。我一看到这两幅画，就发现自己的思绪又回到了那个沉闷的雨天。至于那个人物，虽只寥寥几笔色块，却是一种没有被正确画法唤醒的生命——这么说吧，其实压根就没有画。我想表达的意思是，这两幅作品中有一种神秘感，是通过肉眼观察自然获得的，因为轮廓都被简化成了色块。

好吧，我希望某种疯狂和狂热的工作能让我渡过难关，小船有时会被峭壁或沙滩上的波浪震动，雷雨会使其得益，免遭沉没之灾。毕竟，即使我失败了，我也不会太在意失去了什么。但总的来说，一个人会努力让自己的生命结出果实，而不是让它枯萎。

弟弟，你必须尽快来，我不知道自己还能支撑多久。情况超出了我的承受能力，我觉得自己的体力在下降。只要有事忙着，我还不会感到如此虚弱；但我不站在画架前时，这种感觉就会不时向我袭来。我有时候头晕，有时还头痛。从这里到邮局只走了一小段路，我就感到累了，这不正常。但事实的确如此。噢，我当然不会放弃，但我必须尽力获得新的力量。要是我不长时间禁食，我的体质还是够好的；但我一直在空腹和少干活之间作选择，我总是尽可能选择前者。

提奥，这事你一定不能告诉别人，如果有些人知道了，他们就会说："哦，当然了，这是我们很早以前就预见和预言过的。"他们不仅不会帮我，还会切断我耐心恢复体力以重新站起来的一切可能。我向你保证，这只不过是劳累过度和营养不良导致的身体虚脱；可有些人曾说我好像得了某种疾病，他们现在又会这样说，这是最恶毒的诽谤。

我刚从斯海弗宁恩回来就看见了你的来信。信里有很多东西令我高兴。首先，我很高兴未来的黑暗不会阻挠并改变我们的情谊；其次，我很高兴你发现我的作品有了进步。至少有 6 个人要直接或间接地瓜分你的收入，这当然非常惊人。我收到的 150 法郎也要再细分，包括请模特、购买素描和油画材料，也相当惊人，不是吗？

我已经筋疲力尽了。今天早上来了一个人，3 周前他为我修过一盏灯，还逼着我从他那里买了一些陶器。他来吵闹是因为我刚刚付钱给他的邻居而没有给他，他来聒噪、诅咒和谩骂。我告诉他，我一收到钱就会给他，但现在手上真没钱。我恳求他离开这所房子，最后我把他推到门外。也许他正在等这一时刻，他一把抓住我的脖子把我摔到墙上，又把我直挺挺地摔到地板上。

你看，这是我现在不得不面对的小痛苦。那家伙比我强壮，当然，他也并不害怕。我要应付的所有小商贩都是这种人。他们想来就来，如果付款不幸要推迟一个星期，他们就大吵大闹。唉，我能指望什么呢？他们有时也很难。

我受到了骚扰，弟弟，不能再在这里生活了，就连一点小小的安宁都没有，我怕我不得不放弃了。最近的情况对我来说太糟糕了。我通过勤奋理智的工作来找回昔日朋友的计划泡汤了。我告诉过你，我感觉自己很脆弱，这是真的。现在已经发展为肩膀和静脉之间的疼痛，我以前也有过这种感觉。我凭经验知道，到这种时候我就该小心了，否则就没法轻易地克服病痛。我担心心脏最终会受影响，嗯，我对心脏了解不多。我无法弄清自己的疾病在多大程度上是由身体原因引起的，或只因为神经过于紧张造成的。

我并不打算放纵自己，也不想回避感情和困难。我不太在意自己的寿命是长还是短；此外，我也不能像医生说的那样照顾自己的身体。

我写信告诉拉帕德，我不信自己的人生目标就是保持身体健康，意思是说，人在有些情况下不得不在工作和饮食之间作出选择。我宁愿选择前者，且不认为这有什么错——工作常在，我们却不常在，最重要的是要创造。于是，我对拉帕德说，我认为那句神秘的谚语说得对："凡是想拯救自己生命的人，最终都将失去生命；凡是为我牺牲生命的人，最终都将得到生命。"

于是，我知道了这样一件事："我必须在几年内完成一件作品。”我不需要过分催逼自己，那样做没好处。我必须完全保持心态平和，尽可能集中精力简洁明了地工作。我在这个世界上活了30年，出于感激，我想以画作和图片的形式留下一点纪念。这种纪念并不是为了取悦某些艺术倾向，只想表达一种真挚的人的感情。

我就是这样看待自己的：如果我活得久一点，那再好不过；不过我并不抱多大希望。

提奥，有件事我们必须解决。我并不是说这事马上就会发生，但日子可能会变得更加灰暗。我的作品和画室里的所有东西都是你的财产。比如，很可能发生这种情况：我没有缴税，他们会卖掉我的东西。在那种情况下，我想把我的东西——我的作品安全地带出家门，这是我后续工作所需要的，这些事会给我造成很多麻烦。在这条街上，至今还没有一个人缴税，他们都被罚了不同数额的罚金，我也一样。税务人员两次登门，我让他们看了厨房里的4把椅子和粗糙的饭桌。我告诉他们，家里除了孩子，我没有任何奢侈品。从那以后，他们就不再管我了。

我希望知道哪里能安置我的作品。我希望你到我画室来的时候，会发现一些某个人可能喜欢的作品，哪怕它们可能没有固定的市场定价。我在德博克那里留了两幅大海的小作品，一幅是暴风雨中的大海，另一幅是平静的海面。我喜欢继续画那种东西，我应该全力以赴地去画。今天早上发生的事给了我一个明确暗示，我有责任想个办法，搬到乡下更小一些的屋子里去；另一方面，大海不是任何地方都能见到的。

再见了，小伙子，我真倒霉。从我告诉你今天上午的小冲突中，你就可以看出，人们很少为我考虑。如果一个人戴着上流社会的“帽子”，他们可能会不敢造次。毕竟人都有自尊，这种事令人很不愉快。要是与人打交道时不那么尴尬，我就不会把未来看得那么黑暗。

实话告诉你，我在古皮公司学到的艺术思想基本经受不住实践检验。作品不是按艺术品经销商想象的那样创作出来的，画家的生活各不相同，他们的作品也不一样。

我必须继续工作。这不是失去勇气的问题，而是不遗余力工作的问题。总而言之，重要的是我们之间应保持良好沟通并保持友谊的温度。如果不幸降临，我们将勇敢面对；但是，弟弟，让我们保持对彼此的忠诚吧。我是个赢家，要是没有你，我不可能达到现在的水平。你付出了，却没得到任何东西，谁知道今后我们能一起取得什么成就呢？

在画画的时候，我对艺术怀有无限信心，我确信自己会成功；在身体衰弱时，我感到这种信心在减弱，怀疑向我袭来，我则努力用立即开始工作来战胜这种怀疑。这对那个女人和孩子们来说也一样。当我和他们在一起时，那个小不点儿四肢着地，高兴地嚷着向我爬来，我丝毫不怀疑这一切做得对。小家伙带给我多大安慰！我在家里的时候，他一刻也离不开我；我干活的时候，他会来拉我的外套，或者爬到我的腿上来，直到我抱起他放在膝上。小孩子总是快乐的，如果他一辈子保持这种性情，将来会比我聪明。

一个人必须小心，不要退回到迟钝、阴暗和故意犯错的老路上去，还必须避免像粉刷过的白墙那样白，那意味着虚伪和永远的形式主义。我认为，一个努力遵循理性和诚实的人，是不会完全迷失方向的，尽管他不可能不犯错误，不能免遭失败，也达不到完美的境界。我认为，这会让他产生一种深切的怜悯和慈悲感，而不是像牧师那样心胸狭隘。

一个人可以被看作平庸之辈，在普通人之中感到自己完全是一个普通人，但他最终会获得相当稳定的安宁。一个人会成功地把良知提升到一种发展状态，使它成为一种更好、更高的声音，普通的自我只是它的仆人。他不会后退到怀疑主义或愤世嫉俗的状态，也不属于邪恶的嘲讽者之流。

人们在耶稣身上也能看到同样的东西。耶稣一开始只是个普通木匠，后来他将自己提升到某种高度；不管是什么高度，他是一个充满怜悯、爱心、善良和严肃的人，人们至今仍被他身上的东西吸引。一般来说，木匠的徒弟会成为一个心胸狭隘、乏味、自私又虚荣的木匠师傅，不管我们怎么说耶稣，他对事物的看法不同于我的朋友——住在后院的木匠，后者把自己提升为一个房东，可他的做法远比耶稣虚荣，而且更加自负。

我要做的第一件事，就是恢复体力。我希望能恢复到有足够的健康和体力的程度。毕竟，一个人常在户外活动，且有自己喜欢的工作，这不是不可能的。我认为，在体力恢复之后，我对自己的作品会有新的想法，会克服作品枯燥乏味的毛病。我所有的作品都太肤浅、太枯燥，这是事实。对我来说，这是明摆着的事，所以丝毫不怀疑有必要来一次彻底改变。

如果伦敦离得近一点，我应该去那里试一试。那里的某个地方一定有别人做得好我同样也做得好的工作。

昨天和前天，我都在洛斯德伊嫩周围闲逛。我从村子走到海边，发现那里有很多麦田。它们没有布拉班特的麦田那样美，但一定有割草的人、播种的人和拾穗的人，所有这些人我今年都没有遇见过。

我从没去过那里。海滩上有一些篱笆或防波堤、码头、凸堤式码头，以及由经过风吹日晒的石头和扭曲的树枝形成的码头。我坐在其中的一座码头上画上涨的海潮，直到潮水涌到跟前，才不得不收拾东西赶紧离开。

过去10年里，海牙和斯海弗宁恩周围的沙丘失去了很多典型的特征，每年都显示出越来越浮躁的另一面。要追溯到10年、30年甚至50年前，人们才能回到艺术家们开始描绘沙丘真实面貌的时期，当时的景物比现在更像勒伊斯达尔画中的景象。如果一个人想看表现杜比尼或柯罗感情的作品，他就必须去更远的地方，那些地方的土壤尚未被享受海水浴的游客们践踏过。斯海弗宁恩无疑是很美的，可那里的大自然已不再呈原始状态；我在洛斯德伊嫩附近散步时，原始的自然状态给我留下了非常深刻的印象。

最近很少出现这种情况，只有静穆的大自然给我留下了这种印象。那些所谓的文明没有留下任何痕迹的地方，那些完全被人们遗忘的地方，才是一个人需要让自己平静下来的地方。

我发现那样的环境充满一种强大又刺激的力量。你来的时候，我们一起去那里会很有趣，周围没有任何文明的东西——白色的路上只有一辆运载贝壳的破手推车，其余就是灌木丛。我想，如果我们一起去那里，你和我都会产生这样一种心境：我们不应对工作犹豫不决，而应该坚定地决定我们该做什么。

这是我的抑郁心情与周围环境的一种偶合，还是我将来也会在那里找到同样的印象？我也不知道，但当我感到有必要忘掉现在，有必要想一想伟大的艺术革命开始的那个时代（米勒、杜比尼、布雷东、特鲁瓦永和柯罗都是那场革命的领导者），我就会再到那里去。

我刚刚回家，现在要做的第一件事就是求你帮忙——这会让你明白，我们的意图是一样的。不要催我去做我们不能马上解决的几件事，因为我需要一些时间来作决定。你和我之间有一种纽带，那就是艺术，我希望我们无论如何都会继续相互理解。让我们不要忘记，我们从小就认识对方，成千上万的事情把我们越来越紧密地联系在一起。

成为你的负担，我对此非常抱歉。也许事情会有转机，但如果情况对你来说太难，请坦率地告诉我，我宁愿放弃一切，也不愿让你背上过重的负担。如果是这样的话，我愿意马上去工作，不论做什么事情，等到世道好转再回归艺术。要让友谊长存，即使你在金钱方面帮助我少一点；我会时不时发点牢骚——不是精神方面有所保留，更多的是发泄自己的感情，而不是期待你做所有的事情，你知道我不会这样做的，小伙子！

我担心对你说了那件作品的事，我本来应该换一种说法。我隐隐觉得我的话伤害了你，因为你离开时似乎有点不对劲。

亲爱的弟弟，我只是个面对普通困难的普通画家，别把我想成别的什么人。如果遇到麻烦，别认为有什么不正常。不要把未来看成一片黑暗，也不要把它想象为耀眼的光芒——把它视作灰色的会更好。

至于我的作品，自从我注意到它画得太枯燥之后，这个问题对我来说就越来越清晰。我最近也清楚地意识到，我的身体状况也是原因之一。这一错误连续不断，纠正这一问题非常迫切，我们必须采用这样的措施才能感到安宁。有件事我希望你能相信，在衣、食、各种舒适品和必需品上自我节俭这方面，没人能够做到更多。如果一个人对一切都勤俭节约，就不会有恶意了，是这样吗？我坚信我的工作需要多花钱，在食物和其他生活必需品上应该多花点钱，但如果必须少花钱，那就少花点吧。毕竟，我的生命也许不值钱，我为什么要为钱的事操心呢？

至于衣服，有什么我就穿什么；我穿父亲和你给我的衣服，虽然尺码不同，有时穿起来不合身。如果你不提我衣服上的瑕疵，我就感到心满意足了。不过，我当然希望在以后的日子里提醒你说：“提奥，还记得我穿着父亲的长大衣走来走去的情景吗？”在我看来，接受事物的现状，等我们将来取得成功后再来嘲笑它，总比现在这样争吵要好得多。

我唯一希望你不要怀疑的，是我的善意和热情。我希望你不要怀疑我在做傻事，让我以自己的方式平静地生活下去。我希望能与莫夫和赫尔科默交朋友，但那并非最重要的事，他们也不会这样认为。通过坚持不懈地努力画画，我迟早会在画家群中遇到终身挚友。如果我安静地画画，而不是四处乞求或到处去拜访人，这种情况也许会发生得更快——由于我性格孤僻（这你比我注意到更多，我现在也注意到了），对我来说，成功的机会就更小一些。

我愿意对你再讲一讲我对推销自己作品一事的看法。我的意见是，最好的办法是继续工作，直到业余爱好者自觉接受它。我很担心，采取任何推介自己的办法都会弊大于利。和别人说话对我来说太痛苦；我并不是害怕，但知道会给人留下不好的印象，我希望能够避免这种情况。

我挣钱的想法很简单，那就是必须通过画画来挣钱。如果可能，让我继续现在的工作。如果不行，你要我带上作品去见别人，我也不会拒绝这样做。但是，亲爱的弟弟，人脑是有限度的，它不能承受一切。看看拉帕德，他得了脑炎，不得不去德国旅行才能康复。让我费力地同别人谈论我的作品，这让我感到非常紧张。结果会怎样呢？遭到拒绝或口头承诺的推脱。我向你保证，当我和别人在一起的时候，就没有那么多精力去画画了。如果我们不让那种事情浪费时间，就肯定能逐渐取得进步。

我越来越觉得，最实际、最直接的道路似乎是不要看得太远，也不要想得太高。我想到了伦敦，这是一个充满活力的想法，但问题是：是不是现在就要去做？现在时机合适吗？坦诚地对自己说：你还不够成熟，你的想法对别人来说还不好理解；他们或多或少被你的想法吓坏了，这样不是更好吗？

至于我的作品，我毫不犹豫。我所有的想法都如此井然有序、如此坚实，我认为你会接受我所说的。对我的真实性格，你千万不要被我离开古皮公司的选择给迷惑了。当时我怀疑那是否是我的职业，而且自己很被动。当时他们对我说："你是不是最好离开？"我回答道："你们认为我最好离开，我就离开。"——就是这样。我告诉过你，一个人的自决权并不总能被人理解。我并不怀疑自己的作品有缺点，也不怀疑自己没有犯多大错误并相信自己会成功，只不过要经过长期求索。我确实认为，到其他地方去寻求成功是危险的。

我认为，现在的艺术鉴赏与早年的艺术鉴赏存在差异。过去，人们对艺术作品的创作和评判都更有激情；现在有一种任性和满足的风气，不再那样严谨。前段时间我注意到，自米勒以来，艺术出现了明显的衰颓，仿佛艺术已达到巅峰盛极而衰了。

我现在更专注于自己的工作，尽你所能帮助我吧。你自己想一想什么事对我们有益并能加速我们成功，我丝毫不怀疑你的善意和友谊。

我很想知道，父亲和你是否理解我跟那个女人同居的感受。我希望我们能用一种真正的宽恕和遗忘来回应她自我改造的承诺，而不是让她重新走上街头。

今天早上，她对我说："对我以前做的事，我甚至不愿去想，也没对妈妈讲过；我只知道，如果我被迫离开，我就挣不到足够的钱，尤其是必须负担孩子们的生活费。如果我走上街头，那是因为我必须去，而不是我愿意去。"我要她答应几件事：她要更安心、更热情、更好地做模特，不去她妈妈那里。这样做的时候，我对她说："你如果去那里，有 3 种情况可以说明这是一种卖淫行为：首先，你过去和你母亲住在一起，是她让你走上街头的；其次，她生活在一个低贱社区，你比任何人都有理由避免接触这样的社区；最后，你弟弟的情妇也住在同一所屋子里。”

我现在已完全原谅了她，忘记了她的过去，没有隐藏任何想法，还会一如既往地照顾她。我内心产生了一种强烈的怜悯感，它压倒了一切，我只能像去年在医院里那样做。我像当时那样对她说：只要我有一口面包和栖身之所，那也是你的。当时说这话不是出于激情，现在也不是，这是将双方的需求理解为重要的事实。

提奥，就她目前的情况而言，她确实有了进步，但需要有人一次又一次地提醒，她也可能让人感到丧气。但是，当她试图表达自己的意思和想法时（这种情况发生得不多），她是多么纯洁啊，尽管她曾是个妓女。在她的灵魂、心灵和思想的废墟深处，仿佛有某种东西得救了。在那些罕见的时刻，她的表情就像德拉克洛瓦笔下的《痛苦圣母》或阿里·谢弗尔画的某些头像的表情。那就是我所相信的东西，现在我又一次见到了那种东西，我尊重她内心深处的感情。

现在，当我们根据自己的感觉采取坚定果决的行动时，可能会犯错并遭遇欺骗。如果我们问一问自己的职责是什么，竭尽全力去做应该做的事，就将从巨大的邪恶和绝望中得到拯救。没有什么事比灵魂在责任和爱之间的斗争更为痛苦，因为两者都有着最高意义。当我告诉你，我选择了自己的责任时，你就会明白一切。

我不知道，和这个女人在一起将来是否会幸福。我可能不会幸福（当然不是绝对的），但我们不需要对幸福承担责任。

现在你在尼厄嫩。弟弟，我希望没有任何理由阻止我和你在一起。我希望我们一起在老村庄的教堂墓地里散步，或者去参观纺织厂。我不明白，你和父亲为什么羞于和我一道散步，我觉得太过分了。对我来说，虽然我离得很远，但我内心渴望着和你在一起。我不能毫无顾忌地与你和父亲待在一起，哪怕只看在难以割舍的血缘关系上，我也希望我们见面时再也不要谈论举止或着装的问题。你知道，我对任何事情都尽可能敬而远之，而不是凑向前去。不要让礼仪使我们疏远，一年一度相见的快乐时刻不能因此而变得暗淡起来。

我希望你在回到城市之前，能在寂静无声的静谧中看几次美丽的落日余晖。

拉帕德来探望我。他看见了那些大型素描，对它们赞誉颇高。当我告诉他我觉得自己身体很虚弱，或许影响到这些素描的完成时，他也不大怀疑。我们一起谈到了德伦特，这几天他将再次去那里。

我也很想去那里，甚至收集了把家具搬过去是容易还是困难的信息；我的东西很少，没有什么价值，但重新购置这些东西将是很大一笔开支。我打算带着女人和孩子们一起去。一旦到达那里，我认为应该永久地留在乡下、那片荒野之地，那里有越来越多的画家定居；也许过一段时间，那里会涌现出一批画家来。我认为每年至少能省下 150—200 个荷兰盾。请模特是最大的开支，也会省下来：我可以用同样的钱请更多、更好的模特，或者用更少的钱去请同样的模特。

今天早上，我在范德韦勒家看到了他从格尔德兰带来的写生，我去德伦特的渴望并没有因为他带来的消息而减弱。幸运的是，他知道一个我心目中的村庄，那里风景优美，充满个性。

我还对他说，我很遗憾，今年没有学到更多油画方面的知识。他的回答是："哦，不要为此烦恼。首先，每个人都有自己的弱点；如果他从别人那里学习，结果往往是除了他自身的弱点外，还会学到师傅的错误。静静地走自己的路吧，不用为此担心。"嗯，这和我心里想的完全一样。

今天，我给科尔叔叔寄去了一些写生。

我想告诉你，听到你对我作品的修改意见后，我有多高兴。你的意见与拉帕德的意见一致。我个人认为，每个画家的一生中都会有一段荒诞时期。就我而言，那一时期已过去很久了。我认为自己正在取得进步，作品中已经有一些真实而简朴的东西，如你所说，那是一种具有男子汉气概的观念和情感。

去年，魏森布鲁赫对我说过这样的话：静静地走自己的路。到了晚年，你会对我的第一批写生感到满意的。

现在最重要的事是多画油画。我很高兴你的观点是：同时从事一些额外工作是不明智的。这会导致一心二用，使人半途而废。

那个女人的性格真是反复无常！她最近承诺不再去看望她母亲，但终究还是去了。我问她，如果她对自己的诺言3天都不能遵守，怎么能指望我认为她是永远遵守诺言的人呢？我认为她非常卑劣，几乎认定她更多地属于那些人，而不属于我。她说非常对不起，但是，明天她还会那样做。

我比任何时候都更可怜这个女人，我发现她比任何时候都更焦躁不安。我认为，她目前没有比我更好的朋友，如果她愿意，我会全心全意地帮助她。但她并不寻求我的信任，反而去信任她那些现实生活中的敌人，这使我完全无能为力。令我惊讶的是，她不明白自己做错了，或者不想明白这一点。

你所说的（你认为离开我会对她有好处），我也认为是一件有可能的事，前提是她不再回到那些人当中去，这是一种我看不到出路的情况。她想和我住在一起，依恋于我，却不明白她正在疏远我；当我谈起此事的时候，她回答道："是的，我很清楚，你不想让我和你住在一起。"

唉，这还是她心情好的时候。她心情不好时说的话更气人。这时，她会直言不讳地说"是的，我冷漠又懒惰，我一直就是这样，这个改不了"，或者说，"是的，我就是一个被遗弃的人，我最终的结局就是投河自尽"。

在这种情况下，我希望你不要反对我与她同居并立即执行德伦特计划的意图。这个女人是否跟我一起去由她自己决定，我知道她和她母亲讨论过此事。我不知道她们说了什么，也不想知道；如果她愿意去，就让她去吧。遗弃她等于逼她重回卖淫火坑，想拯救她出火坑的这只手，怎么能把她重新推入火坑呢？

今天，我和西恩和平相处了一阵子。我认真地和她交谈，充分说明我的处境。我必须有一年减少开支的时间，以弥补过去过大的开销；我预见到，假如继续与她同居，我很快就再也帮不了她，还会在这里债台高筑，走投无路；简而言之，她和我必须像朋友那样明智地分手，她必须让家人带着孩子们另寻安身之地。

显而易见，我不能再在这里待下去了，就连她也明白了这一点。我对她说："也许你不能保持行为端正，但要尽可能品行端正，我会努力像以往那样对你。只要我知道你尽了最大努力，没有丧失任何东西，只要你对孩子们像我对他们那样好；只要你身体力行，让孩子们随时认你为母亲；尽管你只是一个可怜的仆人、一个可怜的妓女，尽管你身上有那么多该死的缺点，你在我眼里仍然是一个好人。"

噢，弟弟，你明白这是怎么回事；若非必须这样，我们本不该分手的。我们不是每次都会原谅对方的过错，然后重归于好吗？我们彼此都很了解，所以看不到彼此身上的邪恶。这是爱情吗？我也不知道，但我们之间有些事已无法挽回。

然后，我去了很远的乡下，去同大自然交流。我步行去了福尔堡，又从那里前往莱岑丹。你知道那里的景色——壮丽的树林雄伟肃穆，与墨绿色的避暑别墅并排相连，还有退休荷兰人的奇思妙想所能想象出来的花盆、树荫和门廊形状的怪诞树木。大部分别墅都很丑陋，有些别墅古老又庄重。就在这时，像沙漠一样浩瀚无垠的草地上空飘来一阵阵乌云，大风吹向运河对岸树林掩映中的一排排乡村房屋。

对我来说，自然风暴的戏剧和人生悲伤的戏剧，给人留下了最深刻的印象。哦，一定要有一点点光和一点点幸福，刚好足以显示其形状，使轮廓突出，让其余部分处于黑暗之中。

我想继续努力工作。我不知道对她或对我来说，结果会怎样，但当我独自开辟一条道路时，作品肯定会变得更好。当我说我们像朋友一样分手时，那是真的——那是最后的别离。我确实相信，她身上还有一些好的潜质，但麻烦在于，这种潜质应该早被唤醒。

现在，我已准备前往德伦特，但我的感情被割裂了。

一旦作了决定，我就想尽快离开她。只要支付得起路费，我就走：不要行李，不要同伴，只要一种学习方法。秋天产生的效果已经来临，我必须把握住其中一部分。

你会问我是否还想回海牙。不，半年或一年之后，我会再同这里的一些画家取得联系。你会同意我的看法，海牙是一个非常独特的地方，它实际上是荷兰艺术界的中心。我的打算是，在德伦特取得绘画上的足够进展，以便当我返回时，我能有资格加入素描家协会。

我准备了一本护照，有效期 12 个月。有了护照，我就可以去任何想去的地方，在一个地方想待多久就待多久。

我已收到你的来信。我刚从洛斯德伊嫩后面的沙丘上回来，浑身湿透了，因为我在雨中坐了约 3 个小时。我带回一幅描写弯曲、多节的小树的写生，另一幅画的是雨后的农场，一切都呈现出青铜色。景色之美，令人难以想象。

提奥，离开的时候，我当然会产生一种非常忧郁的感觉。假如我确信那个女人会表现出活力，假如她的善意不那么令人怀疑，这种忧郁感会更强。我必须坚持下去，否则，在这种忧郁的状态下，如果不能把她带走，我会崩溃的。可是，我那么喜欢的孩子们怎么办？我不能再为他们做任何事，除非那个女人愿意。

我面前放着一幅德伦特的小地图。我在图上看到一个很大的空白点，那是无名村庄，霍赫芬运河从中穿越而过，我看到空白区域里写着“泥炭地”的字样。在这个区域周围有许多黑点，上面有村庄的名字，一个小红点表示霍赫芬小镇；靠近地图边缘有一个湖——“黑湖”——一个充满暗示意义的名字，我想象着岸边挖泥船上各种各样的人。

我明天出发。

远　见　成　就　未　来

Dear Theo

The Autobiography of Vincent WillemVan Gogh

倾听梵高

下 ———— 自我救赎与艺术巅峰

［荷］文森特·梵高 著　宗端华 译　廖国强 审译

中国出版集团
中译出版社

目　录

第三部

1883 年 9 月—1886 年 3 月

1883年9月，德伦特[1]

我住在离车站很近的一家乡村旅店里。我在火车上看到费吕维的一些美景，但当我们到达这些地方时，一切都变暗了。我坐在像布拉班特那样的旅店大厅里，一个女人坐在那里削土豆——一个相当漂亮的小美人。

在村子的港口，我看到一些非常典型的泥炭驳船；还有一些身影是船夫们的妻子，穿着在干草地里干活的服装，非常别致。村子里有四五条河道。如果有人沿着河道航行，就会不时看见一座座奇异的老磨坊、农家院落、码头或水闸，还有总是充满喧嚣的泥炭驳船。我跟这里的人谈过了，总有一天，我要乘坐驳船，沿着霍赫芬运河一路航行，穿过泥炭地，直达普鲁士边界和黑湖。

今天我起得很早，你可以想象，我非常好奇，想看一看

[1] 1883年9月中旬，梵高抵达德伦特省的霍赫芬；10月，他在德伦特省的新阿姆斯特丹停留；11月，他访问兹韦洛。

这个地方。天气很好，空气清新而舒适，像布拉班特的空气一样。这一带乡村大部分是草地，到处长着小树；北边似乎是一片通往阿森的美丽荒原。一旦我有了更多油彩，我就开始短途旅行，从一个村子到另一个村子，但我觉得还是以霍赫芬作起点为好。

现在，我来这里已经几天了，也朝不同方向闲逛过，我要开始动手画了。我的第一幅油画写生是荒原上的一座茅舍——一座只用草皮和木棍搭建起来的茅舍。在我画茅舍的时候，两只绵羊和一只山羊也爬到屋顶上吃草。山羊在屋顶上朝着烟囱里面张望；听到屋顶上有响动，屋内的女人冲出来，把手里的扫帚朝山羊掷去，山羊轻快地跳了下来。茅舍里面像山洞一样黑，但茅屋很漂亮。我参观了大约 6 间同类茅舍的内部构造，写生将随之而来。

我去过的两个小村庄叫作“沙漂”和“黑羊”。你可以想象这里的原始状态，霍赫芬毕竟是个城镇，但附近有牧羊人、窑洞和泥炭屋。短途旅行中，有许多事情使我产生了新的感受，其中之一就是你在荒原中央看到的泥炭驳船，由男人、女人、小孩、白马或黑马拖拽着，就像在荷兰或里斯维克的纤道上一样。

你能从许多人脸上看出他们身体不好，这可能是饮用水不干净引起的。我见过几个 17 岁甚至更年幼的女孩子，她们看上去年轻漂亮，但通常很快就不再容光焕发。男人们穿着短裤，露出腿部形状，使动作更具有表现力。

提奥，我在荒原上遇见一个将孩子抱在怀里的可怜妇女，我的双眼湿润了——我想起了她。这个女人的虚弱和邋遢，更加强了这种相似度。

离开海牙时，一切都很顺利。土地测量员去车站为我送行；当然，那女人和孩子们陪我到最后，最后的离别并不轻松。

我常常怀着惆怅的心情想起那个女人和孩子们——但愿他们能得到供养！哦，人们会说，这是那女人自己的错。说得对，但我担心她的不幸会超过她的过错。从一开始我就知道，她在性格上被宠坏了；现在我又从她身上看到一些东西，她已经走得太远，无可救药了。这只会让我的怜悯之情更为强烈，变成了一种忧郁的感觉，因为我无力补救。

我知道我完全有权利像现在这样做，我不能再和她待在一起，我真不能带着她一起走，我的做法是理性和明智的。但当我看到眼前这个发着高烧、痛苦而可怜的小妇人时，这一切让我痛彻心扉，心都碎了。人生有多少悲伤啊！然而，我不能变得忧郁起来。我必须把精力分散到别的事情上，正确的做法就是画画；但有些时候，我只能到信念中去寻求安宁：“我也不能免于不幸。”

昨天，我发现了自己见过的最奇怪的墓地。想象一下，有一片荒地，树篱周围生长着茂密的小松树，让人误以为那只是一片普通的小松林。然而，树篱有一个入口，进去之后你会看到一些长满野草和石楠的坟墓，许多墓前竖立着刻有名字的白色柱子。在坟墓上看见真正的石楠真是太美了，松节油的气味带来一丝神秘感，墓地边缘那片深色的松树林把闪烁的星空和崎岖不平的大地分隔开来。

今天早上天气晴朗，天灰蒙蒙的，这是我到这里以来第一次没有太阳。这里的荒原比布拉班特的要广阔得多，到了下午，尤其在阳光明媚的时候，荒地就显得有些单调乏味，但我不会错过那种效果。我曾几次试图把它画出来，但都没有成功。大海也并不总是风景如画，如果一个人不想被它们的真实特点欺骗，那么对这些时刻和效果也必须加以研究。在炎热的正午时分，荒野有时令人非常疲乏——像沙漠一样令人疲惫不堪，荒凉且充满敌意。在灼热的阳光下画荒野，还要画出消失在无垠中的层次，是一件令人头晕目眩的事情。

然而，那同样令人气恼和单调的地方（到了只见渺小人影在暮色中移动的傍晚），当被阳光灼烤的地面在夜空微妙的淡紫调子映衬下突然变得黝黑起来，当地平线最后一抹深蓝色将大地与天空分开时，也会变得如朱尔·杜佩雷笔下的作品一样庄严。还有那些人物，男男女女，他们有着相同的特点；他们并不总是有趣的，但是当你耐心地看着他们时，你会发现他们也有米勒笔下的人物的一面。

我正在画一幅写生，描绘沼泽地上的小桦树之间的红太阳，夜晚的白色潮气从那里升起；草地后面，你只能看到地平线上有几棵青灰色的树木和一些屋顶。至于其余的，我用素描画；但你知道，最重要的是要尽可能多画油画。我曾希望获得一些油画颜料和其他材料的补给，但钱几乎用完了。如果你还没有写信，请给科尔叔叔写一封短信，告诉他我现在独自一人在德伦特。事实上，我需要钱，这样才有望在德伦特东南部的旅行中取得好结果。

我希望尽快寄给你一些在这里画的写生；请考虑一下，其中一些作品是否适合卖给维塞林。

我画了几幅钢笔素描，完全是从油画的角度去画的，用钢笔才能画出油画作品中画不出来的细节，最好是画两幅：一幅专为构图，另一幅专为有色彩的油画。

刚开始找模特时，我不太走运。他们嘲笑我。我付给他们可观的报酬，可还是因为他们的恶意无法完成几幅人物写生。但我并没有放弃，而是集中画一个家庭。现在，我可以从这家人中请到一个老太太、一个女孩和一个男人做模特。

我收到拉帕德从泰尔丝海灵岛寄来的一封信，他在那里很努力地画画。我希望今年冬天去看他，顺便画几幅写生，除非去泰尔丝海灵岛的路很难走。

据我了解，往返旅费大约要 3 个荷兰盾。我希望 6 个月后能够攒足这笔钱，这段时间我会住在附近。我发现这里的费用比海牙的低。如果不采取必要的预防措施，贸然进行短途旅行太鲁莽了。在旅行之前，我想还拉帕德的钱。当然，和一个画家聚在一起的代价是值得的，这会使我免于孤独。

乡下的空气和这里的生活对我很有好处。我寄宿的那家人很好：男的在仓库里工作，这人脸上有时会呈现出红甘蓝的颜色，是个真正的苦力；女的非常活泼、整洁，育有 3 个孩子。他们可能会给我一间后阁楼做画室。

上周，我去了泥炭地深处。我越来越觉得这里十分美丽。只有精心绘制的作品才能准确地描绘出这里的真实场景，呈现出严肃、冷静的特色。

我渴望收到你的来信，尽管这里景色优美，我还是很郁闷，我被一种沮丧和绝望的情绪笼罩。我不希望这样。我对别人对我作品的评价以及我给别人留下的印象非常敏感。如果我得不到信任，如果我独自一人，就会产生一种空虚感，这会削弱我的积极性。我想要的是一种真诚的智慧，不因失败而烦恼。

我深深意识到我与一般人相处不好，这让我非常担心，而我工作的成败在很大程度上取决于这种联系。

当我环顾四周时，一切似乎都太悲惨、匮乏和破旧。现在，这里进入了阴沉的雨季。当我来到自己安顿下来的阁楼一角时，那里让人产生出一种奇怪的忧郁感；光线透过唯一的一扇玻璃窗照在颜料空盒和一束画笔上，笔头上的笔毛已严重磨损。这种奇怪的忧郁感产生出一种滑稽效果，让人欲哭无泪。

去年的亏空比我告诉你的还要大。我目前已还清所有最不紧迫的债务，但还是买不起颜料。我不敢再赊账，因为过段时间后又会债台高筑。在你来访期间，我们没有心情说更多话；现在，我可以告诉你，住在海牙对我来说代价实在太大了。

的确，我现在来到了这里，还几乎填上了所有亏空。这里自然景色优美，比我想象的要美得多；但我还远没有闲适地安顿下来。

要是我负担得起，应该让人把海牙的东西运过来，把阁楼布置成画室并给它增加一点光线。周围有人的时候，模特们拒绝摆姿势，因此需要一间画室；我还想补充所有的绘画材料——希望能一次性彻底完成这一切。如果有人能帮我做好这件事，我最大的忧虑就会消除。画家不能不讲信用，这不仅是画家的职业要求，也是木匠和铁匠的职业要求。

我来得太匆忙，到现在才感到自己缺了很多东西，才觉得自己行动太草率了。但我还能怎么办呢？去年，那女人离开医院时，我就该带她到这里来，那样我们就不会负债，也就不必分手。假如我事先知道最终要和她分手，半年前就该这样做了。我没收到任何她的消息；我告诉过她，我会把地址寄给隔壁的木匠。我很焦虑，尽管我相信，如果有必要，她早就写信了。

只要天气晴朗，我就不会在意自己的烦恼——我看见了许多美丽的东西。但是，在估计要持续好几个月的阴雨绵绵的天气里，我更清楚地感受到了自己是如何被困在这里，如何被废掉的。今天早上天气稍好一点，我出去画画了，但缺少四五种颜料是没法画的，导致我回去的时候非常痛苦。

我必须坦率地告诉你，我很抱歉，最近把你寄来的钱都拿去还债了。

你可还记得我在博里纳日的情形？唉，我很担心在这里也发生同样的事情。我当时看不到任何希望，现在也同样看不到。我已经如此穷困潦倒，实际上已经没有了栖身之所，不得不像流浪汉那样永远地四处流浪，既得不到休息也找不到吃的，更不可能有工作。弟弟，如果我在乡下冒着生命危险却没有任何安全感，就会走到这种极端地步。

我是个喜欢采取主动的人（我不是用语言而用行动来处理问题），尽管已经走出了到德伦特这一步，却不敢迈出下一步。我无法开始自己想从事的探险，在没有补给的情况下，这样做是愚蠢的。没有足够资金来应对不可预见的环境，这些探险将非常危险。如果不能确信自己在任何地方都不会受挫，就不能从事这些活动；你不能指望在每一家客栈都能得到信任。所以，每件事都是平淡无奇的，都得经过计算，对一个有诗情画意的计划来说尤其如此。

另外，那个女人的命运、那个可怜的小家伙和另一个孩子的命运让我心碎。我想继续帮助他们，可我做不到。父亲来信询问他是否能帮我，但我把所有忧心的事都留给了自己，我希望你也不要对他讲这件事。他有他的烦恼。

我现在需要一点信誉、一点信心和温暖，但我找不到信心。一切都仰赖于你。我的思绪在循环打转：我一直节俭、努力工作，却无法避免欠债；我一直忠实于那个女人，却不得不离开她；我讨厌阴谋诡计，却找不到任何信任我的人。我问自己，我是否必须告诉你："就让我听天由命吧。对一个人来说这已经够了，还没有可能从其他渠道得到任何帮助。这还不足以证明，我们应该放弃我们的事业吗？"

唉，小伙子，我是太忧郁了。我置身于美丽的乡下，我想工作，我绝对需要工作；同时，对如何克服困难，我却一筹莫展。

我在德伦特最偏僻的地方——新阿姆斯特丹——给你写这封信。我乘坐驳船，经过了荒野中漫长的航行来到这里。我无法描述这一带乡村的原有景色——我无法用语言来表达，但你不妨将延绵无数英里的运河两岸想象成米歇尔或泰奥多尔·卢梭笔下的风景。

不同颜色的带状层面在接近地平线时变得越来越窄，时不时因这里或那里出现一座草棚、小农场、几棵孤零零的桦树、杨树和橡树而得到强化；到处是泥炭堆，一艘艘满载沼泽地芦苇的驳船不停地从我们身边驶过。不时出现的人影有一种很美的魅力，其中很多人很像奥斯塔德画的那一类人，他们的相貌让人联想到猪或乌鸦，但偶尔会出现一个小人影，看上去就像荆棘丛中的百合花。

今天，我在驳船上看见一场葬礼。非常奇怪的是，有6个裹着大衣的女人坐在一条小船上，男人们拖着小船沿运河穿过荒地，牧师戴着三角帽、穿着马裤在另一边跟着。

嗯，我对这次旅行很满意，因为看见的一切都令我感到高兴。今晚的荒原美得难以形容。天空呈现出柔和的淡紫色，蓝色光线从一道裂缝中照射出来。地平线上有一条闪闪发光的红彩带，下面是一片漆黑的褐色荒野，彩带映衬烘托出一些低矮的小屋，像堂吉诃德式的磨坊或是巨大的吊桥，在摇曳的夜空下展现出奇妙的轮廓。明亮的窗户倒映在水中、泥水里或水坑里，有时看上去非常温馨。你在这里仍然可以发现一些非常古老的大茅草屋，里面的马厩和起居室之间甚至没有隔墙。

我在驳船上画了几幅写生，为了画这些茅屋，我在这里停留了一阵子。

从霍赫芬动身之前，我收到富尔诺寄来的一些油画颜料。我认为如果专心画画，我的情绪就会改变；现在已经有了很大改善。父亲给我寄来一张10荷兰盾的邮政汇票，加上你给我的钱，我现在又可以画一点油画了。

就像你有时想去美国一样，我有时也想参军去东印度，但那都是一个人为环境所迫，在悲伤忧郁时刻的想法。现在，我希望你能来看一看这些寂静的荒原，这样做能使人平静下来，在劳动中激发出更多信心、顺从和坚定。我多希望我们能在一起散步，在一起画画啊！在我看来，这绝对是一件很完美的事；我的意思是，这里有和平。

你知道吗，我想我找到了自己的小王国。

亲爱的弟弟，我不能仅凭气味计算出玉米袋中的玉米粒，我看不穿马厩的厚门板，但我有时能从一堆东西的形状上看出里面是一袋土豆还是玉米，虽然马厩的门关着，但我能听到杀猪时发出的尖叫声。同样地，仅凭我掌握的情况，就能判断出你目前的处境。

我一直在思考你信里讲的去美国的事，我不赞同那一计划，即使你在那里可能有最好的关系，比如和克内德勒的友谊。我完全可以理解，你在古皮公司肯定过得很不愉快。令我惊讶的是，我在你信中读到“本周，我与绅士们交谈时，他们几乎让我难以忍受”。与文森特伯伯还是合伙人的时候相比，公司现在确实很不一样。我曾经是公司最低级的员工之一，直到现在，至少在10年之后，我觉得自己的心仍在那里。我认为，从那以后，虽然公司员工增加了，真正懂行的人却越来越少，这让人非常难过。在文森特伯伯时期，他们从几个员工开始做起，当时是真正的合作。对你个人来说，这确实特别困难；你的心在那里，你比任何人都更忠实于他们。

也许你会说：是的，但你的绘画事业更悲惨且更不安全，幸亏有你，我才得以继续工作。鉴于这一原因，我想告诉你，拥有一门技艺是件令人愉快的事。它一开始可能把你带入与你人生的真实地位最不可能的关系中，但它会给你一个未来。有件事对你会很有帮助，那就是你将在艺术界获得全新感受。而我刚开始工作时，已长期被排斥在这个圈子之外了。

你不能这样想，“我又不是艺术家”，就精力和才华而言，这些东西你肯定都不缺少。当我晚上从南安普顿大街回家时，我常常站在伦敦的泰晤士河堤岸上画画。假如当时有人告诉我什么是透视，我会免去多少痛苦，我现在的进步该有多大！

你说，“我曾经觉得自己是大自然的一部分，但现在感觉不到了”。弟弟，让我告诉你吧，你提及的感受我自己也有很深的体会。我不光对大自然的感觉麻木迟钝起来，更糟糕的是，我对人的感觉也这样。他们说我疯了，但我知道不是。我深知自己身上的毛病并努力去纠正它。我一生劳而无功，至今没取得任何成就，这是真的；但因为我有一个恢复正常立足点的固定念头，所以从没误解过自己的绝望行为。我过去总觉得，“让我做点什么吧，我会超越这种状态，让我有耐心去纠正错误”。这些年来，我常常思考这些问题，但我不知道，在那种情况下我怎样做才能使自己有别于过去。

想想自己这一路走得多么艰难，想想这会让人多么痛苦，不管他是谁。我在古皮公司干了6年，我的根在那里。我过去总以为，如果我离开他们，就可以回顾那6年的诚实工作；如果到别的地方，我就可以信心满满地提到自己的过去。可事情根本不是这样，我只不过是个“失业者”。我一下子陷入绝境，四处求告无门，情况就是这样。你可以去英国，也可以去美国，这都无关紧要；可无论到哪里，你都像一棵树被人连根拔起了一样。你从小扎根于古皮公司，那里的人带给你间接的痛苦，因为你自幼就认为它是世界上最好、最优秀、最大的公司，可一旦你离开了再回去找他们，他们就会对你不理不睬。

那股旋涡会把你带到越来越远的地方。你以为我会愚蠢到敢于说：现在改变航向，直到恢复你与自然之间的和谐么？你这种情绪保持的时间越长，精神就会越加紧张，你和我的敌人就会越多。这种情绪会玩什么把戏，我比你更有经验。

不要因为我说你此刻灵魂生病就生我的气。这是真的。调整你与自然和人之间的关系吧。如果这种调整只能通过成为画家来实现，那么尽管存在着各种反对和障碍，也要去做。

相信我，小伙子，在我写这封信的时候，我再一次喜欢上了磨坊，尤其是德伦特的磨坊——我觉得就像自己第一次看懂艺术之美一样。你会同意我把那种情绪称作正常情绪，不是吗？去欣赏大自然的事物，冷静地把它们素描出来，用油画画出来。

我最近发生了一种变化，让我感到奇怪。我发现自己置身于如此有序、规范和自我更新的环境中，渴望去尝试至今尚未做过的各种事情。我知道情况尚不确定，是否留在这里还很难说；也许结果会截然不同。我不禁遥想未来，不光我一个人，你也成了画家，我们像同伴一样，在这片荒野中一道工作。

作为一个男人，我在你身上看到了某种与巴黎格格不入的东西。我不知道它经受了多少巴黎岁月的熏染；是的，你的心一部分已扎根在巴黎，但有种东西（难以描述的东西）仍然保持着纯洁，这种东西就是艺术元素。如果你成为一名画家，你会第一次拥有同伴、友谊和一定的立足点。

整个艺术品行业都烂透了。我怀疑，即使是杰作，那些高昂的价格能否延续下去。可以这么说，价格上涨如此高的时期，会透支未来的汇票。你和文森特伯伯一样聪明，却不能像文森特伯伯那样做事，因为世间有太多的阿诺德和特里普——他们是贪得无厌的金钱狼。与他们相比，你不过是一只绵羊。做羊比做狼更好，即使被杀，也比杀人好。我希望，或者更确切地说，我确信，我不是狼。

这对艺术家影响很大吗？一点也不。对他们当中那些最伟大的人来说，他们在业已成名的最后阶段，从这些过高的价格中获利甚少。假如没有这种极端发展，他们（米勒和柯罗）也不会画得更少或画得更差。我宁愿做一个每月只有 150 法郎收入的画家，也不愿做每月有 1500 法郎收入的画商。作为画家，我觉得自己在其他人眼中更像一个人，而不像那些建立在投机生活基础上的人。在那样的生活中，你必须遵循惯例。

以巴比松派的画家们为例。我不仅把他们理解为人，他们的每一件事，就连他们生活中最细微、最私密的细节都闪耀着幽默和人性的光辉。“画家的家庭生活”及其灾难、不幸和痛苦，都具有这样的优点：有一定善意、一定真诚、一定真实的人情味，只是不能保持一定地位；他们把所谓的文明世界的进步（一种幻觉）抛在一边。我这样说是因为我鄙视文化吗？正相反，我认为人类的真实情感及与自然和谐相处的生活才是文明。我尊重这样的文明，而不是违背自然的文明。我要问：怎样才能使自己成为一个更好的人？

当我对比城里人和乡下人时，毫不犹豫地说，荒地上的人、挖泥炭的工人，在我看来似乎更好。最近，我同房东谈到了这个话题，他是个农民。谈话是由他向我询问伦敦的情况引起的，他听说过很多伦敦的事。我告诉他，我认为一个简朴的农民只要劳作，聪明地劳作，他就是个文明人。在城里，在极其罕见的好人当中，你会发现几个和你一样高尚的人，不过方式完全不同。总的来说，如果要找一个通情达理的人，在乡下比在城里更容易找到。一个人越接近大城市，就越容易陷入堕落、愚蠢和邪恶的黑暗之中。

现在他们告诉我："你没有目标，没有抱负，就等于没有原则。"我的回答是："我并没告诉你我没有目标，没有抱负；我认为，试图强迫别人定义不可能定义的事是徒劳无益的。"活着就要做事，这样才更积极。一个人必须具有社会责任感，必须感到自己是绝对自由的，相信的不是自己的判断，而是"理性"。我的判断是人为的，理性是神圣的，但两者之间自有内在联系。

我们假定，你和我在我们的同类中的确很像绵羊，我们有朝一日可能会被吃掉。这可能令人不太愉快，但如果一个人意识到自己只能过一种贫困的生活，那么他就没理由失去宁静，即使他拥有让人富足的所有品质、知识和能力。我不是对金钱漠不关心，可我对狼并不了解。

我知道两种人的灵魂斗争：我到底是不是个画家？我指的是拉帕德和我自己。有时斗争很艰难，它在我们与不那么重视这些事的人之间造成了隔阂；我们有时觉得很可怜，但每一次忧郁都会带来一点点光明和一点点进步。真正追求简朴的人自己也很简单，他们对人生的看法充满善意和勇气，即使在艰难时刻。

现在，我几乎每天都创作一幅作品。我只能向前走，每完成一幅素描或一幅油画，都是向前迈出的一步。这和一个人走路一样，你看见了远方的教堂尖顶，但由于地面起伏不平，在你以为到达了教堂时，却发现另一条才刚开始并未看见的路，这条路你也必须走完，但你离教堂越来越近了。好吧，我既已走到这一步，就不会半途而废——我不做半途而废的事。

提奥，我迷上了你也会从事绘画这一念头。在老一辈或现代大师中，不乏两兄弟都成为画家的相似例子，他们的作品大同小异——奥斯塔德兄弟、凡·艾克兄弟、朱尔·布雷东和埃米尔·布雷东兄弟。

提奥，写完信后，我半宿未能入睡。

我希望布拉班特不再对我关上大门。你还记得我离家出走的原因：我认为除非发生灾难，否则最好不要去那里；在发生灾难的情况下，父亲能提供一座不要租金的房子。在这种情况下，我们能在一起生活吗？是的，能生活一段时间，如果一定要这样的话。我提到这一点，是因为情况可能要求你腾出双手，如果我在家里住上一段时间能促进这种情况，我和父亲一定会立即同意。

我们这里的秋季时而美丽清澈，时而风雨交加。天气不好的时候很难出门，有时根本不能出去。我努力照顾好自己，感觉比在海牙的最后几个月好多了，当时因为神经紧张，我遭了不少罪。现在我有一间大房子，火炉已经放好，碰巧还有一个小阳台，从那里能看到荒野里的棚屋和远处一座非常奇怪的吊桥。

楼下是客栈，还有一间农家厨房，壁炉里燃着炭泥火；壁炉旁边放着一个摇篮，这是最佳的冥想场所。当我对某件事感到忧郁和焦虑时，就跑到楼下待上一阵子。

我间接听到那个女人的一些情况，我没法想象她为什么不给我写信。于是我给木匠写了封信，询问那个女人是否去他那里打探过我的地址。那个恶棍回答说："哦，打探过，先生，但我以为你不想让她知道你的地址，所以假装不知道。"我立即写信。我宁可把她的家庭地址写在信封上，也不愿让人认为我是在躲藏。我还给她寄去一些钱，那可能会招来不良后果，但我忍不住。

今天，我一直跟在几个翻耕土豆地的男人身后，妇女们拖着沉重的步子跟在后面，为的是捡拾遗漏掉的几个土豆。这块地与昨天翻耕的土地大不相同，在这一带乡下是件很奇怪的事。土地本身完全一样，但地貌足够多样，就像艺术家们的作品——艺术家们属于同一流派，作品却有差异性。

我仍然在画烧杂草的人，是一幅油画作品，这样更能表现辽阔的平原和暮色降临的意境，烟火是画中唯一的亮点。傍晚，我曾一次又一次地去观看这一场面。

对于自己，我有一个简单的计划：去画令我震撼的东西，让自己置身于荒野的芬芳空气中，相信假以时日，我会变得更清爽、更新、更好。

所以，小伙子，来吧，和我一道在荒野里、在土豆地里画画；来吧，和我一起跟着耕犁的人和牧羊人散步；来吧，和我一道坐在火堆旁——来接受吹过荒野的风暴的洗礼。

挣脱对你的束缚。我不知道未来是否会事事顺利，但不要在巴黎寻欢作乐；不要到美国去寻求快乐，无论哪里都一样，永远都是一样的。彻底地改头换面，到荒野来试一试。

今天上午，我收到你的来信。让我有点惊讶的是，你认为我对做生意一窍不通。弟弟，假如我为了让你继续寄钱给我，就诱导你留在古皮公司，那我就太卑鄙了。如果你作出那样的决定，我会坚决反对。我强烈地提醒你：艺术品生意最终会背叛你。

我怕你认为我说的都是废话。那我该怎么办呢？嗯，我应该试着找一份工作；当然，同时还要努力创作和卖画，之后再设法回到德伦特。

我承认，要知道一个人必须做什么是很难的。金钱在社会上扮演着残酷的角色；但我真切地希望绘画能释放出我们真正的能量，尽管头几年可能会很困难。我的策略总是要冒很大风险，而不是很小；如果有人因为风险太大而失败了——好吧，那就坦然面对。简而言之，我不希望我的需求成为你留下的理由；如果你想留下来，那就这么办，但不是为了我的缘故，因为我认为这绝对是你前进的错误方向。

当然，我也很想去巴黎待上一段时间，可以在那里学到一些东西。如果能在印刷所找到一些事做，那将是一种帮助，而不是障碍；我也愿意尝试去做任何这一类的事情，特别是如果要谋生的话。对我来说，巴黎最吸引我的东西、最能帮助我进步的事情，是和你在一起，和一个懂画的、一个能理解我为什么努力的人在一起，擦出思想的火花。你在巴黎，所以我赞成去巴黎，我本来一点不想去那里，因为我现在处于如此美丽的荒原。这里太漂亮了，在画油画的时候，我认为自己取得了一些进步，我的心在这里——相信你也会明白。可以肯定的是，只要你认为我去巴黎有用，我就绝不会反对。我到处都能找到可画的东西。

前段时间，你来信谈到我们长相上有一定差异，由此得出结论：我更像一个思想家。对此，我能说些什么呢？我确实觉得自己有某种思考能力，但认为自己根本不是一个思想家。当我想起你来，就看到你身上非常有特点的动作、丰富的情感和真实的思想，得出结论是：我们之间的相似性大于差异性。

当我思考我们的气质时，发现我们和清教徒非常相似。我是指克伦威尔时代的那些人，那一小群乘坐“五月花号”，从旧世界到美洲定居的男男女女，他们决心过简朴的生活。

时代不同了：人们砍伐掉森林，我们只能到画里去寻找它了。我知道，那个史称“清教徒移民之父”的小团体采取的主动行动产生了重大影响；至于我们自己，我认为很少对后果进行哲理性思考，只知道寻求一条尽可能平坦的人生道路。

如果说我提到了清教徒移民之父，那也是因为他们的长相：我想告诉你，有些红头发、宽前额的人不仅仅是思想家，也不仅仅是实干家，而是两者兼而有之。在鲍顿的一幅画中，我知道其中一个小清教徒，我认为你的姿势很像他。我也可以摆一个姿势给你看，不过我的体形不那么有特色。

我也考虑过做思想家的问题，但越来越明白这不是我的本行。人们不幸地误以为，凡是觉得有必要进行哲理性思考的人都不切实际，只属于梦想家之流（错误的信念在社会上受到极大尊重）。我经常四处碰壁，因为不给自己留有足够余地。不过从那时起，清教徒的历史让我明白，思想和行动并不互相排斥，正如克伦威尔和卡莱尔指出的那样。

我承认，我并不反对思考，只要在思考时还能画画。我的人生目标是尽可能多地创作图画和素描作品；到最后，我希望在离世的时候，带着爱和些许惋惜回顾一生，心里想着：哦，我竟然画了这么多画。提奥，我敢说我更愿意思考胳膊、腿和头是如何依附于躯干的，而不是思考自己是否或多或少是个艺术家。

我去了一趟兹韦洛村，李卜曼曾在那里待过很长一段时间，完成他最后一次沙龙画展的作品（《洗衣妇》就是其中之一）；特默伦和尤勒斯·巴克赫伊曾也在那里住过很久。

想象一下，凌晨3点钟，我乘坐一辆敞篷马车（我和房东一起，他需要去趟阿森的市场），沿着一条不是用沙子而是用泥土铺成的路穿过荒野，那种感觉甚至比搭乘驳船还奇怪。拂晓时分，荒野里散布着茅屋和一座教堂墓地的破塔，四周围着土墙和山毛榉树篱，还有一望无际的荒野和麦田——所有这一切，简直就像柯罗笔下的风景画一样美丽。那种静谧、神秘，仿佛只有他才画得出来。

我们在早上6点到达兹韦洛村，天色依旧很暗。村子的入口美极了：能看到长满苔藓的屋顶、马厩、羊圈和谷仓。然而，我在兹韦洛没见到一个画家，人们说冬天根本没人来这里；相反，我却希望这个冬天到那里去。

因为没有画家，我决定不再等房东回来，我自己走路回去，沿途也好画几幅素描写生。一眼望去，兹韦洛周边的田野完全被玉米幼苗覆盖，那是我知道的最嫩绿的幼苗。幼苗就在那片浩瀚无垠的土壤里生根发芽，看上去让人感到厌倦。当你在乡下走了好几个小时之后，你会觉得，除了土地、幼苗、石楠花和无垠的天空外，就没有什么别的东西了。

我看到犁地的人都在忙碌着，看到一辆运沙马车、一个牧羊人、几个修路工和几辆牛粪车，马和人看上去只有跳蚤那样大。在路边的一家小客栈里，我为一个手摇纺车的老太太画写生，小小的黑色人物剪影，就像童话里的人物一样。

接着，暮色降临了！想象一下，一条宽阔的泥泞道路，左右两边是一望无际的荒野，荒野上有几间三角轮廓的黑色茅屋，小窗里闪烁着点点红色火光；想象一下夜幕下的泥坑，头顶上是白色的天空，到处是黑白相间的鲜明对比，泥坑里有一个粗糙的人影——是牧羊人；还有一群椭圆形的家伙在那里挤来挤去，身上的皮毛有一半沾满泥巴——是羊群。你看见它们向你走来，你置身于它们当中，你转过身跟在它们后面。在泥泞的路上，它们慢吞吞地走着，远方的农场已隐约可见。

羊圈也呈现出三角形的黑色轮廓。圈门大开着，就像黑暗的山洞入口一样；羊圈背板的缝隙露出一道道天空的光线。羊群消失在这个山洞里，牧羊人和一个打着灯笼的女人在后面关上了圈门。

我昨天听到那首交响曲的结尾，是羊群在暮色中回家。这一天过得像一场梦，我完全沉浸在那首可怜的乐曲中，几乎忘记了吃饭和喝水；在画纺车的那间小客栈里，我吃了一块黑面包，喝了一杯咖啡。从拂晓到黄昏，或者说从夜晚到另一个夜晚，我沉浸在那首交响曲中，全然忘了自我。

我回到家中，坐在炉火旁，这时才感到了饿——是的，很强烈的饥饿感。现在，你明白这里的情况了。这样的一天能带给我们什么呢？只有一些划痕。然而，还有一样东西值得我们深思——对工作的热情。

近来天气太冷了，野外油画写生告一段落。我画了一幅大型油画和一幅大型的吊桥素描写生，我甚至用油画画了第二遍，获得了另一种效果。一旦下雪，我希望更准确地画出它们的雪地效果，也就是说，保持相同的线条和构图。

我收到了那个可怜女人的来信。信写得不连贯，字迹很难辨认。她很高兴我给她写信，她为孩子们焦虑，所以出去做女用人了。她不得不和母亲住在一起，可怜的人；她似乎对过去的一些事情感到抱歉。我对她的怜悯和爱当然还没有完全消失，尽管看不到与她重新生活在一起的可能性和好处；怜悯或许不是爱，但它也足以在心里根深蒂固。

昨天，我听家里人说你给他们寄去一封写得很好的信，据此推断，你的危机已得以解除。这也证实了你对我说过的话："我相信，目前事情仍会保持原样。"

我对你下的最后通牒"如果你留在那里，我就拒绝你的经济援助”，是针对你说的这句话“让我留在原地，因为我要供养家人”——和我自己，尽管你没提到我——对你的含蓄表达，我只能回以“我不想要这样的牺牲”。我希望，真正的含义将永远是我的信念，无论在繁荣时期，还是在“痛苦”时期。

有段时间你非常忧郁，给我写信说“我的雇主让我几乎无法忍受这种情况，我甚至认为，他们宁愿解雇我，也不愿让我主动离开”（后者正是我当时面对的情况）。你还说过一些绘画方面的事，至少契合你的志趣。现在我要说：如果你驾驶的帆船状态良好，那就留在船上；如果你留下来是因为你“重新获得了乐趣”，那样更好。我认为，最好的结果是你得到董事们更多的赏识，他们赋予你更多自由，让你按照自己的想法去做生意。但我相信，毕竟，通晓一门手艺才是最可靠的职业。

你的沉默，我把它与董事会一方出现了新困难联系起来，加之自己压力太大，我忍不住给父亲写了一封信。这是你第一次没按期给我寄钱，缺了这 25 荷兰盾可能让我一连 6 周陷入窘困。我欣然相信，你无法想象这一点——你无法知道，每一个困难是如何使一件事成为可能或不可能的，不管是多小的困难。

上周，我收到以前房东的一封信，威胁我如果不寄给他10荷兰盾作为使用阁楼和其他物品的付款以及清偿那个女人的债务，他就要夺占我留下的东西（包括我所有的写生、版画和书籍）。我怀疑他是否有权要求得到后者的赔偿，但还是让步了，条件是我得安排好存放我的东西。新年前后，我还有其他债务要偿还，包括还拉帕德的钱。我来到这里后，得整理添置材料，购买颜料，支付旅行食宿费，给那个女人寄点钱，还得偿还一部分债务。

此外，我还要忍受孤独的独特折磨。我说的是孤独而非寂寞；指的是每个画家不得不忍受的孤独，在一些人迹罕至的地区，每个人都把他看作疯子、杀人犯、流浪汉。这可能只是一种轻微的痛苦，但同样是一种不幸——一种弃儿的感觉，尽管这一带的乡村是如此美丽。

你给我写的关于画家塞雷的事令我很感兴趣。那样一个人，最终创造出悲伤的作品，简直是个奇迹。他的作品犹如艰苦生活中绽放出的花朵，像一棵黑山楂，抑或更像某个时刻在歪扭的老苹果树上盛开的花朵，是阳光下最精致、最圣洁的东西。

当一个粗犷的男人像开花植物一样开花时——是的，那很好看；但是在开花之前，他得忍受多少冬天的严寒，却远不是同情他的后来人所能理解的。艺术家的生活和艺术家本身，总是很奇妙。这多深奥啊，真是无比深奥！

毫无疑问，德伦特为我提供了一个活动天地，我必须以某种不同的方式展开行动。我们已经到了必须这样说的时刻：我不能在这里继续待下去了。

1883年12月，尼厄嫩[1]

我决定回家待一段时间，也许你会感到非常惊讶。这是我极不愿意做的事，但在过去3周里，我感觉很不好——因感冒和紧张引起的各种小麻烦不断。人必须设法打破这种状况，我觉得如果不改变一下环境，情况会变得更糟。

我的旅程始于一个雨雪交加的下午，走了整整6小时，穿过荒野前往霍赫芬。那次步行极大地鼓舞了我，更确切地说，我对自然的关切之情使我平静下来。我心想，回家也许可以让我对如何行动有一个更清晰的认识。德伦特是很美，但要在那里待下去取决于很多因素，取决于一个人能否忍受孤独。

现在，我心里很不舒服。两年之后我回家了，发现自己

[1] 1883年12月，梵高回到在北布拉班特省尼厄嫩的父母家。1884年1月，梵高母亲在下火车时摔断腿。5月，梵高在外面租下两间屋子当画室。1885年3月，梵高父亲去世。5月，梵高与家里发生争吵，住到外面的画室；10月，他去了一趟阿姆斯特丹，参观在新址开馆的国家博物馆；11月，他搬往安特卫普。

在各方面受到欢迎，感到亲切和温馨，但站在我们共同的立场看来，至少我所说的盲目和无知没有任何改变。我再次感到难以忍受的困扰和困惑；我没有及时理解，反而感到做任何事都犹豫和拖延，仿佛铅一般沉重的氛围阻滞了我的精力和热情。这真愚蠢，弟弟。

我本能地（没说理智地）感觉到父亲和母亲对我的看法。他们对把我领回家同样感到害怕，仿佛领回了一条粗野的大狗：它会湿着爪子跑进屋里，会挡每个人的道，它吠得那么大声；狗也觉得，如果说他们收留了它，也只是表示容忍它待在“这个家里”。

好呀，但这个畜生是有人类历史的。它虽然只是一条狗，却有着人类的灵魂，非常敏感的灵魂，能让它感受到人们对它的看法。这条狗其实是父亲的儿子，因经常被遗弃在大街上，不得不变得越来越粗野。父亲似乎早就忘了这件事，因此提这事也毫无用处。

你认为我伤害了父亲；你站在他那边，对我好一通训斥。我欣赏你这一点，虽然你与之战斗的这个人，既不是父亲的敌人，也不是你的敌人。父亲和你、我都渴望和平与和解，但我们似乎无法做到这一点。我也希望能够发生这样的事，但你们这些人都不理解我，我担心你们永远也不会理解。

然而，你知道我把你当作救命恩人，这我永远不会忘记。我不仅是你的哥哥、朋友，还对你怀有无限感激之情。金钱可以偿还，你的善良我却无以为报。

父亲和特斯泰格不让我的良心得到安宁，他们不给我自由，甚至不赞同我对自由和朴素真理的追求，不赞同我对无知与黑暗的感受。现在，让我自己来处理，我还没有得到光明与我想要的东西——我承认这一点；但我还有一点希望，那就是我的抱负不会付诸东流。无论我内心对自己的失败产生多大的痛苦，我从不后悔说过这样的话：我发现黑暗就是黑暗，我躲过了黑暗。过去的种种影响使我越来越远离自然，在黑暗的影响之下，我的青春一直是阴郁、寒冷而贫瘠的——弟弟，你的青春也一样。

我认为，人们过于想当然地认为我的行为是鲁莽而不计后果的，实际上，正如你比我更清楚地知道，我被迫处于某些情况之下，而且不能以别的方式行事。在白天，在日常生活中，我的皮肤看上去可能会像野猪的一样粗糙，完全可以理解人们认为我很粗野。年轻一点的时候，我比现在更认为事情取决于机会，取决于小事或者毫无理由的误解。随着年龄的增长，我越来越感到不是那么回事，我看到了更深层的动机。

我的看法有时可能不尽合理，但它们在性格、行动和方向上肯定有一些道理。正如风向标不能改变风向一样，舆论也改变不了某些基本事实。风向标不能使风转向东或向北，舆论也不能使谬误变成真理。有些东西和人类自身一样古老，但它们迄今尚未消失。

莫夫曾经对我说："如果你继续画下去，如果你比现在更深入地了解艺术，你就会发现你自己。"他在两年前说过这话，我最近经常想起他说过的话。

我的意见已经软化了；我和你一样尊重老年人和老年人的弱点，尽管它看起来不是这样。我也想起米什莱的一句话（他是从一个科学家那里听来的）："男人都很粗野。"到我这个阶段，我知道自己有着强烈的激情（我认为正该如此），我认为自己确实是个"野蛮人"。然而，当我站在一个弱者面前，我的激情就减弱了，于是我不再好斗。

小伙子，对我来说，困难的是，也许我对你造成了难以承受的负担，当我接受金钱从事一项也许不会有任何回报的事业时，我或许正在滥用你的情谊，这已成为我良心上的重负。我坚信，即使我变得非常聪明（现在还不够聪明），我也会一直很穷，我最大的期望是不负债。

你瞧我有多焦虑不安，刚觉得能做到的事，下一刻又觉得做不到了。

我们的生活是一个可怕的现实，我们被无限驱使着；事情本来就是这样，不管我们对它们的看法是否悲观，丝毫改变不了事情的性质。我在夜里醒着的时候，在荒野的暴风雨里，在傍晚沉闷的暮色里，都是这样想的。

尽管有许多善意，在荒野里也不像在这个家里感到那样孤独。

我又同父亲谈了一次。在我快作出不再待下去的决定时，下面的一番话使事情发生了转机。我说："我已在家里待了两周，也没感到谈话比半小时前有什么进展。要是我们能更好地相互理解一点，也许早已把事情安排妥帖了。我再也浪费不起时间。家门要么打开，要么关闭。"

我提议把最容易腾出来的房间用来存放我的物品，最终改为画室，以便在你和我都认为合适的时候，我回到家里来工作一段时间。就事论事，你和我都很清楚，这是个不错的安排。当我们没钱在别的地方继续待下去时，这里就是我的画室。

结果是，家里放织布机的那间小屋将交给我支配。

我很感激你和拉帕德都同意我来这里，这给了我勇气。

我曾一度感到气馁和绝望，并对此深感懊悔。拉帕德曾对我说："人不是一块炭泥，他不能容忍自己被扔进阁楼被人遗忘。"他还认为，不能住在家里是我的一大不幸。

我努力让父亲重新接纳我，甚至让我拥有一间画室，这并不是出于利己主义考虑。我明白，尽管我们在许多事情上不能了解对方，但是在你、我和父亲之间，始终有一种保持和谐的良好愿望。我会静静地走自己的路，听从你的劝告，有些事不和父亲谈——只和你谈就行了。

至于你说我可能会变得很孤立，我认为只要生活还能忍受，我就会感到满足。但我要向你声明，我不认为自己命该如此，我相信，毕竟我从来没有做过、将来也不会做任何事，使我失去与你在一起的权利。

我更喜欢和那些不圆滑世故的人打交道，比如农民和纺织工人。这对我是一件幸事。所以，我回到这里后，就被纺织工人吸引住了。

我开始画描绘纺织工人的水彩画。这些人很难画，因为房间太小，画织布机的距离不够远；但我在这里找到一间可以画织布机的房间，那些织布机将耗费我大量的精力。它们是极好的绘画题材——灰色墙壁烘托出清一色的老橡木机器，但我们必须设法使它们在色彩和调子上与别的荷兰画协调一致。

我希望尽快开始画另一幅水彩画，画里的纺织工不是坐在纺织机后面，而是在整理纺线。我曾看见她们夜晚在灯光下织布，那种场景颇有伦勃朗的画风。她们现在使用一种悬挂灯，但我从一个纺织工那里弄到一盏小灯，很像米勒的《灯光下缝纫的女人》中的那一种——纺织工们过去使用这种灯。

有一天晚上，我看到她们织花布时的情景。在灯光和花布的衬托下，她们弯腰理线的黑色身影非常显眼，巨大的身影投映在织布机的板条、横杆和周围的白色墙壁上。

家里作出让我把洗衣间用作画室和储物所的安排后，我就前往海牙，收拾好那里的行李，把写生、版画和绘画材料一并寄回家。我现已在新画室里安顿下来，希望在这里能取得新的进步。

我又见到了那个女人，这是我渴望已久的事。分手之后，我们依然是老样子，但都后悔没有选择一条中间道路；已然很难找到这样一条路，但那样做会更人道，会不那么残忍。

女人做了洗衣女工，为自己和孩子们讨生活；尽管身体虚弱，她还是尽到了自己的职责。你知道，我把她带回家是因为莱顿的医生建议她分娩期间要待在安静的地方。她有贫血病，也许还有肺病征兆。和我在一起后，她没有变得更糟，在许多方面更加健壮，那几种丑陋的病症就消失了。可现在一切都变得更糟了，我担心她的生活，还有那个可怜的小婴儿，我曾悉心照顾，他现在也不像以前的样子了。

我鼓励她，尽力安慰她，让她在新的人生道路上坚强起来；但我内心非常同情她。至于在帮助一个被遗弃的可怜病人这件事上一个人能走多远的问题，我只能重复曾经对你说过的话：无限远。

对我来说，1883 年是艰难、悲伤的一年，结局尤其悲惨。

母亲摔伤了腿，膝关节以下骨折了。他们派人来叫我的时候，我正在农场里画画。我赶到现场去帮忙，结果还算不错。医生向我们保证无大碍，但考虑到母亲的年龄，我担心她要很长时间才能康复。这真是一大不幸。

我回家之后没有什么开销，只有父亲为我买衣服是我出的钱——我的衣服已破旧不堪；之前，我还了拉帕德 25 个荷兰盾。事故发生前，我已和父亲商量好，我在一段时间内暂时免交食宿费，这样我就可以把你寄给我的钱用来过新年，并在一月中旬还清债务。由于家里还有很多额外开销，我当然告诉父亲，他可以随意使用这笔钱，别的可以等一等；幸亏我没有寄走这笔钱。

提奥，好好想一想，你能否为我找到挣钱的门路。我们必须再次考虑出售我的作品的可能性。家里急需用钱，只要我能支付自己的工作开支，你就可以把寄给我的钱转而交给母亲。

我现在没心思写信，也没时间写，只要我没在母亲身边，就一定在附近的纺织工人家里。在目前这种情况下，我很高兴能待在家里，眼前的事故已经使我和父母之间的分歧退居次要地位，所以我们相处得很好；其结果可能是，我在尼厄嫩待的时间比预计的更长。当然，我还帮得上忙，特别是在后期母亲需要经常活动的时候。鉴于她目前的艰难处境，我要很高兴地说，她的情绪还是很平和、开朗的，一点琐事都能把她逗乐。前些天，我为她画了一幅有树篱和树林的小教堂。

头几天的兴奋劲逐渐淡去，我又能很有规律地工作了；我现在每天忙着画纺织工人的写生，我觉得在技法上超过了在德伦特画的油画写生。我最新一幅写生画的是一个男子坐在一台古老的绿褐色橡木织布机旁，机器上刻着“1730 年”的字样。织布机附近的小窗前放着一把婴儿椅，里面坐着一个婴儿，呆望着织布机上来回穿梭的梭子，一望就是好几个钟头。这幅画我画得非常逼真、自然：织布机旁的小个子织布工，窗户和婴儿摇椅，地板上沾满泥土的简陋小屋。

请来信告诉我有关马奈画展的详细情况。很遗憾只见到他很少几幅作品，特别想看一看他画的裸体女人像。我一直觉得他的作品很有独创性，不认为有些人（比如左拉）对他的夸赞是夸大其词。当然，我个人并不赞同左拉的结论，好像马奈是一个为现代艺术观念开辟了新未来的人；我认为，米勒（而非马奈）才是为许多人开辟了新视野的重要现代画家。我并不认为马奈在19世纪的画家中可以排到非常非常靠前的位置，但他的才华当然有其存在的理由，这本身就是一件很了不起的事。

为答复你来信中提到的钢笔素描一事，我给你寄去5幅纺织工人的素描，是在完成油画之后画的，但两者有所不同——我认为比你以前看到的钢笔素描在技法上更有活力。我从早画到晚，除了油画和钢笔素描外，画架上还有几幅新的纺织工人水彩画。

我认为你说得对，我的画还有上升空间，必须画得更好。至于作品是否卖得出去，那已是一把钝刀，我不想再在上面多磨牙——我同时要坦率地告诉你，你对卖掉它们也许应再耐心一点。你从来没有替我卖出去一幅画——不管价钱多少。实际上，你甚至没有努力尝试过。

我并不生气。我给你寄去新作品并乐意这样继续做下去——我不求更好，但我们必须开诚布公。你也可以从你的角度出发，继续坦率地有话直说，但我要求你实话告诉我，你将来是否还会对我的作品感兴趣，或者你的尊严是否不允许你这么做。过去的事无法改变，我必须面向未来，我一定要尝试努力卖画。我必须走自己的路。在你看来，我现在仍然停留在几年前的水平上，你说我的画现在“快要卖得出去了，但是——”这跟我从埃滕寄给你第一批在布拉班特画的素描时你在信里说的话几乎一样。

经销商不能对画家保持中立态度。无论你说“不好”或者不予赞扬，给人留下的印象完全一样。如果这话以一种赞扬的方式说出来，也许会更令人恼火。

现在，我只想看到，你发现我有待提高，正在做一些事来帮助我进步。比如，莫夫现在是不可能了，你让我去接触另一个可靠的画家——简而言之，不管什么事，只要有迹象向我表明，你真相信我的进步，或者想让我更进一步，这就够了。另外还有——钱的问题，是的，至于其他的，“只需奋力向前”。你会回答说，其他画商也会像你那样对待我，只是你要付给我钱，其他画商肯定不会这样做；没有钱，我连生存都成问题。实际上，情况并没有尖锐到这种程度。

我在德伦特画的那些画，当真那样糟么？你责备那些画只是简单平静地描摹自然，除了自己看得懂，对别人毫无意义。你说：“你是不是太迷恋米歇尔了？”（我说的是黑暗下的小屋那幅写生，以及最大的草屋前面有一小片绿地的那幅）。对老教堂墓地那幅画，你的评价也一样。然而，无论在草皮茅屋前还是在教堂墓地前，我都没有想到过米歇尔。我想的只是眼前的题材——我确实认为，米歇尔要是遇到这样的题材，也同样会被吸引住。但模仿米歇尔的事，我是绝对不会做的。

如果你问我，你怎么从没听我说，“我希望自己像这个或那个画家”，那是因为我认为，那些大声吵嚷着“我希望自己像这个或那个画家”的人，就是最不愿努力去改造自己的人。对某件事说得太多的人，通常不会那样去做。

讲到这里，我觉得那些水彩画、纺织工人的钢笔素描以及我正在努力完成的最新一批钢笔素描，都还没有乏味到一文不值的地步。

弟弟，我说这些话，你可千万不要生气，我希望自己的作品有一些冷静而有特色的东西；我很难赞成这样的东西被人忽视，因为我希望看到自己的作品被镶嵌在金色的画框中，陈列在一流的画廊里。

昨晚收到你的来信及随信寄来的100法郎。我现在能够还清去年的全部债务了。

然而，我欠了你太多的债，如果还是按老样子继续下去，情况会越来越糟。现在，我想给你提一个有关未来的建议：让我继续寄作品给你，任你按自己的喜好挑选。但是，3月份以后我从你那里得到的钱，我就认为是我自己赚的了。我非常希望还能像开始那样多，而不是现在这样少。

刚一回家，我就被一个事实震惊了：我从你那里收到的钱首先被认为是一种冒险，其次被认为是对傻瓜的施舍。这样的看法甚至传到了跟此事毫不相干的人的耳朵里，比如这一地区那些可敬的本地人那里。结果，那些根本不认识的陌生人每周至少要问我3次："你的画怎么不拿去卖掉？"

对我来说，总处于一种错误位置是很尴尬的；无论我走到哪里，尤其是在家里，我总是被别人监视着，看我如何处理我的作品，看我是否得到了报酬；在社会上，几乎人人都关心后者，想了解其中的一切缘由。在这样的环境中，一个人的日常生活怎么可能高兴得起来，这事我交由你来决定。

眼下对我来说，自己挣5个法郎比得到10个法郎的资助重要得多。鉴于我们一开始就是朋友并怀有相互尊重的感情，我不允许我们的关系堕落成资助者与被资助者的关系。

仔细考虑一下，小伙子，我不想对你隐瞒内心最深处的想法——我要仔细掂量，权衡利弊。你不能给我一个妻子，不能给我一个孩子，也不能给我一份工作。钱是你给的，但你的钱还没有充分发挥作用，因为它不是按我一直想要的方式使用的：建一个家。如果有必要，哪怕是劳动者家庭也好。但一个人如果看不到一个属于自己的家，这与艺术就极不相称。正如我年轻时告诉过你的，如果我找不到一个漂亮妻子，就找一个丑的；丑妻子也总比没有的好。我知道有些人害怕有孩子，就像我害怕没有孩子一样。而且，尽管一件事可能会有多次糟糕的结果，我也不会轻易地放弃原则。

如果我想在工作中更有活力，我的生活首先要更有活力。我十分憎恶孤独，除了被几乎不了解的宗教观念（一种神秘主义）所迷惑的那几年外，我一直生活在某种温暖的环境中。现在，我身边的环境变得越来越冷酷、冷漠、空虚和无聊。

有了这番经历后，在我没有付出劳动作为回报的情况下，我绝对会尽可能少要你的钱。总之，为了回应他们在日常生活中指责我没有任何“收入来源”，我要把从你那里得到的钱看作我挣来的！我会每个月把我的作品寄给你。到那时，那些作品就是你的财产，我完全同意你有绝对权利按自己的意愿任意处理你自己的财产。就我而言，因为需要钱，即使有人对我说“我要扔掉你的画”，或者“我想把它付之一炬”，我也不得不接受。在这种情况下，我会说：“那好，给我钱，那是我的作品，我还要继续工作。”

我现在要把话说清楚，迄今为止从你那里收到的钱，我都把它看作一笔债务，我今后一定会还的。目前对此没有疑问，所以暂时不去谈它。目前除了存放织布机这间小屋，我没有别的画室，我也希望你和父亲不要来妨碍我。只要我的作品能挣到足够的钱支付房租，我就不会再和父亲住在一起。

过几天，我会给你寄去另一幅织布工钢笔素描——比前面那 5 幅更大，从前面就能看到织布机，它将使那套系列小素描更加完整。假如你把画纺织工那些小素描寄还给我，我会很失望的。假如你认识的人当中没人愿意接收，我想你可以自己收藏起来，作为我很喜欢画的布拉班特工匠笔墨画收藏的开始。

临近 3 月时，我会寄给你一些水彩画。如果你不想要，我会转交给别人。这些水彩画还会有缺点，但我不认为开始将我的作品展示在公众面前是愚蠢之举。当你告诉我美术展览馆的评委如何评价我的作品，而我从没说过要将作品寄给展览馆时，那才叫愚蠢；但我当时确实给你说过要给接收插画的那些人，特别是布霍。

不过，如果你的真实意思是在我经过一段时间的艰苦努力后，你要尽力展示我的作品，那么我完全同意，在我们有了真正的好作品之后把它们展示在公众面前。你能保证看到我作品的那些人，即便现在不是，将来也一定会成为作品的买主么？那好吧，我只需专心画画就行了。

今天，我将第 9 幅纺织工油画带回了家。自从回到尼厄嫩之后，我每天从早到晚都在工作，不是画织布工人，就是画农民。

你千万不要以为，我对自己的作品受到别人赏识抱有很大幻想；我认为一个人只能满足于让一部分人相信他的目标是严肃认真的，至于其他的，如果还有比这更多的东西，那当然更好，但你必须尽量少想这些事。

这个月，我又为你画了几幅钢笔素描。拉帕德看见了这些画，他非常喜欢，尤其欣赏《篱墙后》《翠鸟》《冬季花园》的意境。除了这几幅，我还画了几幅油画，也是你的财产。如果你喜欢，我就寄给你；如果你不想要，我会要求你让我保管一段时间，因为我工作中还需要它们。

今天，我刚整理好新租来的宽敞的画室。一共两间屋，一大一小相连。房间很大，也很干燥。过去两周，我忙得不可开交。我认为，在那里工作比在家里的小屋里效果好得多，我有足够的空间，可以请模特来画画。当然，我无须支付食宿费用，这是一个很大的优势，否则，我最近不可能画那么多画。

昨天，母亲坐着小车来看我的新画室。近来，我与乡邻相处得比以前好了，这对我很重要，因为一个人有时显然需要分散一下注意力；如果一个人过于孤独，工作也会受到影响。也许，过一段时间我就会同意你的看法，去年的变化改善了我的处境，这是一个好的转变。一个人的布拉班特之梦——现实与梦想有时离得很近！但我总是后悔，我不得不放弃了一件本应继续下去的事情。

至于素描家协会一事，我早忘了，我最近一心扑在油画上。正如我对你讲过的，我不太热衷此事，我只能期待自己的会员资格申请遭到拒绝。我手头一幅水彩画都没有了，得赶紧开始画几幅新的。当我告诉你我现在又完全沉浸于创作两幅纺织工人的室内大幅油画时，你就会明白，我对入会的事不感兴趣。

刚才，我完成了一幅织布工人站在织布机前的人物画，织布机处于背景位置。我还在画一幅我们家花园后面的池塘的风景画。去年冬天，你写信告诉我，你在我的水彩画中发现一些地方的色彩和调子比以前更令人满意。我很想知道，你来的时候会不会在我的油画中发现一些新的东西。

至于着色，你不会在我的画中发现任何银调子，而是会发现棕调子（比如沥青色和深褐色）；我毫不怀疑，某些人不赞成这样着色。提奥，长期以来，当今的一些画家剥夺了我们使用深褐色和沥青色的权利，可很多精美作品都使用了这些颜色；只要运用得当，它们会使色彩显得成熟、柔和与大气。我对此一直感到很恼火。

至于浅褐色，我认为不能孤立地评判一幅画的颜色。例如，浅褐色与很浓的红棕色、深蓝色或橄榄绿合在一起使用，可以用来描绘草地或麦田里那种非常微妙而清新的颜色。我相信，将某些颜色称作“单调子”的德博克肯定不会反对这一点——我曾经听他说，在柯罗的一些画里，比如傍晚的夜空，有些颜色看上去很明亮，但若分开来看的话，实际上是很暗的灰调子。

首先，深色也有可能看上去很亮，这更多涉及调子的问题；其次，关于真实的颜色，比如红色较少的红灰色，在相邻颜色对比下会或多或少地突出红色。蓝色和黄色也一样，如果你在紫色或淡紫色旁边画一种颜色，只消在颜色中稍加入一点黄色，就会显得非常黄。

我有时认为，人们在谈及颜色时，其实指的是一种颜色，这也许是现在的色彩画家比协调画家更多的缘故吧。

我很高兴读完了弗罗芒坦的《昔日的大师们》。我发现该书经常提及一些我最近非常感兴趣的问题，因为在海牙的时候，我间接听人说伊斯拉埃尔斯谈起过使深色看上去相对较浅的问题；简言之，用黑色来烘托浅色。我知道你会说什么“太黑了”，但与此同时，我还不太确信，比如灰色天空一定要使用本调子来画。莫夫这样画过，勒伊斯达尔却没有，杜佩雷也没有。

人物画与风景画也一样。我的意思是，伊斯拉埃尔斯画白墙的画法与勒尼奥和福图尼截然不同，因此，人物画的画法也明显不一样。

我一直在努力画一个纺纱女子的人物画。这幅画相当大，是深调子的油画；女人身着蓝色衣服，披一条鼠灰色的披肩。至于黑色，我碰巧没有在这些作品中使用，因为我需要比黑色更强的效果，靛蓝色加赭石色、铁蓝色加深褐色，合成的调子比纯黑色深得多。当我有时听到人们说“大自然没有黑色”时，我也认为：实际上颜色里也没有黑色。

另一幅大型油画是有 3 个小窗户的室内空间，向外能看到黄调绿颜色，与织布机上织的蓝布和织布工身上的衬衫形成对比，衬衫是另一种蓝色。合乎规律的色彩之所以美得难以言喻，就因为它们不是偶然的。

假以时日，我在《纺纱的女人》和《绕线的老头》这两幅画中所作的努力，一定会取得好得多的效果。但是，在这两幅写实油画作品中，我在自我表达方面取得的成功超出了其他的大多数写生（一些素描作品除外）。

我非常同意你的看法，现如今，要想从与懂得提建议的人的交谈中找到满足感，通常很困难。嗯，不过大自然是个好东西，你可以从中学到很多。

近来，大自然最令我震撼的景色我还没有开始画。半成熟的麦田呈现出暗金色的调子，有红色或金色的青铜色。想象一下这种背景下的女性身影，粗糙而充满活力，脸庞、胳膊和腿都晒成了古铜色，身穿满是灰尘的靛蓝色粗布衣衫，短头发上戴着贝雷帽形状的黑色软帽。她们穿过一排排玉米地，走在尘土飞扬、长满野草的紫红色小路上，肩上扛着耙子或者腋下夹着一条黑面包。丰富又醒目，精致且很有艺术感。我被深深吸引住了。

可是我买颜料又欠下很多债，所以在开始新的大型油画一事上必须谨慎小心，加之请模特还要花很多钱，所以更应小心；但愿我能请到合适的模特（粗糙，扁平脸，低额头，厚嘴唇，不敏捷但是丰满，像米勒笔下的人物，而且要穿同样的衣服），因为这幅画要求精确，所以不能随意更改服装颜色。

这幅画将会给人留下美好的夏日印象。我认为夏天是不容易描绘的，至少夏天的效果要么是不可能的，要么是丑陋的。春天是温柔的——绿色的玉米苗和粉红色的苹果花；秋天是黄叶与紫调子的对比；冬天是白雪，黑色轮廓。如果夏天是蓝色与金黄色玉米的橙色元素的对比，那么我就会画出这样一幅画，它通过颜色互补形成的每一种对比（红色与绿色，蓝色与橙色，黄色与紫色，白色与黑色）来描绘季节的情调。

上周是收获时节，我每天都到地里去，还画了一幅描绘丰收的样图——我是为埃因霍恩一个想装饰餐厅的人画的。他以前是个金匠，曾经分 3 次收集了一批珍贵的古董，后来全部卖掉了。他现在有钱了，自己修建了一座房子，里面摆满了古董，还配有一些非常漂亮的橡木宝箱。

他一定要在餐厅里面挂“油画”。他打算挂所有圣徒的肖像，但我请他考虑一下，挂 6 幅反映米耶里奇农民生活的插画，是否更有利于刺激坐在餐桌边那些达官贵人的食欲——同时还象征着四时季节。在参观了我的画室之后，此人对这件事变得热心起来。他想亲自画嵌版画，但由我来设计并画出缩小的样图。我给了他《播种者》《耕田者》《牧羊人》《丰收》《收土豆》和《雪地牛车》这几幅画的草图。

我又在画《吃土豆的人》了。我又画了几稿头像，尤其是对人物的手做了很大改动。不知道这一稿改完之后，波尔捷[1]还会提什么意见。除非我知道这幅画确有过人之处，否则我不会把它寄走。我还会继续画下去，而且我认为，其中有很多东西是你在我以前的作品中从未见过的——至少是很清楚的。我特指生活。也许你现在会从画里找到你以前在信里讲过的话：画虽然是个人的，但它会让你想起别的画家——要有一定的族群相似性。

我本想在你生日那天把画寄给你，虽然这幅画是在相对较短的时间内完成的，但头部和手的构思就花了整整一个冬天。至于我画整幅画那几天，简直是一场正规战斗，但我觉得这场战斗很动人。

我想尽力让人们明白，这些吃土豆的人就是用伸到盘里的双手去锄地的；所以，这幅油画描述的是体力劳动以及劳

---

[1] 阿方斯·波尔捷（Alphonse Portier，1841—1902），巴黎的艺术品经销商。

动者如何凭诚实劳动获得食物。我想给人留下这样一种印象：他们的生活方式与我们这些文明人截然不同。因此，我并不急于让每个人都喜欢它或者马上就能欣赏它。

但是，如果有人更喜欢看穿得漂漂亮亮的农民，他可以尽可按自己的喜好去看。就我个人而言，我相信，把农民粗糙的一面画出来效果更好，不必把他们画成千篇一律的妩媚样。我认为，一个身穿蓝色衬裙和紧身胸衣的乡下姑娘非常漂亮，哪怕衣服上沾着灰尘，缀有补丁，天气、风和阳光会让衣服染上微妙的色彩；但如果让她穿上小姐的衣服，她就会失去典型的魅力。一个穿着粗布衣服下地的农民，比穿着礼服上教堂的农民更具有代表性。

同样我认为，把农民题材画得千篇一律的平滑整洁也是不对的。一幅农民画散发出熏肉和蒸土豆的气味，那就很健康；马厩里散发出粪便的味道，那才是马厩的样子；田地里有成熟玉米或土豆的味道，或者有鸟粪和粪肥的味道，那也是健康的，对城里人来说尤其如此。这样的画可以教会他们一些东西。描绘农民生活是一件严肃的事情。如果我努力完成的画作不能引起认真思考艺术和生活的人们的严肃思考，我就会责备自己。我在沙龙展专刊上看到那么多画，如果你喜欢的话，无论是素描还是油画，论技巧都完美无缺，却令我非常反感，因为它们既不能启发人的精神，也不能陶冶人的心灵。

正如你所知道的，对一幅画来说，快要画完的最后几天是最危险的，因为在它还没有干透的时候，你若用大号画笔在上面画，就难免会对它造成极大损坏的风险；只能使用小号画笔，在上面轻轻涂改。于是我干脆把它拿到埃因霍恩的一个朋友那里，嘱咐他妥善保管，以免我用那种方式把它损坏，大约 3 天后我会再去那里，用鸡蛋清在上面清洗一下，然后进行最后润色。那人以前看见过我做的石版画，他说他没想到，我能把素描和油画同时推进到如此高度。

这幅画的画面很暗，原来白的地方基本没有使用白色，而是使用了中性颜色；原本的深灰色在画中看上去似乎变成了白色。我会告诉你我为什么要这样做。

画里描绘的是点着一盏小灯的灰色室内景。脏兮兮的亚麻桌布，烟熏过的墙壁，女人下地时戴过的脏帽子，这一切在灯光下用肉眼看呈现出深灰调子；小灯虽然发出一道黄红色的火焰，颜色却比讨论中的白色更浅，甚至要浅得多。

至于肉色，它们只是表面看上去像所谓的肉色。我在画里一开始尝试用土黄、土红和白色来画，但颜色实在太亮，显然不对。那该怎么办呢？人物头部全都画好了，画得非常仔细，我只能硬起心肠，将它们重新画了一遍，现在所画的颜色就很像沾满尘土、没有削过皮的土豆颜色了。

我是凭记忆画这幅画的。在画里，我让自己的头脑在思想或想象的意义上自由驰骋，这不同于不允许创造性加工的写生作品，实际上是人们为自己的想象力寻找精神食粮，使其更为准确。

我已把油画运回小屋，让大自然对它进行最后的润色。我认为这幅画已经完成了——但总是相对而言的，在现实中，我永远不会认为自己的作品已经完成了。

不知道你是否会在这幅画里发现一些令你高兴的东西，我希望如此。我认为你会从中看到，我看待事物有自己的方式，但也有一些与别人一致的地方。它虽与另一个世纪那些古代荷兰大师们（比如奥斯塔德）在绘画风格上有所不同，但它来自农民生活的内心世界，而且是原创的。

《吃土豆的人》若置于金色背景中，是一幅展示效果很好的油画，在成熟玉米色的墙纸上也能有同样好的效果；在阴暗的背景下，它的展示效果很差，一点也不适合暗淡的背景。其实，它也可以嵌入金色画框内展出，因为观众面对着壁炉和白色墙壁上的火光，把它与金色的调子结合在一起，会在你意想不到的地方带来光亮，并且会带走它不幸遭遇暗淡或黑色背景时产生的斑点。阴影是用蓝色颜料画的，金色的颜色会突出这一点。

我太沉迷于这幅画了，以至于几乎忘了搬家的事，毕竟这事也需要兼顾。

我敢说，在最近这一批画中，《吃土豆的人》会有持久的价值，你从中也会看到，我可以做得更好。我喜欢画这幅画，而且我是怀着一定的激情画的。它没有让我厌倦；也许正由于这个原因，它也不会让别人感到厌倦。我相信这一点，所以我把它寄给你。

我刚把田野里那座古老的墓地塔楼画入一幅水彩画，他们就开始拆除它了。我想描绘的是，多少年来，农民们如何被安葬在他们生前辛勤劳作的土地里；我想表达的是，死亡和埋葬是多么简单的一件事，就像秋天的落叶一样简单——只需挖起一点泥土，立上一个木十字架。墓地尽头的草地与远处的地平线连成一线。

之后就是拍卖木材和废铁，包括那个十字架。眼前的残垣断壁告诉我，信仰和宗教是如何衰颓的（尽管它们有牢固的根基），但农民的生死是永远不变的，就像墓地里生长的花草，有规律地发芽、凋谢。

我努力画画，若有可能，我想去参加安特卫普画展。这件事并不紧迫。如果可能的话，我想带几幅画去参展。

很高兴听到波尔捷和塞雷对《吃土豆的人》的评价，他们说从中发现了一些好东西。你在信里说“他的热心可能超越了商人”，你怀疑他能否对我的作品有任何帮助。我认为，这件事不光你，就连我和他也不是立即就能决定的。我该怎么说呢？未来和经验总有一天会重演，我却找不到合适的字眼来形容：那样的热心有时比那些自以为是、目空一切的头脑冷静得多。

唯一能做的就是走自己的路，尽最大努力去做有意义的事。“忧思万千”的人是做不好事情的；可许多渴望画出正确颜色和调子的人正在这样做，以至于因为焦虑，他们一个个变得心浮气躁。真正的艺术家会说“只需画上颜色就行”，让这种热情保持下去吧；否则，在我们抵达智慧巅峰时，却没有人驻足观赏。

告诉波尔捷，我的想法是，部分巴黎公众不会总受到传统习俗的欺骗，不管习俗多么吸引人；与此相反，那些能远离村舍和田野灰尘的作品，将会赢得非常忠实的朋友——尽管我说不出其中的原因。

不管他是不是那个能够为我的作品有所贡献的人，我们现在无论如何都需要他。这是我的想法。再画上大约一年左右，我们将会收藏更多作品，而且我相信，我的作品完成得越多，展出效果就会越好。令我非常高兴的一个事实是，个人作品画展的安排正变得越来越多，或者说，少数几个人的作品联展。这是艺术界的一个事实，我相信它给予未来的希望超过了其他任何东西。

塞雷可能会同意你的观点：画出好画与卖出好画是互不相干的两码事，但事实并不是这样。当公众终于看到米勒的全部作品时，无论在巴黎还是伦敦，他们都显示出极大的热情。那么谁在制造障碍呢？艺术品经销商，那些所谓的专家们。

你对《吃土豆的人》这幅画里的人物评价是对的；作为人物画，他们与单纯的人物头像不一样。这就是我想用一种完全不同的方式进行尝试的原因，从躯干而不是头部画起；如果那样画，它就完全变成另外一幅画了。关于人物的坐姿，别忘了那些人并不是坐在像杜瓦尔咖啡馆那样的椅子里。

我每天都在努力画人物素描，画上100幅素描之后才正式画油画，这样可以节省时间和金钱。我认为它们比刚开始时更加圆润、丰满了，但油画的费用总是无法避免的。如果一个人在雇请模特和购买必要的油画材料上犹豫不决，他就创作不出严肃的作品来。

我寄给你的下一批画中，你会发现一幅头像，那是我读了左拉的《萌芽》之后情不自禁画的。我曾经去他提到的地方徒步旅行过。如果一切顺利，如果我能多挣一些钱，就可以多出去旅行——我希望有一天去画矿工的油画头像。不知道我们能否挣到钱，但只要我努力工作下去，我就会感到满意，关键是做自己想做的事。我认为,《萌芽》写得棒极了。

凡 · 拉帕德是与我交往多年的朋友。在沉默了大约 3 个月后，他给我写了一封极其傲慢和充满侮辱的信。这封信写得非常明白，我几乎可以确定，我永远失去了这个朋友。今天，文克巴赫来看我，他是乌得勒支的画家，也是拉帕德的朋友；他们二人同时在伦敦获得了一枚奖章。我告诉他，很遗憾拉帕德和我之间产生了误会，我没法解释这一误会，只能说他同海牙的另一些人一道嘲笑我的作品。

我让文克巴赫看了拉帕德过去喜欢的人物画，同时给他看我新画的人物画。我告诉他，我确实在某些方面发生了变化，还会有更大变化，但我现在画的作品肯定不差。他说他毫不怀疑，他相信拉帕德会收回信里所写的那些东西。

然后我告诉他，说到色彩，我当然不想总是画得太暗

（有些农舍甚至画得很清楚），我的目标是从红、黄、蓝三原色开始，而不是从灰色开始。

你知道我多么喜欢色彩明快的画家，但你也明白，他们正在走极端。他们开始在每一种强烈的彩光烘托效应中、在每一种投射阴影中去寻找异端邪说。他们似乎从来没有在清晨或日落时分走过路——他们只想看到充足的阳光，或者是煤气灯，甚或电灯！现在对我来说，这一切的影响是，我有时发现自己很想找一幅莱斯或迪亚的古画来看一看。也许你会说，这只能说明我总是站在反对一方。

至于现在色彩明快的图画，你见得多，我一幅也没看见，但我每天都在思考这个问题。柯罗、米勒、杜比尼、伊斯拉埃尔斯、杜佩雷的油画颜色都很明亮，不过色域却很深沉。莫夫（在他的油画色彩很明亮时）和其他色彩明快的优秀荷兰画家都不像现在的法国画家那样用色，荷兰的画家更多使用白色。

葡萄酒含有水分。我不会假装说一个人可以或必须在不使用白色的情况下画得明亮，就像我不会假装说酒必须是干的一样；我要说的是，在天晴日朗的时候，我们一定要小心，不要在葡萄酒颜色中加入太多的白色，以免色彩太过平淡，削弱整体效果。

不要以为我不喜欢明亮的画面——我当然喜欢；我知道巴斯蒂安–勒帕热的一幅画，一个棕色脸庞的新娘，就是用白色来画，非常漂亮；还有许多荷兰图画，上面有雪、雾和天空，也画得很美。我只想指出，一个人画画可以随心所欲；亚普·马里斯有时画画非常明亮，到了第二天却用很暗的调子去画城市夜景。

我并不是个怀疑一切的人。相反，我对一些人有很强的信心，你听不到我对莱尔米特讲过悲观怀疑的话。提奥，我不欣赏乌德的画，因为他的画中有一种冷漠，那种新砖房里的冷。在成熟之后，他的技巧会让他变得虚假，他的作品会越来越正确，但也越来越枯燥。我向你保证，乌德的《让小孩子到我这里来》其实画得非常糟糕。我没法忍受乌德所画的小学校里的这样一个圣诞老人，我相信他本人也知道这一点，他那样画只是因为他所居住的那一带乡村的体面绅士们需要一个题材和一些（传统的）东西来思考；否则，他就得挨饿。

你说乌德的银灰色很美，说要是我看到那幅画，就会改变看法。不，小伙子，我这辈子见过太多灰色的东西，一点银灰色的东西不可能轻易打动我。把灰色画成规律性的东西会让人难以忍受，那样做的效果肯定会适得其反。有些画家作品的颜色一开始很鲜亮，可后来变得像粉笔画或是非常油滑，这样的例子实在太多了。不过为了让你相信我愿意欣赏它的优点，对它并无成见，我手上也有一幅灰调子的图画。

我已写信告诉拉帕德，我们实际上要为别的事情奋斗，而不应彼此争斗；现在，描绘农村生活和人民的画家应携起手来，因为团结才是力量。

我很焦虑，不知道怎样才能支撑到这个月底。我实际上已身无分文。收获的季节快到了，我必须宣传一下，要雇请收割玉米和挖土豆的模特。到时候再请模特会更难，但是必须这样做。这里和别的地方一样，人们不喜欢做模特；要不是为了钱，没人愿意做。但因为他们大多很穷，我总能设法请到模特。

如果这个月的情况比你预计的好一点，如果你多寄给我一点钱，我就把大型油画给你寄去。我没钱寄油画，也不想在你资金紧张、没有保险的情况下把画寄走。如果我保管的时间太久，我可能会给它们重新上一遍色；它们刚从野外或房舍里画好就寄走，其中可能偶尔会有一幅画得不太好，但人物画会一起寄走，如果经常重新上色，效果就不一样了。

德拉克洛瓦和那个时代堪称“勇士”的另一些画家，在面对既不理解他们也不买画的鉴赏家时，并没有称之为“不可能的战斗”，而是继续不停地画下去。如果我们把这当作起点，那必须再画很多画才行。我被迫成为所有人当中最令人讨厌的人，那是因为，我不得不向人要钱；加上我不认为卖画的情况会立即有所好转，情况真是糟透了。

提奥，我不知道未来会怎样，但我知道一切皆变的永恒法则。一个人的作品会保留下来；描绘乡村生活，就是使作品保有价值的一件事。法国人用乡村生活题材的画来装饰市政厅，这个主意不错；农民图画正通过杂志和其他复制品的形式进入千家万户，这个消息更好。所以我感到气馁不过是一时的发泄。

我恳求你同波尔捷和塞雷商量一下，告诉他们我现在手头很紧，激励他们尽全力帮助我，我将尽力给他们寄去新作品。你来荷兰的时候，再试着跟特斯泰格谈一谈，好不好？

最近，我在太阳下一坐就是一整天，回到家中就不想再写信了。因为今天是周日，所以又开始写。

我眼前摆着几幅人物画：一幅手持铁锹的妇女背影；一幅画妇女弯腰收割玉米穗；一幅是从正面画的，妇女正在挖萝卜，头几乎触到地面；还有一幅是一个女人在滑轮上绕线。我观察这些农村人的时间超过一年半，特别是她们的动作，目的就是为了捕捉她们的个性。

我越来越不在意意大利人和西班牙人那些受到高度赞誉却又难以言喻的枯燥技术。我不禁要问：画技饱受赞誉的那些油画描述了什么样的先知、哲学家、观察家和哪一种个性？实际上一无所有。但是，当你站在许多几乎不知名的艺术家的画前时，却能感觉到它们是凭着意志、感情、激情和爱画出来的。如果考虑到这些事情，那么我批评在当时经常滥用技巧谎言的批评家们的评论，是不是就大错特错了？就是这些批评家们，同样神气活现地来到描写农村生活的图画前，批评这些画的技术。

描写农村生活的绘画技术，或者描写城市工人内心生活的绘画技术，比如拉法埃利的绘画技术，在难度上远远超过了雅凯或邦雅曼-康斯坦特那种呈现出光滑画面的油画或模特画的技术。在巴黎，只要有人肯付钱，就能请到各种各样的阿拉伯人、西班牙人和摩尔人做模特；但是，一个画家若是去画巴黎街道上捡破烂的人，难度就要大得多，他的作品也会更严肃。

你也许认为，我批评这一点是不对的，但让我吃惊的是，那些外国画都是在画室里画出来的。

到野外去试试现场作画吧！你会遇到各种预想不到的事。从你即将收到的 4 幅油画上，我至少要擦掉 100 多只苍蝇，这还不包括灰尘和沙子；不包括带着画作穿过荒地和树篱的几个小时中，一些荆棘可能把它们划破；不包括一个人走几小时的路来到荒野里会因为天气而疲惫不堪；不包括那些模特不能像专业模特那样静止不动，而你希望捕捉的效果却会随着时间的推移而发生变化。

直接描绘生活，意味着日复一日地住在农舍里，像农民那样待在田野里。夏天要忍受烈日炙烤，冬天要忍受霜雪侵袭。不只待在室内，而是要来到户外；不光是闲庭信步，而是像农民那样日复一日地待在外面。

显然，没有什么比描绘农民、拾荒者和各种劳动者更为简单的了，但是——油画中没有什么题材比描绘这些日常的人物更难！

据我所知，在任何一所学院里，你都学不会用素描或油画去画一个挖土的人、播种的人、把水壶放到炉火上的女人或女裁缝。可每座城市都有一所学院，有扮演历史人物、阿拉伯人、路易十五时期的人物的模特供你挑选——其中没有一个是真的。

当我给你和塞雷寄去几幅描绘挖土的人、除草的农妇的作品时，你和他都有可能从中发现一些缺点，知道这些缺点对我来说非常有用。但我想指出一些值得注意的事：所有学院派的人物画都是用相同方式构建的——完美无缺，无可挑剔，但它们不会向我们传达任何新内容。

在学院学过绘画的巴黎人画的农妇，总是用相同的方式画出四肢和人体骨骼，有时候很迷人——在比例和解剖学上都是对的；但是，当伊斯拉埃尔斯、杜米埃、莱尔米特，尤其是德拉克洛瓦画人物画时，他们考虑更多的是人物造型，比例有时几乎是随意的——在学院派人士看来，人体骨骼和结构是完全错误的——但人物画得栩栩如生。

我不是说挖土的人一定要有个性，而是说农民必须是农民，挖土的人必须挖土，那么在画中就会有一些基本现代的东西来限制这一点——这样一来，一幅人物画就不会显得多余。画一个行动中的人物，就意味着一个本质上的现代人物，意味着现代艺术的核心，这是希腊人、文艺复兴和荷兰古典学派都没有做到过的。你可知道古典荷兰学派里有谁画过挖土的人和播种的人？有谁画过一幅劳动者的画像？没有。古代大师们画的人物都是不劳动的。即使奥斯塔德和特博赫笔下的人物，也不像现代人物画那样处于动态之中。

我现在很忙，因为他们正在地里收割玉米。这种场景只会持续几天，是你能看到的最美的画面之一。

你最近来信说，塞雷告诉你《吃土豆的人》的人物构图中存在一些问题。我想说这是我在昏暗的灯光下对农舍进行了好几个晚上的观察，画了 40 幅头部肖像后得出的印象。所以很显然，我是从不同角度出发的。

告诉塞雷，假如我的人物画在学术上是正确的，我就会感到失望；如果有人给挖土的人拍照，他看上去肯定不像是在挖土；告诉他，我喜欢米开朗琪罗的雕像，虽然雕像的腿太长，臀部和背部太大；告诉他，对我来说，米勒和莱尔米特才是真正的艺术家，因为他们不是按照事物的原样描绘事物，而是按照他们（米勒、莱尔米特、米开朗琪罗）自己的感觉，以一种固性分析法去画；告诉他，我最大的愿望就是去画那些非常不准确的事物、有偏差的事物、重新造型的事物以及变形的事物，把它们画成不真实的东西（是的，如果你愿意这样说的话），却比毫无夸张的真实更加真实。

最近两周，神父给我带来不少麻烦。他告诉我，明显是出于好心，我不该和那些下等人混在一起——他对我说的时候用了这样的字眼，对那些“下等人”用了另一种语气，也就是禁止他们给我做模特。

经常给我做模特的一个女孩子怀孕了，他们怀疑是我干的，其实不是。女孩亲口对我讲了事情的真相：在这件事上，神父的一个教友扮演了非常丑陋的角色。

我马上把这事告诉了市长，并向他指出这事与神父毫无关系，神父应该关注自身领域内更抽象的事情。你会问：让自己不舒服有什么用？有时难免会遇上这种事。但假如我彬彬有礼地去找神父理论，他无疑会得寸进尺；当他妨碍我工作时，我除了以眼还眼，有时候别无他法。神父甚至不惜对他们许以金钱，但他们非常坦率地回答说，他们宁愿从我这里挣钱，也不愿向他乞讨。可是你明白，他们这样做也只是为了挣钱；在这件事上，他们是无利不起早。

不管怎样，神父暂时不再反对。当然，村子里总会有一些敬畏上帝的当地人，他们会一直怀疑我，因为有件事是肯定的：神父会乐此不疲地在那件事情上向我泼脏水。令我高兴的是，他越来越不得人心了。今年冬天，我希望继续雇用原来那批模特，她们是布拉班特古老家族的典型代表。我现在又画了几幅素描，但一连几天找不到人去野外为我做模特了。如果这种情况继续下去，我就不得不离开这里。

我同女儿出事的那一家农民（我以前常去他们家画画）仍然保持着良好关系，一如既往地受他们的欢迎。

我昨天收到拉帕德的来信，我们的争吵已经结束。他见到了文克巴赫，最初的腔调在信里也已荡然无存。他寄给我一幅他正在画的砖厂的大型油画草图。你问我拉帕德是否卖出去过什么作品，我知道，有一段时间他每天都在画裸体模特；最近为了画砖厂，他在现场租了一间小屋，还对小屋加以改造，开了一个天窗。他又去了一次德伦特，还要再去泰尔丝海灵岛。钱从哪里弄的我不知道，不过他自己可能有一些钱，家人可能给他一些，或者来自朋友那里。

颜料商勒乌斯给我写信，说我可以把画寄给他，不过要尽可能快一点，因为海牙现在有很多外国人。他求我多寄几幅，因为作品越多，卖出去的概率越大。他把他的两扇橱窗提供给我用，因为他急需用钱，所以不嫌麻烦。因此，在收到你寄来的 20 法郎时，我给他寄去了几幅描绘农舍、旧教堂塔尖和几幅较小的人物画；我还把寄画的事告诉了维塞林，让他去看看那些画。

我还是很遗憾没把那些画寄给你，因为我没有还清勒乌斯的颜料费。假如你那里同一类型的作品太多，我们本可以从寄走的作品中挑选出一些，拿到荷兰去展出的，而由你把最好的作品保留下来。不过正如你说的，牛奶打翻了，哭也没用。

我近来一直忙着画静物，很喜欢静物写生。我知道这种作品不好卖，但练习静物写生很有价值，所以今年冬天会继续画。你会收到一幅很大的土豆静物写生，我试图用一种画得又重、又结实的方法来描绘这种硬块状材料；还有黄铜水壶写生，我用不同颜色来描绘它的特殊造型；还有鸟窝写生，我认为一些善于观察大自然的人，可能会因为苔藓的色彩、干燥的树叶和草而喜欢它们。

我想让波尔捷看到用油彩画的这些静物写生。过一段时间，颜料干透之后，画的颜色就会变黑，就像上过一层固体亮光漆一样。如果你有我的一些作品，不论新旧，把它们全部挂到你房间的墙上，我认为你会发现它们之间存在着某种关系——不同颜色协调一致。用幼稚的冷调子画成的这些画，我看得越多，就越发现画作中的色彩太黑了。也许，你自己对艺术的研究（很高兴你又开始研究艺术了）也会渐渐改变你的看法。

这周我去了阿姆斯特丹。我在那里只待了三天，所以，除了去博物馆，根本没时间去看别的东西。我很高兴我去了，而且已下定决心再也不离开这么久，除非是去看画。当我看着那些古代大师时，几乎不需要交谈，就对他们的技术比以前有了更好的了解。

我在那里匆忙草就了两幅小版面油画：一幅是在车站候车室画的，因为赶火车时去得太早；另一幅是在上午 10 点去博物馆之前画的。不幸的是，它们有些受损，在路上被弄湿了，后来晾晒的时候变得翘曲起来，粘上了灰尘。但我还是把它们寄给你，目的是想让你看看我能否在一小时内快速画出一幅作品。我正在学习一种新的作画方式，在匆忙中完成一幅作品是一件愉快的工作。

作画一气呵成——就是要画得尽可能快！当我再次看到那些古代的荷兰图画时，最让我印象深刻的是它们大多是快速完成的；弗兰斯·哈尔斯、伦勃朗、勒伊斯达尔一动笔就能一口气完成一幅画，很少进行润色；如果画得还不错，他们就让它保持原样。我看到弗兰斯·哈尔斯的画时真是太高兴了！这与那些把人的脸、手和眼睛画得平整光亮的画（这样的画太多了）是多么不同啊！他是色彩画家中的色彩大师，一个像委罗内塞、鲁本斯、德拉克洛瓦和委拉斯开兹一样的色彩画家。我一直很喜欢朱尔·杜佩雷，他今后会比现在更受人赞赏。杜佩雷也是一位真正的色彩画家，他的作品总是很有趣，很有力量感和戏剧性。米勒、伦勃朗以及伊斯拉埃尔斯，人们有时说得不假，其实是协调画家，而不是色彩画家。

我几乎在同一时间看到了鲁本斯和迪亚的速写，他们有一个共同信念，那就是色彩表达形式。从最完整的技术角度看，最好的油画在近处看到的只是彼此相邻的色块，只有在一定距离上才能产生效果。这是伦勃朗坚持的观点，尽管这给他招来了各种麻烦。

我必须再次提及现在的某些图画，它们正变得越来越多。大约 10—15 年前，人们开始谈论“清晰”，谈论“浅调子”。本来这是对的，事实上，这个系统也生成了许多美丽的图画。在很多情况下，他们所谓的“清晰”不过是一种沉闷的城市画室的丑陋风格。清晨的曙光和黄昏的暮光似乎都不存在；似乎只有正午才有。上午 11 点到下午 3 点——这段时间确实不错，但往往像个胖子一样平淡无奇。他们甚至把市场上的颜色特意与纯白色混在一起，以供艺术家们用他们所谓的“卓越”浅调子作画。

古代的荷兰大师们给我们上了很好一课，那就是要把素描和色彩视为一体；许多画家却不这样做，他们什么都画，就是不用健康的颜色。

他们说我的作品没有技术含量，这对我来说是件坏事。谈论技术最多的那些人，在我看来恰恰是技术最差的人！我在荷兰展出我的作品时，事先就知道别人会说些什么，是什么样的评论家在说。与此同时，我悄悄去向古代的荷兰大师们求教，去看伊斯拉埃尔斯的画作《赞德福特的渔夫》，还有他最近的一幅画——一位老婆婆像一团破布似的蜷缩在她丈夫尸体的床边，两幅画都堪称杰作。《赞德福特的渔夫》中运用了大量技巧，明暗对比十分精彩，比那些在任何地方都一样光滑、平坦，以冷色著称的那些人的技术健康得多，也合理得多。就让他们用伪善、空洞、虚伪的术语去喋喋不休地谈论技巧吧——真正的画家由一种被称作情感的良知所引导；他们的灵魂和大脑，并不受制于铅笔，而是铅笔听命于他们的大脑，这些才是我相信的东西。

伦勃朗在《抽样检查员》这幅画中忠实于自然，尽管如此，他仍一如既往，天马行空。那才是伦勃朗最美的作品；但伦勃朗能做的还不止这些——如果他不是被迫要像一幅自画像中的人那样真实，并且有实现理想的自由，他完全可以做一名诗人。他就是这样创作出《犹太新娘》的——画的评价虽不太高，但那是一幅多么动人的画面啊，是他的激情之作。

米开朗琪罗的《思想者》描绘了一个正在思考的人，他的脚又小又敏捷，他的手像狮爪一样迅猛，而且——思考者同时也是一个有行动的人。你能看到，他的思考将注意力与机警合二为一。伦勃朗的画法不一样，尤其是在《以马忤斯的晚餐》中，他画的基督身上更有灵性；还有，劝说的姿势具有一种强大力量。

鲁本斯的画作（基督是他所冥想的众多人物之一）中把基督画成一个因消化不良而退到一角的人。他的画从宗教到哲学莫不如此，塑造的人物是扁平的、空洞的。但他能画好一种人——女人。他画的女性能给人最深刻的思考，他所能做的就是运用色彩组合来画一个女王，他做到画如其人。

我今天收到你的来信。很高兴你对一篮子苹果那幅画的评价。观察得非常细致！这是你个人的观察吗？你以前往往看不到那种东西——我们正在对色彩的使用达成更好的共识。绿色和红色是互补色，苹果身上本来就有一种很粗俗的红色，旁边还有一些绿色的东西；但也有一两个苹果是另一种颜色，粉红色，这就使整个画面的颜色协调了。粉红色是红色和绿色混合后获得的破碎颜色，这就是颜色之间存在和谐的原因。我很高兴你注意到了颜色之间的组合，无论是直接还是间接的个人感觉。

鸟窝是有意置于黑色背景下的，因为我想在画里公开表示，描绘对象并不是出现在自然环境中，而是出现在传统背景下。自然环境中的活鸟窝是完全不同的，人们几乎看不到鸟窝，只能看见鸟。

你认为，当阴影的颜色太深，哦，是太黑时，一切就都错了。我不这么认为。如果那样，那么《赞德福特的渔夫》

和德拉克洛瓦的《但丁》也是错的，它们最大的优势就是蓝色或黑紫色。伦勃朗和哈尔斯，他们不也使用黑色么？还有委拉斯开兹，我向你保证，他们画了不止一幅，而是 27 幅黑色图画。至于“人们一定不能使用黑色”的问题，请仔细想清楚，你或许会由此得出结论：你对调子问题的理解是完全错误的，或者说是相当模糊的。从长远来看，德拉克洛瓦和当代的其他画家会让你明白。

通过研究色彩的规律，一个人可以从对伟大的大师们的本能信仰过渡到分析自己为什么崇拜他们——自己究竟在崇拜什么。在一个人意识到人们的批评是多么武断和肤浅的时候，这确实很有必要。

现在，我的用色已开始转暖，一开始的冷调子消失不见了。色彩会遵循自身的规律，如果以一种颜色作为起点，我心里清楚地知道接下来应该怎么做，如何让生命融入其中：也就是说，总是能明智地使用在调色板上调出来的各种美丽调子；因为从一个人调色开始，从一个人对色彩协调的认识开始，这与机械严格地照搬自然是完全不同的。

我从大自然中吸取了使用调子的顺序和正确性。我研究自然就是为了保持理性，不做蠢事；但是，我并不介意我使用的颜色与自然色彩是否完全一样，只要它在画布上看上去很美——像在大自然中看上去一样美就行。

你认为这是一种危险的浪漫主义倾向吗？是对现实主义的不忠吗？是关心色彩画家的调色盘而胜过关心自然吗？好吧，就算是这样。德拉克洛瓦、米勒、柯罗、杜比尼、布雷东，我可以列举30多个人名，难道他们不是19世纪绘画艺术的核心人物？不是全部植根于浪漫主义，后来又超越了浪漫主义？浪漫和浪漫主义是我们这个时代的产物，画家一定要有想象力和感情。幸运的是，浪漫主义并不排斥现实主义和自然主义。左拉并没有对事物竖起一面镜子，可是他创作出了精彩的作品，他的创作是富有诗意的，这就是他的作品那么美的原因。无论人物画还是风景画，画家们总试图让人们相信，这幅画不同于镜子里的自然，不同于模仿和再创造。在米勒和莱尔米特的作品中，现实同时也具有象征意义，这些人都不同于那些所谓的“现实主义者”。

库尔贝[1]的人物肖像——有男子气，自由不羁，是用各种美丽的深调子画成的，用了红褐色、金色、以黑色阴影为衬托的冷紫色、让眼睛得到休息的微白亚麻色——比你所喜

[1] 古斯塔夫·库尔贝（Gustave Courbet，1819—1877），法国画家，写实主义美术的代表人物，毕业于法国皇家美术学院和贝桑松美术学院，代表作有《戴贝雷帽系红领带的库尔贝》《世界的起源》《黑泉河》等。

欢的、绝对精确地模仿脸部色彩的所有画家的肖像都更精美。男性或女性的头部，无论在思考时还是闲暇时，都是圣洁美丽的。对自然进行痛苦地准确模仿，反而会让人失去自然调子的普遍和谐；通过相似调子来重构，你就能保持调子的和谐，但结果可能与模特写生不尽相同。

委罗内塞在《迦拿的婚礼》中画那些上流社会的人物肖像时，用尽了调色盘里各种丰富的色彩；接着，他想到了浅蓝色和珍珠白。他迅速把这种颜色画到背景上——效果很不错；它与大理石宫殿和天空的环境颜色非常般配。背景画得那样美丽，这种效果是经过对各种颜色的设计后自动产生的。如果创作者同时将宫殿和人物作为一个整体来考虑，画法和效果会有什么不同呢？天空和所有建筑物都是传统的，都从属于人物；设色的目的就是为了使人物显得格外引人注目。那当然是真正的绘画：想到一件事，让周围的环境从属于它并与它协调一致。

去大自然中写生，去解决现实问题——我想经年累月地继续画下去。我不愿错过那样的“出错”机会。一个人开始于无望地模仿自然的挣扎，可是一切都出现差错；一个人结束于通过调色板进行平静的创作，大自然却表示俯允，愿意听命于他，但这两种对比并不是孤立存在的。写生这种苦差事，虽然看起来是徒劳的，却与大自然息息相关，让人对事物有更深刻的认识。

我又画了一幅家中花园里的池塘写生。我之前已经画过一幅，但我相信人们会发现，那幅画太黑、太暗，但是画深色油画的时间又总是太短。

我又开始画油画写生，你不要为这事感到烦恼。为了保存和保护一幅画的色彩，有必要把光亮的部分画得厚实一些。如果你把它们放置一年，然后用剃刀快速刮掉面上的一层，那么油画的颜色就会比刚画上薄薄的颜料时稳固得多。古代大师和现在的法国画家们都这样干。

你已经观察到，随着时间的推移，我的作品在色彩方面比原来更好了，而不是更差。一幅油画放置上一年，上面的少量颜料油会挥发掉，固体颜料仍然留在画上。遗憾的是，像钴这样耐久的颜料太贵了。《吃土豆的人》的颜色不好，毛病出在颜料上。想起这件事，是因为我画了一幅大型静物写生，我想在画中使用相似的调子。因为对画的效果不满意，我又重新画了一遍。从这次经历来判断，如果那幅画使用我现在拥有的矿物蓝而不是当时的那种矿物蓝，效果一定会好很多。

我不知道如何看待铬酸盐和深洋红色，但我完全能理解，特别是用结冰的铬酸盐画成的美国日落油画，颜色保持的时间很短。

现在，我最喜欢在绘画中使用画笔，画素描也用画笔，而不用炭笔。我新画了一幅大型素描，画的是贫瘠荒原上的一座老磨坊，在傍晚天空的映衬下显出一个黑色轮廓。

前几天，我收到勒尔斯有关我画作的来信。他在信里说，特斯泰格和维塞林都去看过那些画，但是都不感兴趣。至于我寄给你的那些头像，其中肯定有几幅好的，我几乎可以肯定。

这个月，我向房东发出了不再租画室的通知。因为紧挨着神父和教堂司事，画室里的麻烦会无休无止，这是很清楚的。邻居让我束手束脚，大家都害怕神父。最好的办法是来一次彻底的改变。但是我太了解农村和乡下人，也太喜欢他们，所以舍不得永远离开他们。我会设法租一间屋子来存放物品，万一我思乡病发，也有一种安全感。我在这一带得了个“小画家”的绰号，我也并不觉得带有丝毫恶意。

我去安特卫普过接下来的两个月（12 月和 1 月），这样会不会更好？目前，我在这里的工作处境艰难：这里太冷，所以不可能去野外写生。只要我住在这座屋子里，就别指望请到模特。

我已经发现了6个画商的住址，所以会随身携带几幅作品。我打算一到那里，就画几幅城市风景画，并将它们立即展出。我也想去德伦特，但实施起来更难。如果在这里画的作品成功了，我会继续去德伦特画写生。

我必须说，我渴望去安特卫普。长期游离于画家圈子和艺术界之外，不与其他画家接触，会很困难；不过这一切并没有白费，只不过时间上被推迟了一些。我多年来在工作上单枪匹马，所以我想象着，尽管我希望并且能向他人学习，甚至只学习一点技术方面的东西也好，我会用自己的眼睛去观察，画出一些原创性的作品。

我想今年冬天那里一定很美，尤其是雪地里的码头。我会随身携带一些自己调配好的油画颜料，但如果能在那里弄到一些质量更好的颜料，那当然是一件好事；我还会带一些绘画材料和画纸，这样无论遇到什么事，我都总会有事可做。

我在阿姆斯特丹住的是50生丁的旅馆。为了让自己习惯于贫穷，看看士兵和工人们如何靠普通人的衣食住行条件，在风吹雨打中生活成长，这和每周多挣到几个荷兰盾一样实际。而且别忘了，我不是天生的忧郁症患者。

为了画画，即使必须忍受重重困难我也愿意。毕竟，人生在世不能只图个人安逸，也无须比邻居过得更好。我们无法阻止青春岁月从身边匆匆溜走，但真正让人幸福的东西，物质上的幸福，是年轻，是能够长久地保持年轻状态。就我个人而言，我认为，属于今天的“第三等级”的人最有可能使自己保持强大和自我更新。好吧，我努力在绘画中寻找快乐，而不是通过思想寻找快乐。

如果我想挣点钱，就得好好关注一下肖像画。在城里，有点名望的市民当然比妓女更重视肖像画。米勒发现，船长们甚至很“尊重”给他们画肖像画的人（肖像画也许是送给岸上情妇的）。在阿弗尔，米勒就是通过这种方式维持生计的。

我知道，要让人们在相似度上感到满意是很难的，而且我也不敢说自己在这一点上很有信心；但我也不认为那是完全做不到的，因为这里的人和其他地方的人差别不大。现在，农民和村里人只要看到画就不会认错，一眼就能辨认出：这是雷尼耶·德格里夫，那是图恩·德格鲁特。他们有时甚至能从背影看出画的是谁。

说到兼职一事，特斯泰格从一开始就让我对此感到烦恼。假如我要从事一份兼职工作，那也必须和图画有关系。与绘画直接相关的职业是个例外，通常情况下，画家只能是画家。

我必须在有画室而没工作和有工作而没有画室这两种情

况之间作出选择。我担心自己请不到想请的那么多模特，结果果然如此。我将不得不通过画一些别的东西来挣钱，比如风景画、城市风景或肖像画，甚至招牌画和装饰画。那里肯定也会有一些人雇用裸体模特，我可以和他们协商分摊费用。

我的绘画能力正在逐渐成熟，所以觉得更独立了。在海牙的时候，我在油画上比别人弱一些（我不是说素描），因为他们只要求画油画和彩色画，所以我当时比现在更容易被人击倒。

我相信你会喜欢我随身携带的风景画——画黄色树叶的那一幅。地平线是一道深色暗纹，映衬出天空上一道蓝白相间的浅色条纹。在深色暗纹中，一片片红色、蓝色、绿色和棕色的小色块勾勒出屋顶和果园的轮廓，在黑色树枝和黄色树叶的映衬下，天空显得更高，灰蒙蒙的；前景完全被黄色落叶覆盖，中间有两个小人影，一个是黑色的，另一个是蓝色的。画面右边是一根黑白相间的白桦树树干，还有一根绿色的树干，上面长着红棕色的树叶。

我将在下周二离开，这次离开相当突然。要是我在请模特儿一事上没有遇到麻烦，我会在这里度过冬天。不过尽管我敢坚持自己的立场，人们却犹豫不决，而且比我想象的还要害怕。除非我确定他们不害怕，否则我就不会去做。

嗯，随着新年的到来，时间似乎也过得越来越快，似乎要发生更多事情，而且会更加激烈；我常常不得不与严重的障碍进行抗争。但是，外部越是不利，内部资源（对绘画的热爱）反而日益增强。

1885年11月，安特卫普[1]

我已经来到安特卫普。我在位于圣象大街194号一位颜料商人的楼上租了一间小房间，租金每月25法郎。

我喜欢安特卫普，并且在各个方向上探索过这座城市。对一个来自海边沙地、荒野和宁静乡村的人来说，对一个长期生活在安静环境里的人来说，这种对比是非常奇怪的。我真想和你一起去散散步，想看一看我们的看法是否相同。这是一座不可思议的迷宫，每时每刻都会呈现出令人感兴趣的对比。

透过一扇优雅的英国酒吧的窗户，你可以看见最肮脏的泥潭；还有一艘船，船上装的是兽皮和野牛角，那些身材高大的码头工人和外国水手正从船上卸货；一个衣着考究的年

[1] 1885年11月底，梵高搬到比利时北部的安特卫普。1886年1月，他在安特卫普皇家美术学院上课，师从卡雷尔·费拉特、弗朗茨·温克和欧仁·西贝特。

轻英国女孩站在窗前，望着外面。

这里有各个民族的酒吧、食品店、海员服装商店——杂乱又拥挤。我穿过一条非常狭窄的街道，边走边四下张望，耳畔突然传来一阵欢呼声和叫喊声。在大白天，一个水手被姑娘们赶出了酒吧，一个暴怒的男人和一群女人在后面紧追不放，他似乎很怕这些人——最后，他爬过一堆麻袋，从仓库的窗户跳出去不见了。

在这里工作会很好，但如何着手，从何处着手？

当我受够了这种喧嚣的时候，在停泊着哈维奇和阿弗雷汽船的码头上，我看到一片辽阔无垠的平原，还有干涸的溪流和泥泞，河上有一条黑色小船；天空雾蒙蒙的，灰暗而阴冷，像沙漠一样安静。

在那一刻，眼前的场景变得比带刺的树篱更纠结、更奇幻，混乱得让人眼花缭乱，头晕目眩；旋转的色彩和线条迫使人一会儿看看这里，一会儿看看那里，根本分辨不清事物。

我穿过许多街道和后街，没遇到任何危险，然后我坐下来和各种女孩子开心地聊天，她们似乎把我当成了船长。我认为自己或许能找到几个好模特。

嗯，安特卫普是一个很令人好奇、很适合画家的城市。

今天早上，我在瓢泼大雨中走了一段路，去海关取回自己的东西。我的画室还不错，尤其是我在墙上贴了很多日本人画的小图片，这让我很开心：有在花园里或海滩上的小女人的身影，有骑马的人、鲜花和带刺的荆棘枝条。这几天我不会过奢侈生活，但我现在有了一个小窝，天气不好的时候可以坐在里面工作，我感到很安全。花了几个法郎，我就有了一个炉子和一盏灯。希望今年冬天不要静坐不动。

我突然想到，如果你决定自己早晚要单干（独立于古皮公司），安特卫普也许就是合适的地点。生意可以通过展示优秀画作来完成——其他公司不懂这一点，未来在于为大众提供质优价廉的作品。

我去看了莱斯的餐厅里挂的画：《城墙漫步》《招待客人》，还去参观了现代博物馆。在两部现代图画集中，我看到了亨利·德·布拉克莱尔的几幅精美作品，他至少和马奈一样具有独创性。我并不把他算在四处寻找珍珠母贝效应的那些人中的一员，因为他是一个充满好奇心、非常有趣的人，是一个非常真实的人，与众不同。

啊，一定要画一幅画——为什么不画得简单点呢？当我审视生活本身时，我也会得到同样的印象。我看到街上的人——嗯，我经常认为工人比绅士更有趣；在那些平凡的人当中，我发现了力量与活力。如果一个人想描绘他们的独特个性，他就必须用坚实的笔法和简单的技巧来画他们。

我经常去博物馆，除了鲁本斯和约尔丹斯画的几幅头像和手之外，别的都不看。鲁本斯用纯红色虚线来勾勒脸部线条，或者用同样的虚线来勾勒手指线条，这让我相当着迷。我知道他不如哈尔斯和伦勃朗那样令人亲近，可它们是那样栩栩如生，那些头像！鲁本斯是一个试图通过色彩组合来表达欢乐、宁静和悲伤情绪的人，而且他确实表达得很成功——虽然他笔下的人物有时有点空洞。

奇怪的是，我在城里画的油画似乎比在乡下画的油画的颜色还更暗。会不会是因为城里的光线都不那么亮的缘故呢？我也不知道，但它可能比乍看之下的效果有更大差异。我能理解你所看到的油画比我想象的乡下那些油画的颜色更暗，然而，它们并没有因此而变糟。

我认识了泰克，这里最好的油画颜料制造商，他非常好心地给我提供了一些颜料信息。用一种更好的画笔作画是一种真正的乐趣，而且有钴和胭脂红，还有正黄色和朱红色。虽然颜料的质量并不意味着图画里的一切，但它是赋予图画生命力的东西。

今天，我收到了他们从埃因霍温寄来的油画颜料，不得不为此支付了 50 多法郎。当一个人卖不出去作品，还不得不从原本不多的吃、喝和住宿费用中抽出钱来支付颜料费，不管你计算得多么精确，要想继续工作下去都非常艰难，实在太难了！他们正在修建成百上千的国家博物馆；与此同时，艺术家们却活得像狗一样。

昨天，我去参加了斯卡拉咖啡馆音乐会，有点像弗利斯·伯格里咖啡馆；我发现音乐会很乏味，但听众让我感到高兴，有一些相貌好看的女人（真的好看）坐在后排座位中。总的来说，我认为人们对安特卫普的说法是正确的，女人都很漂亮。在咖啡馆音乐会上，我看见的大多数德国女孩都给我留下了很酷的印象，有人说她们是从一个模子里铸出来的。这个种族的人随处可见，就像巴伐利亚啤酒一样。我发现所有的德国人都非常烦人，无论在哪里，都能看到成群结队的德国人。巴黎的情况肯定也一样，他们无处不在。这是一个令人不愉快的话题。

安特卫普的色彩很漂亮。一天晚上，我在码头上看见一个欢迎水手的流行舞会，真是太有趣了。有几个非常漂亮的女孩子，最出色的那个很像委拉斯开兹（或霍延）画得很棒的一个人物，令我印象深刻。她穿一袭黑色丝裙，很可能是个酒吧女招待，脸长得丑陋而不规则，但有一种弗兰斯·哈尔斯笔下人物的那种活泼和泼辣劲儿。古典风格的舞蹈她跳得很完美，一次她和一个富有的小个子农民一起跳华尔兹的时候，那个农民腋下还夹着一把伞；其他女孩子穿着普通的夹克衫和裙子，披着红围巾。水手、船上的服务生和那些快乐的退休船长们都争相观看。

这些天，我脑子里想的全是伦勃朗和哈尔斯。我会经常去参加这些流行舞会，去观看妇女、水手和士兵们的头部。你只需花 25 生丁的门票费，喝一杯啤酒（因为他们很少饮烈性酒），就可以自娱自乐一整个晚上——至少我是那样做的。看到人们真正享受生活是一件好事。

我注意到这里有很多摄影师，他们的生意似乎很红火。我发现他们的画室里也有肖像画，但那些肖像画显然是画在拍照用的背景布上的。但那些眼睛、鼻子和嘴巴总是老样子，像蜡像一样冷冰冰的，毫无生气。真正的彩绘肖像是有自己的生命的，它来自艺术家的灵魂。这座城市里似乎有很多漂亮的女人，我断定画肖像画是能挣到钱的。

我也有画招牌的想法。比如，为鱼商画静物鱼写生，为画店老板画鲜花写生，为餐厅画蔬菜写生。

今天，我第一次感到身体很虚弱。我画了一幅《斯腾城堡》，然后把它拿去给画商们看。有两个画商不在家，一个不喜欢，一个抱怨说两周店里都没见到一个人露面了；我拿去给另一个画商看，他喜欢画的调子和颜色，但他一门心思都在清点存货上，他叫我新年之后再去。这令人很沮丧，尤其是在天气寒冷、阴郁的时候。我把最后一张 5 法郎的钞票兑换成零钱，不知道该如何度过接下来的两周，我的境遇一点不比在布鲁塞尔的那个冬天更好。

《斯腾城堡》是一幅呕心沥血的画作，对于那些想购买安特卫普纪念品的外国人来说，这幅画正合适；因此，我还要多画点这一类型的城市风景画。但我更喜欢画人的眼睛而不是画大教堂，因为眼睛里有一些东西是大教堂没有的，无论它多么庄严肃穆；一个人的灵魂，无论是贫穷的乞丐还是街头的妓女，都比教堂更有趣。虽然由于模特的原因，画人物画会带来更多困难，但它也提供了更多机会，因为能画这种人物画的画家相对较少。

我感到自己有能力去做点事情；我看到自己的作品不比别人的作品差，这使我非常热爱自己的工作。画油画很昂贵，但我必须坚持多画一些。我无法理解的是，像波尔捷和塞雷这样的人，就算他们卖不出我的作品，为什么根本不想要我的作品？我注意到，波尔捷似乎对我的画不再感兴趣了。

天一直下着雪。今天清晨，这座城市非常美丽，清洁工在十字路口扫雪的场景也很美。

我发现一个女人（现在老了），她过去住在巴黎，为画家们当模特；比如，舍费尔、吉古、德拉克洛瓦和另一个画过《芙里尼》的画家。她现在是个洗衣工，认识很多女人，总是能提供一些模特。

我请到一个漂亮女模特，用油画画了一幅等真大的头像。头像颜色很亮，在闪着金色微光的背景中还是很突出，我努力营造了这样的背景。女孩来自一家音乐餐厅，前几天晚上她显然很忙，还说了一句很有特色的话："对我来说，香槟不会使我沉溺其中，而是带给我悲伤。"于是我努力在画中表现出某种性感和令人同情的东西。对我来说，画农妇就要像农妇；同理，画妓女也要像妓女。这就是为什么伦勃朗画的妓女头像能够深深打动我。这对我来说是一样新事物，马奈已经做到了。真该死！我也有相同的抱负。

我画了第二幅侧身像。然后画了一幅约定要画的肖像，并且为自己画了一幅自画像。让我感到高兴的是，那个女孩要求我再画一幅她的肖像送给她。她还承诺尽快让我去她屋里，她穿着舞衣让我画。可是她现在做不到了，因为咖啡店老板反对她做模特。我热切地希望她能回来，因为她有一张独特的脸，而且很风趣。我现在越来越习惯在绘画的时候和模特们聊天，好让她们保持生动的面部表情。

不可否认，她们有时非常漂亮，而这种画正是这个时代的精神需要的。即使从最高的艺术角度来看，人们对它也无可指责。人体画是古老的意大利艺术，米勒画过人体，布雷东也在画；问题只在于你应该从灵魂开始，还是从衣服开始：人体是作为丝带和蝴蝶结的衣架，还是应将其视为表达感情和情绪的手段——又或者，一个人是否为了某种形体而画模特，因为形体本身具有无限魅力。前者是短暂的，后面两种都是高级艺术。

我一直在画自画像，随后终于画出了两幅非常“相似”的肖像。

令我失望的是，你现在说：“我有那么多钱要付，你必须设法应付到月底。”我的债主难道会比你的少？谁应该等一等，是他们还是我？你知道我的工作每天给我带来多大的压力吗？你知道我有时几乎没法再继续下去吗？只有奋力前进才能挽救。颜料账单是挂在我脖子上的磨盘，但是我必须奋力向前！我也只能狠狠心，让人们等着；他们会得到钱的，但他们只能等——这是没办法的事。尽管我支付不起，但如果我一直无力支付，就会对自己造成很大的伤害，使自己配不上这份工作。

自从来这里以后，我只吃过3顿热饭——至于其余的，早餐是我的房东提供的，晚餐就是一杯牛奶咖啡和面包，或是放在我箱子里的一条黑面包。就这样，我变成了素食主义者，就像在尼厄嫩的那半年一样；因此，当我收到你寄来的钱的时候，我的胃已经不能消化用钱买来的食物。只要我还在画画，就觉得体力充沛，可是在模特们离开以后，一种虚弱感就会向我袭来；我来到户外时，已无法再胜任野外写生工作，我感到体弱难支。

你来信说，要是我病倒了，我们的情况会更糟，但愿情况不至于发展到那种地步。我需要打起精神，需要保持活力，我得承认我害怕自己体弱多病。画油画是一件很消耗体力的事。我曾去找过埃因霍恩的医生范德卢，他当时告诉我，我身体很棒，不必担心活不到完成人生工作所需要的年龄。阿姆斯特丹的一位医生把我当成一个普通工人，还说："我认为你是个打铁工人。"这让我对自己的体质感到高兴。那正是我想努力改变自己的地方，年轻一点的时候，我就像一个用脑过度的文弱书生，现在看上去像个船长或打铁工人。但是我必须小心翼翼，努力保持自己拥有的体质，增强体力。可是，我现在日渐消瘦了。

无论如何，到今年底，我要花四五天时间绝对禁食。也许你很难理解，但在我领到钱时，一心想到的却不是食物；

我已经禁食了。这是真的。相反，我对绘画的兴趣更加强烈，我立即着手寻找模特，直到把所有的钱全部花光。我的衣服已破烂不堪，因为我已经穿了两年。

提奥，我知道你经济上可能也很困难。但你的生活从来不像我最近十一二年这样艰难。这样的日子已经太长，你能体谅我吗？与此同时，我听到一些以前所不知道的事情，我抗议自己经常被遣送回农村。我在那里能做什么？除非我带着钱回去请模特画画。

想想看，那里有多少人，活了一辈子都不知道什么是操心，总认为一切都会好起来，好像这世上从来没有人挨饿，或者彻底破产！我总是陷入困境，我感到很伤心。画里的色彩就是画家对生活的热情，因此，努力保持这种热情就不是小事一桩。

前几天，我第一次读到左拉的《杰作》的一个片段。我承认，要在大自然中写生，还需要很多东西（比如构图能力和人物知识）；但毕竟，我不相信自己这些年的苦苦奋斗会一无所获。无论身在何处，我总有一个目标，就是把我见到的和认识的人画出来。我总是臆想在人物画领域中会涌现出许多新艺术家，我越来越感觉到，我必须在对最高艺术的深入理解中寻求安全感。

所以，让我以自己的方式继续奋斗。看在上帝的分上，不要丧失勇气，不要懈怠。我的确认为，你没理由为了每个月可能少花50法郎而指望把我送回乡下，因为我的所有前程都取决于我在城里建立的各种关系，无论现在的安特卫普，还是今后在巴黎。

我希望能让你明白，今后艺术品交易发生巨大变化的可能性有多大。如果我能展出一些原创作品，那么许多新机会也会随之而来。

为了寻找模特，我这个月要去见费拉特，他是本城艺术学院的院长。我必须去看看那里的条件如何：我可不可以在那里画裸体模特，是否允许我整天画模特。我会随身带去一幅肖像画和几幅素描；但我必须作好准备，以防费拉特说我必须自己出绘画材料时，我有办法做得到。

我已开始在学院画画了。我必须说，我很喜欢这里；尤其是因为这里有各种各样的画家，还有一些我从未经历过的事——观看别人作画。这里的模特儿都很好，在这里可以免去很多费用。

当费拉特看到我从乡下带来的两幅风景画和静物写生时，他说："不错，但我对这些画不感兴趣。"当我让他看两幅肖像画时，他说：“这可有点不一般；如果想学人物素描，你可以来。”我很想与费拉特继续交往。我认为他画的很多作品都很硬，在色彩和颜料使用上都错了；不过我知道，他也有得意的时候，他的肖像画比大多数人画得好。

当我把自己的油画作品与其他人的画进行比较时，我发现两者之间完全不一样，真是奇怪。他们画肉色都使用同一种颜色，所以从近处看它们画得非常正确，但如果你稍微往后站一点，它们就显得过于呆板——那些粉红色和精致的黄色，本身调子很柔软，就会产生一种粗糙的效果。我的画从近处看是绿红色和黄灰色，但如果你稍微退后一点看，形象就会在画面上凸显出来，画面上有空气流动感。

在杰里科和德拉克洛瓦的人物画中，即使从正面看，也能感觉到人物的背部；人物形象周围有空气流动感——在画面上非常突出。我在绘画的时候发现了这一点。

本周我画了一幅大型油画，画的是两个裸体躯干（两个摔跤运动员都由费拉特做模特），我很喜欢这幅画。

我也参加了白天的裸体素描班，上课的老师现在靠肖像画获得了丰厚报酬。他曾反复问我，素描是不是靠自学的。他的结论是：“我看得出你一直很努力，要不了多久你会取得进步的。”班里有个人年龄和我一样大，绘画的时间也很长，但老师没对他说那样的话。然后他说，费拉特曾经告诉他我的画里有一些好东西，这件事费拉特没有对我讲过。在课堂上，他们画素描不用背景，画出来的素描很乏味。

有些人看见了我画的素描。其中一个人受到我画农民形象的影响，立即开始用更有力的造型手法来画模特，把阴影画得很坚实。他把画拿给我看，我们讨论了一番；那幅画充满生气，是我看到这些人的作品当中画得最好的一幅素描。西贝特老师派人去叫他，说如果他还敢继续用这种方法画画，就会被看作是对老师的嘲笑。你瞧，情况就是这样。

不过，这并不重要，我肯定不会对这种事生气，而是装出愿意纠正自己坏习惯的样子；可不幸的是，我总是不停地重复这一“坏习惯”。

我发现这里有我想要的思想交锋。我对自己的作品有了新的看法，能更好地判断自己的缺点在哪里；最省钱的办法就是待在学院的画室里，尤其对更为精细的裸体写生来说，是不可能自己找模特的。但是我认为，从长远来看，特别是如果其他人也不由自主地把阴影画得更浓的时候，费拉特就会找我争吵，尽管我有准备避免这种事。

我已和温克（莱斯的学生）商量好，晚上去画古代雕塑。我必须说，我相信，对塑造农民形象来说，画石膏像是非常有用的；不过，这种事请不要经常做。古代石膏像的感情——真见鬼，那些画没有一幅能画出来。在我看来，我在那里见到的素描真是糟糕透顶，而且画得完全不对。好吧，时间终将证明谁是对的；那些学院派的学究们也许会把我指斥为异端邪说。我已经有很多年没有见到过一座优秀的古代石膏像了，我面前一直站着鲜活的模特。

上完10点半到11点半这堂课后，我要去一个俱乐部画模特，我已经成为两家俱乐部的会员。

我忙得不可开交。我认为这件事对我有百利而无一害，不管怎么说，这也是与人接触的一种尝试。课堂上有几个同龄人。画完穿衣服的模特后，又画裸体模特和古装模特，然后再将作品进行比对，这令我很感兴趣；要想在巴黎的某个地方被人接受，你就必须在别的地方工作过，还总能遇到在专业学院有过或长或短学习经历的人。

费拉特和温克向我提出了严肃的建议；他们强烈建议我至少要画一年素描，如果可能的话，只画石膏像和裸体模特。

这里天气很冷，我大部分时间很不舒服，但只要画兴一浓，我就精神饱满。置身于一个与乡村环境完全相反的环境里，我感到精神振奋。

当我把自己和别人比较时，我感觉自己僵化而笨拙，我看上去像坐过 10 年牢一样。我必须改变自己的形象，这是事实。我正忙着找人给我看牙，至少有 10 颗牙，要么掉了，要么可能会掉；这太多了，这让我看上去像 40 多岁的人，对我非常不利。这项工作将花费我 100 法郎，但现在可以完成。

同时，我还要照顾好自己的胃，在过去一个月里，它给我带来很多麻烦；我还开始不停地咳嗽。去年 5 月 1 号，我住到自己的画室里。从那时至今，我只吃过六七顿热饭。我住在那里没钱吃饭，现在住在这里也一样，因为画画花了太多钱；我过于相信自己身体健康，能够支撑得住。我不会把身体不好的事告诉母亲，她可能会为我担心，认为不该让这种事情发生；为避免这样的后果，我应该待在家里。我抽了很多烟，把身体弄得更糟了。我之所以抽烟，是因为这样一来，就感到没那么饿了。

牙齿脱落得越来越多，我开始感到担心；我的嘴经常很痛，吃饭要尽快下咽。你瞧，我不再比别人强壮。如果我过于忽视自己，结果就会像许多画家那样（如果你想一想，实在太多了），我也会很快死去，或者遇到更糟糕的情况，变成疯子或白痴。医生告诉我，我必须好好照顾自己，身体这回完全垮了。

最重要的是这个月不要再生病了。如果病情继续恶化，可能会发展为斑疹伤寒。我不认为会发生这种事，我呼吸了大量新鲜空气；我的生活和饮食太过简单，所以病情很容易恶化。但是，提奥，这种不舒服现在是件坏事，不过你不必担心，因为我也不担心，我仍然能保持心境平和。人们不能认为，健康受损的人就不适合画画。一个人可能患上各种疾病，但工作不一定会受到影响。有点神经质的人反而更敏感、更文雅。

德拉克洛瓦说，他弄懂绘画的秘密“是在牙齿掉光，快要断气的时候”。我还知道，他从那一时刻起开始关心自己。要不是因为情人的照顾，他会早死 10 年，甚至更早。

跟你一样，我也去过拉雪兹神父公墓。我站在贝朗瑞的情妇不起眼的墓碑旁，心里的敬意油然而生。我有意去寻找她的墓地（如果没记错的话，它坐落在贝朗瑞墓地后面的一个角落里），在那里，我还想起了柯罗的情人。这些女性都是安静的缪斯女神。在大师们缠绵悱恻的情感中，在他们诗歌的亲切感和悲怆中，我总是能感受到女性因素的影响。

我越来越相信，为工作而工作是所有伟大艺术家的原则：即使濒临饿死，即使一个人觉得必须告别一切物质享受，也不要气馁。伊斯拉埃尔斯在籍籍无名、贫穷潦倒的时候，还是想去巴黎。人们从龚古尔兄弟那里看到，执着是多么有必要，但社会并不会因此而感谢他们。

不要在花钱方面生我的气。这不是一件令人愉快的事，但是需求打破了定律。如果一个人想画画，他必须努力让自己活下去。

我渴望听到关于你选择公寓的事。如果我去巴黎，只要能在某个偏僻地区（蒙马特）有一间便宜小屋或旅馆的阁楼，我就心满意足了。关于住在一起、安排一间能接待客人的精美画室的计划，我对它抱有极高热情。一旦你有了这种想法，你就会发现，10 年来我们朝夕相处的时间如此之少，这一点也不会让我感到惊讶。

我认为，你晚上回家到画室去对你是没有害处的；我不能确定的是，我们的个人生活节奏是否能和谐一致。我对自己的评价肯定也和你在信里对自己的评价一样：你会对我感到失望的。但不会在每件事情上失望，不会对我看待事物的方式失望。你对我的评判过于依赖平凡事物和偏见，它们太肤浅，完全不对。我不相信你会一直坚持这种看法。对我们来说，现在的关键也许是共同协作，这样才可能更好地理解对方。

至于画室，如果能找到一间和壁龛、顶楼或阁楼一角连在一起的房间，你可以使用房间和壁龛，我们就可以尽量使自己舒适一点。房间可以在白天做画室。

但如果房租太贵，我们又经济拮据，那么最明智的做法也许是等一等再启动画室。如果我们再干一年，如果我们能恢复健康（你和我），那我们就能比现在更好地抵御一切。我听到有些画家抱怨说："我租了一间很贵的房间，目的是吸引人们到这里来，可是从那时起就没人来过，我自己住起来也很不自在。"让我在科尔蒙的画室画一年素描，你同时再彻底地调查一下生意。到那时，我想我们可以冒险一试，在这一年里，我们应该学会更好、更密切地了解彼此，这会带来巨大变化。

这样一间画室，在启动时就应该意识到，那将是一场战斗，因此，一个人在启动它的时候，就应该对某种力量充满信心——想要出人头地，想要活跃起来。这样，在一个人死的时候，他就可以这样想：我要到那里去，到所有敢于冒险的人那里去。我们可以尝试做两件事：我们自己画一些好作品，收集并交易我们所羡慕的别人的画作。如果我们坚持想创作和出人头地的积极事实，就可以心平气和地讨论另外一些事实，哪怕它们与古皮公司和我们的家人有直接关系。我必须在一开始就告诉你，我希望我们俩不久都能找到妻子，现在是时候了。这是我们健康生活的首要条件之一，特别是在与女性的交往中，我们能学到很多艺术方面的知识。

令我高兴的是，你现在提出了亲自来科尔蒙画室的计划。人们说巴黎人相对更自由一些，可以选择自己想做的事，不像这里的人那样。你还认识不吝纠正我作品中的毛病、会给我一些点拨的那些聪明家伙。

至于其他事情，科尔蒙的说法很可能和费拉特一样：我一直画实物写生，所以必须画一年裸体模特和石膏像。到时，我几乎就能完全记住男性和女性的形体特征了。我向你保证，像费拉特和科尔蒙这样的人要求一个人那样做的时候，不是什么坏征兆。因为有很多人学得很苦，费拉特也任其自然。

能够凭记忆画出人物画的人，远比做不到的人更有创造力。他们很少在学院里使用裸体女模特，在课堂上完全不用，私底下也用得很少。即使在古典绘画课上，使用男女模特的比例也只有 10 ∶ 1。当然，巴黎的情况会好一点。在我看来，通过不断对比男女形象，我能学到很多东西，他们在各方面都大不相同。这样做可能会非常困难，但什么样的艺术、什么样的人生会没有困难?

你也不要以为，我多年的野外写生是白费工夫。那些只会在艺术学院和画室里作画的人，缺少的正是这种东西——生活中的现实场景。在科尔蒙这里，我要和长年累月画石膏像的人打交道，如果只画几个月，这段时间还不算太长。我可能比其他人更敢于快速描绘事物，更善于捕捉整体效果，因为我曾在大自然中作画；其他人可能对裸体有更多知识，因为我以前没有机会画裸体。

素描本身的技巧，对我来说很容易掌握，我开始画素描就像写信一样轻松。在这种情况下，如果一个人认真、彻底地致力于把握概念的原创性和广泛性，素描就会变得更加有趣。

你提到了科尔蒙画室里的聪明人——我真想成为他们中的一员。

我昨天完成了参加夜班课素描竞赛的作品，是格马尼库斯的画像。我肯定自己是最后一名，因为其他人的素描画得都一样，我的却完全不同。他们将认为最好的那幅素描，是我看着画出来的，我就坐在那幅画后面。画是没有问题，就是太呆板了。

西贝特老师故意找我争吵，也许想把我赶走。这件事的真正起因是班上的同学谈论我的作品，我在课外对一些人讲，他们的素描全画错了。

我可以告诉你，要是我去找科尔蒙，迟早与老师或学生产生矛盾，但我也不会介意；即使没有老师，我也能完成古典素描这门课，我可以去卢浮宫画素描。

这里的课程 3 月 31 号结束。如果一定要去，我可以回尼厄嫩看看那里的情况如何，但是回布拉班要走迂回路线，很浪费时间。我没钱把这里的绘画材料运往那里，又会重复同样的故事：我会因为请模特而耗尽精力；我不认为那是个好办法。我必须继续画下去，同时还在生病，所以不得不请求你允许我留在这里，一直待到我去巴黎。我想告诉你，如果你同意我早于 6 月或 7 月去巴黎，这对我将会是极大的安慰。

我应该在 3 月之后直接去巴黎，然后开始去卢浮宫或巴黎美术学院画素描，然后可以立即完成最迫切的事情——古代雕像素描；当我再去科尔蒙那里时，这些素描肯定会对我有很大帮助，到那时，我对巴黎就会有宾至如归之感。

我很喜欢这一计划。我会租一间阁楼，然后我们好好商量一下在 6 月左右筹建画室的事；我也相信自己能找到一些事做，虽然在这方面一直不太走运。

无论如何，我待在这里的时间终于快要结束了，我的健康状况也有所改善。我不再继续画画，也不想勉强。我想在第一次去巴黎之前积蓄体力，以良好的状况前往那里。

安特卫普是个令我非常高兴的地方。当然，我希望我来的时候，就带有离开时的经验。我希望有朝一日再回来。这是一座类似于巴黎的城市，它是各民族人民的中心：从这座城市的商业、活力和在这里可以自娱自乐的事实来看，都是如此。我还没见到安特卫普往昔的繁荣景象，听说它过去比现在活跃得多。

昨天，我听到希贝特对人说，我对素描有不凡的见解，是他太草率了。他不常到班里来，我已经有好几天没看见他了。我又完成了一幅石膏像素描。希贝特说他不是有意要冒犯我，他甚至说，我现在画的素描几乎无须在比例上作修改，调子也无须再改了。

我正在画一个女人的半身像。它在造型上比第一批石膏素描更突出，也不再那样粗犷，因为我画的第一批素描总让人联想到农民和伐木工人。

像最乐观的人一样，我看见百灵鸟在春天的天空翱翔，但我也看到一个20岁的年轻女孩，她本来身体健康，现在却成了肺痨的受害者。如果一个人总是和体面的人在一起，生活在相当富裕的资产阶级中间，他也许不会注意到这一点；如果一个人像我一样，多年来一直过着一贫如洗的生活，他就不能否认，巨大的痛苦是导致经济衰退的一大因素。

我在这里这么久了，只有一个朋友，一个法国老人。我为他画了肖像，费拉特对这幅画表示赞许。因为上了年纪，冬天对这位老人来说比对我还更糟。我陪着他去看医生，他可能得做个手术，我至少说服他去了医院。因为他的缘故，我可能会在这里多待几天。毕竟，世界上没有什么东西比人更有趣，你对他们永远研究不够。这就是为什么像屠格涅夫这样的人能够成为伟大的大师：他们教导我们去观察。

柯罗比任何人都更平静，他的一生不也像工人那样简朴吗？他对别人的痛苦不是也一样非常敏感吗？1870—1871 年间，他已经很老了，他当然会仰望明亮的天空，但他同时也去参观了野战医院，因为那里躺着奄奄一息的伤员。

幻想也许会消逝，崇高却会永存。即使一个人怀疑一切，他也丝毫不会怀疑柯罗、米勒和德拉克洛瓦这样的人。我认为，当一个人不再关心自然的时候，他仍然会关心人类。

你也一样，既不快乐，精神也不太好；你忧心太多，财富太少。当一个人被孤立、误解，失去了获得物质幸福的所有机会时，只有一样东西仍然存在——信仰。一个人本能地感觉到许多事情正在发生变化，他嗅到了暴风雨来临前那几个小时的异常沉闷和压抑气息，并且说我们仍然感到沉闷，我们的子孙却能更加自由地呼吸。

左拉和龚古尔相信这一点，就像成年的孩子一样简单；他们是最严谨的分析师，他们的诊断既冷酷又准确。还有屠格涅夫和都德，他们的作品并非没有目标或没有眼光。你明白，支撑一个人的信念是认识到自己正与其他人一道工作和思考。这会增加一个人的力量，而他会无比快乐。

也许迟早有一天，你会确切地知道，物质财富的一切机会都已失去，这是命中注定且无可挽回的；但你同时也知道，你在感情方面得到了一定补偿，那就会成为你工作的动力。

一个人无法确切地预知任何事情。但如果你分析一下，就会发现：19世纪最伟大、最有活力的那些人，总是在逆境中工作，总是在个人主动性的基础上工作——无论在绘画方面，还是在文学方面。从小事做起，持之以恒，有个性没金钱，敢耍赖而无信用——米勒和森西尔就是典型，巴尔扎克、左拉也一样。

龚古尔兄弟取得了巨大的成就。一起工作，一起思考，这是一个多么美妙的想法。我每天都能找到这样一种理论的证据，即艺术家之间痛苦的主要原因在于他们彼此不和，不合作，不真诚，而且虚假。

我发现当代伟大思想家们的伟大宁静是非常感人的。伏尔泰、狄德罗，他们都是描写法国大革命的人。正是天才的作品在支配一个人的时间，使那些没有思想、消极的人朝着同一个方向、同一个目标奋斗。

我想起了龚古尔兄弟的最后一次散步，还有老屠格涅夫的最后几天。像女人一样敏感、细腻和聪明，对自己的苦难也很敏感，但是对生活、对自己始终充满自信；不是冷漠的禁欲主义者，也不蔑视生命。这些人死的时候也像女人一样：对上帝没有固定看法，没有抽象概念，总是站在生活的坚实土地上，并且只属于生活。

目前，我们还远没走到这一步。我们首先要工作，首先要活下去，哪怕生活缺少普遍意义上的幸福。毕竟，绘画有一个秘诀，那就是能够让人焕发青春。卡莱尔也是一个敢于大胆尝试、对事物的看法与众不同的人。我越是追寻他们的人生，就越能发现相同的故事：缺钱，健康状况不佳，叛逆，孤独，一生麻烦不断。

我的全部注意力都集中在获取我想要得到的东西上——自由地发展我的事业。这意味着要克服困难，而不是屈服于困难。

可悲的是，随着一个人逐渐积累起经验，他已经青春不再。如果不是这样，生活该多么美好啊！

第四部

1886 年 3 月—1890 年 7 月

1886年3月，巴黎[1]

不要因为我的突然到来而生我的气。我已反复考虑过此事，我相信这样可以节省时间。你看，我们会把事情安排妥当的。

今天上午收到你的来信。我认为你向荷兰的叔伯们提出这个问题是件好事，我不认为我说的“必须全速前进”有什么错。

我为你那些花画了续集。一枝白色的百合花（白色、粉色、绿色），黑色背景，有点像镶嵌珍珠母的日本黑漆；然后是一束橙色的虎百合花，蓝色背景；黄色背景的一束大丽花和紫罗兰以及插在蓝色花瓶里的红色剑兰，淡黄色背景。

我非常愿意换两幅伊萨贝画的水彩画，特别是画上有

---

[1] 1886年2月底，梵高搬到巴黎，住到提奥处；3月，他开始在科尔蒙的画室工作，为期3个月。8月，提奥休假，回荷兰老家，梵高得以与之通信。

无花果的那两幅；试着用我画的鲜花作品来交换。有没有可能从普林斯哈格那里弄到奥托·韦伯画的那幅美丽的秋景？我愿意用 4 幅系列组画来跟他交换。我们需要油画，而不是素描。

我只剩下两枚法国金币，担心不能支撑到你回来。我开始在阿涅尔绘画的时候，买了很多画布。唐吉[1]对我很好，说句公道话，他待人还是那么好，可他那位老巫婆妻子听到了风声，反对他这么做。尽管如此，他对我还是有求必应。

我今天看见洛特雷克[2]了，他卖了一幅画，我猜是通过波尔捷卖出去的。

我已经去过铃鼓咖啡馆，因为不去的话，人们会以为我不敢去。我对塞加托里[3]说，在这件事上，我对她不予置评，

---

[1] 朱利安·唐吉（Julien Tanguy，1825—1894），巴黎的美术用品商人兼艺术品经销商。

[2] 亨利·德·图卢兹-洛特雷克（Henri de Toulouse-Lautrec，1864—1901），法国后印象派画家、素描画家、版画家、讽刺画家，擅长人物画，创作速写的工具多为黑色炭笔、铅笔等多种画具混合使用，描绘对象多为法国蒙马特一带的舞者、妓女等中下层人物；其写实、深刻的画风也影响到日后的毕加索等画家的人物画风格，主要代表作有《亨利先生》《老人头像》《爱尔兰美式酒吧的舞者》《马戏团表演》等。

[3] 阿戈斯蒂纳·塞加托里（Agostina Segatori，1841—1910），铃鼓咖啡馆的意大利女老板。位于蒙马特的铃鼓咖啡馆（Le Tambourin）很受艺术家欢迎，梵高也在那里展出自己的作品，并在 1887 年初举办过一场自己收藏的日本版画的展览。

由她自己来评判；我撕毁了买画的收据，但她应该把所有东西还给我；因为她此前没来看我，我以为她知道他们想和我吵架。当她警告我“离开”时，我还不明白是什么意思，也许是不想弄明白。

她回答说，那些图画和别的东西任由我处理，但想挑起争端的人是我——我对此并不感到惊讶，因为我知道，她要是站在我这一边，他们会对她深恶痛绝的。我不想把画直接拿走，而要等你回来后我们再商量一下这件事，那些画是我们的共有财产。

她气色不好，脸白得像蜡一样。我不该公开这么说，但我认为她刚堕过胎。我没有责怪她，因为她处境很糟：她既不是自由代理人，又不是家庭主妇。最糟糕的是，她生着病，处于痛苦之中。

我希望两个月后她会好起来。到时，她或许会因为我没有去打扰她而心存感激。我很了解她，依然信任她。另外，请注意，如果她能设法保住自己的职位，从商业角度来看，我也不应因为她倚强弃弱而责怪她。如果她为了继续干下去，对我踩上一脚，那么我就再也不会理她；再见到她的时候，她并没有让我心寒。要是她真像人们说的那样坏，或许就会那样干。

不过有一点你可以肯定，我不会再为铃鼓咖啡馆做任何事情。至于塞加托里，那又另当别论。我对她余情未了，希望她对我也一样。

我昨天见到了唐吉，他把我新画的一幅油画放进了橱窗里。自你离开以后，我画了 4 幅油画，现在正在画一幅大型油画。我知道长幅画面的油画不好卖，但过一段时间人们会发现，画里有露天景观，它们的脉络很清晰。

所有这些画都可以用来装饰餐厅或乡村别墅。如果你堕入爱河并结婚了，在我看来，你总有一天会像别的许多画商那样，搬到乡下去住。如果你生活舒适，就会花更多钱，但你会以这种方式获得成功，那时候看上去富丽堂皇总比看起来破旧不堪要好，过上快乐生活总比自杀更好。

你信中讲到家里的情况，对我触动很深："他们很好，但见到他们还是让人很难过。"十多年前你发过誓：一定要让这个家兴旺发达起来。要是你打算结婚，母亲一定会很满意的；为你的健康和工作着想，你不该一直过独身生活。

至于我，我觉得正渐渐失去对结婚、生子的渴望。我应该在 35 岁时才会有这种感觉，可实际情况恰好相反，这使我经常感到悲伤。我有时怨恨画这些破烂油画。记得黎施潘在什么地方写过：

L'amour de l'art fait perdre lamour vral.

（爱上艺术意味着失去真正的爱情。）

我认为这是千真万确的。但另一方面，真的爱情会让你讨厌艺术。有时我觉得自己老了，身体也垮了，可是我对爱情的渴望仍然超过了对绘画的热情。

要想成功，就必须有雄心壮志，而雄心壮志似乎是荒谬的。让我感到沮丧的是，即使取得了成功，绘画也永远补偿不了我为之付出的代价。我并不知道结果会怎样，最重要的是，我希望减轻你的负担；这在将来不是不可能的，因为我希望取得重大进步，这样你就能大胆展示我的作品而对你没有任何损害。然后，我就到南部某个地方去，远离那些讨厌我的画家的视线。

1888年2月，阿尔勒[1]

积雪已有两英尺深；雪，还在下。在我看来，阿尔勒还不如布雷达或蒙斯大。

在动身前往塔拉斯孔之前，我注意到一段十分美丽的乡村景色，到处堆积着巨大的黄色岩石，奇形怪状，肃穆庄严；掩映在岩石之间的小村庄里，有一排排圆圆的小树，树叶呈橄榄绿或灰绿色。我看见几片灿烂的红土地，上面种着葡萄藤，后面的一座座山上长满了美丽的紫丁香；雪地上的风景，山顶是白色的，天空像雪一样明亮，就像日本人画的冬季风

---

[1] 在巴黎的两年间，梵高进一步深化了他对于日本浮世绘的热爱，通过参观和交游发展了他的艺术风格，并创作了超过两百幅作品。兄弟之间也分分合合。1888年2月，梵高感到厌倦了巴黎的生活，离开巴黎前往位于法国南部、地中海沿岸的阿尔勒；5月，他租下“黄房子”；5月底，他访问阿尔勒以南的滨海圣玛丽；9月，他住进“黄房子”。10月，高更南下阿尔勒，住进“黄房子”。12月23日，梵高经受第一次精神崩溃，切耳自残。24日，提奥到阿尔勒探视梵高，次日与高更一起返回巴黎。1889年1月初，梵高出院，提奥在荷兰订婚。2月，梵高两次入院。4月，提奥结婚。5月初，梵高进入圣雷米的精神病院。

景画一样。

你今后也可能经常来这里。在我看来，在巴黎工作几乎是不可能的，除非你在那里有一个能恢复精神、恢复平静和镇定的静修场所。没有那样的条件，一个人就会变得冷酷无情，无可救药。

我现在画了一幅以城市为背景的白色风景画，还有两幅画扁桃树枝的小画，虽然下着雪，树枝仍然开花了。这是我在巴黎那些天里做不到的，我无法再忍受那种生活。我不时地想，我身上的血液实际上已经开始想要循环了。我现在好些了，只不过吃饭是件迫不得已的苦差事，因为我有点发烧，没有胃口，但这只不过是时间和耐心的问题。

这里的生活费用一点不比巴黎的便宜，真倒霉。我估计每天要花 5 法郎。

我收到一封高更[1]的来信，告诉我他已经卧床两周了；他现在已身无分文，因为他不得不偿还一些紧急债务。他想知道，你有没有为他卖出去什么作品。由于手头拮据，他准备进一步降低画的价格。

---

[1] 保罗·高更（Paul Gauguin，1848—1903），法国后印象派艺术家。梵高和提奥在波尔捷的画廊看到高更在马提尼克岛所作的作品，非常欣赏。1887 年 11 月，高更来到巴黎，与梵高兄弟成为朋友。

可怜的高更时运不济。我非常担心，在这种情况下，他的康复期会进一步延长。我对他的困境深表遗憾，尤其是现在，他的健康受到了损害。他缺少吃苦耐劳的品质；相反，这会击倒他，会毁了他的工作。上帝呀！我们还能见到拥有健康身体的艺术家吗？

他说，在折磨人类的所有痛苦中，没有什么比缺钱更让他恼火了；然而，他觉得自己命中注定要永远沦为乞丐。唯一的办法就是给拉塞尔写信。毕竟，我们已设法让特斯泰格购买了高更的一幅画。可接下来怎么办？你愿意冒险为公司买下他的那幅海景画吗？如果可能的话，那他暂时还是安全的。

我坚信胜利终将到来，但艺术家自己能从中受益吗？如果有人认为会产生更为幸运的一代艺术家，那也能带来一点安慰。

现在说说里德[1]，那位英国画商。如果说我们从来没有从他的熟人那里得到过任何好处，那就太不公平了，因为他送给我们一幅非常精美的图画。他抬高了蒙蒂塞利作品的价格，因为我们拥有 5 幅，这些画的价格也上涨了；在最初几个月，

[1] 亚历山大·里德（Alexander Reid，1854—1928），格拉斯哥的艺术品经销商，从 1886 年起在布索与瓦拉东公司工作。

他是个很好的伙伴。

我们试图让他做比蒙蒂塞利的作品大得多的生意；我们对那位已故画家感兴趣，只是从金钱角度出发的，因此，我们对他的诚意是毫无疑问的。但是，只喜欢图画还不够；在我看来，里德对艺术家似乎没有感情。至于印象派画家，如果我们要保持当家作主的权利，就应该由你来代理，将他们介绍到英国去，这样做才公平。

但你还需要得到公司里其他员工的支持。你必须立即告诉特斯泰格，可以很容易地在荷兰卖出50幅左右；此外，他自己也应该买几幅，因为安特卫普和布鲁塞尔的人已经在谈论这些作品，过不了多久，阿姆斯特丹和海牙的人也会谈论的。

特斯泰格在英国做生意如鱼得水，我认为他应该已经开始在英国举办印象派画展了。应该把里德的事告诉特斯泰格，让他知道他在英国的生意有一个竞争对手，而我们宁可让他来做——虽然这事与我无关，但是与你和特斯泰格所属的布索与瓦拉东公司[1]有关。

---

[1] 1884年，阿道夫·古皮退休后，古皮公司由莱昂·布索和勒内·瓦拉东接手，改名为布索与瓦拉东公司。1881—1890年，提奥是蒙马特大街分店的经理。

把艺术家们联合起来会更容易实现，因为特斯泰格不反对我们把艺术家的利益放在心上，最重要的是我们提高印象派图画净价的愿望。在英国，问题的关键在于：艺术家们要么以极低的价格把自己的作品卖给那里的画商，要么联合起来去挑选不会欺骗他们的聪明代理商。我们现在必须大胆地说出来，你不这样认为么？梅斯达格和其他人则必须停止对印象派的嘲笑。

要是特斯泰格能主动地把印象派介绍到英国就好了，他自己必须先看到大量印象派画家的作品。向他提议，由你带着他去各地画室逛一逛，他将会看到，明年人们还会继续谈论这个新的画派。

如果特斯泰格不愿意，我们还可以让里德或维塞林去做英国代理商。但无论如何，假如维塞林承担起这件事，特斯泰格马上就会责备你："先生，在你开始做印象派画作品生意时，为什么要把雇用你的公司蒙在鼓里呢？"

特斯泰格身上有一种气质，能够让收藏家信服于他。如果能听到你设法说服了特斯泰格的消息，我将会非常高兴；但我们一定要有耐心。

你对威廉皇帝去世的消息怎么看？这是否会加剧法国的局势，巴黎会保持平静吗？这一切会对艺术品生意产生什么影响？似乎有些人想要废除美术作品进入美国的关税。

让画商和收藏家同意把印象派画家的画作买下来还是比较容易的，或许更困难的是让艺术家同意平分所卖画作的收益。但艺术家最好的做法还是联合在一起，将画作交给协会，并分享销售的收益，这样协会就至少能够保证其成员的生计和工作。

如果德加、克劳德·莫奈、雷诺阿、西斯莱和C. 毕沙罗主动说："你看，我们5个人每人出10幅画，并且我们每年都这样……我们也邀请你们，吉约曼、修拉、高更、伯纳德、安克坦、洛特雷克、梵高，你们这些'小林荫道的画家们'[1]加入进来……"

这样，"大林荫道"的那些伟大的印象派画家们将会保持他们的声望，其他人也不会再责备他们，说他们独占通过个人努力和个人天才所获得的声誉与优势，他们的声誉反而会日益提高，并通过全体画家的图画而得到支持和实际维护。因为迄今为止，后面这些画家一直在乞讨般的境遇里作画。

---

[1] 1887年11—12月，梵高在巴黎克利希大街的一家餐厅组织过一场"小林荫道"画家的展览，展出包括安克坦、伯纳德、科宁、洛特雷克以及他自己的画作。在此之前，梵高在科尔蒙的画室与安克坦、洛特雷克和伯纳德相识。梵高希望让修拉和西涅克加入这个团体，但安克坦和伯纳德对点彩主义并不感兴趣，希望开辟一种新风格，即深受日本浮世绘影响的"分离主义"。因此，这个团体最终只有这样一次展览。

周六晚上，我接受了几个人的来访，有两个业余艺术家、一个销售绘画材料的杂货商和一个地方法官。

我结识了一个丹麦艺术家穆里耶-彼得森，他前段时间在拉斐特大街观看了印象派画展。我现在晚上有伴了，因为他是个正派人；他的作品枯燥乏味，正确无误，画风胆小，但是在艺术家年轻聪明的时候，我并不反对这样做。他读过左拉、龚古尔和莫泊桑的作品，他很有钱，生活阔绰。

你收留了年轻的科宁，这是一件很好的事情，我很高兴你在公寓里不会再感到孤单。在巴黎，一个人总像被套上马嚼子、拖着出租车的马一样，如果再让他单独待在马厩里，那就太过分了。吃早饭的确对你有好处；我在这里自己做，每天早晨吃两个鸡蛋。我的胃很虚弱，但是比在巴黎的时候已经好多了。

今天早上，天终于放晴了。同样，我也有机会了解什么是“密史脱拉风”[1]。我在附近乡间散过几次步，但是在这样的风里，什么事都做不了。天空是深蓝色的，明亮的太阳几乎融化了所有积雪，风很冷，很干燥，冷得你浑身起鸡皮疙瘩。不过，我看到了很多美丽的东西——在长满冬青树、松

---

[1] 一种从法国南部吹向利翁湾的又猛又冷的密史脱拉风，风速经常超过 66 千米 / 小时，冬春多见。

树和灰色橄榄树的山上，掩映着一座废弃的修道院。

我刚完成了一幅画，很像L. 毕沙罗手里保留的我的那幅画，不过这次画的是橘子。迄今为止，加上这一幅，我已经画了8幅画。不过这一幅真不能算数，我还从来没能在任何舒适、温暖的环境里作过画。我希望这项工作现在能够稳步推进。一个月后，我就能给你寄去第一批画，我只想把最好的画寄给你。

今天，我带回一幅油画，画的是一座吊桥，桥上有一辆小推车，在蓝天的衬托下显得轮廓分明；河水也是蓝色的，河岸是橘黄色的，草地是绿色的，河边有一群穿着罩衫、戴着五颜六色帽子的洗衣妇女。我还画了另一幅风景画，画的是一座乡村小桥和更多的洗衣妇女；还有一幅画的是车站附近的梧桐树大道。

老伙计，我觉得自己仿佛是在日本。我没有言过其实，然而，我还从没见到过如此平凡而壮观的景色。这就是为什么我并不绝望，尽管我为现在花费很大、作品没有价值而感到烦恼。我在这里看见了新事物，我在学习；如果我进步得慢一点，我的身体是能够吃得消的。我必须达到作品能超越消费的水平；我承认做什么事都不成功，但我正在进步。

到目前为止，你还没有抱怨我在这里的花费，但是我要提醒你，如果我继续以这样的进度工作，我将很难应付。我花在颜料和画布上的钱，比花在自己身上多得多。一旦能够支付包装费和运输费，我就把这些画寄给你。目前我身无分文了。

我很想知道，你对我的第一批作品有什么看法，那批作品中至少有 10 幅油画。

我给你寄去一份颜料订单；如果你去塔塞颜料店订购，请告诉他们，我希望折扣至少抵得上运输费。另外，请你向老塔塞打听一下他店里卖的油画布的最低价格，好吗？

我一直在杂货店或书店购买颜料和画布，但我想要的东西，那里并不是应有尽有。这里的颜料商能为我制作吸收性强的画布，可他做得太慢；在我等待一张吸水画布期间，我已经用不吸水画布完成两幅画了。鲜花盛开的季节很快就要结束了，大家都很喜欢这样的题材。

如果你的经济压力太大，我就着手画一些素描。你千万不要自寻烦恼；这里有很多事情可做，跟在巴黎时不一样。在巴黎，不是你想在什么地方坐就可以随便坐下的。

将在独立沙龙展上展出的两幅蒙马特尔高地的大型风景画，请尽量做到最好，我对今年参展的作品怀有更大期待。非常感谢你为独立沙龙展所尽的一切努力。

虽然这一次并不是最重要的事，但将来把我的名字收入参展名录时，应该按照我画布上的签名，写成“文森特”，而不是“梵高”。原因很简单，他们不知道这个名字最后一个字的发音。

你购买了修拉的作品，我向你表示祝贺！你一定要设法用我寄给你的那些画同修拉进行一次交换。洛特雷克那幅一个女人在咖啡店小桌上头倚着肘部的作品，是否已经完成了？

糊涂的特斯泰格给你写信了吗？

现在的每一天都很好——不是指天气；相反，连续刮风3天之后，才能等到平静的一天，但是果园开花了，正是画油画的时候！大风给我造成很大困难，我还是努力把画架固定在地上，顶着大风作画。

我一直在果园画油画——长满紫丁香的耕地，芦苇做的篱笆，蔚蓝色的天空下有两棵玫瑰色的桃树——这也许是我画过的最美风景画。

我刚把画带回家，就收到表妹[1]从荷兰寄来的追悼莫夫的通知。我一下子被什么东西（说不清是什么）给攫住了，

---

[1] 阿里耶特·莫夫-卡本图斯（Ariëtte Sophia Jeanette Mauve-Carbentus，1856—1894），莫夫的妻子，梵高母亲妹妹的女儿。

喉咙也像被堵上了，于是，我在画布上挥笔写道：

悼念莫夫
文森特与提奥

如果你同意的话，就以我们两人之名把画寄给莫夫太太。不知道国内的人会怎么评价这幅画，不过那无关紧要。

在我看来，追悼莫夫的一切东西都必须既温柔又欢快，每幅画都不应带有过于悲伤的色彩。

哦，不要以为死者已逝：
只要这世上还有人活着，
死者就活着，死者就活着。

这就是我现在的感受。再没有什么事比这更让人难受了，他的死对我是一次沉重打击。

祝贺你收到特斯泰格的来信；我认为这绝对令人满意。他是否已考虑到，一旦印象派画家的作品价格上涨，现在定价很高的图画就会随之贬值？出于策略方面的原因，经销昂贵图画的画商们一直抵制新画派的出现，尽管这个画派多年来已经显示出堪比米勒、杜比尼及其他画家的能量和毅力，结果他们自己害了自己。

特斯泰格说，他准备买一幅蒙蒂塞利的佳作自己收藏。如果告诉他，我们收藏了一幅比迪亚画得更美、价格更低的一束鲜花的作品，你觉得怎么样呢?

他曾写信对你说，“给我寄几幅印象派画家的作品，但只寄你认为最好的画”；因为你在那批画中寄去了一幅我的作品，我发现自己处在一个很不容易的境地，我不得不说服特斯泰格，我实际上是一个真正的“小林荫道”印象派画家，而且我打算一直这样。

嗯，他的收藏品中将会有我的一幅画，是有一辆黄色小推车吊桥那一幅。相信我，特斯泰格不会抵触那幅画的。我已经下决心，要把它和悼念莫夫那幅画迅速运到荷兰。

我一直在想，我们必须在荷兰做点什么。我们对海牙有很多回忆，假设我们给海牙的现代博物馆寄去独立沙龙展上展出的那两幅蒙马特高地的风景画，妹妹薇尔那里也应该寄去一幅。最近这几天，我也不知是什么原因，想到莫夫、魏森布鲁赫、特斯泰格、母亲和薇尔，我就深受感动，这就坚定了我的想法：应该到那里去画几幅画。之后我会忘掉他们，今后只想“小林荫道”的事。

我很想知道，一年之后结果会怎么样。我希望到那时，我不会再因为发病而烦恼了。目前，我的身体很糟，不过我并不担心；这是去年冬天的后遗症，毕竟那一次病得不轻。我的血液又恢复正常了，这是一件大好事。

这个月，对你和我来说都会很难。我用掉了大量颜料和画布，但愿这不是浪费金钱。如果你能够应付，我们就能最大限度地利用好正在开花的果园。我现在开头不错，一定要画上十多幅。每 4 张画布也许能成功画出一幅油画，就像寄给特斯泰格或莫夫的画那样，我希望这些画对交换有用处；我希望毕沙罗有朝一日能跟我们作交换。

今天天气晴朗。早上，我在李树园里画画，李子树黄白相间，长有成千上万根黑色树枝。突然间刮起一阵大风，李子树上所有的小白花都在闪闪发光。

我在一座翠绿的小果园里画了一组杏树——一种浅玫瑰色的杏树，它和玫瑰色桃树那幅画一样好看。你会看到，玫瑰色桃树画得很有激情。

对于一个人在野外画油画的这种做法，人们会怎么说呢？吃过晚饭后，我开始为你画特斯泰格想要的同一幅画《阿尔勒的朗卢桥》。如果我能学会在新鲜画布上画油画写生，那么从销售的可能性而言，应该有利可图。

你告诉塔塞必须进一点天竺葵红色，你做得对。在我订购的所有颜料中，有 3 种颜色（橙色、黄色、柠檬黄）和普鲁士蓝、翡翠绿、深湖红色、孔雀石绿、铅橙色，几乎没有一种颜色可以在荷兰人的调色盘上找到，包括马里斯、莫夫和伊斯拉埃尔斯。它们只能在德拉克洛瓦的画中找到，他非常喜欢用两种深受诟病的颜色——柠檬黄和普鲁士蓝，我认为他用这些颜料画出了一流的作品。印象派画家认为时尚的所有色彩都不稳定，因此更有理由大胆使用这些颜料；时间会使这些颜色变淡，结果就能恰到好处。

我很遗憾后来没有再向老唐吉买颜料，倒不是说这样做有什么好处，而是因为他是个滑稽可笑的老人。我常常想起他，见到他的时候，别忘了代我向他问好；告诉他，如果他的橱窗里需要画作，他能从我这里得到，而且肯定是最好的。

哦！我越来越觉得人民才是万物之源。我觉得自己脱离了现实生活，虽然这种想法令人悲哀——我的意思是，有人性的工作比油画或石膏画更有价值，养孩子比画画或做生意更有价值——当我想起我还有像你一样在现实生活中的朋友时，我就觉得自己还活着。

你会说，在这种情况下，没有艺术和艺术家反而是一件好事。乍一看这样说也对，可是希腊人、法国人和古代荷兰人都接受了艺术；我们看到，在经过难以避免的衰退期后，艺术总是能重新焕发生机；我也认为，蔑视艺术家和他们的艺术对任何人都没有好处。目前，我的作品是不值得你对我这么好的，一旦等到它们值得的时候，我就会坚持说，这些画是你和我创造的，是我们共同创造了这些作品。

你对画家很友善。我告诉你，我越想越觉得，没有什么东西比爱别人更具有艺术性。如果一个人做的是前途无量的事，如果一个人明白美术工作有自身的重要规律，美术工作有延续性，那么他工作起来就会更加心境平和；因此，你就更有权利获得那种宁静。

正因为重要的是人心所向，它是一切商业活动的核心，所以我们必须在荷兰建立各种关系，或者说恢复各种关系；更重要的是，就印象派画家的事业而言，虽然我们还有小小的担忧，但我们一定会胜利的。

我正在读莫泊桑的《两兄弟》，已经读了一半，这是一本好书。莫泊桑在序言中宣称，艺术家有夸张的自由，有在小说中创造一个比现实世界更美丽、更简单、更令人安慰的世界的自由。他进一步解释了福楼拜下面这句话的含义，后者说“天才是长期的耐心，独创性则是一种意志和敏锐观察的努力”。

我相信一种新的色彩艺术、设计艺术和艺术生活的绝对必要性。如果我们怀着这样的信念去工作，在我看来，希望才有可能不会落空。

我收到一封伯纳德的来信，信中有几首他写的十四行诗，有些诗行真的不错。他居然能写一首十四行诗，我几乎要妒忌他了。

我正在画自己想复制的两幅图画。粉红色桃树那一幅给我造成了很大麻烦。我刚画了一棵小梨树——紫色的地面，背景是一道墙，墙上有笔直的杨树和一片蓝天；紫色的树干和白花，一簇白花上有一只黄色的大蝴蝶。这是在两幅横幅油画之间画的一幅立式油画，这样就有 6 幅果园开花的油画了；我还希望再画 3 幅，以同样的方式相匹配。我每天把它们挂在一起，努力为它们润色。

好了，我为你准备的果树开花装饰方案的细节，现在你已了解。我想画一幅快乐得令人惊叹的普罗旺斯果树园，我还必须画一幅星空与柏树。这里的夜晚有时美极了。我一直在努力工作，我还要画大量素描，因为我想按日本版画的方式来画一些素描。

这里的空气对我很有好处。我希望你也能到这里来呼吸新鲜空气；它对我造成了非常滑稽的影响：一小杯白兰地就让我晕乎乎的，所以我也不再需要使用兴奋剂来促进血液循环。

我想我能够向你保证，我在这里画的画要比去年春天在阿涅尔乡下画的画更好。我希望今年能取得很大进步，我确实需要这样做。果园这些画和《阿尔勒的朗卢桥》将成为系列组画中的第一组。它们现在正放在一个有遮檐的露台上等着晾干。

我认为卡恩说得很对，我没有充分考虑明暗对比，但过一会儿他们的说法就变了——而且说得同样正确。

要同时画出色差与色彩效果是不可能的。泰奥多尔·卢梭做得比别人好，但随着色彩的融合，时间一长就会造成深调子越来越深，以至于他画上的色彩现在都无法辨认了。你不可能同时出现在北极和赤道上。

我刚给你寄去一卷小幅的钢笔素描，我想得有 12 幅。这些素描是用削尖的芦苇秆画出来的，就像你做鹅毛笔那样。你知道它们必须用来做什么——用 6、10 或者 12 幅做成素描集，就像日本的原始素描集一样。我非常想要这样的一种书，一本送给高更，另一本送给伯纳德。

布索与瓦拉东那帮人的所有言论都表明，印象派的影响还不够大。我立即中断了绘画。我对自己说，跟这些人吵一架就意味着你必须减少我的开支。令我高兴的是，我相信有可能以一种比画油画更低的成本来制作一件艺术品。

我有时非常不安，生怕你会因为瓦拉东那帮人带给我们的烦恼中了他们的圈套。不过我赞成斗争到底。在我看来，如果他们先同意你休假一年以恢复健康，那么他们对你的要求就是很合理的。你想让我和你一道去美国吗？不过，我倒宁愿看到你从布索与瓦拉东公司独立出来，自己从事印象派画家作品的生意，而不是带着那些人的昂贵图画，去过一种四处旅行的漂泊生活。

在你进城的时候，你在广场草坪的素描画中会看到一幅画在黄色纸上的速写，还有后面的一座建筑物。我今天租下了这座建筑物的右翼，总共有 4 间屋——确切点说，是带小间的两个套房。外墙被漆成了黄色，内墙被粉刷过；我以每月 15 法郎的价格租了下来。

我感到很烦恼，只要还住在现在这家旅馆里，就摆脱不了。这里的人总要我出高价购买每一样东西，借口我存放作品占用了比其他客人更多的空间。

我现在的想法是，在这座房子的底楼布置一个房间，这样就可以在那里睡觉了。这将成为我在南部全部活动的画室，只要它继续存在，我应该能免遭所有旅店老板的算计；那些诡计是毁灭性的，让我很痛苦。假如你离开了那些大人物，我就得设法让自己的生活费用不超出每月 150 法郎；目前我还做不到，但两个月后我安定下来了并有了永久性画室，如果需要的话，我还可以为另一个画家提供住宿。外地人在这里受到盘剥，从本地人的角度来看，他们是正确的；他们认为尽其所能得到一切是他们的义务。

既然我必须搬家，我现在就去马赛好吗？我可以去那里画系列海景画，就像在这里画开满鲜花的果园一样。到了马赛，我会找一个窗口展示印象派画家的作品，我把这看作自己的分内之事。

如果不行，那么从现在起通信地址改为：拉玛丁大街 2 号。

决定采取一个明确的步骤，让我感到非常痛苦，我提醒自己，我在海牙和尼厄嫩都曾想建一间画室，后来的结果都很糟；你试想一下：黄色的外墙，白色的内墙，阳光普照，这样我在明亮的室内就能看见自己的画布。

你听起来会觉得好笑，卫生间就在隔壁一家大旅馆里，旅馆也属于同一个房主。在一座南部小城里，我觉得自己无权抱怨这一点，因为这样的布局并不多见。卫生间很脏，让人情不自禁地把它看作滋生细菌的场所。

我们会推迟进行任何维修或装修，这样将会更明智，特别是因为如果这里夏天发生霍乱，我还可以到乡下去宿营；现在要做的，只是去那里睡觉。我昨天去了家具店，看能不能从那里租一张床；不幸的是，他们不出租床，甚至拒绝以按月分期付款的方式出售。经过深思熟虑后，我认为最好的办法是买一张地毯和床垫，在画室里铺一张床，因为夏天天气很热，这样就足够了。我会在墙上挂几幅日本图画。

伯纳德刚来信告诉我，他也弄到一套房子，而且不用花钱。运气真好！

我并不认为前途黯淡，但我确实看到它充满了困难。我有时问自己，这些困难会不会把自己压垮，尤其是在身体虚弱的时候。上周我牙痛得厉害，不得不违心地浪费时间。要不是因为这该死的身体，我什么都不怕。这里的酒不好，不过我很少喝。结果就是这样：因为吃得少，喝得少，所以我很虚弱。

你知道，要是我能喝到真正的浓汤，马上就会对身体有好处；可是我永远得不到自己想要的东西，即使对一般人来说是最普通的东西。

——可是煮土豆不是不难吗?

——不可能。

——米饭或意大利面条呢？

什么都没有了，要么就是被油脂弄乱了，要么就是他们今天没有做，然后他们会解释说，那是明天的菜，现在没有地方放，等等。这很荒谬，可这是我健康状况一直如此的真正原因。

我很可能会与人分享新画室，我喜欢这个主意，这样就可以自己做饭了。

离开巴黎之后，意外打击确实使我走上了正路。我后来也为此付出了代价！在我停止饮酒、停止吸烟的时候，在我开始重新思考而不是尽力不去思考时——天呀，这多么令人沮丧和绝望啊！在如此美丽的自然环境中作画有助于激发斗志，但即使是现在，有些努力对我来说还是力所不及的。

你是否意识到，我宁愿放弃画画，也不愿看到你为了挣钱而牺牲自己？如果你理解得透彻，那么“为死亡作准备”这个基督教观念就是没用的——难道你不能以同样方式看出，如果涉及自杀，自我牺牲、为他人而活就是错误的吗？如果那样的话，你实际上是把自己的朋友变成了杀人犯。

所以，如果事情发展到这种地步，以至你出差在外时心绪不宁，我就不会再有恢复思想平静的任何愿望。好吧，如果你同意这些建议，就让布索与瓦拉东公司那些人重新接受我，发给我原来的工资，你出差时把我也带上。人比图画更重要，我绘画遇到的麻烦越多，那些画本身就越让我觉得冷漠。我努力画画的原因，就是为了成为艺术家群体中的一员。

只要你在乡下生活一年，有了大自然、纯净的空气和温暖的阳光，格鲁比的治疗就会容易得多。我希望你身边有一个比那个荷兰人更自然、更热情的人。科宁是比大多数人好，但我希望你在法国也能有一些朋友。

我在这里过得很好，因为我有自己的工作，有这里的自然环境；假如没有这些，我会非常难受。如果你那里的工作对你有吸引力，如果印象派运动继续下去，那将是一件好事。因为孤独、焦虑、困难、对善良和同情的需要得不到满足——这些都是难以忍受的；悲伤和失望的心理痛苦比体力损耗更能伤害我们——我说的是我们，因为我们是失败思想的快乐拥有者。

我找到一家更好的餐厅，花一个法郎就能吃上一顿好饭，对我立即产生了效果。我现在好多了，血液循环好，胃也能消化了。使我身体变差的主要原因是糟糕的食物，还有酒，那是常规的毒药。

这里现在刮起了大风和密史脱拉风，虽然阳光照耀，但是 4 天中有 3 天在刮风，使我难以去野外写生，所以就画了十来幅小素描。我已经寄给你了。

拉塞尔的朋友麦克奈特来看过我。我也要去看他和他的作品，迄今为止，我没有看到过别人一幅画。他是个美国佬，可能比大多数美国画家画得好一些，但他终归是个美国佬。我收到拉塞尔的来信，他买了一幅吉约曼的画、两到三幅伯纳德的画。让我非常高兴的是，他在信里还提出与我交换作品的建议。

我认为在这里画肖像画能找到一些事做。在我敢走上这条路之前，我首先要让自己的神经更加稳定，还要安顿下来，这样我就可以在画室里接待客人。

这里的人对绘画总的来说一无所知，但他们在生活方式上比北部人更有艺术气质。我在这里看到的人，与戈雅或委拉斯开兹笔下的人物一样漂亮。她们会在黑色连衣裙上别一朵玫瑰花，或者把衣服设计成白、黄、红 3 种颜色，要么设计成绿色和玫瑰色，或者蓝色和黄色；从艺术的角度来看，这些衣服无须再进行什么修改了。修拉会在这里发现一些非常独特的男人形象，尽管他们穿着时尚。

这是古老街道上的一座脏兮兮的小城。关于阿尔勒的女人，可以谈论的地方太多了（有很多可谈，不是吗），她们不再像以前的样子，因为她们颓废堕落了，但这并不妨碍她们长得很美——我说的是古罗马风格那种美，相当无聊和平庸。然而，有多少例外啊！

有些女人像弗拉戈纳尔和雷诺阿画里面的女人，还有一些女人，你无法用油画里描绘过的任何人来标记，所要做的就是画出各种各样的妇女和儿童肖像。但我不认为我是做这件事的合适人选，因为我还不够优秀。假如有一个油画界的莫泊桑来轻松描绘这里的美人和事物，我将非常高兴。

至于我，我要继续工作。在我的作品中，总会有一些东西是永恒的。我希望今后其他艺术家会在这个可爱的国家崛起。我无所畏惧，但我会永远热爱这一带农村。它很像日本艺术；一旦你喜欢上它，就再也不会回头。我相信，这一带的自然环境确实需要有人画下来。

未来的画家将是前所未有的色彩画家。马奈正在朝这个目标努力，但印象派画家的色彩已经比马奈更强。我认为我的感觉是正确的，我们必须尽力朝着这一目标努力奋斗，不怀疑，不动摇。

很高兴你卖了一幅德加的作品。你在克劳德·莫奈的画里能看到一些可爱的东西。克劳德·莫奈在风景画方面独占鳌头，谁会是人物画里的莫奈呢？你会认为，比较之下，我寄给你的那些作品就相形见绌。目前，我对自己不满意，对自己的作品也不满意，但我还有一线希望，希望自己最终会画得更好。

当我想在旅馆结账时，我又有了一个被骗的证据。我提议协商解决，可他们不愿听；当我拿走自己的东西时，他们又不让。

我欠他们 40 法郎，但我预付了 57 法郎 40 生丁；可我在收据上写明了，支付这笔钱只是为了收回我的财产，超出的那笔钱应通过地方法官扣回来。我不肯定一定会赢，但我无疑有权扣回来。所以你看，我不敢买床垫，只能去别的旅馆睡觉。我想请你给我足够的钱，让我去买一张床垫。

这件事非常令人讨厌，它使我在工作中心烦意乱，而现在的天气又很好。很遗憾没有早点拿到这间画室，要是用那些人从我这里讹去的余钱，画室现在已经该装修好了。但它终将是最好的，因为这一切促使我作出了这个决定。首先，我有段时间完全专注于画画；后来我累得精疲力竭，又病得厉害，所以对事情就听之任之。当我因为生病而向他们要更好的酒的时候，他们就算好账单了。

经过这一切之后，我几乎身无分文了。我买了些东西，准备在家里做点咖啡和汤，还有两把椅子和一张桌子，还有三件结实的亚麻衬衫和两双很结实的鞋。我认为我现在已很好地表达了我对坏运气的敬意，先做总比后做好。到了年底，我将会变成另一个人。我应该有一个属于自己的家，平静地恢复我的健康。我相信，我很快就会在画架上看到几幅新的油画。只是，一个人辛勤劳作，却眼睁睁看着自己的利润落入自己讨厌的人手中，这让人非常沮丧。

我把所有写生全部装进一只箱子寄给你，已销毁的几幅除外，所有的写生上都没有签名，有 12 幅是从内框里取出来的，还有 14 幅在内框上。

你在箱子里首先发现的，是我为莫夫太太和特斯泰格画的画。如果你认为特斯泰格会因为收到这幅画而生气，认为我最好别和他发生往来，那这幅画就由你自己留着。你可以擦掉赠言，拿到人群中去换一点东西，抑或你从其他写生中发现了更适合他的写生，也可以用没有赠言的一幅取而代之。也许送他一幅没有赠言的画会更好，假如他不想要我的作品，他就可以装作不知道这是一件赠品，然后什么也不说，把它寄回来就是了。我送他一幅画是为了表明，我对这一事业怀有热情，我也感激他收下这幅画。

要是你能把最好的画挑出来放在一边，并把这些画看作我对你的回报，那么，我会以同样的方式让你获得价值 1 万法郎的作品；当那一天到来时，我会更加高兴。

如果我们敢相信印象派画作的价格还会上涨，一定要多画这种画，要更有理由默默关注作品的质量，不要浪费时间。经过几年的努力后，我们也许能弥补过去的不足。我还远未达到那一高度；但我觉得，在这样的环境中，每个人都需要做好每一件事。如果我不能成功，那将是我自己的错。

至于画框，我想那两座与蓝天相映成趣的黄桥很适合人们称之为宝蓝色的深蓝画框，白色果园那一幅适合无光泽的纯白色的画框，玫瑰色果园那一幅适合暖色的乳白色画框。

我希望寄出去的画能够比特斯泰格先到巴黎，我很想知道你对我寄去的作品作何评价。如果其中真有一些写生画得很差，就不要给别人看！

你愿意做些让我高兴的事吗？我的丹麦朋友周二动身去巴黎，他将给你捎去两幅小画，我想把它们送给阿涅尔的布瓦西埃伯爵夫人，她住在伏尔泰大道。你愿意亲自替我把画转交给她并告诉她我希望今年冬天再见到她，即使在这里我也没有忘记她吗？我去年送给她们（她和她女儿）两幅小画。我希望你不后悔认识了这两位女士，她们是很好的一家人。

我已拿回 12 法郎，旅店老板因为私扣我的行李而受到训斥。他要是赢得官司，我就会受到伤害，因为他会到处散布流言，说我不交房租；现在他说他情绪失控，不是有意要侮辱我。我个人认为他就是想这样做，我受够了他的破屋子，他又没法留住我，情况就是这样。我认为自己毕竟是个工人，而不是前来消遣的外国游客，如果我任由自己遭到那样的剥削，那就太软弱了。

我还没能同家具店老板谈妥。我看上一张床，比我想象的更贵。我觉得在花更多钱买家具之前，我必须多做些工作。我又买了几件亚麻布衬衫，因为我很缺穿的。

我画了两幅新写生：公路边麦田里的一座农场，一片长满黄色毛莨的草地，一道满是绿叶、开满鸢尾花和紫色花朵的沟渠，背景是城镇、一些灰色柳树和一片蓝天。如果草地里的草没被割掉，我还想重画一幅，因为景色非常漂亮，我很难把握好构图。在开满黄花和紫色花的乡村中央出现了一个小镇，你想象不到吧？正是梦寐以求的日本风光。

我又画了一座桥，位于公路一侧。这里的许多题材在特色上与荷兰完全一样，区别在于色彩。阳光所到之处，到处是硫黄色。

我们见到过雷诺阿画玫瑰花园的一幅美丽油画。我期待着在这里找到同样的题材，果园里鲜花盛开时的确如此。现在，事物的外貌发生了变化，变得更粗糙了，但依旧是一片蓝绿色！我得说，塞尚有几幅风景画很好地诠释了这一切。

随着我的血液循环一点点加快，成功的想法也加快了。我对自己的激情不再感到那么烦扰，而且可以更平静地工作。我可以独处而不沉闷，看待事物的方式已不再那样老套，但并没有变得更伤感。

情况就是这样，今后也会这样，并且会时不时在艺术家的生活中反复出现——对现实生活的极度渴望永远也无法实现。有时，你根本不想全身心投入艺术，也不会因为艺术而好起来。你知道自己是一匹拖出租车的马，你会被套上那辆古老的马车；但你宁愿住在阳光照耀、河流蜿蜒的草地上，与别的马匹为伴，跟它们一样自由。

如果要寻根究底，我的心脏病也许就是因此而起，但我也不会感到惊讶。我不会反抗环境，也不会屈从于环境。我的病因环境而起，现在未见好转，也很难说有什么确切的治疗方法。

我不知道是谁把这种情况称作死亡与不朽的。你拖的这辆马车必须对人们有用，即使你不认识他们。所以，如果我们相信新艺术，相信未来的艺术家，那么信念就不会欺骗我们。善良的老柯罗在临死前几天说，“我昨晚梦见了玫瑰色的天空风景”——噢，那些玫瑰色的还有黄色和绿色的天空，都融入了印象派的风景画中，它们不是都出现了吗？所有这一切都表明，你觉得要发生什么事情，这些事就真发生了。

我们并不觉得自己快要死了，但确实感到我们都是无足轻重的人。为了成为艺术家链条上的一环，我们付出了青春、健康和自由的高昂代价，我们没有从中享受到任何乐趣，我们只是拖车的马，载着一车人出去享受春天的美景。

有一门未来的艺术，它会非常可爱、非常年轻，即使我们为了它而放弃青春，也只有在平静中才能获得。也许写这些东西很傻，但这是我的感受；在我看来，你像我一样，一直在苦苦挣扎中眼看着自己的青春像过眼云烟一样消逝；但如果青春在你的工作中复活，你就没有失去任何东西，工作能力就是第二春。

我想在这里建一个小小的隐居场所，让在巴黎拉车的几匹可怜的老马（你和我们的几位朋友，可怜的印象派画家）感到太累时，有一个外出吃草的地方。

我收到高更的一封来信，他说他收到了你的信和信里的50法郎，这令他大为感动。他看起来很沮丧。他说，根据以往的经验，他知道当他和朋友拉瓦尔在马提尼克岛的时候，他们相处得比单独过要好得多，因此他乐于接受住在一起的好处。我个人认为，高更现在拥有的最可靠的资产是他的油画，他能做的最好的生意是他自己的画作。

你知道吗，我认为可以建立一个印象派画家协会，在它存续期间，我们可以勇敢地生活和创作，收益和损失由大家共同分摊。我希望坚持我在去年冬天的观点，那时我们谈到了艺术家协会。这并不是说我对实现这一计划仍然抱有强烈的愿望或希望，而是因为这一观点是经过深思熟虑的，所以我必须坚持自己的立场。假如明天高更带着 10 个银行家来，要我出 10 幅画给画商协会，我不知道自己是否有信心给他们，不过我愿意给艺术家协会 50 幅。

艺术家的艺术，这是一场革命！主啊，主啊！也许这是乌托邦，如果那样，情况对我们就更糟了。我觉得生命如此短暂，过得如此之快——好吧，作为一名画家，我还得继续作画。如果你不能寄钱给高更，让他继续在布列塔尼画画，也不用寄钱给我，让我继续在普罗旺斯画画；但你可能会认为这个主意不错：让我们共享一笔固定费用（比如每月 250 法郎），每个月除我的画作外，高更再寄给你一幅他的画作。

接受高更会是一个巨大风险，我们必须把帮助他看成一件长期的事。卖几幅油画拯救不了高更，也拯救不了我；印象派作品要有稳定价值可能还需要很多年。但我相信高更和其他艺术家会取得胜利；同时，他也有可能像梅里翁那样，因为沮丧而崩溃。他不画画真是可惜了，他有那么好的天赋。

如果高更到这里来，除了旅店费和旅行费，他还得向医生支付医药费，所以费用会很高。我们必须买两张床和两张床垫。

我认为他应该把还债的事缓一缓，适当留下一些画作；为了去巴黎，我当时也不得不这样做。我损失了很多东西，但不管怎样，走出来总比停在原地要好。所以我写了信，虽然我几乎没有时间，因为我的画架上有两幅油画要画。

假如托马斯知道了我们联手结盟的事，他也许会从高更那里买几幅作品；如果拉塞尔什么都不买，那是因为他不能买。我告诉他，如果我冒昧地逼着他买，那也不是因为他若不买，别人也不会买，而是因为高更病了，这一切给我们造成了很大压力。

我很想知道高更会怎么办，但是要冒险说服他来——这不行。如果他宁愿再去做生意，如果他真希望在巴黎做点事，让他去做就是，我当然不想限制任何人。如果他想要冒这种险，我也不愿阻止他。也许他更有责任去做一件事，一件能带来足够收入让他重新承担起家庭责任的事情。但我认为，他来这里是明智之举。

最糟糕的是这次该死的旅程；假如我们说服了他，事后事情又不合他的心意，我们就会陷入进退维谷的境地。

总而言之，特斯泰格的来访与我的预期完全不一样。我不想有所隐瞒，我对与他合作作了错误估算。

你知道，我一直认为，画家一个人过是愚蠢的，在自己身上花这么多钱也让我感到担心。要解决这个问题，唯一的办法就是找一个有钱的女人，或者找几个人和我一道画画。我没遇见这样的女人，但我见到了这样的人。我的个人愿望从属于他人利益，其他人能从我花掉的钱中获益。如果不把其他工作计算在内，你会感到满意的是，你可以接济两三个人，而不止一个人。

这将是一个协会的开端。伯纳德也要到南部来，他也会加入我们的行列，你将成为法国印象派画家协会的领导人。如果我能在召集他们这件事上起点作用，我愿意看到他们都比我好。高更说，当水手们必须挪动重物或起锚时，他们会一起唱歌以保持体力。这正是艺术家们所缺少的！

问题很简单：如果我四处找人来住，这是件好事吗？这对我和你有利吗？这对找来的人有利还是不利？我脑子里一直在考虑这些问题，但如果这些问题成为事实，就会与现实相悖。

我断定你想帮助高更，就像我自己也为他生病而难过一样。我们提不出更好的建议，其他人也不会这么做。

如果你先接受了高更，我会非常高兴。可以肯定的是，如果以给予高更的钱作为交换，我们以现有价格买下他的画，就不会有赔钱的风险。也许过些时候，我们在经济上就不那么困难了。

我在《不妥协报》上看到一则通告，迪朗-吕埃尔的画廊将要举办一次印象派画展，画展上肯定会有一些很好的作品。

祝贺你在自己的画廊里举办了一次莫奈作品画展；没能看到画展，我很遗憾。唯一能安慰自己没看到画展的方式，就是环顾四周，看到大自然中那么多美好的事物，以至于我根本没时间去想别的事。莫奈能在2—5月间画出10幅作品，真是太棒了。工作速度快并不意味着工作不严谨，这取决于一个人的自信和经验。

当然，看到这样的画展对特斯泰格没有坏处；他会来的，但正如你所想的，这已经太迟了。奇怪的是，他改变了对左拉的看法；据我所知，他对左拉曾经一个字都听不进去。唉，现在你和他在生意上的看法不一致，这真遗憾！但也只能那样；我想，这就是人们所谓的宿命吧。

我听说宾[1]正在举办一个日本画展。没能弄到另一批日本版画，我有时感到很惋惜，我唯一真正亏欠的是宾，我还有 90 法郎的日本画要付佣金。

今天我在这里买了一些颜料和画布，因为有现在这样的天气，我必须去画画。

我在马约尔山待了一天，一个少尉朋友和我在一起。我们一起去探索了古老的花园，还偷回来一些很好的无花果。要是无花果再大一点，就会让我想起左拉笔下的帕拉杜村——绿色的芦苇，藤蔓，常青藤，无花果树，橄榄，石榴和鲜艳的橙色花朵，百年古柏，破了一半的台阶，残破的窗户。

还有一天，我去了塔拉斯孔。但不幸的是，太阳太热，灰尘太大，我只好背着一个空口袋回来。

我一直在这里寻找非常美丽和有趣的题材，尽管担心费用，我还是认为南部的机会比北部的更好。我在南部看不到都德式的长篇大论和兴高采烈，相反，我观察到清雅的氛围和风度以及一种脏兮兮的随意性。尽管如此，乡下却非常美丽。

---

[1] 西格弗里德 · 宾（Siegfried Bing，1838—1905），德国艺术品经销商，主营日本及亚洲艺术品，后在巴黎开办“新艺术之家”（新艺术运动便得名于此）。

我今天给你邮寄去3幅素描。你可能会认为那幅画着农家院里的干草垛的画很奇怪，因为它是一幅匆匆画就的油画草稿。以“丰收”为主题的那一幅要严谨得多，也是我本周在第30张画布上作画的题材。除了那幅静物油画外，它超越了我所有的作品。

我必须设法获得在那幅静物画中得到的那种色彩坚实性。我想起了波尔捷过去常说的话，他拥有的塞尚的作品看上去似乎很平常，但如果把它们和别的画放在一起，就会让别的画黯然失色；他过去还常说，塞尚的作品在金色上处理得很好，这意味着色彩的色域很高。因此，也许我已经走上正轨，并且正把目光投向这样的乡村。我们必须等一等才能证实这一点。

这些天，我不断回忆起我看到塞尚画作的画面，因为他完全捕捉到了普罗旺斯严酷的一面。普罗旺斯与春天的景象已经大不相同，这一带乡下的天气已开始变得灼热起来，但我对它的热爱并没有丝毫减弱。到处都是古金器色、青铜色（有人可能会说是铜色），加上天空的青蓝色因高温而变白：一种散发着美味的颜色，与德拉克洛瓦的混合调子非常相配。

塞尚作画的艾克斯附近的乡村与这里一样，都属于克罗平原。如果我拿着画布回家，我会对自己说：“瞧！我画出了老塞尚的调子！”我只是想说，塞尚绝对已经与乡村融为一体，他非常了解农村生活。你必须在脑子里有同样的设计，才能画出相同的调子。如果你把这些画并排放在一起，它们当然会显得非常协调，但绝不雷同。

但是麦克奈特和他的朋友看到了我画的最新一幅画，说那是我画得最好的作品。我接着说："那么其他的画看起来一定很糟糕了。"

上周，我动身前往地中海沿岸的滨海圣玛丽，在那里一直待到周六晚上。当你乘坐公共汽车穿越卡马格地区时，你会看见草地上成群的公牛和白色小马，处于半野生放牧状态，非常美丽。

地中海有着鲭鱼一般的色彩，我的意思是它色彩多变。你不能说它是绿色的还是紫色的，你甚至不能说它是蓝色的，因为下一秒光线变化就会呈现出一抹玫瑰色或灰色。海岸是沙质的，没有悬崖，也没有岩石，像荷兰没有沙丘一样。我带的 3 张画布都用完了：画了两幅海景画，一幅村庄风景画，还画了几幅素描。

一天晚上，我沿着空旷的海岸线在海边散步。湛蓝的天空中闪烁着蓝色云朵，颜色比钴蓝色的本色还要深，还有一些更清澈的蓝色云朵，犹如银河的蓝白色一样。蓝天深处，星星在闪闪发光，有绿色、黄色、白色、玫瑰色和明亮的星光，甚至比巴黎的星空还要明亮；大海呈现为一片很深的群青色。

家族是一件很奇怪的事情——我极不情愿但又不由自主地想起了我们的水手伯伯，他一定多次看见过这片海岸。

就在我打算早上早点回家的时候，我画了一幅小船素描。我来这里才几个月，但是请告诉我：我在巴黎的时候，能在一小时内画好这些船吗？我现在不用再测量，拿起笔就画。

在看到这里的大海后，我就确实感受到待在南部的重要性，以及非洲离此不远。我坚信，只要我留在这里，我就能把自己的个性释放出来。

我想赚很多钱，让优秀的艺术家们都到这里来，而不是像他们中的很多人那样，在小林荫道的泥泞中瑟瑟发抖。

我希望你能到这里来待一段时间；过不了多久，你就会有这种感受。人的视野会发生变化，你会更多地使用日本画家的眼光去看事物，会感受到不一样的色彩。日本人画素描很快，非常快，快如闪电，因为他们的神经更灵敏，他们的感觉更简单。

我认为，安克坦和洛特雷克不会喜欢我正在做的事；《独立》杂志发表了一篇论安克坦的文章，称他为一种新趋势的领袖，说日本画的影响在这一趋势中更为明显。但“小林荫道”画派的领导人无疑是修拉；而在日本风格画派中，年轻的伯纳德可能比安克坦走得更远。告诉他们，我画了一些小船的画，这幅画同《阿尔勒的朗卢桥》一样，在日本画风格上都达到了安克坦那样的水平。

现在正是收获的季节，我在阳光充足的麦田里辛勤工作了一周。麦田一直是绘画的理由，就像开花的果园一样；我刚好有时间为下一次写生（葡萄园写生）作准备。在两次写生的间歇，我还想画几幅海景画。果园意味着玫瑰色和白色，麦田意味着黄色，海景则意味着蓝色，也许我现在应该寻找一点绿色了；还有秋天，那将是汇聚所有诗情画意的季节。

目前的成果是一些麦田和风景油画——还有一幅播种者的草图：紫色的土地向地平线延伸，一个播种者身穿蓝白相间的衣服，地平线上是一片成熟的矮麦田，黄色的天空，黄色的太阳。

你从简单的调子名称中可以看出，这是一幅色彩起着非常重要作用的构图。目前的情况是，这幅草图折磨着我，使我怀疑是否应该认真地对待它，把它画成一幅大型油画。我几乎不敢去想这件事。我渴望画一幅《播种者》已经很久了，但我一直想做的事从来没有实现过；所以我几乎有点怕了。然而，在米勒和莱尔米特之后，还需要做的一件事仍然是：

画一幅《播种者》油画。我发誓，一定要画！但我一直在问自己，我是否有足够精力去完成这幅画。

我刚刚刮掉了一幅大型油画写生：一个橄榄色的花园，身穿蓝色和橙色服装的基督在园子里，还有一个黄色天使。我把它刮掉是因为我告诉自己，在没有模特的情况下，我不能画人物画。

我画了一幅罗纳河的风景画——《特兰凯塔耶的铁桥》，画面上的天空和河水是苦艾酒的颜色，码头是淡紫色，桥上的人用肘部靠在黑色的桥栏杆上，铁桥呈深蓝色，蓝色背景中有鲜艳的橙调子，也有孔雀石深绿调子。这又是一次非常艰苦的努力，然而我正试图画出某种令人心碎的作品，这幅画确实令人心碎。

我必须提醒你，大家都说我画画太快，你一句话也不要信。难道这不是凭着一种激情，凭着一个人对大自然的真挚感情画出来的吗？如果感情有时如此强烈，以至于一个人完全是在没有绘画意识的状态下作画，那么笔触有时就如同演讲或书信里的文字，具有连续性和连贯性；但一个人必须记住，你不可能总是保持这样一种状态。

要不是健康状况不允许，我就会把我的画布擦亮。在这一堆画布中，还有一些是可以用的。

与春天相比，我在炎热天气里作画时遇到的麻烦要少得多。我认为炎热对我有好处，尽管蚱蜢、蚊子、苍蝇（不像我们国内的那种蚊子，而是像你在日本速写本上看到的那种）和金绿色的西班牙苍蝇在橄榄树上成群结队地飞来飞去。蚱蜢（我想它们应该叫蝉）的叫声跟青蛙的叫声一样大。

已有的 50 幅油画中，适合对公众展出的油画还不到一半，我一定要在今年把它们全部画完。我正集中精力使我的画作有价值。你知道，我只有一种方法可以达到这个目的，那就是，画油画。但是我对自己说，如果我今年能完成 50 幅价值 200 法郎的油画，在某种程度上，我在吃喝上就不会像以前那样，好像我有权那样做。这相当困难，我目前虽然有大约 30 幅油画，但我并不认为它们都值那个价。尽管如此，其中有一些肯定能值那个价。

因此，你可以理解，我是有一定抱负的——这不单是油画数量的问题，而是因为大量油画代表了真实劳动，既有你的劳动，也有我的。

如果我孤独一人，我也无力改变；但我对埋头苦干的需要超过了对伴侣的需要，这就是我大胆订购画布和颜料的原因。只有在绘画时，我才觉得自己是活着的。如果我有了伴侣，我就会觉得绘画不再那么必要，我应该去处理更复杂的事情。但独自一人时，我只能指望得到片刻的欢娱，在那时尽情地放纵自己。

令我经常烦恼的是，画油画就像找到了一个坏情妇，只知道大手大脚地花钱，钱再多也不够花。我需要一批新的颜料，因为那些麦田油画和轻步兵画像使我挤光了颜料管。

至于唐吉，我请求你不要拿这些新画和他交换，而是把画全部撤回来，作为对他出示账单的回应。唐吉那里还有我一幅画是他想卖的，那幅画能抵我欠他所有的钱，我不再欠他一分钱。我也一直在想，我为老唐吉画过肖像，还为他的朋友、那个老太太画了肖像（他已经卖掉了）；的确，后一幅画我得了 20 法郎。

如果唐吉这样做，他就是在欺骗我，但请相信我，你要对付的是唐吉的女人。争论这件事就意味着同她争论，这是任何人都难以忍受的。

悍妇唐吉老妈，还有另一些善良女士们，由于自然的奇异造化，都长了一头坚硬的燧石脑袋。在她们所处的文明世界中，这些女士们当然比被疯狗咬伤后生活在巴斯德研究所里那些可怜人要危险得多。老唐吉就算杀他老婆一百次都不过分，但他不会那样做，他顶多像苏格拉底那样。在顺从和长期的苦难中，老唐吉与古代的基督徒、殉道者和奴隶有许多共同点，而不像现在巴黎的那些无赖；但这并不是多付给他 80 法郎的理由，而是说，即使他发火了，你也永远不要对他发脾气。

我现在想寄给你 30 幅写生，这样更容易挣到钱，为高更的到来作准备。我认为开始工作是件好事，尤其是画素描；这样，在他来的时候，就可以为他准备一些颜料和画布。

所有艺术家、诗人、音乐家和画家在物质方面都很不幸，但同时也是幸福的人，这当然是一种奇怪现象，莫泊桑就是一个鲜活的例证。这就引出了一个永恒的问题：整个人生对我们来说都是可见的，还是我们只看到了一个球形物体的死亡这一面？

画家们（仅以画家为例）去世之后被埋掉了，却通过留下来的作品同下一代甚至几代人进行对话。这就是全部真相，还是仍有很多？在画家的一生中，死亡也许并不是最艰难的事。

就我个人而言，我宣布对此一无所知；但是仰望群星总让我陷入奇思妙想，仿佛梦见了地图上用来标识城市和乡村的一个个黑点。如果说我们乘坐火车可以前往塔拉斯孔或鲁昂，我们要到一颗星星上去，就必须通过死亡。在这一推理中，有件事是确凿无疑的，那就是：我们活着的时候不能到星星上，正如我们死后不能乘坐火车一样。因此，在我看来，霍乱、砾石、肺结核和癌症很可能就是天上的交通工具，犹如轮船、公共汽车和铁路是地上的交通工具一样。人年老后悄悄死去，犹如徒步走到天国。

我越来越觉得，我们不能以这个世界为基础来评判上帝，这是一幅未能脱稿的画。如果你喜欢一个艺术家，他的一幅画出了错，你会怎么办呢？你找不到多少可以批评的地方，保持沉默就好。但是你有权要求更好的画。只有大师才会把事情搞得一团糟，也许这就是我们从中得到的最好安慰。从此以后，我们就有权希望看到同样富有创造力的手也能自谋生路。出于如此良好甚至是崇高的理由，我们这种生活备受抨击——我们不能把它当成别的东西，它就是这个样子，我们还要继续希望，在别的人生阶段，我们也许能看见比这更好的事情。

现在我要睡了，因为已经很晚了。祝你晚安，祝你好运。

你的来信带来了好消息：高更同意我们的计划。我只想说，我不仅喜欢在南部画画，也同样喜欢在北部画画，因为我的健康状况比6个月前更好了。所以，如果去布列塔尼更明智的话（那里的食宿费用很便宜），从费用的角度来看，我当然准备好了。在我看来，两个做同样工作的人，应该能在家里生活，难的是一个人在家里吃饭。如果我们都在画室里而不是在咖啡馆里生活，那么经济上就可能要节省一些。

如果高更说，“我正处于能力和才华的巅峰时期”，为什么我不能说同样的话呢？但我们在经济上并没有达到巅峰，所以必须做最便宜的事。多画画，少花钱；这是我们必须遵循的路线。无论你制订出什么计划，总是难免会遇到极大的困难。让我们希望，他和我们都会找到出路。

我一头扎进我的工作中，又画了很多写生。里卡尔和列奥纳多·达·芬奇的作品，并不因为数量少而有丝毫逊色；另一方面，蒙蒂塞利、杜米埃、柯罗、杜比尼和米勒的作品，并不因为数量相对较多而难看。至于风景画，我开始发现，有些比以往画得更快的作品，是我画得最好的作品。例如，《丰收》和《干草垛》这两幅画：我必须重新润色、调整构图使笔触和谐，这都是真的；但所有基础工作都是长时间坐着一次性完成的。回到家中重新润色时，我尽可能做到小心翼翼。

但是在经历了这样一段作画时间，回家之后，我向你保证，我的大脑已疲惫不堪，以至于脑子里反复出现那样的工作，我就会变得无可救药地心不在焉，一大堆普通事也应付不过来。如果脑子太乱，我就大量饮酒分散一下注意力。在过去，我觉得自己还够不上一个画家。我的注意力现在更集中，手也更加稳定，这就是为什么我几乎敢对你发誓，说我的画有进步：因为除了绘画，我已经一无所有。我希望成功的欲望已经消失，我画画是因为我必须这样做，以免精神上承受太多痛苦。

我倒很想看到画布前站着一个醉汉。那个"放炮"女人[1]所讲的关于蒙蒂塞利的所有阴险恶毒的故事，都是彻头彻尾的谎言。蒙蒂塞利是个注重逻辑的色彩画家，能够对自己调和的大量色调进行最复杂精细的计算，这无疑会使他的大脑在工作中过度紧张，就像德拉克洛瓦和理查德·瓦格纳一样。在紧张的工作之余，放松和消遣的唯一方式就是痛饮一场，或者在一支接一支的香烟中自得其乐。毫无疑问，他们的品性算不上高尚，但假如他们不喝醉，我个人就倾向于认为，他们的神经会背叛他们，会对他们耍别的花招。朱尔和埃德蒙·德·龚古尔也说过同样的话：在创作的艰难时刻，"我们过去常常抽味道很浓的香烟来麻醉自己"。

不要以为我有意使自己处于一种兴奋状态，我正在进行

[1] 梵高这里指的是销售蒙蒂塞利作品的画商的遗孀。尽管蒙蒂塞利豪饮的传说可能有夸大，但他好酒确实不假。

复杂的计算，结果会导致画油画的速度加快，但是要提前很久进行计算；当有人说某幅作品画得太快时，你可以这样回答：是他看画的速度太快。

在收获期间，我的工作并不比从事收获工作的农民更轻松。我非但不抱怨这段时间的艺术生活，反而像生活在现实生活中一样，同样感到快乐。正是在这些时候，孤独的前景也令人愉快。除了吃饭和喝咖啡，我通常一整天都不同别人说话，一开始就是这样。

但是孤独并不让我担心，因为我发现太阳更加明亮，它对大自然的影响引人入胜。所以，不要因为我的缘故而去催促高更，这一点要非常肯定。你知道，我们绝不会放弃帮助他的想法，但这并不是因为我们需要他。

昨天日落时分，我来到一片乱石嶙峋的荒地里，那里生长着一些矮小扭曲的橡树，背景是山坡上的废墟和山谷里的玉米。景色很漂亮，就像蒙蒂塞利的画一样美；阳光直射在灌木丛和地面上，发出耀眼的黄色光芒，像是下了一场金色雨，所有的线条都很美。你突然看到骑手和女士们狩猎归来，或者听到普罗旺斯的吟游老诗人的诵诗声，你也一点不会感到惊讶。我带回一幅油画写生，但是远未达到我想要达到的水平。

我刚给你寄去5幅钢笔素描。你拥有的这幅画是马约尔山系列风景画的第6幅，画的是一组很暗的松树，背景是阿尔勒城。

在我们与高更结盟的那一刻，我在金钱方面根本帮不上忙。我已经尽我所能，通过绘画表明，我把这个计划放在心上。在我看来，《桃花盛开的克罗平原》和《罗纳河岸边的乡村风景》这两幅画，是我最好的钢笔素描作品。

相信我，这些画把我累坏了。但是，广袤的平原对我的吸引力非常大，所以，尽管有真正令人讨厌的环境，有持续不断的密史脱拉风和蚊子的恶意纠缠，我还是不感到疲倦。如果一幅风景画能让你忘却这些烦恼，其中一定有某种不同寻常的东西。但是，你会看到，我无意追求表面效果；乍一看，它就像一幅地图。

要是没有该死的风，我会画出一幅多美的画啊！不论你把画架支在哪里，这都是这里最令人抓狂的事。这在很大程度上说明，为什么油画不如素描那样完美，因为画布一直在晃动。

你读过洛蒂的《菊子夫人》吗？它给我的印象是真实的日本人家庭，墙上不挂任何东西，画和古玩藏在抽屉里；在非常明亮的房间里，墙壁上光溜溜的，敞对着乡村。我就在这里一间光溜溜的房间里作画，四面白墙，地上铺着红砖。你愿意拿克罗平原和罗纳河岸这两幅素描来试验一下吗？它们表面看不像日本画，但实际上就是日本画，比其他画更像日本画。看看画中那些清澈蔚蓝的地方，再没有任何别的东西。它会让你真正了解这里大自然的简单性。

令我惊讶的是，我的钱包已经见底了。你知道，我支付了食宿费之后，剩余的钱全用来购买画布和颜料了。

我认为，你用日本版画来冲抵宾的账单的想法是对的。新年期间我到他家去过 3 次，想结清账单，但他家的门一直关着。一个月后，在我离开巴黎之前，我身上没钱了，我就拿了很多版画跟伯纳德换钱。但我认为与宾交换是个错误。噢，我不该这样想，我们的版画卖得很便宜，而且能给那么多艺术家带去乐趣。要是高更像我一样想弄到一些版画，我也不会感到惊讶；你房间里要是没有了日本版画，就不会像现在这样。

宾保留了 300 幅葛饰北斋的圣山风景画和日本人生活的版画。让我向你推荐一下宾家里的阁楼。我亲自去那里学习，我让安克坦和伯纳德也去那里学习；经理是个好人，他对任何真正感兴趣的人都相当好。

在同宾的生意中，我赔了钱，而不是赚了，但这让我有机会长期稳定地观看很多日本艺术作品。我所有作品都建立在日本艺术的基础之上，我们对日本版画还不够了解。版画艺术在日本国内衰颓了，被束之高阁，再也难以找到，日本艺术正再一次扎根于法国印象派艺术家之中。幸运的是，我们对法国的日本艺术有更多了解。

假如我再到巴黎待一天，我也要去宾家中看一看那些北斋的版画。不要弄丢任何精美的版画——就这一点而言，对我们来说，即使再买一些也值得。我们有一些版画现在值 5 法郎，而当初只花了 3 个苏就买到了。它们本来不怎么值钱，这就是为什么没人愿意收藏。然而，要不了几年，这些版画就会变得非常罕见，并能以更高的价格出售。它们会让你得到一幅克劳德·莫奈的画，因为，如果你不辞辛劳地去寻找这些版画，你就可以用它们和其他画家进行交换。

因此，结束我们同宾的联系是绝对不可以的！日本艺术就像原始人、古希腊人、我们古代的荷兰人——像伦勃朗、哈尔斯和勒伊斯达尔的作品一样。我不明白，你为什么不把那些可爱的日本版画保留在蒙马特大街的店里。

在巴黎时，我一直想要一间自己的展厅。尽管这件事落空了，我在玲鼓餐厅举办的版画展却对安克坦和伯纳德产生了很大影响。至于我们在克利希大街的餐厅举办第二次画展时遇到的麻烦，我就更不后悔了；伯纳德在那里卖掉了他的第一幅画，安克坦卖掉了一幅写生，我同高更交换了画作。

伯纳德还欠你一幅写生，这是意料中的事——在巴黎画画太难了！巴黎是座奇怪的城市。在那里，你只能靠耗尽自己来谋生。只要你还没有半死不活，你就什么事也做不成。我刚读完维克多·雨果的《凶年集》。对于艺术，你需要时间，所以能够活不止一次人生倒也不坏。相信那些古希腊人、古代荷兰和日本的大师，仍在其他天球上继续他们的辉煌艺术，这样的想法也不无吸引力。

我必须给你寄去一份颜料和画布的新订单——一份数量庞大的订单。真正迫切的是画布，因为我刚从画框里取下第30幅油画，我应该在画框里放上新画布。刚才我在家里搞了一个画展，把所有写生钉到墙上，把它们晾干。你会发现，当很多画放在一起你可以从中选择时，就像我画了更多写生，画的时间更长了一样；因为在同一张或几张画布上反复画同一个题材，最终效果都一样。

如果这些油画能像以前在荷兰那样，被中产家庭作为装饰品普遍接受，那就没有比这更好的地方能帮助我们安置油画了。我一直在想着荷兰，在跨越遥远距离和逝去时光的双重回忆中，会产生一种令人心碎的感觉。

在这里的南部，看着白色墙壁上的图画会让人心旷神怡；但是去外面看看吧：墙壁上到处贴着彩色的朱利安式大奖章——多恐怖呀！唉，我们也无力改变这种现状。

嗯，这是在写信中度过的又一个周日。不过我得说，我并没有发现这封信写得很长。

非常感谢你的来信，这让我很高兴。信送到的时候，我正被晒人的阳光和画一幅大型油画的紧张忙碌弄得头晕目眩。我又画了一个花园，里面开满鲜花，还有另外两幅油画写生。真不知道我能不能安静地画出一幅平和的画来。我想，这里持续不断的风一定与油画作品的陈旧外观有关，因为在塞尚的作品里你也能看到这种情况。不光是我的油画，就连我本人最近也变得很憔悴，几乎像埃米尔·沃特斯画里的雨果·范德胡斯一样了。只要把脸上的胡子全部仔细刮干净，我相信，我就不像那个刻画得惟妙惟肖的发疯画家，而像同一幅画中那个神情宁静的神父了。我也不会对自己处在两者之间而不高兴，因为一个人总得活着，也尤其是因为对可能终有一天会彻底走到极端的事实视而不见是没有任何用处的。

你说自己感到空虚无处不在，那也是我自己的感受。如果你愿意，就以我们所生活的这个伟大艺术和真正的文艺复兴时代为例，蛀虫式的官僚传统依然存在，但是真的很无能、很不活跃；新的画家们孤独贫穷，受到疯子一般的对待，并且会因为这种对待而真的发疯，至少他们的社会生活是如此：你必须知道，你现在做的工作和那些自学成名的画家所做的工作完全一样，因为是你在为他们提供资金，使他们能够进行创作。如果一个画家因为努力绘画，致使自己在别的许多事情上毫无用处并磨灭了自己的个性，如果他不光用色彩作画，还怀着一颗拒绝、排斥和破碎的心在作画，对你来说，你的工作不仅得到了他工作上的回报，你付出的代价也和他付出的代价一样；而这种个性的丧失，一半出于自愿，一半出于偶然。

一个人越不能成为一名画商，就越有可能成为一名艺术家。对我来说就是这样。我花钱越多，病得越厉害，越像个药罐子，我就越是像个艺术家——一个有创造力的艺术家。这些东西确实如此；但是这永恒的生活艺术和文艺复兴，这一根从被砍掉树干的老树根上发出来的绿色枝条，这些东西都过于抽象，以至于当我们认为一个人可以使自己的生活费用低于艺术创作费用时，仍然会有一种忧郁在伴随着我们。

再来说说我们自己。我渐渐老了；如果我认为艺术也是古老的木材，那就纯粹是幻想。如果可以的话，你应该让我觉得艺术就是生活，你是个热爱艺术的人，也许比我更爱艺术。

我告诉自己，这并不取决于艺术，而取决于我自己；恢复信心和安心的唯一方法，是做得更好。即使粉身碎骨，我也要让这几根画家的手指变得坚韧起来。我的抱负是减轻你的负担；如果没出现真正的灾难火山柱，同时又没下青蛙雨[1]，我希望有一天能够做到。

不管怎么说，我画在画布上的油画，总比空白画布更值钱！相信我，我的自负仅此而已——这是我绘画的权利、绘画的理由，上帝呀，我还有一个权利！

我所付出的，不过是一具残缺不全的躯体；你付出了 1.5 万法郎，那是你提供给我的。如果我提醒你，绘画使我们付出了多大代价，那也只是为了强调我们应该对自己说的话：我们已走得太远，不能回头；这是我反复强调的内容。除了物质存在，我还会需要什么呢？

亲爱的弟弟，要是我没被这些破画弄得破产发狂，我可以做一名只经销印象派作品的画商！要是我再年轻一点，我就会向老布索建议，让他把你和我派到伦敦去，允许赊账，不要工资；你可以从印象派作品的经销中获得一半利润。但

[1] 青蛙雨（a rain of frogs），《圣经》中讲到的十大灾难之一，因埃及法老不听神使摩西和亚伦的劝告，上帝遂遣十大灾难降临埃及，青蛙雨在十大灾难中名列第二。

我们的身体已不再年轻，去伦敦为印象派画家们筹集资金之旅，是布朗热、加里波第和堂吉诃德的事。我宁愿看到你去伦敦，而不是去纽约。

现在，对我们这些脑力劳动者来说，希望自己不要过早变得衰老无用的唯一方法，是严格运用最新式的养生法来竭力维持；但我个人还是做不成我应该做的每一件事，一点点的快乐比任何补救措施都好。至于喝酒太多究竟好不好，我也不知道。看看俾斯麦，无论在哪种情况下，他都很实际，也很聪明；他的小医生告诉他，他饮酒太多，他的胃和大脑一生都处于超负荷状态。俾斯麦立即停止了饮酒。此后他的身体每况愈下，再也没能恢复健康。他一定跟他的医生开了个大玩笑：幸亏他没有早点去看医生。

我们的普林森哈格伯伯终于脱离了苦海。今天上午，我从妹妹那里得知了这一消息。人生多么短暂，真像过眼云烟！多关心艺术家，而不是多关心他们的画，我们这样做是对的。

我认为，你去参加他的葬礼是应该的。对待死者的最好办法，是相信显赫的死者，不管他生前是什么人，相信他是世界上最好的人，他所做的一切都是最好的。正如我们的妹妹所说，从人们离开的那一刻起，你就只会记住他们的美好时刻和他们的优良品质。但最重要的，是要在他们活着的时候去看望他们。

很高兴我们的弟弟科尔[1]长得比我们几个都更高大、健壮。他要是不结婚，就一定是傻了，因为他除了力气和双手之外别无长物。凭那身力气和双手，加上他对机器的了解，假如我有意成为任何人的话，我宁愿成为他那个样子。同时，我想把自己隐藏起来，隐藏在精美艺术的齿轮之中，犹如磨石之间的谷粒一样。

家庭、乡土——所有这些东西，在我们这种人的想象中也许比真实的家庭和乡土更有吸引力，因为我们几乎就没有故土和家庭。我总觉得自己是一个旅行者，要去某个地方。如果我告诉自己，那个地方并不存在，在我看来也非常合理，而且可能已经足够了。

事实就是如此。我将会发现，不仅是艺术，其他的一切也只是梦想，自己一无是处。

就拿我们伯伯去世这件事来说，死者的脸平静、安详而肃穆，可事实是，他活着的时候很少这样，无论在年轻时还是上了年纪后。对我来说，那是生命超越坟墓的证明，虽然

---

[1] 科内利斯·梵高（Cornelis van Gogh，1867—1900），梵高最小的弟弟，昵称“科尔”（Cor），后来在第二次布尔战争中阵亡。

不是最严谨的。同样的，如果你在闲暇时看着摇篮里的婴儿，他眼里也有无限的世界。

非常奇怪的是，伯伯和父亲都相信来生。哦——但是他们过去比我们现在更有把握。如果你敢去深究，他们就会生气。

不知你是否知道“mousmé”是什么（如果你读过《菊子夫人》就知道了），我刚画了一幅。一个 mousmé（娘）就是12—14 岁的日本（在这里是普罗旺斯）姑娘。这幅画花了我整整一周；别的事都没能做，而且我身体也不太好。这就是让我烦恼的事，要是我的身体一直很好，就应该抽空画几幅风景画，但是为了画好这幅小姑娘，我必须保持精力。

我收到一封拉塞尔的来信，他说如果我愿意去他那里待上一段时间，他会很高兴；他再一次坚持要为我重画肖像画。他还说，要是我没有牵绊，我应该去布索画廊看看高更画的《黑人妇女》。我希望拉塞尔能做点事。不过，他有妻子和孩子，有一间画室和正在修建的房子。我很明白，一个人，即使是有钱人，也不可能总是花 100 法郎去买画。

他没有拒绝购买，但他明确表示，他不想要比我们现有画作质量更低的作品。我要对他说：“听着，你喜欢我们的画，但是我相信我们还能看到这位画家更好的作品；你为什么不相信他这样的人，不相信他所做的一切呢？”

吉约曼也是如此。我希望他能从高更那里买一幅画。他说罗丹为他妻子塑了一座非常漂亮的胸像。这次他和克劳德·莫奈共进午餐，还看到了莫奈在昂蒂布画的10幅画。他非常巧妙地批评了莫奈的作品，一开始说他非常喜欢它们——对问题的处理和对空气色彩的层层展开等。之后，他讲到了有缺陷的东西：完全没有结构。从大量自然法则的角度来看，这太让人恼火了。

我想，要是高更在这里，对我将会是一个很大的改变，因为我已经好多天没有与人讲过一句话了。要是你独自一人在乡下，待的时间太久，就会变得愚蠢起来，不过我还没有；但是今年冬天，我可能会因为孤独而变得思想贫乏。要是他来了，就会有很多想法。此外，只要我们能和睦相处，决心不争吵，我们在声誉方面就会处于更有利的地位。

我已经告诉过你，我一直在同密史脱拉风作斗争，这使我难以自如地运用画笔。你会告诉我，我应该在家里的新画布上重画一遍，而不是在外面画写生。我自己有时也这样想，因为画的时候笔法不灵活，这并不是我的过错。要是高更在这里，他会怎么说呢？他会建议我找一个更隐蔽的地方吗？

我的房子只租到米迦勒节。要不要再租半年？我很想在高更看过房子以后再作决定。本周会很难过。我第一次付不起房租，因为我整整一周都在请模特。当我推脱说到下周一再决定时，房东说，如果我决定不再住下去，他还有另一个房客等着要租。我并不感到惊讶，因为经过我整理维修后，房子更值钱了。

我现在有两幅同一个人的人物画，他是个邮差[1]，身穿镶着金边的蓝色制服，一脸大胡子，很像苏格拉底的脸，是个比大多数人都更有趣的人。我不知道自己是否能把感觉到的鲁兰画出来了，他与老唐吉一样，是个革命者。

一幅是头像，一幅是半身像。对我来说，这两幅画比别的画都重要。因为那个好人不肯收钱，所以我就得供他吃喝，花的钱反而更多。此外，我还送给他罗什福尔的《灯笼》杂志。但是，考虑到他做模特姿势摆得好，所以那只是一点微不足道的损失。我还将画一画他的婴儿——他的妻子刚生了孩子。

我打算在绘画方面作的改变是多画人物画。要提高画作质量，没有比画人物画更好的办法或捷径。我在画肖像的时

[1] 约瑟夫·鲁兰（Joseph Roulin，1841—1903），当地火车站的邮差，也是梵高的好朋友。他和家人成为梵高画肖像画的宝贵模特。

候，总是感到很自信，因为我知道这幅画更有深度。总之，它是绘画中唯一使我内心深处感到激动的东西，比任何东西都能使我感到艺术永无止境。

我刚给你寄去 3 幅大型素描。我根据第三幅花园素描还画过几幅油画。蓝天下，橙、红、黄色的花朵绽放出惊人的光彩；清澈的空气里，有一种比北部更快乐、更可爱的氛围。纵向布局的村舍小花园具有令人惊异的色彩：大丽花呈现出浓郁而黯淡的紫色色彩；两排花的一边是玫瑰色，另一边是橙色，几乎没有任何绿叶，中间是一株矮小的白色大丽花和一棵小石榴树，树上开着鲜红色和橙黄色的花朵，结着黄绿色的果实，早晨处于阳光照耀之下，晚上处于无花果树和芦苇的阴影之中。

要是让南[1]或科斯特[2]在这里就好了！接下来怎么办呢？要想把一切画下来，需要整个学派的画家们相互协作，就像古代荷兰画家们一样，有肖像画家、风俗画家、风景画家、动物画家和静物画家。

---

[1] 乔治斯·让南（Georges Jeannin，1841—1925），法国著名花卉静物画家，擅长画牡丹、桃花等静物花卉，尤以画牡丹著称。

[2] 恩斯特·科斯特（Ernst Quost，1842—1931），法国著名印象派画家，以善于捕捉、描绘林荫大道和巴黎上流社会以及擅画鲜花、水果、风景和人像而著称。

好吧，你有充分的理由说：让我们在为自己工作的路上安静地走吧。你知道，无论这一神圣而不可侵犯的象征主义是什么，我都希望自己能画出德拉克洛瓦、米勒、卢梭和柯罗之前的那代人能够理解的东西；哦，马奈已经非常接近那一点，还有库尔贝，他把形状与色彩有机结合在一起。

你把我那幅农民画与洛特雷克的画挂在一起，我并不认为这是对他的侮辱，我甚至大胆地希望他的画对比之下会显得更突出，我的画也会因为这种奇特的并列方式而受益，因为我的画经过灼热阳光的照射和风吹变成了深褐色，更能显示出玉米粉的雅致效果。

巴黎人对粗犷的作品缺乏鉴赏力，这是个多大的错误啊！但是，我已经抛弃了在巴黎学到的东西，我又回到了认识印象派画家之前在乡下的想法。如果印象派画家对我的绘画方式吹毛求疵，我也不会感到惊讶，因为我的绘画方式受到德拉克洛瓦思想的影响。我运用色彩更加随意，目的在于更有力地表达自己的情感。好了，理论问题就任其发展吧，我要举个例子来向你说明我的意思。

我想替一位艺术家朋友画一幅肖像，他有大梦想，工作起来像夜莺歌唱一样，因为那是他的本性。我想在画里表达我对他的感激之情，所以我首先要尽可能忠实地把他画下来。[1]

但这还不算结束。为了完成这幅画，我现在要做一名随意的色彩画家。我夸大了头发的金色，甚至使用了橙色、铬红色和柠檬黄调子。在头像后面，我不再画简陋房屋的普通墙壁，而要画无垠的天空，一块我能设计出来的、调子丰富的深蓝色背景。通过明亮的头像与丰富的蓝色背景的简单组合，我就得到一种神秘的效果，头像就像蔚蓝色天空深处的一颗星。

我采用同样的方式来画农民的肖像画。不过在这种情况下，我并不希望画出一颗白星在无垠天空中那种神秘亮度。相反，我想画的人一定是以南部热火朝天的丰收景象为背景；因此就有了暴风雨般的橙色调子，像炽热的铁一样生动，也有了阴影中旧金器色的明亮调子。

哦，亲爱的弟弟！善良的人只会把夸张看作漫画，可那跟我们有什么关系呢？我们都读过《土地》和《萌芽》，如果我们描绘一个农民，我们就要表现出我们所读过的东西，这些东西最终几乎成了我们思想中不可分割的一部分。

昨天，麦克奈特终于打破沉默，说他很喜欢我最近的两

[1] 梵高在这里指的是高更。

幅写生（花园），就这两幅画谈了好久。博赫和麦克奈特住在一起。博赫是个年轻人，我很喜欢他的长相——一张脸像刀片一样，一双绿眼睛，一副与众不同的样子。我看见过博赫的作品，属于严格意义上的印象派作品，但感染力不强。

他们所住的村子就像米勒笔下的作品，除了贫穷的农民，一无所有，非常纯朴、普通。我认为麦克奈特有点钱，所以他们玷污了村庄的纯朴；正因如此，我就应该经常去那里画画。那些朴实无华的乡下人自然会嘲笑他们，鄙视他们。但是，如果他们绘画的时候不去招惹村里的那些懒汉，他们就可以走进农民家里，让农民挣点小钱；这样，这座幸运的丰维耶就成了他们的一座金矿。麦克奈特可能很快会为巧克力包装盒画几幅有绵羊的小型风景画。

麦克奈特和博赫眼里只有炎热的天气，此外再也看不到什么可画的东西，确切地说，没看到任何可画的东西。现在，即使我能够看得更清楚一点，也需要待很长时间才能做到。油画写生缺乏清晰的触感，这也是我觉得有必要画人物画的另一个原因。

今天晚上，我可能要借助煤气灯，开始画我吃饭的这家咖啡店的内景。这就是他们所谓的夜间咖啡馆，通宵营业。夜间无钱住宿或因房间客满无法入住的人，可以去那里消磨时间。

在身无分文的日子里，这里还有一个比北部更好的地方，那就是好天气（即使有密史脱拉风也是天气晴朗）。伏尔泰就是在这里一边喝咖啡，一边绞尽脑汁的。你会不由自主地感到左拉和伏尔泰无所不在。南部如此充满活力，像扬·斯滕和奥斯塔德的画一样！与北部相比，这里的农场和小酒吧也不那么沉闷，不那么有戏剧性，因为温暖的气候使得贫穷不那么严酷和令人忧郁。哦，长有可爱的大红色普罗旺斯玫瑰、葡萄藤和无花果树的农家花园有多美啊！它就是一首诗，还有永远明媚的阳光。尽管天气炎热，花园里的枝叶却依然郁郁葱葱。

幸运的是，我的消化能力几乎恢复了正常，所以每月我都要在船上就着饼干、牛奶和鸡蛋吃上3周。是上天赐予的温暖使我恢复了力量，立即去南部的决定当然是正确的，而不是等到灾祸无可救药时再去。是的，我现在真的和其他男人一样健康，除了在尼厄嫩，我感觉从来没有这样好过，这真令人愉快。所谓的其他男人，我指的是海军士兵、老唐吉、老米勒和农民那样的人。

要是你身体健康，一片面包就能支撑你干一整天活，到了晚上还有力气抽烟喝酒（这真划算），同时还能感觉到头顶上清澈无垠的天空和星星。

嗯，我必须继续工作。前几天，我看见一个非常安静、可爱的女孩。她的皮肤是咖啡色的，颜色比胸衣上的玫瑰色还更深，你可以看到胸衣下面那一对匀称、结实、小巧的乳房。这是个像田野一样朴实的女人，身上的每一根线条都显示着处女的魅力。

如果我让她在露天摆个姿势，也不是完全不可能；还有她母亲（园丁的妻子）的皮肤也是泥土色的，穿一身脏兮兮的、蓝黄色相间的褪色衣服，在阳光的强烈照射下，背影投射在一排雪白的、柠檬黄色的灿烂花朵上。

哦，我一直希望有一天你也能看到并感受到南部的太阳！

现在，我们这里晴空万里，骄阳似火，一丝风都没有——正是我想要的天气。除了黄色、浅硫化黄色和淡金色，我找不到更好的词来形容阳光的颜色。多可爱的黄色啊！

我担心自己不能把模特画得那样美。她已经答应了，不过——她像是靠卖淫来挣钱的。她很独特，是个粗糙而奇怪的女人。画模特的困难，就如同这里的密史脱拉风一样难以克服。真叫人抓狂！

如果我画得像布格罗的画那样美，人们就不会羞于让别人来画自己。我认为，我请不到模特是因为她们认为我把她们“画得不漂亮”，认为我的画上“只是涂满了颜料”。那些可怜的小女孩担心自己受到连累，害怕人们会嘲笑她们的肖像。

嗯，我必须耐心一点，继续在周围寻找别的模特。最重要的是，你口袋里有几个便士就总会自然地用在这方面。对我来说，不会说普罗旺斯语是一个可怕的缺陷。

总是有一些东西驱使着我去尽可能多地画人物写生。我觉得，即使时候有点晚了，如果我有能力按我自己的方式去画模特，我也能成为一个与众不同的画家；但我也觉得，一个人的艺术创造力总有一天会消逝，就像一个男人在生命过程中失去阳刚之气一样。

我现在正在画从码头上看到的两艘船的写生：它们是玫瑰色的，略带一点紫色；水呈亮绿色；桅杆上挂着三色旗，一个推手推车的工人正在卸河沙。

邮差的头像一次就完成了。你看，这是我擅长的，一次就粗略画好一幅肖像画。要是我让自己得意忘形，我就总是会这样做，我会和第一个到的人一起喝酒，然后把他画出来，而且不使用水彩，是用油彩当场画出来。要是我那样画上100幅，其中肯定会有一些好画。而我会更像个法国人，更像我自己，也更像个酒鬼。这确实非常吸引我——不是指喝酒，而是指画游手好闲的人。

但这样做会让我失去我作为艺术家所积累的一切吗？要是我对这种做法有信心，我就会成为一个有名的疯子（现在我是一个没名的疯子），但你也知道，我并没有足够的野心，为了追求那种名声而不顾一切。我更愿意等待下一代，他们将像我们开始欣赏克劳德·莫奈在风景画中所做的（那种丰富、大胆、有着莫泊桑风格的风景画）一样，开始欣赏我在肖像画中所做的。我知道自己并不属于那些人之一，但福楼拜和巴尔扎克不是为左拉和莫泊桑开辟了道路吗？所以，向下一代（而不是我们）致敬。

我已经开始在油画上署名，但很快就停下了，因为这样做似乎太愚蠢。在一幅海景画上有一个显眼的红色签名，因为我想在绿色上面添加一点红调子。

寄走了这些画，我真高兴。我们的妹妹会看到我的写生，这对我很重要，这样她就可以了解我们在法国的生活状态；她将看到原画。如果让她看一两幅嵌入画框或白色画框里的油画写生，我会更加高兴。

我总是希望威廉米安能通过我们嫁给一位艺术家。为促成这事，她应该稍微多走动一下。如果她愿意来和我们住在一起，这当然是有可能的。她喜欢雕塑，这说明她很有品位；我很高兴听到这个消息。目前看来，油画可能会变得更精妙（更像音乐，而不那么像雕塑），最重要的是，它的特点是着色。如果它能保持这一特点该多好啊！

不要让我的画占用太多空间。等我完成100幅画之后，我们再从中挑选10—15幅来装入画框里。

凭着我们对高更的感情，我认为我们必须表现得像一家之长那样，把实际开支算出来。你要是听他的话，就会继续寄希望于将来不确定的事情，同时会继续生活在旅店的地狱之中，找不到出路。我宁愿像修道士那样把自己关在修道院里；如果还有精神动力的话，也像修道士那样自由地去妓院或者下酒馆。

总之，我完全不了解高更。如果我不得不与英国人和来自美术学院的人一起待在旅馆里，我们肯定每天晚上都会发生争吵，我也不会去阿旺桥了。这是小题大做。为了工作，我们需要一个家。我们必须设法拥有绝对的生活必需品，才能抵御困扰我们一生的失败的围困；我们必须像僧侣或隐士一样生活，怀着对主一样的激情而工作。

我收到高更的来信，说他已经作好准备，一旦有机会就立即南下；我认为高更宁愿与他在北部的朋友们混在一起。

他们很享受绘画、争论和同可敬的英国人之间的战斗。如果他运气好，能卖出一幅或多幅画，他很可能还有别的计划，而不是来与我结盟。

我不像他那样渴望在巴黎奋斗，难道我没有权利走自己的路？这6个月来，眼见他靠自己能勉强度日，我不再相信有帮助他的紧迫性和必要性了。大自然和晴朗的天气是南部的优势，但我认为高更永远不会放弃在巴黎奋斗；他太在意巴黎，他相信自己会取得持久的成功；那样对我也没有害处。如果我也像他那样雄心勃勃，我们大概很难有一致的看法。我不关心自己的成功或幸福；我确实关心印象派画家这种积极尝试的持久性，我确实关心他们的栖身之所和日常生活问题。

如果高更没有忘记他自己的利益，你也不该忽视自己的利益，这样才公平。你在这里殷勤款待他，但如果他提出别的要求，要求你为他支付路费，他至少应该坦率地向你提供画作并坦诚地跟你讲清楚，而不是模棱两可地说，“我每天的债务越陷越深，此行变得越来越不可能了”。如果他说：“我宁愿把我的画交到你手里，因为你对我很好；你是我的朋友，我欠了你的债。”这样说才算切中了要点。

如果这件事要成功，我们必须得到他的忠诚。如果这对他有利，他就会忠诚；如果他不来，他会找到别的办法，但是他找不到比这更好的办法。我本能地感觉到，他认为自己处于社会最底层，他想通过诚实但又很有政治头脑的手段来谋得一个职位。高更不知道我会把这些都考虑进去。也许他不知道，他必须争取时间。

我是完全按照自己的感觉来答复他的，但我不想对这么伟大的艺术家说那些令人沮丧、忧郁或带有恶意的话。

拉塞尔对购买高更的画作出了否定答复，不过他要我去他那里待一段时间，但往来路费都要自己出钱。

高更说，伯纳德把我的素描编成素描集并拿给他看了。他称赞伯纳德的作品，伯纳德的来信里充满了对高更才华的羡慕。他说，他发现高更是一位非常伟大的艺术家，他几乎感到害怕。伯纳德的所有来信我都保留着，让他感到伤心的是，高更经常没法去做他本来能够做的事，因为他缺乏所有的材料，油彩和画布都没有。唉，无论如何，不能再让这种情况继续下去。

我想，今年秋天一定会很美丽。它一定会提供许多宏伟的题材，以至于我根本不知道我应该画 5 幅还是 10 幅油画。

我画得很努力，怀着马赛人吃法式海鲜汤一样的热情。当你知道我画的是一些了不起的向日葵油画时，你也不要感到惊讶。

我手上有三幅油画：第一幅，插在绿色花瓶里的三朵向日葵花，浅色背景。第二幅也是三朵向日葵花，一朵已经结籽，一朵已经开花，第三朵是一朵蓓蕾，宝蓝色背景。这幅画里有后光，也就是说，每个物体都处在背景互补色的辉光映照下，在背景色衬托下显得格外突出。第三幅是黄色花瓶中的十二朵花和蓓蕾。最后一幅画得最明亮，我希望它是最好的。

我正在画第四幅，一束有十四朵葵花，黄色背景，就像前不久我画的柑橘和柠檬写生一样。只不过，因为它要大得多，所以产生了一种相当奇特的效果；我认为这一幅的绘画手法要简洁得多。

你还记得马奈那幅画得很棒的画吗？画的是淡色背景下，一些带绿叶的大朵粉红色牡丹花。空气、鲜花和其他东西都一样，着色却非常厚实。那就是我说的技巧的简洁性。

我对新油画有很多想法，但我开始越来越多地尝试一种简单的技法，这也许不是印象派的画风。我想用一种每个人，至少每个有眼力的人都看得懂的方式来作画。

点彩、后光和其他技巧都是真正的发现，但这种技术绝不可能成为一种普遍的教条。这就是为什么修拉的《大碗岛的星期天下午》、西涅克的大点彩风景画和安克坦的《船》最终会成为更具个性化、更具原创性作品的原因。

我正在努力寻找一种画风，它只是一种多变的画风。总有一天你会明白的。

现在我希望住在自己的画室里，我想把它装饰一下；只用大朵花作装饰。如果我实施这一想法，就会画十多幅嵌板画，全部作品将会是一首蓝色与黄色相间的交响曲。我将每天从日出时开始作画，因为花儿很快会凋谢；而我要做的，就是在短时间内画完一幅画。我的正餐和晚餐都要吃好一点，这样就可以长时间作画而不会感到身体虚弱。

我要给你寄去一份油彩颜料的大订单。在我看来，一种颜料研磨得越细，就越容易被油浸透。不用说，我们对油并不太在乎。如果要把作品画得像热罗姆先生和其他摄影师的照片那样，我们无疑应该要求很细的粉末颜料；但我们也不反对油画看上去粗糙一点。如果不把颜料放在石头上研磨很多个小时（上帝才知道要多久），而只是研磨到刚好能画的程度，那么我几乎可以肯定，我花更少的钱就能得到更新鲜、更耐久的颜料。我肯定这能够做到。

可惜油画太耗钱！如果我在一周内花掉 100 法郎，我在那个周末就会有 4 幅油画。可是你瞧，我们生活在做事情没有任何意义的一个时代；不光作品卖不出去，而且，正如你在高更身上所看见的，当你想用画作抵押借点钱都借不到，哪怕是很少一笔钱，哪怕你的作品很重要。这就是为什么每发生一件事，我们都会成为牺牲品。我担心，这种情况在我们有生之年都不会有什么改变。如果我们为将要追随我们脚步的画家们准备了更丰富的生活，那将是一件大事；但生命是短暂的，更短暂的是你觉得能勇敢面对一切的年岁。

我曾对高更讲过，如果我们以布格罗的风格作画，那我们有望赚钱，因为公众只喜欢简单、漂亮的东西。如果你有更简朴的才华，就不能指望从作品中获利；大多数聪明到能理解并喜欢印象派画作的人，现在和将来都穷得买不起画。

因为颜料太昂贵，我常常不得不放弃已经计划好的一幅画。这太遗憾了，原因很简单，我们今天也许还有能力工作，但是不知道这种能力是否能延续到明天。尽管如此，我并没有失去能力，而是恢复了体力，我的胃现在特别强壮。幸运的是，我不再渴求胜利。我在绘画中所要求的，是一种逃避生活的方式。

无论如何，撇开法律和正义不谈，漂亮女人本身是一个活生生的奇迹，而达·芬奇和科雷乔的图画只存在于其他方面。为什么像我这样一个微不足道的艺术家，总会为雕像和图画缺少生气而遗憾呢？为什么我更了解音乐家？为什么我更能看懂抽象的生活原则呢？

听着，你能不能尽快借给我300法郎？你现在每月寄给我250法郎，给我300法郎后，你每月只要寄给我200法郎就行，直到300法郎用完。这300法郎是一年中的一笔额外款项，因为我每晚要付房东1法郎；然后我还应该买两张像样的床，这样我才能在家里睡觉。

我多想安定下来有个家啊！事实上，这确实是工作的唯一条件。一旦安定下来，我们就该一辈子待在那里。等到一个人富有了再去做某件事是不明智的。龚古尔兄弟最终用10万法郎买到了他们的家和安宁，但我们应该花不了1000法郎就能做到，因为这意味着在南部有一间画室，我们可以给别人提供一张床——把我和另一些人从正在啃噬我们工作的病症中解救出来，我们正被迫住在能置人于死地的旅馆里。一个属于自己的家，一个临时住所，它能使人从街上的住所中解脱出来。如果你是个25岁的冒险家，这没什么；但如果你到了35岁，那就糟了。如果我们必须先发财致富，那么当我们进入休息状态时，我们就会完全神经崩溃，这比我们目前的状况更糟，因为我们现在还能忍受这种喧嚣。

希望无忧无虑，希望有朝一日能摆脱贫困——多么美好的梦啊！如果能得到一份薪水，够我在画室里平静地度过一生，我想我会很高兴的。

我本周请了两个模特：一个阿尔勒女人和一个老农。这一次我给老农画了鲜艳的橙色背景，尽管没有将它假定为红色的夕阳画面，却给出了这样的暗示。我担心那个阿尔勒小女人不会出现在别的画面里，她向我提前索要我答应给她的全部模特报酬。但总有一天她一定会回来的；如果她完全辜负了我，那就太不厚道了。

我昨天和比利时人博赫在一起。天气不太好，但很适合聊天。他要去巴黎。如果你能把他安顿下来，就是帮了他一个大忙。多亏了他，我终于完成了梦寐以求的第一张油画草图——诗人。他为我做模特。在我那幅肖像画中，他那目光敏锐的精致头部在一片繁星点点的深蓝色天空衬托下，显得格外醒目；他穿着一件黄色短外套，在一袭未漂白的亚麻领子上打了一条斑点领带。他一天之内为我做了两次模特。

亲爱的弟弟，我有时很清楚自己想要什么。我在生活和绘画中都可以没有上帝，但我离不开比我的身体更伟大的东西（尽管我生病了），那是我的生命——创造力。当一个人被剥夺了生理创造力时，如果他努力创造思想以代替生养孩子，那他就仍然是人类的一分子。

我想在画里面表达具有某种抚慰作用的东西，就像音乐会安慰人一样；我想用圣光所象征的某种永恒的东西来描绘男人和女人，我们致力于通过色彩的实际光泽和震颤来达到这种效果。

啊！肖像，有思想的肖像，有模特灵魂的肖像，这是我必须要做的。

我总是在两种思维模式中转换：第一种，物质困难，要为谋生日夜辛劳；第二种，研究色彩。我总是希望在色彩研究中有所发现，用两种互补颜色的结合、混合与对立以及相近调子的神秘共振来描绘一对恋人的爱情；用星星来表达希望，用夕阳光辉来表达灵魂的渴望。

我正在为新的农民头像和诗人写生制作两个橡木画框。

我还在画向日葵的画，新画了一幅在黄绿色的草地上一束开着 14 朵葵花的向日葵，我还画了一幅一双旧鞋的静物写生。算上向日葵，我现在又有 15 幅新画了。

创作的想法在我脑海里不断涌现，所以我虽然孤独，却没有时间去思考和体会，我认为自己的事业再也不会停滞不前。我的观点是，你永远找不到一间现成的生活画室；它是通过耐心工作，日复一日创造出来的。

经过令人担忧的几周后，我刚度过了最好的一个星期。

正如焦虑不会单独出现一样，快乐也不会单独降临。

我总是屈服于付房租的困难，而房东毕竟不是个坏人，所以我对他发誓并告诉他，为了报复我花了那么多钱却一无所获，我要把他那破烂不堪的棚屋全部画出来。

在我的《夜间咖啡馆》那幅画中，我试图表达这样一种想法：咖啡馆是一个可以毁掉自己并让人发疯甚至犯罪的地方。我试图用红色或绿色来描绘人类的可怕情感——房间呈现出血红色和暗黄色，中间有一张绿色的台球桌；有4盏柠檬黄色的灯，发出橙色和绿色的灯光；空旷沉闷的房间里，在到处都是格格不入的红色和绿色的对比冲突调子中，能看到小流氓穿着紫色和蓝色衣服的熟睡身影；守夜人站在一个角落里，身上穿的白大褂被映照成柠檬黄色或淡绿色。

因此，可以说，我试图描绘一家低级咖啡馆中的黑暗力量，这一切都通过像魔鬼一样的浅硫黄色或火炉的氛围表现出来。

《夜间咖啡馆》继承了《播种者》和老农头像的画风，还有诗人画像的风格，要是我能把后者画出来。从立体现实主义的角度来看，它不是局部真实的色彩，而是一种热情的情感色彩。

当保罗·曼茨看到德拉克洛瓦的《船上的基督》这幅充

满暴力而富有灵感的油画草图时，他转身喊道：“我不知道一幅画有了一点蓝色和绿色就变得如此可怕。”葛饰北斋也让你发出了同样的呼唤，但他是用线条和素描做到的。当你在信里说，“波浪变成了利爪，船陷入了利爪之中”时，你就感受到了这一点；如果你采用写实的色彩或写实的素描画法，它就不会让你产生那种感觉。

特斯泰格先生面对西斯莱（印象派画家中最谨慎、最温和的画家）的作品时说，“我不禁会想，画这幅画的画家有点喝醉了”。那么他对《夜间咖啡馆》会如何评价呢？他要是看到我的画，也许会说这完全是事业上的精神错落。

毕沙罗认为小姑娘那幅画有点意思，我很高兴。他对《播种者》没说什么吗？后来，当我进一步进行这一类的实验时，《播种者》仍将是那种风格的第一次尝试；这种想法一直在困扰着我。

像《播种者》和《夜间咖啡馆》那样夸张的习作，在我看来通常是丑陋和糟糕的。它与《吃土豆的人》是一样的，尽管内容上有所不同。但是，当我被某件事感动时，就像现在被一篇论陀思妥耶夫斯基的小文章感动一样，我觉得只有这些画才有深刻的含义。

你提出在《独立》杂志的办公室办一次展览，我对这一建议没有任何反对意见。到目前为止，除了《播种者》和《夜间咖啡馆》，其他的画还没有完成。

我现有一幅用破碎调子画成的老磨坊写生，像《岩石上的橡树》一样，你说那幅画已经同《播种者》一起装框了；还有第三幅风景画，有工厂、红色屋顶上一个大太阳、一个刮着密史脱拉风的白天，大自然仿佛在发怒。

昨天我正忙着布置屋子。邮差和他的妻子曾告诉我，两张大床每张要 350 法郎；如果需要更多的床上用品就会更糟，但它必须有特色；剩余的钱我用来买了 12 把椅子、一面镜子和一些必需的小物品。

你将拥有的房间（如果高更来就给他用）将是楼上更漂亮的那间，我要尽可能把它布置得像一个艺术女性的闺房一样。它会有白色的墙壁，墙上挂一幅大朵的向日葵作装饰，12 或 14 朵花的向日葵。早晨，当你打开窗户时，你能看见绿色的花园和冉冉升起的太阳，还有通向城里的道路。

我正在一座公共花园里，离住着漂亮女人的那条街道很近。穆里耶不愿进去，虽然我们几乎每天都在花园里散步，但我们走的是另一边；正是这一点才让薄伽丘来描写这个地方。出于贞洁和道德方面的原因，花园这一边没有任何像夹竹桃那样的开花灌木丛。马奈画过这样的花园。

我自己的卧室，我希望它非常简单，但要有大的实木家具，床、椅子和桌子都使用白色木料。我要画我的床，有3个题材可画，也许是一个裸体女人，或者是摇篮里的婴儿。我还没有决定，但我会慢慢考虑。

画室在楼下——地面用红色瓷砖，墙壁和天花板都是白色的，有质朴的椅子和白色木桌，我希望用肖像画来装饰一下；画室要有一种杜米埃作品式的感觉。我想，我可以保证画室不会过时。

从今以后，你可以认为自己在阿尔勒拥有了乡间别墅，因为我很想把它安排好，以便让你满意，目的是使它成为一间具有绝对独立风格的画室。我想使它真正成为一座艺术家的房子：没有什么珍贵的物品，但是从椅子到图画，每一样东西都有特色。

如果一年后你想要来这里或者去马赛度假，房子我已经布置妥当了，而且我打算从上到下全部用图画来作装饰。总有一天，你会看见这间小屋阳光明媚的一幅图画，或者在窗户大开时看到窗外的天空中繁星点点。一定要找几幅杜米埃的版画来装点画室，还要有几幅日本人的画作。

昨晚我睡在这间屋子里，虽然还没有布置好，但我仍很开心。它现在让我想起了博斯布姆画作中的室内景。它周围的环境、公共花园、夜晚咖啡店和杂货铺，都不会进入米勒的画面，也跟杜米埃的画风不相配，但绝对是左拉笔下的场景。这就足以为我们提供思想了，不是吗？

我的想法是，我们最终将建立一个画室来留给后人，后来者可以在那里生活，会发现自己在那里能够更安静地工作。换句话说，我们正在为一种艺术和做事的方式而工作，这种方式不仅会在我们生前持续，在我们死后也会被别人继承。

现在，如果我在南部的大门口建立一间画室和避难所，这个计划也不算太愚蠢。最伟大的色彩画家欧仁·德拉克洛瓦认为最重要的是要去南部和非洲，这是为什么呢？很显然，不光是非洲，因为从阿尔勒开始，你就会发现红色与绿色、蓝色和橙色、硫黄色与淡紫色的美丽对比。所有真正的油彩画家都必须来这里，都必须承认，这里有另一种色彩，比北部的更好看。

因为我待在同一个地方，在四季轮换中看到的是相同的题材，每年春天和夏天看到的是同样的果园和麦田，我的作品会因此变得更差么？我会不由自主地提前预见到要画的草图，而且能更好地制订出计划。

在工作中，我已经感到自己比以前更加自由了，不会被不必要的烦恼困扰。因为我还要添置很多东西（我说的是绝对必需的物品），所以你必须再给我100法郎，而不是50法郎。幸运的是，我请到一个忠实的女用人，要不是这样，我还不敢住在家里；她很老了，有很多后人，她能使我的红色地砖保持干净和鲜亮。至于我的衣服，它们已经开始破烂，没法穿了；不过就在上周，我花20法郎买了一件质量相当好的黑丝绒夹克和一顶新帽子，所以暂不着急。

无论在家里还是工作中，我都能感受到这种快乐，我甚至敢于去想，这种快乐不应该总是一个人独享，你也应该分享这种快乐和乐趣。亲爱的提奥，你会看到这里的柏树和夹竹桃，还有太阳——可以肯定，那一天一定会到来的。

今天下午，我挑选了一群独特的观众——四五个街头小混混和十几个阿拉伯人，他们对油彩从颜料管里挤出来特别感兴趣。嗯，这就是名气。或者更确切点说，我是想嘲笑野心和名气，就像我嘲笑街上那些阿拉伯人，嘲笑罗纳河岸边与阿尔勒桥大街上那些游手好闲的人一样。

我新画了一幅30英寸见方的油画——画的是花园一角，有一棵垂柳，一丛丛剪过枝的圆圆的香柏，还有一丛夹竹桃。天空呈现出一片柠檬色，具有秋天的丰富色彩和亮度。这幅画的颜料比其他油画用得更重，画面平坦而厚实。这是本周的第一幅油画。

第二幅画的是咖啡馆外面，蓝色夜空下，一个大煤气灯照亮了露台，露出一角蓝天，繁星点点。我经常认为，夜晚比白天更有生气，更加色彩斑斓。

第三幅是我的自画像，淡孔雀石绿的背景，几乎没有色彩的灰调子。

我买了一面足够好的镜子，可以让我在没有模特的情况下画自画像；如果我能画出自己的彩色头像（要做到这一点并不容易），我就能画出其他人的头像，不管是男人还是女人。所以，这一周我除了画画、睡觉和吃饭外，别的什么都没做。这意味着一次坐 12 个小时、6 个小时，然后一觉睡上 12 小时。

以我的画作抵押，让托马斯借给我两三百法郎，这完全不可能吗？那些画能让我赚到 1000 法郎，因为，正如我不能经常告诉你的那样，我被自己看见的一切迷住了。它们让人产生一种热情，使时间在不知不觉中流逝，而且——会忘了白天黑夜，忘记冬季的密史脱拉风。

我从未遇见过这样的机会，这里的大自然太美了。天穹深处到处是奇妙的蔚蓝色，阳光洒下柔和可爱的浅硫黄色。乡下真美啊！

我画不出它的可爱，但它深深地吸引了我，所以我任自己尽情发挥，根本不去想任何规则；我毫不怀疑、毫不犹豫地描绘景物。我开始觉得，我和刚到这里来的时候完全不一样了。我又在重新找寻去巴黎之前所找寻的东西；我又回到了在尼厄嫩时徒劳地学习音乐时的样子，我感觉到了色彩与瓦格纳音乐之间的关系。

不知道在我之前，是否有人谈到过色彩暗示的问题。德拉克洛瓦和蒙蒂塞利没有谈过，但他们做到了。在印象画派中，我确实看到了欧仁·德拉克洛瓦的复活，但人们对色彩暗示的解释莫衷一是，解释方法不可调和，因此给予我们终极解释的不会是印象画派。

修拉在画什么呢？我不敢把已经寄走的那些画稿贸然拿给他看，但是向日葵、卡巴莱夜总会和花园那几幅画，我想让他看一看。

这些日子真不寻常，倒不是因为发生了什么事，而是因为我强烈地感到你和我都没有颓废，也没有堕落，我们永远也不会堕落。不过你知道，如果有评论家说我的画还有上升空间，我也不会表示反对。

从今天早上 7 点开始，我就一直坐在草地上一丛修过枝的圆圆的香柏前面画画。背景中的一排灌木是疯长的夹竹桃，这些东西像中了魔咒似的疯狂开花，很可能落下运动失调症的病。它们枝头上开满沉甸甸的鲜花，还有一簇簇凋谢的花朵。它们的绿枝上不断长出新鲜嫩叶，长势强劲，显示出旺盛的生命力。在它们上方矗立着一株适合用于丧葬的柏树，玫瑰色的小路上有几个小人影在走动。

这座花园有一个奇妙的特点，使你能想象文艺复兴时期的诗人（但丁、彼特拉克）漫步于花丛之中。如果想画出这里景物的真正特色，你就必须观察它们并长时间作画；也许你从草图中看不到任何东西，只能看到简单的线条。

我可以肯定的是，要画一幅真正属于南部的画作，仅凭一点小聪明是不够的；要对事物进行长时间的观察，才能使你成熟起来，使你对它们有更深刻的了解。如果研究一下日本艺术，我们就会看到一个睿智、有哲理、聪明的艺术家是怎样花时间的。去研究地球和月球之间的距离吗？不。去研究俾斯麦的政策吗？也不是。他研究一片草叶，但这片草叶会引导他去画植物，画一年四季，画广阔农村的方方面面，画动物，然后画人物。他就这样度过一生。

现在，你瞧，这些简单的日本人教会我们的，难道不是一种真正的宗教吗？他们生活在大自然中，仿佛自己就是大自然的鲜花。尽管我们接受了教育，在一个传统世界中工作，但我们必须回归于自然。只要学习日本艺术，你就会变得更高兴、更快乐。

我收到一封高更的来信。他似乎非常不幸，说他一卖完东西肯定会来。他说他寄宿的那家人对他很好，离开他们会是对他们的一种侮辱；但如果我认为他明明能来却不来，那就是朝他的心口上插刀子；他还说，如果你能以低价出售他的画作，他会非常满意。

我刚买了一张梳妆台，里面所需物品一应俱全；我的小房间也已布置完备；另一个房间还需要一张梳妆台和一个抽屉柜；楼下还需要一个大煎锅和一个碗柜；我还想在门前的木盆里栽两株夹竹桃。

我已在画室里布置好所有日本版画以及杜米埃、德拉克洛瓦和席里科的作品，最后是雅克马尔临摹梅索尼耶的小幅蚀刻版画《读书的男人》，那是我一直欣赏的一幅作品。

我需要时间，但痴迷于画室内装饰画的念头，这样才配得上你在我没有成果的这些年花在我身上的钱。如果你见到修拉，告诉他，我手上现在有一套装饰画方案，现已完成 15 幅油画，至少还要 15 幅才能凑成一套。他的个性以及我们去参观他的画室所看到的大幅美丽油画，经常鼓励着我去画这种大得多的作品。

我现在有一幅油画，画的是硫黄色阳光下的屋子和房子周围的景物；左边是有紫色百叶窗的粉红色房子，那是我吃饭的餐厅；我的邮差朋友住在两座铁路桥中间那条路的尽头。

米利[1]认为这很可怕，但当他说他不理解为什么有人画这种乏味的杂货店和荒凉呆板的房屋以自娱时，我心里就想，左拉的小说以描写大道上的小酒馆作为开头，福楼拜描写维莱特码头的一个角落，然而它们并不都是垃圾。做难做的事对我是有好处的。

今天，从早上 7 点到傍晚 6 点，我除了吃一点东西，走上一两步外，又一动不动地画了一天。这就是作品画得很快的原因。但是你会怎么评价它呢？过一段时间，我自己又会怎么想呢？我有情人一样的敏锐目光，也有情人一样的盲目。

这几幅油画令我异常兴奋。我没有一丝疲惫感。今晚我还要再画一幅，一定要画出来。当大自然很美丽的时候，我的头脑就非常清醒；我浑然忘记了自我，那些画如在做梦一样就完成了。我只能在无风的日子里出去，尤其是我觉得这次的作品比上次寄给你的好多了。

我要尽可能多画，以便在别人准备 1889 年年底的美术大

[1] 即前文提到过的“少尉朋友”，全名保罗·欧仁·米利（Paul Eugène Milliet，1863—1943），阿尔勒当地驻军的一名军官，梵高给他上过绘画课。

展时，我也有足够多的作品参展。我唯一的希望是通过努力作画，能画出足够多的作品。我不需要展示，但我们的屋子里应该有我们自己的作品，这将证明我不是懒鬼，也不是烂人。那样的话，我就心满意足了。

米利很满意我今天画的《犁过的田地》。一般来说，他不太喜欢我的画，但是因为泥土的颜色像木鞋一样柔软，所以他并未生气。

如果你喜欢《星空》和《犁过的田地》，我不会感到惊奇；它们比其他油画多了一分静谧。如果我的作品能一直像这样，如果我的画技能更和谐一些，我就不会担心钱的事了，因为人们更容易喜欢上我的油画。

在车站与你分手南来的时候，我内心非常痛苦，几乎变成了一个病人，一个酒鬼。我觉得那年冬天我们曾全身心投入与那么多有趣的人和艺术家的讨论中，可我当时不敢抱任何希望。经过你和我持续不断地努力后，现在，地平线上出现了新的东西：希望。

我越来越认为，在绘画这一行中，真正正确的方法是追随自己的品位，追随从大师那里学到的东西——信念。我确信，画一幅好画不见得比找到一颗钻石或珍珠更容易。这意味着折磨，意味着你去做画商或艺术家要冒生命的危险。但是，一旦你得到一些好钻石，你就不能再怀疑自己。这一想法鼓励着我去工作，即使在我因为不得已要花钱而感到痛苦的时候。

我想做两件事：想挣到我已经花掉的那么多钱，好把钱还给你；想让高更有安宁、安静的创作环境，能够像艺术家一样自由地呼吸。高更越是意识到他加入我们就会有一个画室的领导地位，他的情况就会越早变好，就会越渴望工作。

你是否继续待在布索与瓦拉东公司已经不重要，你是公司里的顶梁柱。听你讲起你的两个新朋友，画家迈耶·德哈恩及其朋友伊萨克松，我非常高兴。这些荷兰艺术家称你为印象派作品经销商。我们不能忽视这一点。对于布雷特纳、拉帕德和另一些人，他们对你讲了些什么？最后，他们是怎么看待特斯泰格的？

是的，我能够看到自己画作的未来，我会敦促每一个与我接触的人进行创作；我会为他们树立一个榜样。如果我们坚持下去，所有这一切都将有助于创作出一些作品来，其生命力将比我们的生命还要持久。

我又画了一幅基督和天使在橄榄园里的写生，因为在这里我能看见真正的橄榄树。在没有模特的情况下，我不能，或者说不愿再多画什么；但这幅画已经印在我的脑子里，穿着蓝色衣衫的基督形象和一个有柠檬黄混合色的天使。

这几天我过得很不好。我的钱在周四花光了，我靠着 23 杯咖啡过了 4 天，面包费还欠着。算上今天就是一周了，我有 4 天严格禁食，只剩下 6 法郎了。我中午吃了东西，但今晚我要吃一块面包。我不得不再次向你要钱，这让我很不舒服，但是我没有办法，因为我又累倒了。

这不是你的错；如果要追究是谁的错，这是我的错，因为我急于看到自己的图画装进相框，订购了太多相框，超出了预算。我为两幅《诗人的花园》订制了两个胡桃木相框，做得很好。

哦！我的葡萄园写生啊！画这幅画时我像个奴隶一样辛苦，但我画成了，它既是一幅油画，又是房屋装饰的一幅题材画。你没看见那些葡萄有多好！那些葡萄，每串足有一千克重。我刚画出绿色、紫色和黄色的葡萄藤，还有紫色、黑色和橙色的藤蔓；地平线上有几株灰色的柳树，一长串葡萄榨汁桶排出去老远，远处能看到城镇的淡紫色轮廓；葡萄园里有几个打着红伞的女人的小人影，还有一些推着手推车收获葡萄的男人身影。

我冒昧地认为，如果你看了这些油画写生，你会说，只要天气晴好，我在炎热的天气里作画是对的。

我被这幅画吸引住了。我相信，如果这样继续下去，我在绘画上肯定不会失败。这些大型油画都很好，但也让人疲惫不堪。不过别担心，坏天气会让我停下来，就像今天、昨天和前天一样。这里有泥泞的雨天。从现在到短暂的冬季，会有另一段晴好的天气和壮观的景色，之后又会一头扎进绵绵的雨天。

我想在今年冬天多画素描。如果能设法凭记忆画人物画，我就应该总有事做。织布工和制蓝商常常把整个季节都花在做生意上，以此作为唯一的消遣；但让这些人待在同一个地方的，是家的感觉，是让人安心的熟悉景物。

我想我最终也不会感到寂寞。在糟糕的日子和漫长的夜晚，我会找点事做以转移我的注意力；然后，我也会遇到一个人。我对此毫不怀疑。

我收到高更的一封来信。他在信里对我说了一大堆毫不值当的恭维话，还说他病了，害怕这段旅程。我能怎么办呢？难道一个人肺病发作之时，一次旅行就能把人给毁了？

巴格真不错！告诉他，我很高兴他买下了高更的那幅写生。我告诉过你，我有一幅《星空》，还有《犁过的田地》《诗人的花园》《葡萄园》（总之，都是浪漫的风景画），我希望他也能来看一看。

昨天，我画了一幅《落日》。

我的画布已经用完了，我需要 200 法郎买颜料。但是你会说："买这些颜料？"嗯，是的，我对此感到惭愧，但是我太爱慕虚荣，想通过我的作品给高更留下一个深刻印象，所以不得不在他来之前尽可能多画画。我相信，他的到来将会改变我的画风，我也将因此而受益。

这些天，我反复思考绘画费用给你造成的经济压力，你可以想象，我有多么不安；你不能享有你本可以有的阳光照耀之地，因为布索与瓦拉东公司的工作太累人了。每当我想到这一切，我就觉得自己陷入了一种唯利是图的狂热之中。我觉得，我们如此热衷于卖画和寻求帮助，就是为了能有喘一口气的机会。

我手上现有的作品比寄给你的那些画质量更好，也更好卖。我觉得我可以继续创作下去。我终于有信心了；我知道，再寻找一些富有诗意的题材会有益于人们的心灵，比如"星空"，比如"葡萄树的枝"。

我就这样前行，以为离目标很近了，但也许还很遥远。所以，如果我走得太快，就下令暂停吧。最重要的是，不要认为我对绘画的关心超过了关心我们的幸福，或者至少超越了关心我们内心的安宁。

我又画了一幅油画《秋天的花园》，画了两棵深绿色的柏树，形状像冬青树；还有3株小栗树，一棵小紫杉，叶子呈淡柠檬色；有一些沙、一些草，还有一部分蓝天。我已经发誓不画了，可是每天都这样：我在路上走着，有时遇见一些很可爱的景物，又忍不住努力地画了起来。开始落叶了。你能看到树木变黄，黄色日益变浓；景色之美，至少不亚于开花的果园。

我决心为我们的画室画出价值1万法郎的油画。你有没有读过龚古尔兄弟写的《桑加诺兄弟》？如果我的尝试失败了，那对我也没有什么害处。如果遇到那种情况，我仍然有资源，因为我要么从事卖画，要么写作——但只要能继续画就行。

你还记得《塔拉斯孔城的达达兰》中，塔拉斯孔的四轮马车“老勤奋”抱怨生活的那精彩一页吗？好吧，我刚才把客栈院子里那辆红绿相间的马车画下来了——灰色沙砾的简单前景，背景也非常简单；两节红绿相间的车厢颜色鲜艳，4个车轮是黄、黑、蓝、橙4种颜色。你以前有一幅克劳德·莫奈的精美图画，画的是海滩上的4只彩色船。嗯，在这幅画里是车厢，不过构图是一样的。对这幅画可以有一千种批评，不过没关系，我只想把画的神韵画出来。

我接着又画了两幅油画，《特兰凯塔耶的铁桥》和另一座铁道桥。这是一幅小油画，色彩有点像博斯布姆的风格。《特兰凯塔耶的铁桥》画了所有的台阶，是在一个灰蒙蒙的上午画的；石头是沥青色的，人行道是灰色的，人影是彩色的。

《塔拉斯孔的驿马车》差点把我累死，我明白自己没有画画的头脑。我要去吃饭了。

亲爱的小伙子，你听着，如果你抱怨自己的脑子在创作好作品方面一无是处，那么没有你的帮助，我连一幅画都画不出来。既然我们目前无法改变这一切，就认命吧。你那一边注定要努力不停地卖画，得不到改变；我这一边同样要不停地工作。在这种时刻，辛苦工作之后，我也觉得自己的脑子里空荡荡的。现在就是这样。

我最新的一幅油画，是玫瑰色天空下的一排绿色柏树，天上有一弯淡柠檬色的新月。前景模糊处理，有泥土、沙砾和一些蓟草；有一对恋人，男的身穿浅蓝色服装，戴一顶黄色礼帽，女的穿着粉红色上衣和一条黑裙子。这是《诗人的花园》组画的第4幅油画，计划用来装饰高更的房间。

我认为，就女性美和服饰美而言，阿尔勒城曾经无比辉煌，可现在一切都显出一副憔悴的病容。可是当你长久地注视它时，就会发现古老的魅力又复活了；我一次又一次地想起蒙蒂塞利——色彩在这里的女性美中起了巨大作用。独特的魅力在于服装的大线条，色彩鲜艳，引人注目；在于肉色的调子而不是肉体的形状。但是，当我看到这一切并开始画她们之前，我还会遇到一些麻烦。

米利运气好，他弄到了阿尔勒女人，要多少有多少，可是他不能画她们。假如他是个画家，他一定会画的。我必须等待时机。如果米利把模特姿势摆得更好一点，他会给我带来极大的乐趣，他会有一幅比我现在画得更为独特的肖像，不过题材很好——翠绿背景映衬着他那张苍白的脸和红色的士兵帽。

母亲的照片带给我极大快乐，因为你能看到她身体很健康，表情也很活泼。但是我看不清没有色彩的黑白照片。我正试着为她画一幅色彩协调的肖像，就像在我记忆中看到她的样子，我还写信回家要一幅父亲的肖像。

我刚收到一幅高更的自画像，一幅伯纳德的自画像；高更自画像的墙上有伯纳德的肖像，反过来也一样。高更的自画像当然很棒，但是我也很喜欢伯纳德的自画像。它不过是画家的一种暗示（一些突兀的调子，几条暗线），但它真正具有马奈作品的特色。

因此，我现在终于有机会把我的画同这群人的进行比较了。作为交换，我把我的自画像寄给高更，那幅画与我自己很一致，我确信这一点。画像是灰白色的，背景是浅孔雀石蓝（没有黄色）；我穿的是带蓝边的棕色衣服，但我把棕色变为了紫色；头部色彩厚实，颜色很浅，采用逆光背景，几乎没有任何阴影；但我把眼睛画得稍微斜了一点，有点像日本人的眼睛。

我曾写信问高更，是否允许我在一幅自画像中夸大自己的个性，我这样做是为了在自画像中不光描绘我自己，而且要把自己描绘成一个印象派画家。当我把高更的自画像与我的并排比较时，我发现我的也很严肃，但还不那么令人绝望；伯纳德已经有一幅我的自画像，但是他说还想要一幅这样的画。我很高兴他们并不讨厌我对人物画的处理方法。

高更的自画像告诉我的最重要信息是他不能再这样继续画下去了，他必须重新成为画《黑人妇女》时那个思想更丰富的高更——画里没有一点快乐的影子。尽管人们可以自信地把这归结为他决心画出一种忧郁的效果，却丝毫没有减轻肉体上的痛苦。阴影中的肉体已经变成了忧郁的蓝色，那样就不再是肉体了，它已经变成了木头。我冒昧地认为，就色彩而言，他在布列塔尼画的其他画比这幅更好。

我很高兴得到这两幅肖像画，因为它们忠实地描绘了我们在这个国家的命运；他们不会再这样继续下去，他们将恢复安宁的生活。我清楚地看到，我的责任就是要尽我所能，减轻我们的贫困。高更看上去病得很重、很痛苦！但这种情况不会持续太久，你可以把这幅画同他 6 个月后的自画像比较一下，将是非常有趣的事。他一定要和我一道，在可爱的环境里吃饭、散步；偶尔邂逅一个好女孩；看一看房子的原貌，看我们怎样改造它；然后尽情地享受生活。

今天我又恢复了健康。我的眼睛仍然很疲惫，但我脑子里产生了一个新的想法。再画一幅油画，这次只画我的卧室，但是由颜色来决定一切。通过色彩的简化来赋予景物一个更宏大的风格，目的在于暗示这里是休息和睡觉的地方。总之，看图画应该让大脑得到休息，更确切地说，让大脑发挥想象力。

墙壁是淡紫色的，地面是红色地砖，床和椅子的木头是鲜黄油色，床单和枕头是青柠檬色，床罩是青色，窗户是绿色，梳妆台是橙色，脸盆是蓝色，门是淡紫色。粗线条的家具再一次表示休息不可侵犯。墙上有画像和一面镜子，挂着一条毛巾和几件衣服；因为图片上没有白色，镜框将是白色的。

我又要画上一整天，但是你明白，创意非常简单。像日本版画一样平涂用色。没有点彩，没有影线，只有和谐的平涂色彩。它将与《塔拉斯孔的驿马车》和《夜间咖啡馆》形成鲜明对比。明天一早我就要在凉爽的晨光中开始画画，以便完成这幅油画。

高更来信说，他已经把行李箱寄出来了，并承诺在本月20日左右到来，只要几天工夫就到了。我像你一样，全部心思都放在高更身上。他早该来了。我必须设法更好地了解他。

高更来了。他身体健康，看上去似乎比我还好。

你帮他卖掉一幅画，他对此当然很满意，我也同样满意，因为这样一来，我们就无须等待必需的安置费用，这笔钱也不会完全压到你的肩上。作为一个男人，他是非常有趣的。我完全相信，和他在一起，我们能画出很多作品。他会在这里画很多画，也许我也会。

我希望能稍微减轻一点你的负担，而且我大胆希望能极大地减轻你的负担。我意识到，即使在精神崩溃、身体被消耗殆尽的情况下，我也必须进行创作，因为要赚回我们花掉的钱，我别无他法。我的画卖不出去，在这方面我无能为力。

总有一天，人们会发现，我的画的价值远远超出了我们投入其中的颜料费和我自己的生活费（尽管非常贫穷）。但是，亲爱的弟弟，我欠下了这么重的债，以至于当我还清债务时，绘画的痛苦早已夺去我一生的光阴；到那时，我会觉得自己就像从来没有活过一样。

有一段时间，我感到自己像是要生病了，但是高更的到来使我忘掉了疾病。我相信，很快就会没事了。但是，如果我的花销继续这样下去，我还是会生病的。因为我很痛苦，唯恐自己会逼迫你去做超出你能力范围的努力；但是我认为，我只能把当初说服高更与我们合作这件事继续做下去，除此没有更好的办法。

现在，我希望终于能够喘口气了，因为你把高更的画卖出去了。在这件事上，我们总算有了一点好运。不管怎么说，我们三人，他、你和我，能够振作起来，平静地评估一下我们做过的事情。我一定不能忽视我的饮食，不要为我担心。

我们在一起花的钱不会超过每月 250 法郎；我们在颜料上花的钱会更少，因为我们打算自己动手研磨。所以不要为我们焦虑，你也需要喘息的空间，你太需要了。我冒昧地希望，6 个月后，高更和你、我将会看到，我们已经建起一个小型的画室，它将会长期存在下去，会成为所有想到南部来看一看的人的前哨基地，这是必要的，或者至少是有用的。每个月你都会收到我的作品，还有高更的一幅画。

只要你不因为资助我而过于手头拮据，我愿意坦率地说，你宁可把我的作品为我们自己保存起来，也不要轻易把它们卖掉。如果我画的是好作品，那么我们就不会有任何损失，因为它们会像窖藏酒一样悄然成熟。

如果你要问什么事情会让我高兴，那就是：你可以把你喜欢的我的作品留在公寓里，现在不要卖。其余的作品给我寄回来，因为你的公寓很小。

高更和我今晚要在家里吃晚饭，我们觉得晚饭一定不错，因为在家里吃肯定更便宜，他很懂烹饪。我想我应该向他学习，这很方便。

高更已差不多找到了他的阿尔勒女模特，真希望我也能那样走运，不过我眼里看到的只有风景。找不到模特以及要克服这一困难所造成的无数矛盾，是我一如既往感到懊悔的事。

我们的日子是在绘画中度过的，一直不停地画。到了晚上，我们都感到筋疲力尽了，就会去咖啡馆，喝完咖啡后就上床睡觉。这就是我们的生活。当然，这里也是冬天了，不过，常常也会有好天气。

我为邮差一家画了肖像，那个男人、他妻子、婴儿、小男孩和16岁的儿子，所有人都很有法国气质，只有邮差看上去有点像俄罗斯人。我感到很惬意。我希望按捺住这种心情，能够找到摆姿势更尽职的付费模特。如果我能把这家人画得更好一些，那么至少我能画一些自己喜欢的、有个性化的作品。

我想我很快就要给你寄去一些油画。其中有些画是高更真正喜欢的——播种者、向日葵和卧室。高更带来一幅很棒的油画，是他和伯纳德交换来的，画的是田野里的布列塔尼妇女。

高更不由自主地使我（我也是不由自主地）意识到，是时候改变一下我的画风了。

我急切地希望在某一天认识德哈恩和伊萨克松。如果他们有机会来这里，高更肯定会对他们说：去爪哇岛画印象派作品吧。对高更来说，虽然他在这里努力画画，可是他仍然怀念热带地区。

他手里有一幅我的自画像，我认为这与他徒劳无益的事业无关。他正在画一些风景画，最近画了一幅洗衣妇女的油画，我认为画得不错。你会看到，很快就会有人责怪他不再是印象派画家了。

他受邀参加“二十人小组”的展览。他已经想象着要去布鲁塞尔定居了，这当然是他能够再次见到丹麦妻子的一个途径。我担心他和他妻子根本合不来，但是他更关心他的孩子们。从肖像画上看，他们都长得非常好看。

我们在这方面都不是很有天赋。

我们几乎没有正式展出过作品，对不对？起初在唐吉那里挂过几幅，后来在托马斯那里，再往后就是在马丁那里。我告诉你，我看不到这样做有什么作用。只要我们自己不着急，我就可以在这里继续为下一次更重要的画展作准备。在我的作品还不够多的情况下，我就没必要去参加画展；这就是我的目标。

我们这里现在风雨交加，很高兴我不是独自一人。在天气不好的日子里，我就凭记忆作画；独自一人的时候，这是办不到的。高更给了我想象事物的勇气，凭想象画出来的油画当然更具有神秘特征。我已经凭想象画了我们埃滕家里的花园，有卷心菜、柏树、大丽花和人物。我并不反感凭想象作画，因为那可以使我待在家里。

高更已经完成了他的油画作品《摘葡萄的女人》，这幅画与《黑人妇女》一样好。他也几乎完成了他的夜间咖啡馆，正在画一个待在干草堆里、非常原始的裸体女人，旁边还有几头猪。这幅画一定会很棒，而且很有特色。他是一位很伟大的艺术家，和他交朋友也非常有趣。

我也画了一幅葡萄园的油画，全是紫色和黄色的调子，上面有蓝色和紫色的小人影和黄色的阳光。我认为你可以把这幅画放在蒙蒂塞利的风景画旁边。

我终于找到一个阿尔勒女人，在一个小时内画完了一幅人物画，背景是浅柠檬黄色，脸是灰色的，衣服全是黑色，还有纯正的普鲁士蓝。她倚着一张绿色的桌子，坐在橙色的扶手椅上。

我还画了一幅妓院的草图，我很想画一幅妓院的油画。我最近画的两幅写生都很怪：一幅是一张纯黄色的木底椅，靠着墙，地面是红色瓷砖（白天画的）；另一幅是高更的扶手椅，红色和绿色的夜景效果，座位上放着两本小说、一支蜡烛，画布上涂了一层厚厚的颜料。

我收到一封莫夫太太的来信，感谢我们寄去的那幅画。我知道，听到这个消息你会很高兴。信写得很好，她在信里还回忆了旧日时光。还有另一件让你高兴的事，我们的艺术家肖像画集又增添了新成员——拉瓦尔的自画像，画得很好。作品风格豪放，很有特色，是你所说的在别人认可其质量之前紧紧抓住不放的图画之一。

我房间里面摆满了油画。在高更寄给你他的油画时，我却无法寄给你，我感到很遗憾。这是因为他教会我如何通过不时清洗来去掉画面上油彩颜料里面的油脂。如果我现在把这些画寄给你，它们的颜色在今后会变得非常晦暗。你花点时间等一等我的画，也不会有任何损失；我们先把那批昂贵的旧画放一放，以免忽视了现在的新作品。对我来说，幸运的是我知道自己想要什么。对于别人批评我画得太快，我根本不屑一顾。

高更告诉我，前几天他看到一幅克劳德·莫奈画的向日葵，插在日本式大花瓶里，画得很好，但他说他更喜欢我画的向日葵。我不同意他的说法，但如果到40岁的时候，我画了一幅如他所说像向日葵那么好的人物画，那么在艺术界无论与谁相比，我都会有一席之地。所以，一定要锲而不舍！

我们昨天去蒙彼利埃参观了那里的美术馆。那里有德拉克洛瓦、库尔贝、乔托、保罗·波特、波提切利、泰奥多尔·卢梭的作品，非常棒。我们沉浸于魔法之中，因为正如弗罗芒坦所说，伦勃朗首先是一个魔术师。

我自己觉得，高更与阿尔勒这座好城市、与我们工作的那座小黄房子，尤其是与我，不是很合得来。事实上，对于我们俩来说，在这里有许多困难需要克服。但这些困难主要存在于我们两人之间，而不是来自外部。高更很强势，有很强的创造力，但正因如此，他必须有安静的环境。他在别的地方找得到吗?

[12 月 24 日，高更发来一封电报，叫提奥到阿尔勒去一趟，说前一天文森特在极度亢奋和高烧的状态下，割下了自己的一只耳朵并把它作为礼物送给妓院里的一个女人。这一度引发了混乱的场面；邮差鲁兰设法把他送回家，但是警察介入时，发现文森特躺在床上流血，失去了知觉，于是送他去了医院。提奥在医院里找到了他，在那里过了圣诞节。之后，高更和提奥一道返回巴黎。12 月 31 号，传来消息说病情有所好转。

——约翰娜 · 梵高[1]]

我在雷伊大夫的办公室里给你写信。他让我去他办公室聊一聊，想让你放心由他来照顾我。他很高兴自己的预言应验了，过度兴奋是暂时性的。他坚信，过不了几天，我就能恢复健康。

我还要在医院里多待几天，然后我想我就可以安安静静地回那座房子里去。女用人和我的朋友鲁兰在照管房子，把

[1] 约翰娜 · 梵高（J.hanna van Gogh–Bonqer），提奥的妻子，1889 年 4 月两人结婚。

一切都安排好了。鲁兰对我真的很好，我敢说他会是我永远的朋友。我太需要他的友谊了，因为他相当了解农村。

出院之后，我要重画那条小路；好天气即将来临，到时我将开始画开花的果园。

亲爱的弟弟，我很难过，让你专程跑来这一趟。我原本希望你可以不来的，因为我毕竟没受什么伤害，你也没理由因而感到沮丧。我没能在画中让你看到阿尔勒天气晴朗时的景致，现在，你在悲哀的心境中看到了它的模样！

我只求你一件事，不要担心，因为那会使我更着急。对我的健康状况，你尽可放心；如果我知道你一切皆好，我就会完全好起来。我反复阅读你信里讲到的与博赫夫妇会面时的情景，真是太好了。对已经发生的事情，我们无法改变，但是告诉博赫夫妇，我对身不由己耽搁了你的行程，导致你的荷兰之行久久未能成行感到非常遗憾。

我希望自己只是得了一次艺术家的怪病，如同动脉血管被割开之后，因为流血过多而发高烧；我马上就恢复了食欲，消化能力也恢复了，我的血液每天都在恢复正常，因此我的大脑正在日复一日地恢复平静。

我今天回家了。鲁兰和我一起吃的晚饭。他将去马赛工作，大约在 21 日起程。他的妻子和孩子们要等很久才能去跟他会合，因为全家人在马赛的开销会更大；他和他妻子都很伤心。

他们告诉我，房东趁我不在时签了一份合同，要把我的房子租给一个烟草商人。这让我非常烦恼，因为我不愿让自己近乎屈辱地被赶出这座房子，是我将房子里里外外粉刷一新，还为房子安装了煤气——实际上，是我将这座长期空置、关门闭户的房子变得适于居住的。

有几天我不能写信，不过那已是过去的事情。我第一次有机会给高更写了一封信，讲了几句充满深情厚谊的话。我在医院里常常想起他，即使在发烧到最厉害和身体很虚弱的时候。我吓着他了吗？为什么他不给我来信？你见到他手上我那幅自画像和最近这几天他画的自画像了吗？

我给母亲和薇尔各写了一封信，目的是让她们放心，以防你对她们讲了我生病的事。

我打算明天早上重新开始工作。我开始会先画一两幅静物写生，以便恢复画油画的习惯。一旦我发现自己完全恢复了，我就打算画一幅雷伊先生的肖像；他听说过伦勃朗画的《解剖学课》那幅画。我告诉过他，我们应该为他的书房制作一幅版画，那会让他非常高兴。

今天上午，我去医院换衣服，和雷伊先生一起走了一个半小时。我们谈论各种话题，甚至谈到了自然史。我告诉他，我应该永远后悔自己没有成为一名医生，那些认为油画很美的人，顶多只能看到它是对自然的写生。

我现在身体很好，伤口正在愈合，大量失血正在得到弥补。最令人担心的是失眠症，医生没有对我讲这件事，我也没有告诉他。但是我自己在枕头和床垫里放了一种非常强的樟脑来对抗失眠。我非常害怕独自一人睡在屋子里，我一直担心自己睡不着，但这种情况已经成为过去，我敢说不会再出现了。在医院里失眠的痛苦是可怕的，但我可以以一种好奇的心情告诉你，在睡不着的时候，我一直在想着德加。高更和我一直在谈论他。我曾向高更指出，德加说过，“我自我拯救是为了画阿尔勒女人”。

告诉德加，到目前为止，我还无力去画她们，那些阿尔勒的女人。如果高更在他面前恭维我的作品，别相信他，因为那只是一个病人的作品；要是我康复了，我一定会重新开始，但是因为疾病的原因，我很难再达到生病之前的高度。

在收到你这封亲切的来信之前，我在早上已收到一封你未婚妻的来信，宣布了你们订婚的消息。所以，我已向她表达了真诚的祝贺，我再次向你表示祝贺。我担心我的病会妨碍你进行这趟必要的旅行，我对这次旅行向往已久，可现在已经不可能了。我觉得自己现在很正常了。

我一直认为，相对于你的社会地位和在家庭中的地位来说，你早就该结婚了；这也是母亲多年来的心愿。做你应该做的事，这样，你也许能得到更多安宁的生活，即使遇到上千种前所未有的困难。

最重要的是，你的婚姻不应被耽搁。有了妻子，你就不会再感到孤独，屋子里也不会再空荡荡的，家里也许还会有别的人。

无论我在其他方面如何看我们的父亲和母亲，他们都堪称已婚人士的典范；鲁兰和他妻子也一样。我永远不会忘记父亲去世时母亲的样子，当时她只说了一句话，这使我比以前更加热爱亲爱的老母亲。

你一定知道，在你举办婚礼时，我会有多高兴。如果为了让你妻子高兴，不时在布索与瓦拉东公司展出一幅我的画也很不错；如果你愿意，也可以展出两幅向日葵作品。你会发现，这些油画能够吸引人们的视线。你看的时间越长，就越觉得它丰富多彩。

你知道，牡丹要数让南画得好，蜀葵是科斯特的专长，但向日葵在一定程度上还是我画得好。

现在，如果你同意的话，我们还是把钱减回到每月 150

法郎吧，因为高更已经走了。也许我们应该考虑一下本月的费用问题。从各方面看，情况都很悲观。但我们该怎么办呢？不幸的是，情况很复杂。我的作品毫无价值，尽管它们的确让我花了很多钱，有时甚至以鲜血和脑子为代价。出院那天，我已经花了 100 多法郎的强制性支出，还必须加上当天与鲁兰在餐厅共进晚餐的费用，那顿饭吃得很愉快。

考虑到医院的账单，加上家里的一切都被这件事弄乱了，所有床上用品和衣服都弄脏了，如果我一回家就把钱还给那些跟我一样贫穷的人，这样做算得上奢侈吗？我是做错了，还是可以更节省一点？

尽管如此，我还是又开始工作了。我已在画室里画了 3 幅写生，还有一幅雷伊大夫的肖像，我送给他做纪念品了。所以，这一次伤害只是造成了更多的痛苦和随后的不幸。我觉得身体虚弱，心情不安，容易受到惊吓。

他们告诉我，因为我太敏感，所以才会自残；我只不过有点贫血，所以必须好好补一补。我冒昧地问雷伊大夫，我现在要做的第一件事是不是要恢复体力；如果我碰巧必须斋戒一周，那么在此期间，他会不会好心地记得我现在不是在发疯。

至于高更的电报给你造成的破费，高更本人是否声称这种做法很高明呢？假如我像你所认为的那样粗野，那么为什么这位杰出的搭档不能更冷静一些呢?

我不赞成你以这种方式付给高更报酬，那样只会让他对与我们达成的交易感到自鸣得意。这样的话，也许又会付出一笔比预期更大的开支。

难道他还不明白，我们并没有剥削他，而是急于让他维持生计、能够工作和保持体面?如果这不符合他提出的艺术家协会的宏伟蓝图，不符合他那些空中楼阁的设想，那么，他为什么不为他的盲目以及由此对你和我造成的麻烦和浪费负起责任呢?

如果高更要彻底地自我检查一下，或者让专家亲自来检查，我真不知道结果会怎样。我见过他在各种场合做的事，那些事你我是不会做的，因为我们有良心，而且我还听别人说起他的一两件事。但在近距离观察过他之后，我认为，他是被想象或骄傲冲昏了头脑。他拥有的一个好品质，就是每天都能想出奇妙的方法来分摊费用。虽然我经常心不在焉，专注于自己的目标，他却每天都有很强的金钱意识。但他的弱点在于，遇到突然刺激或莫名的恐慌时，他就会把已经安排好的所有事情全部打乱。

高更选择不再理我，与我一撇两清，我对他的这种怪异行为很不满意。如果大胆剖析这一情况，我们只能把他看作印象派的小老虎拿破仑……我不知该怎么说这件事，他离开阿尔勒就好比那个小下士离开埃及，回到巴黎，而让军队群龙无首。

在为他结清账单这件事上，我看出你行事是怀有崇高理想的。

高更的身体比我们更强壮，所以他肯定比我们更有激情。他是个父亲，妻子和孩子都在丹麦，同时他却想去地球的另一端，去马提尼克岛。这很可怕，这必将使他陷入各种互不相容的欲望和需求的矛盾冲突之中。

我曾冒昧地向他保证，只要他在阿尔勒与我们一起安静地作画，不浪费钱并老实地挣钱，因为你在关照他的作品，那么他妻子肯定已经给他写信了，并且会同意他的稳定生活。此外还有一件事，他一直处于痛苦和重病之中，关键是要找出病根和治疗方法。在这里，他的病症已经消失了。

高更对南部抱有精美、自由和充满想象力的观念，他抱着这样的想象力，却要到北部去画画！天呀，我们发现这太可笑了。

他向我索要一幅向日葵图画，要用他留在这里的写生作为交换，我认为那是他给我的礼物，我觉得这太奇怪了。我会把他的写生寄还给他，它们对他可能有用，对我却没有一点用处。我肯定要留着我的向日葵油画，他已经拥有两幅了，还不知足。如果他不满意，他可以来取回他的马提尼克岛小油画和他从布列塔尼寄给我的肖像画，同时把我的肖像画和他带到巴黎去的两幅向日葵油画还给我。高更在他所谓的“巴黎银行”方面很有经验，并认为自己精于此道。在这方面，也许你和我都太大意了。

老是谈这件事让我感到厌烦。现在一切都过去了，只是再次证明了那个谚语：祸不单行。这么多困难确实让我变得相当焦虑、胆怯，但我还没有放弃希望。

我在病后重新看我的油画，觉得最好的还是《卧室》那一幅。今天我一直在画我的空椅子，是一张白色的木椅，上面放着一个烟斗、一个烟袋——这幅画是高更椅子那幅油画的姊妹篇。在这两幅写生中，我试图运用清晰的色彩来达到光的效果。

如果说我不太操心卖画的事，那也是因为我的画讲述的故事还不完整，但一切都在进行之中，而我又凭着钢铁般坚强的意志开始工作了。

我新画了一幅自画像，是为你画的。我刚画完一幅新油画，画里几乎有你称之为别致的一切物品，一个装有柠檬和橙子的柳条篮、一根柏树枝和一副蓝手套。你已经见过几幅我画的这种水果篮子。

我的作品既有好运气也有坏运气，但并非只有坏运气。就以我们拥有的蒙蒂塞利的一束花那幅画为例，如果它对收藏家来说价值 500 法郎（实际如此），那么我敢对你发誓，对苏格兰人或美国人来说，我那几幅《向日葵》每一幅都能值 500 法郎。你上次来的时候一定注意到了高更房间里那两幅《向日葵》油画，我刚刚完成对复制品的最后润色，画得与原画一模一样。

我的健康和工作进展得还算不差。当我把现在的状况与一个月前进行比较时，我吃了一惊。我知道摔断胳膊和腿的人能够康复，但是我不知道一个人在大脑受到损伤之后，是否也能康复。即使身体出现了令人惊讶的好转状况，我对自己仍抱有“好了又有什么用”的想法。但那些难以忍受的幻觉已经消失了，我想是由于我服用了溴化钾的缘故，它们现在只是变成了一场噩梦。

既然还在冬天，就让我静静地继续工作吧。我害怕改变环境或搬家，因为那又要花钱；我已经很长时间没有得到喘息之机了。我没有放弃画画，因为它已真正地走上了正轨，而且我相信，这些画能够赚回为创作它们而花掉的钱。

要么马上把我关进疯人院（为防止我欺骗自己，我并不反对这样做），要么让我全力以赴地画画，同时采取预防措施。我若没有发疯，那么我开始承诺向你寄画的时候就该到来了；如果没有绝对必要把我关进牢房里，那么我仍然乐意偿付根据我估计欠下的债务。我从早到晚都在努力向你证明（除非我的作品也是幻觉），我们还有希望涉足蒙彼利埃的布吕亚的伟大工作，他为创建南部画派做了大量工作。

通过二三月份的继续工作，我会有望将去年画的一些写生再简单地重画一遍。我们到处去寻找印象派画家，但印象画就在我内心深处，我正在努力画好油画，这样我就能在我声称的印象派画家中找到一个小小角落的位置。

我要求画两个月的画，然后在你婚礼的时候再作必要的安排；之后就是春天了，你和你妻子将要建立一个能延续几代人的商行，那不是一件很轻松的事。那件事完成之后，我只要求一个绘画职员的职位，只要钱够花就行。为了支持我，你一直都很穷，我要么会把钱还给你，要么就放弃这个鬼职业。与此同时，你那位心地善良的妻子也来了，她会使我们这些老家伙更年轻一点的。的确，只要这个世界还存在，艺术家和画商就会存在。

鲁兰昨天走了。他妻子的肖像画我还没有画完，是在我生病之前开始画的。我在画中设计了各种红色，从玫瑰色到橙黄色，在此基础上突出正黄色和柠檬黄，还有亮绿色和深绿色。要是能完成这幅画，我会很高兴；但是我担心，现在她丈夫走了，她会不愿再为我做模特。

虽然现在大家都害怕我，但这种情况最终会过去的。我们都是凡人，都会有各种各样的病痛，如果遇到一种不是特别令人愉快的疾病，我们能有什么办法呢？最好的办法就是设法摆脱它们。

你对我讲高更的事给了我极大快乐；他已被邀请参加比利时的画展，在巴黎也取得了一些成就。我乐意认为他已经站稳了脚跟。

我们不过是一个链条上的一环而已。老高更与我心意相通，如果说我们都有点发疯的话，那又有什么呢？难道我们不是地道的艺术家，不是用笔触来反驳对我们的怀疑？也许有一天，所有人都会患上神经官能症，患上圣维特斯舞蹈症[1]，或者别的什么毛病。不是有解药吗？德拉克洛瓦、柏辽兹和瓦格纳就是解药。至于我们这些艺术家们的疯狂，我认为只需要一点善意，我们的解药和慰藉可以被理解为充分的

[1] 圣维特斯舞蹈症（Saint Vitus' dance），欧洲中世纪后半叶出现的一种群体性癫狂，亦即我们现称的毒蛛舞蹈症，有人认为是被塔兰台拉的一种毒蜘蛛咬伤所致，得了这种病的人只能不停地跳舞，到死方休。

补偿。但是这再一次证明了，世俗的野心和名望都会消逝，但人类的心脏还在同样地跳动，对我们已埋葬的先辈的过去和未来一代，抱有同样美好的同情心。

我现在看起来明显好多了，内心深处充满了各种各样的感情和希望，因为我惊奇地发现自己越来越好了。今天天气晴朗，没有刮风，我强烈地渴望去画画，这让我感到非常惊讶，因为我以为自己已不再期待画画。我的谈话中仍留有一些原来那种过度亢奋的迹象，但这并不奇怪，因为在这美丽的塔拉斯孔农村里，每个人都有一点疯癫的毛病。

邻居们对我特别好，因为这里的每个人都有发烧、幻觉或癫狂的症状；我们相互理解，彼此就像一家人一样。我去看了我失去理智时去找的那个女孩；她被当时那种情况吓晕了，不过已经恢复了平静。而且，他们为她说了很多好话。

我知道有几个人要我替他们画像，如果他们够胆大的话。鲁兰虽然很穷，只是一个小职员，可是他很受尊重。大家都知道，我替他全家人画过肖像。医生给我下了严令，要出去散步，不能再从事任何脑力劳动，但是画画能使我分散注意力，我必须有一点消遣；或者更确切点说，绘画能让我控制住自己，所以我不会拒绝绘画。

同善良的老鲁兰一道离开医院时，我觉得自己没病。但是后来，我觉得自己是生病了。罢了，罢了，有些时候，我确实受到激情、癫狂或者像三脚架上的希腊神谕一样的寓言的折磨。然后，我就会发表长篇大论，就像阿尔勒妇女一样，说起话来滔滔不绝。

但是，之后我会感到非常虚弱。在我体力恢复时，一切都会好起来，我已经告诉雷伊大夫，一旦我的病情出现最轻微的症状，我就会回去，让艾克斯的精神病专家或他来对我进行治疗。今后我会随时需要一位医生，因为他现在很了解我，这也会成为我留在这里的另一个理由。

我收到一封高更的来信，信里写满了各种不同的名目，他已经明白，自己的钱即将耗尽了。我还没有给他回信。幸运的是，高更和我天生就喜欢对方，必要时我们可以重新开始。

高更非常迷恋我的《向日葵》，如果他提出用两幅画换我两幅《向日葵》中的一幅，并把他的画给予你或你的未婚妻，我会很高兴的，因为这不仅很公平，而且还超越了公平。

至于独立沙龙展，送《丰收》与《白色果园》两幅画就够了。如果你喜欢，也可以加上小油画《普罗旺斯姑娘》或《播种者》。你看着办就行，我不会介意的。我决心要做的一件事是：有朝一日，等我集齐30幅或更多认真的写生之后，会使你对我们的油画工作有一个更加振奋人心的印象。这些事我已经在做了。加上你从我这里得到的几幅油画，比如《丰收》与《白色果园》，它们将奠定坚实的基础。

关于那座小黄房子，在我付租金的时候，房东的经纪人举止文雅，待我一视同仁，表现得像一个阿尔勒人的样子。于是我告诉他，我不需要租约。这样我就暂时保住了这座房子，因为为了我的精神康复，我需要觉得自己就像在自己家里一样。

我会尽我所能，按照医生的吩咐去做，我认为这是我必须完成的工作和职责的一部分。这座医院里的人都很好，只要你没有虚伪的羞愧，能坦率地说出你的感受，你就不会出错。

[2月份，文森特再次被送进医院。他幻想有人要毒死他。阿尔勒的萨勒牧师来信询问该怎么办。2月13日，雷伊大夫打电报说："文森特好多了，让他留在这里。"

——约翰娜·梵高]

我的精神完全崩溃了，所以没法写信。我今天暂时回家一趟，希望一切顺利。

我常常觉得自己很正常，以至于我认为，如果我得的只是这个地方特有的一种疾病，我就必须安静地等待，直到病情结束，即使它再次发作（我们希望它永远不再发作）。但是我告诉雷伊大夫，如果我早晚必须去艾克斯治疗，就像已经有人建议的那样，那么我事先表示同意。

但是我作为画家和工匠中的一员，任何人，包括你和医生，都不允许在事先没有警告并征求我意见的情况下采取这样的步骤；此外，由于到目前为止我一直在工作中保持着比较清醒的头脑，对于画室是留在这里还是搬到艾克斯去更好的问题，我应该有发言权（或者至少保留表达意见的权利）。

你不要太为我着急，也不要徒增烦恼。我们也许不得不任其自然发展，也无法采取预防措施来改变我们的命运；不管命运是什么滋味，我们也只能再一次努力地把它吞咽下去。只要我知道你心态平和，我就会过得更好。

唯一重要的事情是，我希望继续用自己的双手赚回我花掉的钱。这几天这里都有太阳，刮着大风。我常去散步，呼吸新鲜空气。昨天和今天，我又开始画画了。

换一个时间、地点，假如我不是那么容易受影响，我也许会拿乡下这一段在我看来乱七八糟、离经叛道的经历来取乐逗笑。目前，这段经历并不能让我感到快乐。也罢，也罢，毕竟那么多画家因为各种原因也出现过精神失常的毛病，我会一点一点慢慢安慰自己的。我比以往任何时候都更能理解高更必须承受的痛苦，因为在热带地区，他患上了同样的毛病，过度敏感。

有了这样的亲身经历，我不敢再劝说画家们到这里来，因为这会让他们冒着失去理智的风险，对于科宁、德哈恩和伊萨克松来说都一样。让他们去昂蒂布或尼斯或者蒙通也许更健康一些。

你很友善地说我可以去巴黎，但是我认为，大城市的喧嚣对我的身体永远都没有好处。

［2 月 27 日，文森特再次被送进医院，这次住院没有任何起因。整整一个月，他一直沉默不语。

——约翰娜·梵高］

在你的亲切来信中，我似乎看见了兄弟情谊般的巨大痛苦，我觉得自己有责任打破沉默。我写信给你，完全是凭借我的才能，不是因为我是个疯子，而是因为我是你所认识的兄弟。这是实情。

这里一些人向市长提交了一份请愿书（有 80 多人签名），

把我描绘成一个不适宜自由行动的人。警察局巡视员随即下令，把我再次关起来。就这样，我被关押起来，住在有几个看守员看管的牢房里，他们既没有提供我的有罪证明，甚至也不能证明我有罪。在我灵魂的秘密法庭上，我要回答许多问话，我也不能生气，我想为自己找借口，在这种情况下就只能进行自责。我只想让你知道。

你知道，当你发现这里有这么多人胆小如鼠，居然联合起来对付一个人，而这个人还是个病人的时候，对那个人来说，这是多么惊人的打击。因为我已经尽力与人友好相处，而且从没有怀疑过这一点，这真是一次很沉重的打击。

就精神状态而言，我深感震惊，不过尽管发生了这一切，我还是在恢复某种平静。强烈的情绪只会加重我的病情；虽然我现在很平静，但由于精神上产生了新的情绪，我很容易陷入过度兴奋的状态。如果我不抑制自己的愤怒，我马上就会被认为是一个危险的疯子。此外，在遭受多次打击之后，我变得很谦卑，所以我很有耐心。我自己很害怕，怕我自由在外的时候，如果遭到挑衅和侮辱，我不一定总能控制住自己，这样就会给他们留下可乘之机。现在，除了自由之外，我并不算太糟。

最重要的是，你也要保持冷静，不要让任何事干扰你的工作。对你来说，有一个安定的家是一个巨大收获，对我也一样——这件事完成之后，我们也许能在你婚后找到另一种更加安宁的生活方式。

在此期间，我请求你让我静静地待在这里。我相信市长和巡视员都很友好，他们会尽其所能来解决这一切。我对市长说，我准备投河自尽，如果这样能让那些好心人一劳永逸地高兴的话。但不管怎么说，如果我真的对自己造成了伤害，我也没有对他们做出过这种事。此外，我告诉他们，我们没有能力承担这笔费用。没有钱我就不能搬家，何况我 3 个月来一直没有工作；而且，请记住，如果他们不来打扰我并让我焦虑，我本来是可以工作的。

这是一次耻辱——这么说吧，这一切都是毫无道理的。我不否认，我宁愿去死，也不愿造成这么多麻烦和痛苦。也罢，也罢，毫无怨言地受罪是我们必须吸取的一个教训。我们能做的最好事情，也许是对这些琐碎的忧愁一笑置之，就像人类历史上那些伟大人物那样。像个男人一样面对这一切，朝着心中的目标前进。在现今社会里，我们这些艺术家只是一艘破船；关键是要吞下你命运的真实现实，这样就好了。

因为我没有别的消遣（他们甚至禁止我抽烟，却允许其他病人抽），我只能整日整夜地思念我所认识的那些人。我真希望能把油画寄给你，但是所有东西都被锁起来了，处于警察和看守的监督之下。如果，打个比方，我注定会完全变疯（我当然不会说这不可能），那么无论如何，我都必须得到区别对待，要让我呼吸新鲜空气和工作。如果这样，老实说，我就会服从。但是，亲爱的弟弟，什么都别怕，我现在很平静，也许他们只是对我采取了一种隔离措施。

医院的管理（我该怎么说呢）是耶稣会式的；他们非常非常能干，很精明，非常强大，他们甚至是印象派画家，他们知道如何去探究闻所未闻的奥秘。事实上，我一直保持沉默，一定程度上就是因为这个原因。因此，你在生意上要与我有所区别。但我毕竟是个男子汉，所以你知道，在关乎我自己良心的事情上，我也会有所改变。

现在有消息说，萨勒先生打算在城里另一个地方为我找一套房子。我同意这样做，因为这样一来，我就可以有一处隐秘居所，然后我可以去马赛或更远的地方。但是，让我们想清楚之后，再搬往另一个地方。你知道我在南部的运气不如北部好，到哪里都一样。至于你所说的“真正的南部”，我认为留给比我精神更健全、更有能力的人去画更合适；我只擅长画中等水平的、属于二流的、不太引人注目的作品。

萨勒先生非常善良，也很忠诚。

据我判断，我并不是一个疯子。你会看到，我在闲暇时画的油画有点拘谨，但并不比别人的差。我怀念画画，而不是讨厌画画。相信我，如果不受任何干扰，我还能像去年那样在果园里画画，也许会画得更好。我只要求，在我忙于画画、吃饭、睡觉或者逛妓院的时候，别人不要来干涉我，因为我又没有老婆。现在，无论什么事他们都要干涉。

但尽管如此，如果不是因为我极不情愿地造成了你的痛苦，或者确切点说，是我的疾病造成了你的痛苦和工作上的耽误，我对这一切完全可以一笑置之。如果这种难以预料、反复出现的情绪激动继续下去，我担心短暂的精神障碍会变成一种慢性疾病。对我来说，最好的情况当然是不单独生活，但我宁愿永远生活在牢房里，也不愿为了自己而牺牲别人的生命。

我见到了西涅克，这对我很有好处。我们去了画室。当强行开门遇到困难时，他显得那样善良、率直和单纯。最后我们还是进去了。我发现他很安静，不像人们说的那样暴躁；他给我留下了精神健全和镇静的印象。

毫无疑问，他来鼓舞我的士气，是你一手安排的，谢谢你。我送给他一幅静物画作为纪念，这幅画曾惹恼阿尔勒镇上那些善良的士兵，因为画上画的是两条熏鲱鱼，而你知道，他们（那些士兵）至今仍然被叫作鲱鱼。你还记得，同一幅静物我在巴黎的时候曾画过两三次，后来用它换了一张地毯。

正如西涅克能够确定的，有几幅油画可以寄给你；在我看来，他对我的油画并不感到惊讶。

我利用这次外出机会买了一本卡米耶·勒莫尼耶的《土地二三事》。我已经读完了两章，它太吸引人了，很有深度。几周以来，这是我第一次得到一本书。这对我来说意义重大，对我的治疗也有很大帮助。

西涅尔认为（他的看法完全正确），我看起来很健康。雷伊大夫说我没有按时吃饭，吃得不够多，而是靠咖啡和酒来维持生活。我承认这一切，尽管如此，要达到我去年夏天所达到的那种黄调子的高度，我真的必须紧张起来，这也是事实。艺术家是有工作要做的人。

我想坦率地接受我扮演的疯子角色，正如德加扮演公证人的角色；但即便这样，我也觉得我没有足够力气去扮演这一角色。

这些天在医院里，他们非常关注我；还有许多别的事情，都让我感到非常不安，也非常困惑。对我来说，最近这3个月真是太奇怪了。你说得对，说得非常正确；既要保留希望，也要接受可能是灾难性的现实。我希望能再一次全身心投入绘画，绘画的事已耽误了太多。

我正在读巴尔扎克的《乡村医生》，写得很好；小说中有一个女性人物，没有疯，但是太敏感，很有吸引力。我又重读了《汤姆叔叔的小屋》和狄更斯的圣诞小说。

这是我第 5 次画《摇摇篮的女人》的画像。你看到这幅画就会同意我的看法，它只不过像廉价商店里的彩色石印画，而且缺少摄影方面比例正确的优点。但是，我画这样一幅画，是想描绘一个不会画画的水手想象着岸上的妻子时的情景。

我回到家的时候就能确定，我认识的那些真正的邻居并没有加入请愿的那群人。不管在别的方面如何，我看到他们当中仍然还有我的朋友。

我们的朋友鲁兰来看我，他要我代他向你转致问候并表示祝贺。我猜你是打算在阿姆斯特丹结婚。每逢喜庆的日子，我总觉得难以表达出良好的祝愿，这使我心里很难受，可是你不能由此得出结论，认为我对你的祝福不像其他人的那样真诚。我祝你和你妻子幸福美满。

鲁兰的探望带给我很多快乐。他经常会扛着你认为很重的东西，但这并不妨碍他看上去总是那么健康，甚至乐呵呵的；对我来说，当一个人从他的谈话中总结出，生活并不会因为他的进步而变得更容易时，这对未来是一个多好的教训！

我和他交换意见，想听听他对我应该如何处理画室的看法——按照萨勒先生和雷伊大夫的建议，无论如何，我都应该在复活节前离开那里。考虑到我已经做了很多事，改善了我接手房子时的状态，而他们现在要逼迫我离开，那好啊，那我完全有理由拆除煤气并站出来要求赔偿损失，只是我无心这样去做。在这件事上，我觉得自己唯一能做的就是告诉自己，这是一种尝试，为不知名的后来者提供一个永久性的住所。

鲁兰说，或者更确切点是暗示，他一点不喜欢阿尔勒今年冬天出现的那种不安，更何况我遭遇的不幸。毕竟，任何地方都是这样：生意不景气，资源枯竭，人们灰心丧气，而且（正如你所说）又不满足于做旁观者，还因为失业而变得越来越不安分。

鲁兰虽然年龄还没大到像我的父亲那般，但他对我的默默关心和温情，就像老兵对待新兵一样。他似乎一直在说（不是用语言），“我们不知道明天会发生什么事，但不管怎样，请想想我吧”。这对我很有益处，因为它出自这样一个人，他既不痛苦，也不悲伤，不完美也不快乐，也不总是无可指责的正确。但他是如此善良的一个人，那么聪明，那样充满感情，那么值得信赖！

现在，我亲爱的弟弟，我相信我很快就会好起来，不会再被关在这里了。我现在很好，只是心里有一种难以言喻的隐隐悲伤；不管怎样，我已经恢复了在病中失去的大部分体力。我正在画画。如果我必须永远待在精神病院里，我也会下定决心，我想在那里我也能找到绘画的题材。无论我的感情有多么强烈，无论我在身体激情不那么强烈的年纪能获得怎样的表达能力，我都无法在这样一种发霉的、支离破碎的过去经历上再构建起一座气势磅礴的建筑。所以，无论发生什么事，对我来说，或多或少都一样（即使要留在这里），我认为命运最终会抚平一切。

可喜的是，现在天气晴朗，阳光灿烂，这里的人很快就会忘掉他们所有的悲伤，并且会精神高昂，充满幻想。

刚才，我在画架上画了一幅路边的桃林果园，背景是阿尔卑斯山。我现有 6 幅春天的写生，其中 2 幅是大型的果园。我不得不向塔塞要了 10 米画布和几管颜料。这个需求很迫切，因为春光转瞬即逝。谢谢你派人送来《吹笛子的少年》和福兰的几幅画；相比之下，它们使我们的画显得很伤感。

我决定租一套新公寓是个相当难的问题，也让人高兴不起来，更添麻烦，尤其是因为到处似乎都不再有好运气。我租了雷伊大夫的两间小屋。它们并不贵，但这个地方根本不能用作画室。在我能安排好搬家或给你寄一些油画前，我还得向另一位房东付钱。我欠他的 65 法郎里，我已经预付了 3 个月的房租 25 法郎（一间不打算住的房间，但我把家具运到那里去了），搬家还要花 10 法郎。

今天结清出院费用后，剩下的钱差不多够我过完这个月了。

本月底，我要去圣雷米医院，或者去萨勒先生告诉我的另一家类似的医院。原谅我不详述这一步骤的利弊，谈论这事真会让我发疯的。我希望，如果我告诉你，我觉得在阿尔勒或别的地方找不到一间新画室，这就够了；这一切都是暂时的。重新开始被孤立在画室里的画家生活，除了去咖啡馆和餐馆，再没有任何别的消遣方式——我无法面对这种生活。和另一个人一起生活，比如说另一位艺术家，承担起维持画室的责任，这很困难，太难了。我害怕失去正在恢复的工作能力。就目前而言，我希望继续被关起来，这既是为了我内心的安宁，也是为了别人的安宁。所以，让我们先试 3 个月，然后再看情况如何。

令我稍感安慰的是，我现在开始把发疯视作和其他疾病一样的病并接受了这一现实；可是在危机期间，我认为自己想象的一切东西都是真实的。你知道，如果酒精是导致我发疯的主要原因，那么它来得非常缓慢，去得也会很慢，要是它会去的话；或者如果说疾病是由抽烟引起的，那么情况也一样。

某些人在烟酒问题上的可怕迷信，让他们克制自己从不抽烟喝酒。我们已被命令说，不可说谎、偷窃，或犯下其他或大或小的罪行，而要是再绝对不被允许做任何不合乎德行的事情，不论它是好是坏，生活无疑会变得太过复杂。

我向你保证，在那些由于我脑袋不清而看许多事情都不对劲的奇怪日子里，我并没有一刻怀疑过邦葛罗斯老爹[1]。

我要画一点油画和素描，但不能在画里表现出这种迷乱；如果可能的话，我非常渴望能在白天出去画画。我现在每天都能出去，我希望这种情况能够继续下去。一般的食物对我来说很合适，特别是如果我能多喝一点葡萄酒，像现在这样，通常喝半升，而不是四分之一升。和其他病人在一起我一点也不讨厌；相反，这分散了我的注意力。但一间私人病

[1] 邦葛罗斯是伏尔泰小说《老实人》中的“哲学家”，主张我们所在的世界是所有可能的世界中最好的。

房——像这样一家医院的安排会怎么样，还有待观察。

不要因为这一切感到悲伤。当然，在运走一切、搬走所有家具、收拾好要寄给你的油画的最后几天，我很伤心。但我最难过的是，所有这些东西都是你用兄弟之爱送给我的。这么多年来，你一直支持我；我又不得不回来向你讲述这个悲惨故事——可是我没法说出我内心的感受。

所以，就按照雷伊和萨勒先生所说的那样办吧。毕竟，我们必须分担我们这个时代的疾病。在某种程度上，在相对健康地生活了几年之后，我们迟早应承担起健康状况不佳的那份责任，这是公平的。假如我能够选择的话，我绝不会选择发疯，但是一旦患上这种毛病，就再也没有选择机会了。如果我能继续绘画方面的工作，这也许是一种安慰。

我不知道是否应该经常写信，因为不是所有时候我的脑子都能保持清醒，都能够写得很有条理。

对于给萨勒先生、雷伊大夫特别是给你带来的这么多麻烦，我很遗憾，可是我能怎么办呢？我的脑子还不够稳定，无法像以前那样重新开始画画——关键是不能在公共场合创作更多的风景画。因为现在脑子稍微平静一点，所以我确信自己的身心都处于不健康状态。这种情况在我身上已经发作了很长一段时间，别人看到我精神错乱的症状，当然有理由感到害怕，不会像我那样确信自己的思维是正常的，事实却并非如此，这极大地软化了我的许多误判。对于那些希望我好的人，我过去常常有自以为是的判断。无论如何，对我来说，这些回忆达到了感觉阶段，而我又无法改变过去所发生的一切，这当然是一种遗憾。

要是你能给我讲一些母亲和妹妹的消息，讲一讲她们是否安好，我会非常高兴。告诉她们（我是认真的），不要把我的病看作十分痛苦的事，因为我可能是比较不幸的，但尽管如此，我未来仍能过一段近乎正常的岁月。在我们认识的朋友中，几乎每个人都有毛病。因此，有什么可谈论的呢？此外，对于我的未来，我已经满 36 岁了，又不是 20 岁的时候。

我要你把我进精神病院看作一种例行公事，在我看来，病情反复发作已到了非常严重的程度，容不得半点犹豫。虽然思考能力正在逐渐恢复，可是我神思恍惚，目前还不能自己支配生活。我向来是一个可怜的利己主义者，现在依然如此，但我始终无法从脑海中摆脱这个念头，那就是，我最好马上去精神病院。我认为，像我这种情况，自然环境对我的帮助比任何药物治疗都要大得多。

听说你结婚以后心情轻松了许多，我很高兴；一件令我非常高兴的事情是，你说母亲看上去仿佛也越活越年轻了。很快她就会想看到你有孩子——也许已经有了。

噢，我亲爱的提奥，要是你现在能看见橄榄林该有多好！橄榄叶像古老的银器色，在蓝色背景下显得黄中带绿，还有橙黄色的耕地；这与你想象中的北部景色大不相同。它就像我们荷兰草地上截去树梢的柳树或沙丘上的橡树丛；橄榄林发出的沙沙声里有某种非常神秘的东西，而且非常古老。它太美了，美到我们不敢尝试去画它，不敢想象去画它的程度。

我很快会给你寄去两箱画，你千万不要忙着将它们大批销毁。

明天就是 5 月 1 号，我祝你一年走运，最重要的是身体健康。我真希望把自己的体力匀一些给你。此刻我觉得自己的体力绰绰有余，但这并不意味着，我的脑子也保持着应有的状态。

我今天忙着打包油画与写生。其中一幅画有点脱色，我在上面贴了一些报纸，这是我最好的作品之一。我想当你看见它时，你会更明白，我那被水淹的画室现在会是个什么样子。这幅写生像其他作品一样，在我生病期间受到了湿气的影响。一场洪水冲进屋里，积水达到数英尺高。等我回去一看，墙壁也在渗水，墙上还结了厚厚一层盐。

不光画室被毁，连作为画室纪念物的写生也被毁掉了，这让我心痛不已。这一击是如此致命，我寻找某种简单而持久的东西的热情又如此强烈。我觉得自己是在同不可避免的命运进行抗争，又或者说，这是我性格上的弱点，因为我现在陷入了深深懊悔的心情中；个中滋味，实难描述。我想，这就是我在发病期间放声大哭的原因，因为我想保护自己，但是又无能为力。因为那间画室不光是对我有用，而且对其他画家和不幸的人来说，本来也能有用的。

也罢，至少我们不是唯一不幸的人。蒙彼利埃的布吕亚倾尽一生的时间和金钱收集画作，结果却收效甚微。是的，在市立美术馆一间冰冷的屋子里，你可以看到一张心碎的脸庞和许多精美的图画；你肯定会被感动，可是那种感动，唉，却如同在墓地里。那些图画正像花儿一样凋残，就连德拉克洛瓦的一些作品也不能幸免。我们这些画家，又能算得了什么呢？诗人黎施潘要把我们这些人全部送进疯人院，我常常认为他说得对。

萨勒先生已经去过圣雷米医院。他们不让我到医院外面去画画，收治我的费用不低于 100 法郎。一方面，如果我被关起来不能画画，我将很难康复；另一方面，在一个疯子漫长的一生中，他们要我们每月支付100法郎。

这种情况实在太糟了。要是我能参加外籍军团服役5年，以此摆脱医院，我想我宁愿那样做。可是他们愿意让我当兵吗？我担心的是，因为我在镇上的事是众所周知的，他们会拒绝我。据我所知，没有哪家医院愿意免费收留我，即使假定由我承担全部绘画费用并将所有作品留给医院。这样做似乎很不公平。

跟萨勒先生谈过话之后，我感到十分疲倦，我不太清楚该怎么办。要是没有你的爱，他们会毫不后悔地逼我自杀。不管我多么懦弱，都会以自杀告终。在这一点上，我们有权抗议社会，保护自己。

要是没有监护人，我就不能在医院里画画，天呀，我们为此交钱值得吗？我可以在军营里画画，而且会画得更好。要是有熟人能让我加入外籍军团，我就会去。但我不希望别人把这看作我发疯的新举动，所以我才要同你和萨勒先生讲这件事。这样的话，如果我真去了，那也是在经过认真考虑之后采取的平静举动。

我的生活陷入困境，我的精神状态不仅如此，而且一直模模糊糊。我想不清事情，无法使我的生活保持平衡。无论在哪里我必须遵守规则，就像在这里的医院一样，这样我才能感到平静；假如我去军队里服役，情况也会大致相同。如果我在这里冒很大的风险被拒绝，因为他们知道我是个白痴或癫痫病人（不过据我所知，法国有 5 万名癫痫病人，其中有 4000 人被关起来，所以我的病情并不特殊），在巴黎，也许跟德太耶说一声就能很快招我入伍。

你必须打消这是牺牲自我的任何想法。不管怎么说，在我的一生中，或者在大部分时间里，我一心寻找的职业都不是殉道者的事业，因为我并没有被排除在那一职业之外。这一切都那么不确定，那么奇怪；而且你知道，我们能否赚回花在画画上的钱还很值得怀疑。除此之外，我认为自己的身体是健康的。

一定要记住，当情况发展到你缺钱来维持家庭用度时，继续在绘画方面花钱是很残忍的事；你很清楚，成功的可能性微乎其微。事实上，我确信有一种不可抗拒的力量让我感到十分沮丧。

我已经采取了预付 30 法郎给医院会计的预防措施，因为我还在这里，可是他们不会无限期把我留在这里，是该作决定的时候了。把我关进收容所的费用会很高，不过比租房子要略低一点。可是一想到要重新开始孤独生活，我就感到非常恐惧。我或许可以再次入住存放家具的那家夜间咖啡馆，但我应该每天和以前的邻居保持联系。必须作出决定，而且最好由你和萨勒先生来为我作决定。但是请记住，我不会拒绝任何事情，甚至不会拒绝去圣雷米医院，尽管有更高的条件和不能完全自由地去外面作画的障碍。

老实说，你那封善意的来信今天对我很有帮助。所以，我现在就准备去圣雷米。作为艺术家，你只是整个链条上的一环，无论你发现或者没发现什么，你都可以以此来安慰自己。社会本来就是这样，我们自然不能指望它符合我们的个人需求。所以，虽然我很高兴去圣雷米，但是对于像我这样的男人，把他们塞进军团里真的会更公平一些。

我的身体状况很好，这让人惊讶，但这还不足以让我对自己的精神状况抱有同样的希望。

我怀有某种希望，凭着我的艺术造诣，总有一天我会再次进行创作，即使在精神病院里。对我来说，去巴黎过一种更虚伪的艺术家生活有什么用呢？它对我根本没有吸引力，那种生活缺少推动我向前的必不可少的基本热情。

所有这些纷扰对印象画派自然是有利的，但是对个人来说，你和我都要受些罪。正如我的好朋友鲁兰所说“这是为他人做嫁衣”；但至少你得知道这是在为谁做，为什么而做。

听着，不要成为彻头彻尾的印象派画家；毕竟，如果别的画派中有什么优点，我们也不能视而不见。当然，即使在误入歧途的时候，印象派画家的着色也在进步，可是德拉克洛瓦已经达到了比他们更加完美的境界。一切都乱了。米勒很少使用彩色，可他的画多好啊！从这个角度看，癫痫病也有好处，它让人变得更有包容性。印象派有许多长处，但是人们并没有从中看到他们想看到的重要性。

有些人不是印象派画家，比如茹尔当、费延-佩兰等，这些人我们从小就非常熟悉。人们同样欣赏他们画作中的优点。为什么要忘记他们？为什么不赋予他们同等的重要性？比如，为什么色彩画家不是杜比尼、科斯特和让南呢？选择从技术角度来探讨关于色彩理论的问题，我并不为此感到遗憾。毕竟，德拉克洛瓦、米勒和几位雕塑家的人物画比印象派画家画得好得多，甚至超过了朱尔·布雷东。

简而言之，弟弟，我们要公正一点；我告诉你，我们已经老迈，不适合置身于年轻人的行列中，因为在我们那个时代，我们喜欢的是米勒、布雷东、伊斯拉埃尔斯、惠斯勒、德拉克洛瓦和莱斯。就我个人而言，我非常确信，除此之外，我看不到任何前途，也不想有别的前途。

我们将始终对印象派抱有热情，但我正越来越多地回归到我去巴黎之前的想法中。现在你既已结婚，我们的生活目标就不必再设定为伟大的想法，但是请相信我，我们只设定为一些小小的想法。我发现这是一种明显的解脱，我对此没有任何怨言。

啊！你对皮维与德拉克洛瓦的评价非常正确；这两位画家的确证明了油画的表现力。但是，让我们不要混淆了相隔千里的事情。作为一个画家，我永远不能代表任何重要的东西，我完全感受到了这一点。但如果一切都变了，包括性格、教育和环境，那又另当别论。

我有时后悔自己没有坚持荷兰油画的灰调子着色法，没能毫不费力地画出蒙马特尔的风景。我也在考虑重新用芦苇笔画更多画，就像去年画马焦尔山的风景画一样，这种笔花费更少，也同样能转移我的注意力。

今天我画了一幅素描，画得很暗，而且很忧郁，一点不像春天的画。很多画家都发疯了，这是千真万确的；至少可以说，这种生活经常使你神思恍惚。要是我能再一次全身心投入工作，那就太好了；可是我总是陷入精神崩溃的状态。总之对我都一样。这座医院空间很大，足够十多个画家来创建画室。

我现在正在收拾行李，萨勒先生可能会尽快和我一起去。

我希望在我寄给你的那一堆油画里，有一些能带给你快乐。如果我能继续做画家，我迟早会再去巴黎。到时，我一定会把一些旧油画彻底修复一遍。

1889年5月，圣雷米[1]

亲爱的弟弟，我经常利用作画的间隙写信，我画起画来像着了魔一样。我想这有助于治好我的病。也许我会像欧仁·德拉克洛瓦所说的："在牙齿掉光、呼吸困难的时候，发现了绘画。"在一定程度上，我不幸的疾病使我在画画时带有一种愚蠢的愤怒。我画得很慢，但是从早到晚从不松懈，而且——秘诀也许就在于：绘画时间长，画得慢。我该怎么说呢？但我认为我手上有一两幅油画还不算太差：《收割者》和一幅浅色背景的肖像画。这是为参加"二十人小组"的展览画的，如果到时候他们还记得我的话。不过，不管他们是否记得我，对我来说都一样。因为我没有忘记画展给予我的

[1] 1889年5月初，梵高进入圣雷米的精神病院，接受泰奥菲勒·佩龙医生的治疗；7月初，他在看护的护送下返回阿尔勒，取回画作；7月中旬到8月底，他经受一次精神崩溃；9月，他重新开始工作；11月中旬，他去了趟阿尔勒；12底，他再次发病。1890年1月底，梵高去了趟阿尔勒，随即再次发病；2月底，他再次发病；5月，他离开精神病院。

启示，它让我能想起一些比利时画家。这是最重要的，其余的都是次要的。

我正竭尽全力掌握绘画要领。我想如果我成功了，这就将成为我生病的最佳“避雷针”。我尽力照顾好自己，小心翼翼地把自己封闭起来。不去适应与自己患难与共的伙伴，不去探望他们，这是一种利己主义的做法（如果你愿意这样想的话），但我发现自己并没有因此变得更糟，因为我的作品正在取得进步，我们也需要这样做；我必须比以前画得更好，因为原有的水平还不够高。

我现在的思路很清晰，我觉得自己很正常。如果我仔细斟酌自己的病情，希望能在发病的间隙期保持头脑清醒并能画画（如果不幸就会时不时发病），我必须继续坚持一个画家的可怜事业。佩龙先生只是说：“但愿不要再发病。”但是就我个人来说，我希望长期不发病，至少能保持几年。

总的来说，我宁愿像现在这样病得明明白白，也不愿像在巴黎那样懵懵懂懂，糊里糊涂。如果你把我刚完成的这幅浅色背景的自画像与我在巴黎画的自画像作比较，你就会发现这一点，而且你会发现，我现在的心智比那时更健全，比当时好得多。我甚至认为，这幅自画像会让你放心，因为我的面部表情比以前平静多了，不过我觉得，眼神比原来更暗淡了一些。这幅画让我费了不少劲，如果你见到老毕沙罗，也让他看一看。

我现在画肖像画的意愿十分强烈。实际上，高更和我谈论过这个问题和其他一些类似的问题，我们一直谈到绷紧神经、精疲力竭为止。但是，由此一定会产生出一些优秀的作品，而我们可以对它们加以留意。如果我早晚能回到这样的起点，回到肯定能画一幅有个性的肖像画的起点，这样会不会更好呢？但你一定认为这是在说蠢话，因为你可以说我知道如何画一幅不撒谎的肖像画，而我的话完全不着边际。

我收到一封高更的来信。有朝一日，当我看到他们现在的作品时，我也许会感到很好奇。我认为，他们在布列塔尼一定能画出好作品来。

小心保管好拉塞尔为我画的肖像画，我很喜欢那幅画。

好了！《收割者》终于画好了。这幅画非常非常简练，我认为它会成为你留在家里的一幅作品。这是一幅死亡画面，就像那部伟大的自然著作所描述的，但是我想把它画成“近似于微笑”的画面。除了一排紫色的小山丘，整个画面都是黄色基调，一种苍凉、美丽的黄色。我觉得很奇怪，我看这幅画的时候，像是从牢房的铁栅栏之间看它。

自我上次出去（包括去花园）以来，我已有6周没有再出去了。但是，等我完成手上的油画之后，打算下周试着到外面去画。我很喜欢到山里去画一整天的画，我希望他们能让我去。

一旦让我抱有希望，你知道我希望什么吗？对你来说，家庭有多么重要，大自然、泥土、青草、金黄的玉米和农民对我就有多重要；也就是说，你可以从对别人的关爱中发现一些东西，你不仅可以为别人工作，在需要的时候，你也可以从中得到安慰，让自己能恢复元气。

无论我在这里生活了多久，我可能都要面对大众的偏见（我甚至不知道这些偏见是什么），这会让我的生活变得无法忍受，这种想法是一个非常严肃的问题。

亲爱的弟弟，你知道，我到南部来努力作画有着上千种理由：我希望看到一种不同的阳光，我认为在明朗的天空下观察大自然能让我们更好地了解日本画家的感受和绘画方式，我也希望看到更强烈的阳光，因为我觉得，如果不了解这一点，人们就很难从实际操作和技术的角度去理解德拉克洛瓦的画作，而棱镜色彩在雾蒙蒙的北部是看不清楚的。

所有这一切至今仍然很正确。加上都德在《塔拉斯孔城的达达兰》中所描述的对南部的自然向往，以及我在南部还找到了自己喜欢的朋友和作品，你是否能理解，当我发现这种病很可怕时，我已经和这个地方结下了很深的不解之缘，而这种联系后来又让我更加渴望在这里作画。

尽管如此，过不了多久，我可能还是要回到北部去。是的，因为我不会对你隐瞒，就像我现在贪婪地吃东西一样，我产生了一种强烈欲望，想再见一见我的朋友们和北部的乡村——尽管我的绘画事业现在进展顺利，尽管我找到了多年寻求未果的东西。

当我意识到，我在这里的发病有可能表现为荒诞的宗教仪式时，我几乎认定，这种情况一定会逼迫我回归北部。

你知道，我努力将第二次发病和第一次发病作比较。在我看来，第二次发病似乎源于某种外部影响，而不是源于我内心的问题。我可能会弄错，但是我认为，你觉得我对任何宗教式的夸张恐惧，你这种感觉是很对的。我感到非常震惊，凭借我的现代思想，我对左拉和龚古尔的热情和崇拜，竟然会像一个迷信的人一样发病，会对宗教感到困惑，对宗教产生出在北部从未有过的可怕念头。

假定我对周围的环境非常敏感，那么我在这些古老的隐居地、在阿尔勒医院和这里的病房里待的时间过长，就足以解释这几次发病的原因了。我不能再生活在这样的环境中了，即使我的宗教受难思想有时能给我带来极大的安慰。在上次生病期间，我遇到一桩不幸的事：德拉克洛瓦的版画《哀悼基督》和另外几幅版画，由于调色油和颜料泼洒到上面，被毁掉了。我难受极了。但是我匆匆临摹了一幅，希望复制品能有一些感觉。

你想想看，我是一个被禁锢在这种管理制度之下的囚犯，这种管理助长了宗教上的失常，而真正要医治的是它们！最好还是离开，如果进不了监狱，至少要去参军。

是的，我们必须离开这个地方；我不能同时做两件事：一边画画，一边和这些古怪的病人生活在一起，忍受没完没了的痛苦——这太让人苦恼了。我试着强迫自己下楼，结果徒劳无功。我差不多已有两个月没到旷野里去了。长此以往，我将丧失工作能力，这就是我为之哭泣的所在。

我责备自己胆小懦弱，我应该留在阿尔勒守护自己的工作室，纵然要与宪兵和邻居战斗也在所不惜。

别人处在我的位置上会使用左轮手枪，当然，如果一个艺术家杀了几个那样的烂人，他也会被判无罪。我本应该做得更好的。事实上，我一直胆小怕事，酗酒，而且有病。面对发病的痛苦，我感到害怕，就像有人想投水自杀，但是发现水太凉之后又拼命地游回岸边。

发病期间，我觉得自己在痛苦和磨难面前像个懦夫——

比我想象的更胆小，我原来没有让自己好起来的欲望，也许正是这种道德上的懦弱，使我一个人能吃两个人的量，使我努力画画，因为害怕病情复发，所以尽量避免与其他病人接触。

为避免轻率之举或显露出轻率的样子，在表达了希望搬家的严肃理由之后，我就平静下来了，并且信心满满地等着，看今年冬天是否还会突然发病。

我很高兴你早已想到了老毕沙罗。你瞧，我仍然有机会——即使那里没有，别处也会有的。我非常希望能够在你有孩子的时候回来，不是和你住在一起（当然不会，那是不可能的），而是在巴黎附近与另一位画家住在一起。

佩龙先生并没有让我对未来抱有很大希望，我认为这是对的；他让我意识到一切都是值得怀疑的，人们事先不能确定任何事情。我宁愿再次发病。

你问我要不要去巴黎的家，我的回答是肯定的，带着我到这个地方来时一样平静的心情，出于同样的理由——即使巴黎这个家是我最后的避难所，情况很可能会如此。但如果我早晚要搬家，那我们要表现得好像没有出任何问题，要非常谨慎，但又不立即采取极端措施，仿佛一切都失去了。

从艺术的角度来看，再画上一年，我在绘画上也许就能达到游刃有余的境界。但是，要达到那种程度，我还需要一些运气。

生命就这样逝去，时光一去不复返；但是我一心扑在绘画上，因为我知道这样的机会不会再来，尤其在我这种情况下，一次更凶猛的发病就可能永远摧毁我的绘画能力。

昨天，我当面问佩龙先生：“既然你要去巴黎，如果我建议你带我一起去，你会怎么说？”他闪烁其词地回答说：“这太突然了。”但是他对我很好，很宽容。尽管他不是这里绝对的主人（远非如此），多亏了他我才得到很多自由。

不知老毕沙罗是否愿意让我和他住到一起——

毕竟，你不能只知道画画，你还必须见到其他人，而且不时通过与别人的交往来恢复你的生活平衡并积累思想。我将不再发病的希望撇在一旁。相反，我们必须假定我会不时发病；但是在这种时候，我可以进疗养院，甚至可以去镇里的监狱，监狱里通常有牢房。

这家医院对病人的治疗其实很简单，即使在旅行中也可以做得到，因为院方根本没做什么；他们只是让我们无所事事地傻活着，让我们吃陈腐变质的食物。我现在就告诉你，从第一天开始，我就拒绝吃那种食物。直到发病之前，我只吃面包，再喝一点汤。只要我还在这里，我就会继续这样。

没错，这次发病之后，佩龙先生给了我一些酒和肉，我欣然接受了。但是他不想长时间对这一规则破例，他对这一机构正常规则的考虑是正确的。

但我在自己的体能方面没看到任何优势；如果我一心想着创作出好作品，想成为一名艺术家，那么就更合乎逻辑了。

这些不幸的可怜人懒散的呆板生活令人生厌，而在气候如此温和的城市和乡村里则是一种普遍的罪恶；我既然已学会一种不同的绘画方式，当然有责任抵制它。

我很清楚，如果一个人足够勇敢，那么他的病愈会来自内心，通过对痛苦和死亡的极度顺从，以及对自己意志和自爱的屈服。但是，这对我毫无用处；我喜欢画画，喜欢观察人、事物和一切使我们的生活（如果你愿意这样说的话）具有艺术性的东西。是的，真实的生活是另一回事，但我不属于作好了生活准备、随时准备受苦的那一类人。虽然我在绘画上很有耐心，但是在悲伤时没有勇气，在不舒服的时候也没有耐心。

绝不能让悲伤像沼泽中的水一样聚积在我们心里。

我非常渴望再为母亲画一次《收割者》，因为我相信她会理解的，这就像你在农村历书中发现的那些粗糙的木版画一样简单。如果不行，我将为她的生日另外画一幅画。我认为给母亲和妹妹画几幅荷兰画是个好主意。我还要为另一个人画一幅画。我会像为参加“二十人小组”展览一样高兴地画画，而且会更加平静。为不知图画为何物的人画画是有好处的，我挑选了12个题材中最好的题材来画，以便她们得到的作品是经过真正研究和深思熟虑的。

笔触，画笔的笔触是多么奇怪啊！在野外，任凭风吹日晒，面对人们的好奇心，你竭尽所能地绘画，在画布上涂满油彩，把握住事物真正本质的东西，那是最难的。但是过一段时间，当你开始重新画这幅写生并协调你的笔触时，它看上去更和谐且更令人愉快，而你添加的是你所拥有的宁静和快乐。

啊，我永远不能描绘出我在这里见到过的一些面孔和印象。当然，通往南部的路上有一些新的东西，但是北部人很难琢磨透这种东西。当我透过牢房的铁窗条看到下面田地里的收割者时；当我取得了一些成就，悔恨这里的悲惨处境时，我能够看到自己的未来。对有些事来说，不幸的处境是有益的。

要想成功，要想获得持久的成功，你在气质上必须与我不同，你应该有所希望和追求，而我永远做不了我本可以做的事。因为我经常头晕，所以只能屈居于第四流或第五流艺术家的行列。在我意识到德拉克洛瓦和米勒的价值、原创性和优越性的时候，我就敢大胆地说，是的，我是有所作为的，我能够有所作为。但是我必须像那些艺术家那样奠定基础，并将我在同一个方向上能作的那一点贡献付诸实践。

我仍然认为高更和我可以再次合作。我知道高更有能力画出比现在更好的作品，但愿他能一帆风顺！我仍然希望画他的肖像，你看到他为我画的有向日葵的肖像了吗？从那以后，我的面部表情变得更加开朗了，但我当时真的很累，而且有兴奋过度的神态。

要看懂这个国家，你就必须和穷人生活在一起，住在小房子和酒店里。我也是这样对波克说的，他抱怨说没看到任何有诱惑力或印象深刻的东西。我和他一起散了两天步，教他如何画出 30 幅与北部大不相同的作品，差别之大就如同摩洛哥之于北部。

你知道欧仁・德拉克洛瓦的作品何以能如此吸引人吗？因为他在画客西马尼园的时候，首先到现场去看了橄榄林是什么样的，同样也去看了在密史脱拉风吹打下的海面的模样；因为他一定对自己说过：历史告诉我们，威尼斯总督、十字军战士和圣女们，这些人的性格都一样，他们的生活方式与他们的后代差不多。你会在《摇摇篮的女人》中看到这一点，不管那幅画多么失败，不管那是多么微不足道的尝试。要是我的体力允许我继续画下去，我就会画出那些似乎属于另一个时代的圣人和圣女的肖像。她们可能像今天的中产阶级妇女，但她们与早期的基督徒有共同之处。然而，由此引发的感情过于强烈，我只好讲到这里。但是，我并没有说将来不会画这个题材。

画家总是被要求自己构图，而不是只做排字工，但是在音乐方面不是这样的。如果其他人演奏贝多芬的曲子，他会加上个人的诠释；在音乐方面，尤其是在歌唱方面，表演者的诠释是有意义的。只有作曲家才能演奏自己的作品，这并不是一个硬性规定。我把临摹德拉克洛瓦和米勒的黑白画摆在面前，把它们当作题材，在上面即兴挥毫着色，你知道，不完全按自己的主观意愿，而是寻找这些画面的记忆——通过回忆着色，“对色彩的模糊协调至少在感觉上是正确的”；这就是我对它们的诠释。

很多人都不临摹，也有很多人要临摹。我是偶然开始临摹的，我发现临摹教会我很多东西；最重要的是，它有时给我安慰。将画笔夹在手指间，在画布上游走，就像小提琴的琴弓一样，绝对能带给我快乐。我今天尝试临摹《剪羊毛的女人》，用淡紫色到黄色调子来画。

在这样的坏天气里，我要多临摹一些画，我真的应该多画人物画。是的，对有些事来说，不幸处境也是有益的，你赢得了学习时间。

明天，我要寄给你几幅油画。我很喜欢《采石场入口》这一幅。我是在感觉到即将发病的时候画的。阴郁的绿色和赭石调子很合我的心意，有一种悲伤的感觉，但这是健康的。这就是我对它百看不厌的缘故。也许《大山》也是如此；人们会说山不是这个样子，画里的山只是一拇指宽的黑色轮廓。

从构思角度来看，以白云和山脉为背景的《橄榄树》和《初升月亮下的麦垛》及其夜景效果都带有夸张性；它们的线条就像古代森林一样被扭曲了。正如在另一幅写生中表现出来的，《橄榄树》画得更有个性。我想描绘人们在白天看到的绿色甲虫和蝉在烈日之下飞舞的情景。我在另一卷油画中增添了一幅花卉写生——没什么重要性，但是我不想把它撕毁。

总之，我认为，除了《麦田》《大山》《果园》《橄榄树》《采石场入口》外，其余的画都没什么新意，因为它们在线条上缺乏个人意图和感情。

在线条密集并刻意而为之处，画面就显现出来了，即使它有所夸张。这也是高更和伯纳德的感受；他们根本不问树的正确形状，但是他们坚持认为应交代清楚它是圆的还是方的——老实说，他们说得对；他们被某些人的照片和空洞的完美激怒了。他们不问山的正确调子，但是他们会说：天呀，山是蓝色的，是吗？然后涂上一些蓝色，别问我是这种蓝还是那种蓝，终归是蓝色，不是吗？好——把山画成蓝色，这就够了！

高更在解释这个问题的时候有时就像一个天才，但是天才高更很怕展示自己的才能，他喜欢对年轻人讲一些真正有用的话，这是很感人的。

你说我是个工作狂。不，我不能同意。我对自己的作品非常非常不满意，唯一令我感到安慰的是，有经验的人说，你必须无偿地画上 10 年，然后，一个更好的时期才可能会到来。

你知道我经常在想什么吗？我在想，如果我没有成功，我所做的一切仍将会继续下去；不是直接的，但是并非我一个人相信这样做是正确的。这对个人来说有什么意义呢？我强烈地感觉到，人与玉米同理；如果不将玉米播种到地里，它的重要性何在呢？你得经过磨石研磨之后，才能做成面包。这就是幸与不幸之间的差别！两者都是必要和有用的；死亡或消失是相对的，生命也是相同的。即使面对让我崩溃和恐惧的疾病，这个信念也不会动摇。

我很快会寄给你一些小幅油画，其中有五六幅是我想送给母亲和妹妹的写生。这些写生正在晾晒，它们是《麦田与柏树》《橄榄树》《收割者》《卧室》和我的一幅自画像的临摹画。这会给她们一个惊喜，我想你也会很高兴；就如同安排妹妹收集我的一部分作品，我也一样感到高兴。

至于《收割者》这幅画，我一开始认为它不好。可是，当天气寒冷悲伤的时候，正是它让我想起了夏天灼热的麦田上火炉般的天空；由此可见，这幅画不算太夸张。我也在为母亲和妹妹临摹几幅更好的油画；我希望她们得到红色和绿色的《葡萄园》、粉红色的《栗子树》和你展出的夜景油画。我担心这些画会让她们失望，其中有一两幅显得不那么重要，甚至不好看。但是母亲和薇尔可以随意处理这些画；万一她们想送几幅给其他姐妹，我就再寄一些。有没有必要把这些画装入画框呢？算了，因为它们不值得。

从我的自画像中，母亲会看到，我虽然在许多年间见过巴黎和另外一些大城市，但我看上去仍多多少少有点像一个津德尔特的农民，比如说像图恩或皮特·普林斯。有时候，我也认为自己的感觉和思维方式有点像他们，但是农民在世界上更有用处。只有在一个人有时间休息的时候，他才会对图画和书籍感兴趣。我认为自己肯定比不上农民。

我在画布上耕耘，就如同农民在田野里耕地。使我们工作热情不减的，是对大自然的热爱。如果一个人竭尽全力掌握了画笔，他就不可能再放下手中的画笔。

你会看到，我更有耐心了。坚持不懈是我生病带来的一个结果。我现在感到很正常，不再去想那些糟糕的日子了。有了工作和正常的食物，这种状态可能会持续很长一段时间。无论如何，我要像现在这样继续画下去，除非再次发病。到本月底，你会收到另外十多幅写生。

现在秋季景色优美，可以画出很好的效果；橄榄树很有特色，我正努力把它们画出来。它们呈古老的银器色，有时更接近蓝色，有时略带绿色，呈古铜色，在黄色、玫瑰色、紫罗兰色、橙色到红褐色的土壤上，显得有点泛白。但这种景色正合我意，吸引我立即将作品画成金黄色或银白色。也许有一天，我会按个人印象把它们画出来，就像用黄色来画向日葵那样。但是，这种半自由状态常常使我无法去做我认为本来能够做到的事情。

你会对我说：耐心一点。我一定要有耐心。

这些天的秋日景象美极了，我正在善加利用。我画了一株在石质土地上泛黄的桑树，背景是蔚蓝的天空；我希望你能看到，我这幅写生正在朝着蒙蒂塞利的方向发展。

听说伊萨克松先生想写一篇评论我画作的文章，我很惊讶。我现在的作品不值一提。等我回来之后，即使在最坏的情况下，我的作品也会形成一整套普罗旺斯印象画。可是，我现在还没画出橄榄树、无花果树、葡萄树、柏树以及所有典型的景物，比如阿尔卑斯山等的重点，这些景物一定要赋予更多特色，在这种情况下，他能说些什么呢？

我很乐意劝他再等一等；等一等，他的文章不会因此失去任何东西。我希望再画一年，这样我就可以把一些更具体的作品放在他面前，画得更清楚一些，对普罗旺斯南部的主题也有了更深入的了解。

现在我暂时待在这里，预计我将在这里过冬，一直待到春天，我会不会一直待到夏天呢？这主要取决于我的健康状况。

我画了一幅写生，画的是两棵泛黄的白杨树，背景是群山；还有一幅公园里的风景画，画出了秋天的效果，这一幅画得更自然，而且更到位。总之，在你画出一些作品来证明你了解并热爱农村之前，要离开它是很困难的。因为你对某一带乡村必须有整体上的感受。这不正是塞尚作品的与众不同之处吗？

你说奥维尔是个景色宜人的地方，迟早（不必过太久）我们都要确定这一点。如果我回到北部，即使假定那位加谢大夫家里没有多余的空房间，在你和老毕沙罗的推荐下，他也许能为我找到一个可以寄宿的家庭，或者干脆住小旅店。最重要的是要认识那位医生，以防在万一发病的情况下，我落入警察手中，被强制送进疯人院。

我向你保证，北部会像新农村一样令我感兴趣。

我最近很想回一趟阿尔勒，但是我不敢提出来；并不是因为我怀疑佩龙先生看出来，我先前那次旅程及随后发病这两者之间有某种联系。那里有一些人，我觉得有必要回去看一看。尽管不像普雷沃那样在南部有个情妇让人难以割舍，我还是情不自禁地对那里的人和物有了感情。

我刚刚带回一幅油画，已经画了一段时间，画的是与《收割者》相同的田野。现在田野变成了土块，背景是干涸的土地和阿尔卑斯山的崖壁。前景中有一株蓟花和一些干草，中间有一个农民拽着一捆麦秆。这是一幅粗糙的油画写生，我没把它画成近乎纯黄色的画面，而是几乎画成了一片紫色。但我认为这幅画是对《收割者》的补充，会使后者的意思表达得更清楚。因为《收割者》看上去仿佛画得很随意，这幅画将会使它保持平衡。

我还画了两幅公园和疯人院的风景画，画上这个地方看上去令人愉快。我试图构建它原来可能有的面貌，简化并强调松树和雪松在蓝色背景衬托下的矜持与不变的特性。除此之外，我还有一幅雨景的写生，一幅有几棵大松树的夜景写生。你会看到，松树这幅画比以前的画更有个性。

但我不关心这个。我关心的是，一个远比我高明的人，默尼耶，曾经画过博里纳日的女拉煤工、矿工们轮班下井，以及一片灰色天空下的工厂、红屋顶和黑烟囱——所有这些，都是我梦寐以求感到应该画却没有画出来的。对艺术家来说，那里还有无穷尽的绘画题材；人们应该下到矿井里，把坑道里的矿灯效果画出来。

高更写给我一封很好的来信，生动地讲述了德哈恩和他们在海边的艰苦生活。但我可以清楚地看到，他并没有完全处在巅峰状态。而且我很清楚是什么原因造成的：他们很难找到模特，他们最初认为的那种尽可能节俭的生活难以持久。对印象派画家来说，最可怕的事情是：他们的发展前途未卜，上一辈印象派画家们克服过的障碍，多年来仍然令他们难以逾越。

最近我看见妇女们采摘并收集橄榄，但因为我无法找到模特，所以只好什么也不做。

我不佩服高更画的《橄榄园中的基督》，他把草图寄给我了。至于伯纳德，他也许连橄榄树是啥样都没见到过。他对事物的可能性与真实性一无所知。不，我不相信他们对《圣经》

的解释。如果我留在这里，我不会试图去画《橄榄园中的基督》，而是会画橄榄的光芒（正如你将要看到的），而且要画出人物的正确比例，这也许会引人思考。伦勃朗和德拉克洛瓦已经画得够好了，甚至比原著中的故事描绘得更好。

现在我必须告诉你，我已经去了阿尔勒，见到了萨勒先生。佩龙先生说我的病情有了很大好转，他对我抱有很大希望——他认为，我在那时去阿尔勒没有什么害处。我在那里待了两天，不时去那里露一露面是件好事。据我所知，现在没有人对我怀有敌意；相反，他们都很友好，甚至对我表示欢迎。如果留在乡下，我或许会慢慢地适应环境，这对陌生人来说并不容易，而且对在这里画画也会有用。但我们还是先等一等，看看这次旅行是否会再次引起发病。

佩龙先生说，严格意义上讲，我不是疯子，我认为他说得对；因为我的思维在这段时间是绝对正常的，甚至比以前更正常。幸运的是，那些可恶的噩梦已经不再折磨我了。但是在发病期间，那是非常可怕的，我对一切都失去了意识。但这激励着我去工作，而且认真讲来，就像总是处于危险中的矿工，在干活的时候总是匆匆忙忙的。然而，我常常感到一阵阵可怕的抑郁。而且，我的健康状况越是恢复正常，我的脑子越能冷静地推理，就越觉得干画画这一行太愚蠢，它使我们付出太多，却一无所获，甚至连净成本都收不回来。然后我就感到很不开心；问题在于，到了我这个年龄，要另谋职业是极其困难的。

可是该怎么办呢？如果我的健康状况能继续保持稳定，如果我一边画画一边重新努力卖画，参加画展，换画，一方面我可以在减轻你负担方面有所进展，另一方面，我也可以恢复一点热情。不瞒你说，我在这里住得百无聊赖，因为这里太单调了，而且所有这些不幸的人，他们什么都不做，都在这里消磨时光。天呀，冬天的前景很不乐观。

我画了一幅阿尔勒医院精神病房的写生，可是这几天画布用完了，我就在乡下各条路上漫无目的地走了很久。哦，因为你说约的孩子已经在肚子里蠕动，你当然沉浸在喜悦的天性之中。这件事比风景有趣得多，我很高兴你的生活发生了如此大的变化。

《一个孩子的第一步》，米勒那幅画多美呀！

在你连同米勒的作品一起寄来的荷兰报纸上，我注意到几篇巴黎的报道，我认为它们出自伊萨克松的手笔。我认为，他在一篇报道中对我的评价过于夸张了，这是我宁愿他不要写我的另一个原因。

这个月我曾经跑到橄榄林中去作画，因为伯纳德和高更画的《橄榄园中的基督》把我气坏了，他们根本没进行过认真观察。当然，我对于从《圣经》中取材本身是没有任何疑问的。我已经写信给伯纳德和高更，我认为思考（而不是梦想）才是我们的职责；因此，我对在他们的作品中看到他们如何随意作画感到震惊。我不是说这幅画让我感到寒心，而是说它让我产生了一种痛苦的崩溃感，而不是进步的感觉。

这些日子天气晴朗，有太阳，但是很冷，我从早到晚都在果园里面转悠，成果就是 5 幅 30 厘米见方的油画，还有你得到的 3 幅写生，它们至少解决了这个问题。橄榄树的变化就像北部的柳树和修剪过树梢的树一样。柳树在我们国内和这里的橄榄树与柏树一样，具有同样重要的意义。

我仍然关心布鲁塞尔画展，因为我要从这里寄几幅画去参展。尽管这些画是在一个完全不同的地方画的，但是看上去仍然像是在津德尔特画的；而且我认为，即使对绘画一无所知的人也能看懂。

我希望习惯在寒冷的天气里作画：早上的白霜和雾的效果非常有趣；我很想像我画橄榄树那样，把大山画下来。我画了一幅比以前的群山更认真的写生——一条非常荒凉的峡谷，一条沿着岩石河床蜿蜒流淌的小溪。整幅画都是紫调子。是的，我当然可以画一整套阿尔卑斯山脉的系列组画，因为已经观察了很长一段时间，所以我更能把它画出来。

你对我说，有一种彩色石印出版物，上面附有蒙蒂塞利的文字说明，很有意思，我听了十分高兴。我希望他们能把你手里那幅花卉图画也印制出来。

我希望有一天能以这种方式把我的油画也印制成一两块模版。我正在画一幅妇女采集橄榄的油画，我认为这幅画有可能适合制版。整幅画的调子都很谨慎。这是根据一幅同等大小的现场写生凭记忆画出来的，因为我想画很久以前被时光冲淡了记忆的某种东西。

昨天我寄出了3个包裹。其他的写生，30幅油画，现在还没干，干了就随即寄出；这些画大多是秋日写生，给我添了不少麻烦。有时我觉得它们不好看，有时又觉得不错。最后一幅写生是一个村子的风景画，村里的人正在干活，在几棵高大的梧桐树下整修人行道。所以画面上有成堆的沙石和巨大的树干，偶尔还能瞥见前面的房屋和一些小人影。

我生病至今已有一年。但在去年的这个时候，我没想到我会像现在这样战胜疾病。刚开始生病时，我不能接受必须住院的想法。现在我认为，我应该早点得到治疗，但是人们总免不了会犯错。

你告诉我别着急，好日子终将到来。我会告诉你，好日子始于我发现以某种方式来完成我的作品，这样你就能得到一套真正富有同情心的普罗旺斯系列写生。如果有一天我能证明我没有让这个家陷入贫困，那就是我的最大安慰。

我常常对往事悔恨不已，我的病或多或少都是由我自己的过错造成的。无论如何，我怀疑能否以某种方式弥补自己的过错。但是，对这些事进行推理和思考有时候非常困难，比任何时候都让我更加不知所措。我过于沉溺于往事了。

只要可能，父母对我比对任何人都更严厉，而且要严厉得多，所以我没有养成快乐的性格。在巴黎的时候，我发现了这一点。你对父亲的实际帮助远远超过我，甚至连你自身的利益往往都被忽视了。是的，你比我更有牺牲精神，这深深地根植于你的性格之中。父亲去世之后，我去巴黎找你，你如此眷顾于我，所以我知道你多么热爱父亲。现在我告诉你，我没有待在巴黎是件好事；如果不是这样，我们就会过于在意对方的得失。我只能告诉你，我认为对你来说，这样比以前更好。

[这时，文森特再一次发病。]

我祝你和约新年快乐，虽然极不情愿，我到底还是让你着急了；佩龙先生一定已写信告诉你，我的脑子又失常了。但是这次发病只一周就过去了，那么担心再次发病又有什么用？首先，你根本不知道，也无法预见，它会怎样发作，会以什么形式发作。最重要的是，我不能浪费时间。一旦佩龙先生同意，我就要重新开始画画；如果他不同意，我就只好离开这个地方。是画画使我保持了相对平衡的状态。

大家担心我还会发病，那位佩龙先生也不敢再向我保证，我还能像以前那样生活。更糟糕的是，那会让我陷入与不幸的病友们相同的悲惨境地，他们成年累月无所事事，混沌度日。我也把这话告诉了萨勒先生，强烈要求他不要再向别人推荐这所疯人院；让这些疯子挤在这所老修道院里是件很危险的事，因为一个人会冒极大的风险，会让他失去本来能够保持的清醒头脑。

在我生病时下了一场大雪，现在已经融化，到处湿漉漉的。在我看来，大自然从来没有如此动人，如此充满感情。

今天我寄给你几幅油画。《溪谷》是在刮密史脱拉风的一天完成的写生，我把画架支在大石头上画成的。这幅画还没干，我为这幅画打过详细的底稿，感情更克制，色彩也更丰富。还有《犁过的田地》《橄榄采摘》《麦田》《橄榄树》，还有临摹米勒的作品：《挖土的人》和《晚上》。还有一幅自然写生，主要画圣雷米的街道和林荫道；我还忘了那幅《雨》。观赏这些画的时候，一定要装进画框里，配上白色的外框。

生病期间，佩龙先生来看我。他从你那里听到了消息，问我是否愿意展出自己的作品。我告诉他，我宁愿不展出那些画。但是我没理由那样做，因为你说画展在1月3号开幕，所以我希望一切照常进行。

我昨天向马赛寄去两幅油画。一幅是送给老朋友鲁兰的礼物：橄榄林中的一座白色屋子，背景是淡紫色山脉的一片麦田。我送给萨勒先生一幅小油画，画的是一些粉红色与红色的天竺葵，纯黑色的背景，就像我以前在巴黎画的那样。

我刚为这里的一个仆人画了一幅小肖像画，他想把那幅画送给他的母亲。这意味着我已重新开始画画，要是佩龙先生有反对意见，他可能不会同意我这么做。他是这样对我说的："但愿不要再发病。"——他的话完全是老调重弹。他同我说话的态度很和蔼，说他同意我完全自由地分散自己的注意力，我必须尽全力同抑郁症作斗争，我乐意这样做。对他来说，这些事几乎不会让他感到惊奇。因为没有快速治愈的药方，也许只能寄希望于时间和环境产生一些作用。

我很想再去一趟阿尔勒，不是马上去，而是在2月底的时候。首先要再见一见我的朋友们（这总是能让我起死回生），然后看能否冒险去巴黎旅行一次。去阿尔勒的时候，我得付3个月的房租，因为我的家具还寄存在那里。我认为，这套家具将来会有用处，即使对我没用，对想到农村安身的那些艺术家也是有用的。把家具托运到高更那里，而不是你那里，会不会更好些呢？他可能会在布列塔尼多待一些时间，你那里可能放不下。把那3个沉重的抽屉扔给某个人，以抵销我所欠的租金，也许还能免去打包托运的费用。3个抽屉花了我30法郎。

我将给高更和德哈恩写封信，问一下他们是否打算留在布列塔尼，是否同意我把家具运过去，是否愿意让我也去那里。

高更曾含糊其辞地提出，要创建一个工作室，以他的名义——以他、德哈恩与我的名义；可是他现在坚持要完成他的东京[1]计划，不知为什么，他对于继续画画似乎失去了热情。他对去东京抱有真诚愿望，他需要拓展人生阅历，他发现了人生的艺术真谛，他说得不无道理。他写得很含蓄，比去年更严肃。要是你读到这封信，你会深有感触地发现，他

[1] 东京（Tonkin），越南北部地区的旧称。

说得多么正确。一个如此强大的人，处于近乎完全无助的境地，太不幸了；毕沙罗、吉约曼也一样。这个鬼职业，这算什么职业！

我刚给拉塞尔写了一封短信，向他提起高更。因为我知道，拉塞尔是个很有办法的人。他与高更在内心是同乡；他们不粗鲁，而且天生有一种超凡脱俗的亲切感，或许比你我还亲切，这就是我对他们的看法。

我希望高更能感受到，你我是他真正的朋友，但不要过于依赖我们。

你对我的临摹画《晚上》的评价，让我非常高兴。我越是反复思量，就越觉得有理由重画一些米勒的作品，因为他自己来不及把它们画成油画。不论是画他的素描还是木版画，你所做的都不仅是单纯的临摹。毋宁说这是用另一种语言、油彩来翻译黑白画中的光影印象。印象派在色彩上的发现还会进一步发展，但是许多人忘记了一条纽带，这条纽带把他们与过去联系起来。我将努力表明，我不相信这种说法：印象派画家与其他画家是截然不同的。

绘画要简洁明了，不要隐含太多艰深的内容，这样会扰乱人们的意识，这对我是另一个值得注意的教训。对一幅画、一本书，绝不可掉以轻心。如果我的职责是绘画或著书，我就绝不会追求别的东西。我们必须记住，我们不能破罐子破摔；所以，在任何情况下，我都无权为自己找任何借口。

［1 月 29 日，佩龙先生来信说，文森特在去了一趟阿尔勒后，又出现了一次危机。

——约翰娜·梵高］

我现在感觉好些了，但是又像其他人那样，有几天不省人事，心里难受极了。

今天收到你的好消息，你终于做爸爸了，约也度过了危险期，母子平安。这对我很有好处，带给我难以言表的极大快乐。好极了，不知道母亲该有多么高兴！至于小男婴，为什么不给他起名提奥[1]，以纪念我们的父亲呢？对我来说，这当然会使我十分高兴。

我马上为你画一幅画，挂在卧室里——蓝天下开着白色杏仁花的大树枝。

阿尔贝·奥里耶在《法兰西信使》上发表评论我作品的

[1] 文森特·威廉·梵高（Vincent Willem van Gogh，1890—1978），机械工程师出身，年轻时曾困扰于叔叔的名声，但后来致力于创建梵高博物馆。其子女也在继续守护着梵高的遗产。

文章，着实令我吃了一惊。我无须告诉你，我不是那样画画的；但是从这篇文章中，我的确看出了我应该怎样画画。这篇文章写得很对，因为它指出了我需要弥补的不足之处。我认为，作者写这篇文章并不只是为了指导我，也是为了指导其他印象派画家。所以，他向我和其他画家提出了一个理想的合作建议；他只是告诉我，我的作品中有一些好东西，但同时也很不完美；这是他批评中具有安慰性的一面，我对此表示赞赏，也希望以此表示我的感激之情。但是必须让人们明白，我没有深厚的背景，无法完成这项事业；我认为他们应该写文章评论一下高更的画，其次才是我。文章集中论述我的作品，我无须告诉你，我觉得奥里耶对我的夸奖有点言过其实；依我看来，这跟伊萨克松写你的文章一样有夸大之嫌。现在，艺术家们已经不再争吵。在蒙马特大街的一家小酒店里，一场重大运动正在悄悄展开。

所以，如果你和我赢得了一定声誉，重要的是要尽量保持冷静，如果可能的话，要保持头脑清醒；所以你从一开始就要注意，要把你的新家布置得富有艺术气息。

我很感激这篇文章，或者更确切点说，就像讽刺歌剧里唱的那样，“感到很开心”，因为我可能需要它，就像一个人可能需要一枚奖章一样。此外，作为一篇文艺评论文章，这篇文章本身也自有其价值。把它复印一份，分别寄给里德，或许还有特斯泰格，还有科尔叔叔，这样好不好呢？当我们像其他人一样，不得不设法为收回作画付出的代价而努力时，这篇文章有助于这一天的到来。如果你见到奥里耶先生，请代我转致谢意；我会给你写封信转交给他，当然，还要送他一幅写生。

我希望，用石印技术复制了蒙蒂塞利画作的洛泽先生有机会过来，我很想结识他。当他说一眼就认出我画的是普罗旺斯时，我相信他的意见，他点到了难点所在，并且像其他人一样，他指出了一件有待完成而不是已经做到的事情。

不管怎么说，你给我送来了好消息，这篇文章加上其他的东西，让我今天感觉很好。要是我和你在一起待一段时间，就能抵消这里的伙伴们对我造成的必然影响。但我们必须冷静地考虑，现在是否是花钱旅行的时候。放弃这次旅行，我们也许能为高更做点事情。

听说高更回巴黎了。他来信说他在丹麦举办了画展，画展很成功。他没在巴黎多待一阵子，这似乎是个遗憾。假如我们今年在一起画画，就会比我独自一人更好。我认为，如果高更愿意，如果他现在找不到住处，我们还可以在这里合作。

最近这几天天气不好，今天却是真正的春天天气；远处是紫色的小山丘，田野里的玉米长得很美，四处的杏树也在开花。

有时，我感到春天的景色令我精神振奋。况且你今天来信说，你在布鲁塞尔卖出了我的一幅画，卖了400法郎。与其他作品的价格，包括那几幅荷兰作品的价格相比，这是微不足道的，但我将努力提高创作率，以便能以合理的成本继续作画。你是否注意到，你寄给我的报纸上有一篇文章，论述某些艺术家（柯罗、卢梭、杜佩雷）的创作率？你是否记得我们多少次谈到过同一件事——创作更多作品的必要性——我刚到巴黎不久就说过，除非我画出200幅油画，否则我不能高枕无忧？

我很想利用卖出这一幅作品的幸运机会，去巴黎看你。多亏了这里的医生，我觉得比来的时候更平静、更健康了。

［2月24日，文森特在阿尔勒待了两天之后，又发病了。一辆马车把他送回圣雷米，不知道他当天是在哪里过夜的。他随身带去一个阿尔勒女人的一幅画也没有找到。4月1日，佩龙医生来信说，这次发病的持续时间超过了以往，这次发病最终证明，去阿尔勒的旅行对

他是有害的。

——约翰娜·梵高]

我试着再次写信，一点一点慢慢写。麻烦的是，我的脑子很乱，虽然不觉得痛，但完全处于麻木状态。

我的工作进展顺利，最近的一幅油画是鲜花盛开的树枝——你会看到，这可能是我画得最好、最有耐心的一幅画，画得平静而有把握。第二天，我就像头野兽一样病倒了。很难理解这种事，但是，唉，情况就是这样。

我不知道该怎么办，该怎么想，但我极想离开这栋房子。我不想讲述详情，但请记住，差不多6个月前我就提醒过你，如果同样性质的疾病再次发作，我就希望换一家精神病院。我已经拖延得太久，任由疯病再一次发作。当时我正忙着干活，想完成手上的几幅油画；但是正因如此，我不能再待在这儿了。但是去哪里呢？

据我所知，还有一些与我有相同遭遇的人，他们在工作半生之后，沦落到孤立无助的悲惨境地。关在屋子里是学不到多少东西的；这很自然，但是也有一些人，自己好像并没有什么过错也失去了自由，这也是真的。我对自己几乎感到绝望。也许，也许我到乡下待一段时间，就真能得到康复。

如果回到荷兰去，难道找不到一家费用不高、可以画画、能够接收我的医院吗？我认为，如果在荷兰老家，人们或多或少是重视绘画的；因此，在一所医院里，人们几乎不会阻止我画画。这里的人迷信思想极浓，对我造成了难以言喻的压抑。因为从根本上讲，画家过于沉迷于眼睛所看到的东西，难以充分把握住自己的余生，这是相当真实的。

昨天，我想读几封别处寄来的信件，但是我脑子不清楚，没法理解。拉塞尔给我来信，家里也有来信，但是我没有勇气去读，我感到无限悲哀。妹妹的信写得很好，她把小镇的风景或景观描述得跟现代小说一样。我总是劝她把时间花在家务上，不要花在艺术上，因为我知道她太敏感。而且到了她这个年纪，是很难在艺术上发展的。我担心她会因为艺术欲望受挫而痛苦，但是她充满活力，一定能挺得过去。

发病期间，我凭着对北部的记忆，画了几幅小油画；我刚画完一幅阳光灿烂的草地，我觉得这幅画很有活力。我正在考虑重画《吃土豆的人》，要有灯光效果。原来那幅画现在一定变得很黑了，也许我可以完全凭记忆再画一幅。你要记得把《拾麦穗的女人》和《挖土的人》的素描寄过来。如果你喜欢，我还可以重画尼厄嫩的尖塔和村舍。

我是在画杏花的时候发病的。正如你知道的，要是我当时能继续画画，我现在应该已经画完其他开花的树了。现在，树的花期已过，我运气太差。

告诉奥里耶先生，不要再写文章评论我的画。坚持这一点：他从一开始对我的看法就是错的，因为我疾病缠身，无法面对公众的关注。画画使我分散注意力，但如果我听到别人评论我的画，就会对我造成他们难以想象的痛苦。

你提出让我回北部去，我同意。我几乎敢肯定，一回到北部我就会迅速康复，即使我仍然担心几年后会复发，但绝不会立即复发。我一走进公园，就立即头脑清醒，恢复了工作状态；我脑子里还有很多想法没来得及实施，却没有影响我的思想，我的笔触如机械般自如。因此，基于这一点，我认为，一旦脱离了我不能了解或不愿了解的自然与社会环境，我就会找回自己的平衡。我现在的生活过得太惨，我可能因此丢掉性命，或者丧失绘画能力。

我会把家具暂时留在阿尔勒，存放在朋友那里。我敢肯定，如果你需要，他们会寄给你的，但是，包装费和运输费几乎和家具的价钱一样多。我认为，这次旅行就是一场海难。唉，我们不能做自己喜欢做的事，又做不了该做的事。

我认为，要采取搬家的必要行动，顶多两周时间就够了。我会让人送我到塔拉斯孔，如果你坚持的话，也可以多陪一两站；我一到巴黎，你就到里昂车站来接我。我断然拒绝你说的必须有人陪我的话。一旦上了火车，我就不再有风险了。我不是一个危险人物。即使假定我发病了，难道车厢里没有其他乘客？在这种情况下，难道他们不知道到了沿途车站应该怎么办吗？你对这事感到如此不安，也给我造成了压力，让我感到沮丧。我敢相信，我的精神状况不会让我失望。这样离开让我很难过，我的痛苦程度会比发疯更强烈。正如我刚才向佩龙先生指出的那样，像我这样发病之后，随后会有三四个月完全平稳的时期。因此，我想利用这段时间搬迁。无论怎样我都要走，我必须离开这里。

如果我现在离开，我还有时间去认识别的医生。如果从现在起的某个时候，这种病又复发了，我们就能作好预防措施，并根据病情的严重程度，考虑我是该继续保持自由，还是该把自己永远关进精神病院。在后一种情况下，我应该去一个病人可以在田野里画画、在车间工作的家庭。我想，在那里我也能找到绘画的题材。

我认为有件事你应该毫不迟疑地去办，给我们未来的朋友、我们讨论中的那位医生写信，你这样写："我哥哥很想与你结识，想在延长他在巴黎逗留期之前向你咨询，因此，我希望你同意他在你们村子里待上几周，他会去那里画一些写生；他完全相信他会与你达成谅解，相信回到北部以后，他的病就会减轻，而在南部待得越久，病情就会越严重。”

最好是尽快去见一下这位乡下的加谢医生。我将向他证明，我仍然可以理性地工作，他也会以同样的方式待我。因为他喜欢画画，所以我们很可能建立起持久的友谊。我最多只能跟你在一起待两三天，然后就去医生的村子，到那里我可以先住在客栈里。我会到外面去——我敢肯定，对绘画的渴望会占据我的思想，使我对别的任何事情漠不关心，我会心情舒畅。亲爱的弟弟，我受够了这里，我忍无可忍了。我必须离开，哪怕是最后一次搬家。这里的环境开始给我带来难以言表的压力，我已经忍了一年多了；我需要空气，我感到厌倦和沮丧。我向你保证，在这里生活就是让你无时不在监视之下，让你牺牲自由，让你脱离社会，即使假定同情的监视也难以忍受。我的思想已被掏空，脸上出现了皱纹，这种皱纹不会很快消失。现在我压力太大了。我认为，只有停止这种生活才是公平的。我有权根据自己的喜好更换房子，我要求的不是完全的自由，这种改变可能会对我有益。

塔塞寄来的颜料和画布都到了，我太感激你了，因为如果我没有自己的工作，我可能早就崩溃了。目前病情继续好转，我继续保持良好状态，一场可怕的疾病像暴风雨般消失了。我不认为佩龙先生会反对我尽快离开。

到了巴黎，如果我觉得身体足够健康，我很想立即画一幅黄色书店的油画，这幅画在我脑海里已经酝酿了很长时间。你会看到，到达巴黎的第二天，我就能做这件事。告诉你，我觉得自己头脑冷静，绝对可以画画，笔触感已经恢复，而且有很强的逻辑性。

我非常期待再次看到日本画家的版画展。我一点也不鄙视去参观展览馆，我认为那里肯定还有一些有趣的东西，不过《费加罗报》的文字描述给我留下的印象很冷淡。

奇怪的是，就像那天我们被修拉的油画深深打动一样，在这里的最后几天，这里的色彩仿佛在对我作一次新的展示。至于我的工作，亲爱的弟弟，我比离开的时候更有信心了。而且，要是我说法国南部的坏话，那就叫忘恩负义；我向你坦白承认，离开南部我会非常伤心。

离开的日子取决于我什么时候收拾好行李，完成我的油画。我的工作热情之高，以至于在我看来，收拾行李比绘画还更困难。无论如何，时间不会太长。

我在公园里画了两幅新鲜青草的油画，其中一幅很简单，有白花和蒲公英的青草，有一枝小玫瑰。我刚刚画了一幅绿色花瓶中粉红色玫瑰的油画，黄绿色背景；还有一幅玫瑰的油画，浅绿色背景；两幅大束的紫色鸢尾花的油画，其中一幅以粉色为背景。绿色、粉色和紫色和谐融合，效果柔和。在另一幅油画中，紫色花束在令人惊讶的柠檬黄色背景的衬托下显得格外突出，花瓶和底座上还有其他黄调子，因此产生出一种与颜色互补迥然相异的效果，颜色互补通过颜色的对比而相互加强。这些油画需要近一个月的时间才能完全晒干，但这里的工作人员会在我离开后把它们寄过来。

今天早上，我又去看了雨后的乡村——非常清新，还有所有的花儿——哦，要是能在没有这该死疾病的情况下作画，远离他人，用心追随这片乡村对我的诉说，我能画出多好的画来呀！我们可以一直宣称的一件事是，你和我的确曾在这里做了同样的尝试，跟其他人一样，他们没能得到更好的理解，也曾因环境而心碎。无论如何，让我感到安慰的是我巨大的强烈愿望，我必须再次与你相见，你和你的妻儿，还有在我不幸中仍记得我的许多朋友，实际上我也一直在想念他们。

我希望周日之前赶到巴黎，这样就可以安静地和你度过这一天。

是的，我也觉得，从我们在车站告别到现在，这一段时间有多么漫长！

1890 年 5 月，瓦兹河畔奥维尔[1]

我用法语写信，因为在法国南部待了两年之后，我认为这样能更好地表达我想说的话。

奥维尔美极了。除此之外，这里还有很多古老的茅草，这在别处已经很少见了。我远离巴黎，因为这里是真正的农村；不过，自杜比尼时代以来，也发生了很大变化；变化方式并非令人不快——有产者们各种式样的现代化别墅，鲜花盛开，光彩夺目。我发现它们几乎和古老的茅草屋一样漂亮，茅草屋呈现出日渐衰败之势。

现在的乡下，正是苍翠繁茂的时节，一个新社会正从旧社会中孕育而出，其方式一点也不令人讨厌；空气中弥

[1] 1890 年 5 月，梵高搬到巴黎以北的艺术家小镇瓦兹河畔的奥维尔，并接受保罗·加谢大夫的治疗。7 月 23 日，梵高寄出最后一封给提奥的信。27 日晚，梵高自杀未成。29 日凌晨，梵高不治去世，提奥陪伴在身边。30 日，梵高葬于奥维尔。9 月，提奥的健康状况急剧恶化。1891 年 1 月 25 日，提奥在荷兰去世。1914 年，提奥的骨灰被重新安葬在梵高身边。

漫着幸福的气息。我看见了，或者认为自己看见了犹如皮维·德·夏凡纳的作品一样清静的地方；这里没有工厂，但是到处郁郁葱葱，枝繁叶茂，环境保护得很好。这里有很多东西可画，色彩非常丰富——我已经觉得去南部对我很有好处，现在最好去北部看看。不出所料，无论到哪里，我都能看到更多的紫色植物。你会清楚地看到，了解某一带农村及人们的生活方式之后，再看看其他地区的农村，都是有益的。

杜比尼夫人和杜米埃夫人还住在这里，至少我确信前者是这样的。

我已见过加谢大夫，他给我留下了相当古怪的印象，但是他作为大夫的经历又使他必须足够的平衡，以对抗在我看来至少和我一样严重、一样遭罪的精神疾病。然而，我对他的印象并不坏；当他谈起比利时和那些古老画家的年代时，他那写满悲伤的脸上又露出了笑容。我认为我最终会成为他的朋友。

他领我去了一家旅店，那里每天收费 6 法郎。但是我找到一家每天只收 3 法郎 50 生丁的客栈，可是这没用，因为他说我应该住另一家安静一点的旅店——也罢，只好这样了。

通信地址是玛丽广场拉武旅馆，在作出新的安排之前，我应该会一直住在那里。画完了一些写生之后，我再看搬家是否会更好。但是，就算你愿意并能够像其他劳动者那样支付房租和工作，却因为你从事绘画工作就不得不支付将近两倍的房租，这在我看来似乎很不公平。

加谢大夫说，我必须继续勇敢地工作，根本不必去想自己出了什么问题。我希望，如果我安顿下来，画上几幅奥维尔的风景画，就会有机会赚回我在这里的住宿费用——因为这个地方真的很美；这里是真正的乡村，很有特色，风景如画，所以我认为，工作总比不工作好，尽管在图画中有可能会发现一些运气不佳之处。

不工作或少工作会付出双重代价，这是我所能看到的；如果我们另寻成功之路而不走绘画这条自然之路，结果同样如此。老伙计，我想过了，我并不是说我的作品有多好，而是说我会少画蹩脚作品。何况，总有一天，有些油画仍然能找到买主。其余的一切（包括人际关系）都是次要的，因为我没有那方面的天赋，我完全无能为力。注意，只要我在画画，这里的人就会主动来找我，而不是我有意去接近他们，这跟我采取措施结交朋友的效果是一样的。你通过工作与人相识，这才是最好的办法。

有空请告诉我，博赫小姐买走的是哪幅画。我必须写信给她哥哥，向他们表示感谢。而且我将提议用我的两幅写生跟他们进行交换；因为我认为，他们确实为这幅油画付出了相对较高的代价，因为他们是朋友。

我已经画了一幅旧茅屋顶的写生，前景有一片豌豆花和一些玉米，背景是山丘——我认为你会喜欢这幅写生。

昨天和今天，这里都下了暴雨，空气很潮湿，但再次看到潮湿的效果并不会令人不快。

昨天我去见了加谢大夫，我打算周二上午去他的家里画画；然后我会和他一起吃饭，之后他会来看我的画。他似乎很明智，不过他对自己的医生工作就像我对自己的绘画工作一样感到沮丧，然而他是个不错的医生，他的职业和信仰仍然在支撑着他。他似乎跟你我一样有病，心烦意乱；他比我们年长一些，几年前失去了妻子。我们已经是好朋友了，因为他碰巧也认识蒙彼利埃的布吕亚，对他的看法也跟我一样：布吕亚是现代艺术史上的重要人物。我打算为他画肖像画，而且很可能还要为他女儿画肖像画。他女儿现在 19 岁。

我对自己的病完全无能为力。我刚才感到一阵阵难受——问题在于，经过漫长的隔离生涯之后，我感到度日如年。在巴黎的时候，我强烈地感到，那里所有的噪声都跟我没关系；只要工作进展顺利，我就能恢复宁静。不管多难受，我都不后悔回来。我很高兴不再远离你们俩和我的朋友。由于种种原因，在你度假期间，如果我们能再相聚一周，那就好了。

加谢大夫对我说，如果抑郁症或别的什么病对我来说太严重，令我难以忍受，他有办法可以缓解病情。我不认为对他坦白是件尴尬的事。嗯，我也许会有需要他的时候；不过到目前为止，一切还好，也许会更好。我认为自己染上的，多半是一种南部的疾病，回到这里就足以驱散病魔。

加谢大夫有一幅毕沙罗的精美作品、两幅塞尚的精美花束作品，还有一幅塞尚的村庄风景画。现在轮到我了，而我会非常乐意施展一下自己的画技。我脑子里有一些模糊的画面，需要花时间让它们清晰起来，不过得一点一点慢慢来。我画了一幅枯藤素描，想把它画成油画；还有一幅粉色栗子写生，一幅白色栗子写生。如果情况允许，我希望画一点人物画。我必须给你寄去一份颜料订单。

我对建立画室现在还没有任何兴趣。不幸的是，村子里生活费用昂贵，但是加谢告诉我，邻近各村都这样，他也深受其苦。今后一段时间里，我必须住在我所认识的一个医生的附近。我可以用画向他支付医疗费，但是对别人不能那样做，以免横生枝节。

总之，我过一天就珍惜一天；天气很好，我专注于自己的工作。我很好，晚上 9 点上床睡觉，但大多数时候早上 5 点就起床了。我希望久别重逢不会令人不愉快。我对自己的油画技法比去阿尔勒之前更有信心了，我希望这种感觉能够长久保持。加谢先生说这是很有可能的。

我看见你家里的床底下堆了一大堆油画，其中有很多我都可以有效地修复。我在加谢家中画了两幅写生，上周已经送给他了。一幅芦荟，背景是金盏花和柏树，上周日画了几枝白玫瑰、葡萄藤和一个白色人影。在他家里，我每次画一幅画，而且都不错，而他则继续邀请我每周日或周一去吃饭。虽然在他家画画很愉快，但是在那里吃午饭或晚饭对我来说相当累人，因为这个好心人每次晚饭都要麻烦地准备四五道菜，这对他和我来说是一样可怕的，因为他的消化能力不强。我无法对此提出抗议的原因是，这使他想起了家人聚会的那些日子，你我都很熟悉那种情景。

总的来说，老加谢与你和我非常非常相像。

我正在画他的肖像：头戴的白帽子很漂亮，颜色很浅，手上有淡淡的肉色调子，穿一件蓝色大衣，钴蓝色背景，倚靠着一张红桌子，桌上有一本黄色封皮书和一株开紫色花的洋地黄。这幅肖像与我动身来此之前画的那幅自画像给人留下相同的感觉。加谢非常喜欢这幅画，想让我再画一幅送给他，如果可能的话，而且要画得和这幅一模一样；我非常愿意。他现在已经能理解最后一幅阿尔勒女人肖像的要点了。他来看写生作品时，总要提到那两幅肖像。他已经完全理解它们，是的，完全理解了。他还告诉我，要是能让我为他临摹德拉克洛瓦的《哀悼基督》，他会非常高兴。他站在这幅画前久久不肯离去。

今后他可能会帮我找模特。我觉得他完全理解我们，他会为了对艺术的热爱，为了艺术的缘故，尽全力与你我一起工作，没有任何其他意图。他可能会让我画一些肖像画。我为他画写生是想告诉他，即使不以金钱的形式支付，我们照样会补偿他为我们所做的一切。

他的屋子拥挤不堪，里面堆满了古董商人似的并不总是有趣的物件，全是黑色的古董，到处都是一片黑色，只有印象派画家的作品除外。但是有一个好处，就是总有一些东西可以用来插花，或者用作静物。他有一幅吉约曼的自画像，很旧很黑，但是很有趣；还有一幅床上的裸体女人，也是吉约曼画的，我觉得画得很好。

我非常渴望再临摹一遍巴尔格的所有炭笔写生——那些裸体人像。我可以临摹得比较快，比如说，每月画 60 幅。如果我再不去研究比例和裸体画，别人就会抓住我的短处，不要认为这是荒诞无用的。

再次与你相见的喜悦，结识约（在我看来她是个明智、亲切而单纯的人），还有与我同名的小侄儿，进一步回到画家们中间，对所有斗争和讨论的兴趣，尤其是对画家作品这个小世界的兴趣——所有这些消遣对我都是有利的，因为在这些日子里，疯病症状已经完全消失了；不过，据我所知，人们可能不会太计较这一点。

[提奥与家人离开巴黎去探望梵高。]

周日给我留下了非常美好的回忆。我希望我们能经常见面。从那以后，我画了两幅树林中的房屋写生。至于该租哪座房子，我是这样考虑的：我在这里每天睡觉就要付 1 个法郎，因此假如我有家具的话，365 个法郎与 500 个法郎之间的差额并不重要；我非常希望你们俩到乡下来，安安心心地和我待一段时间。

但我开始考虑，我必须认为家具已经弄丢了。在我看来，我那边的朋友们不会把家具给我寄来了，因为我已经不在那里。这主要是传统的懒惰和古老习俗所致，路过的陌生人会把家具暂时留在原来的地方，可是你一旦来到巴黎，就好像来到了另一个世界；但更大的可能是他们不愿多管闲事，阿尔勒的人经常这样说。

我新画了一幅写生，风格与《丰收》一样，那幅画挂在你的钢琴房里；从高处俯瞰田野，田野上有一条马路，路上有一辆小马车。我正在画卢塞恩的一片罂粟地。

在我居住的屋子旁边，有一群美国人刚刚建立起自己的家园；他们也画画，但具体画些什么，我还没看见。那个在战神广场有一些日本画的迪穆兰回来了，我希望见到他。总有一天，我会想办法在咖啡馆里举办自己的画展，我不介意和谢雷一起展出，他对这个问题肯定也有同样想法。我很想过一阵子去巴黎待几天，只想见一次科斯特、让南，还有另外一两个人。

听到高更要和德哈恩一道离开，我很高兴。我告诉高更，他去布列塔尼会很不错，而且你也认为去那里比留在巴黎好，这当然是对的。

绘画的前途在热带地区，在爪哇、马提尼克岛、巴西或澳大利亚，而不是这里；但你知道，我不认为你、高更或我是属于未来的那个人。但是请放心，在那里而不是这里，可能在遥远未来的某个时候，印象派画家的绘画风格将会与米勒和毕沙罗趋于一致。

阿尔勒女人肖像是严格建立在高更的素描画基础之上的，他很喜欢，这让我非常高兴。我努力虔诚地忠实于它，同时又自由地运用色彩这个媒介来诠释冷静的性格和绘画风格。

这幅画是阿尔勒女性的综合画像，如果你喜欢的话；因为阿尔勒女性的综合画像很罕见，就把它作为我们俩几个月共同工作的总结吧。这幅画害得我病了一个月。但是我知道，高更和其他少数几个人能理解这幅油画，正如我们所希望的那样。加谢大夫忧郁了片刻便完全接受了这种画法，而且说："画这么简洁得有多难呀！"

很好。我想把它做成铜版画，再次表示一下对这幅画的重视，然后就不再管它了。

我写信给高更，说我在巴黎只待了 3 天。巴黎的嘈杂对我造成了很不好的影响，所以我认为，为了我的大脑，到乡下去是明智的；要不是那样，我早就跑过去看他了。他会理解，因为到达巴黎后有点茫然，所以我还没去看他的油画。很可能（如果他同意的话）我要到布列塔尼去和他一道待上一个月，画一两幅海景画，主要是想去见他，顺便和德哈恩认识一下。然后我们将努力做一些果断、严肃的事情；假如我们能在南部坚持下去，我们早就完成这项工作了。

我希望他刻制一些南部题材的铜版画，因为我可以在加谢先生家里免费印刷。这事当然应该做，我们将以这样的方式来做，让它形成一个类似洛泽-蒙蒂塞利出版物续集的东西，如果你同意的话。洛泽喜欢阿尔勒女人的头像，高更可能会和我一道雕刻他的一些油画，加谢先生会到巴黎来看我的油画，然后我们从中挑选出一些来雕刻。

我现在手上有两幅写生，一幅是一堆野生植物，蓟草、玉米穗和各种不同的枝叶，蓟草近似红色，枝叶是鲜绿色，玉米穗已经变黄；另一幅是树林中的一座白房子，有夜空，窗户里发出橙色光芒，深绿色和暗淡的玫瑰调子画面。我想把杜比尼的房子和花园画成一幅油画，这幅画具有更重要的意义，我已经画了一幅小幅写生。

我终于打听到家具的下落了。替我保管家具的那个人被牛角顶伤了，一直在生病，所以他妻子来信说，因为这个缘故，这事就被一天天耽搁至今；但是在周六（也就是今天），他们会把家具托运过来。他们两口子太倒霉了，妻子也一直在生病，但她在信中没有一句怨言，只是说我离开前没去看他们，这让他们很难过；我也很难过。

从圣雷米邮寄来的油画已经到了。鸢尾花那幅画已经干透，我真希望你能从中看到一点有价值的东西；还有画玫瑰和麦田的两幅画，一幅画群山的小油画。最后一幅是天上有一颗星的柏树，那是最后一次尝试（夜空中的月亮没有一点月光，一弯纤细的新月刚从大地的暗影中露出脸来）。那颗星发出明显夸张的星光（如果你喜欢这样说的话），在深蓝色的天空中形成一道玫瑰色和绿色的柔和光芒，一些云团匆匆掠过天空；下面有一条路，路边有高大的黄色藤蔓，远处是低矮的下阿尔卑斯山脉；路旁有一家老客栈，窗户里露出黄色的灯光，还有一棵高大挺拔的柏树，显得很忧郁；路上有一辆黄马车，一匹拖车的白马和两个迟到的旅客。非常浪漫（如果你喜欢这样描述的话），但是我认为，也很有普罗旺斯特色。我可能会把它刻成铜版画或别的风景画，作为对普罗旺斯的纪念；我还期待送一幅给高更。与此同时，我画了一幅加谢大夫的肖像，带着我们这个时代令人心碎的表情——有点像高更画的《橄榄园中的基督》，他并不希望被人理解，他就在那里；不管怎样，我们都会追随他。

昨天和前天我都在画加谢小姐的肖像，我希望你很快能看见；红裙子，带有橙色斑点的绿色背景墙，有一个绿色斑点的红地毯，暗紫色的钢琴。这是我画得很愉快的一幅人物画，但是很难画。

我注意到，这幅油画与另一幅地平线上的麦田的油画很相配，但我们还远未达到让人们理解自然界的一个片段与另一个片段之间存在奇妙关系的程度；尽管如此，这种关系仍然互为解释，相互衬托。有些人却默默地感受到了这一点，这就是意义所在。这是一种进步，在服装上你可以看到非常漂亮的浅色组合，如果你能叫住从你面前经过的人，把他们的肖像画下来，你的画会和过去任何时期的画一样漂亮；我甚至认为，大自然中经常存在一种皮维的图画所表现出来的魅力——介乎艺术与自然之间的魅力。

加谢大夫已经答应，下次让他女儿演奏那架小手风琴，为我做模特。也许我还能找到另一个乡下姑娘来做模特。

我正尝试画几幅玉米写生——只画玉米穗和蓝绿色的玉米秸秆，长长的叶子像绿色的玫瑰花带，玉米穗刚开始变黄，由于尘土与花粉的关系，穗边呈现出淡淡的玫瑰色，秸秆根部缠绕着一根玫瑰色的杂草。这幅画由不同的绿色组成，但每种绿色都具有同等的价值，从而形成绿色的整体画面，通过心灵感应让你想到在微风中摇曳的玉米穗发出沙沙的轻柔声响。除此之外，我还想画几幅背景鲜艳而宁静的人物画。

然后，我画了一幅麦田的油画，还有一幅矮树丛油画，淡紫色的白杨树干，树干下面是花草，玫瑰色、黄色、白色的花朵和绿地。最后一幅是傍晚的景色——两棵梨树在泛黄的天空映衬下显得很黑，还有一些玉米；在紫色背景下，别墅周围是郁郁葱葱的草木。

我刚收到你的来信，说孩子病了。我很想去看你，但是一想到在目前这种焦虑状态下我比你更无能为力，我就犹豫不决。我怕会给你添乱。

对于未来，我能说些什么呢，也许不再为布索效力？我的印象是，因为我们所有人都劳累过度，所以坚持明确我们的职位，其实并没有多大意义。你似乎想强力改变这一局面，这让我感到惊讶。

我能做点什么呢？至少，我能做什么你想做的事情吗？

[提奥曾提及放弃职位、自立门户的计划，但是还需要充分准备。几天后，文森特去了巴黎。

——约翰娜·梵高]

我非常非常想念我的小侄儿。他还好吗？

约和我们一样，也很累。她焦虑太多，忧虑的事情太多。你们这是在荆棘丛中播种。

我远未达到完全平静的程度。我尽力想做到最好，但我不会向你隐瞒，我几乎不敢奢望总是能保持必要的理智。如果我疯病复发了，你要原谅我。我很怕自己发疯，奇怪的是，我至少不知道自己现在是什么样的处境——是否还像以前那样靠每月 150 法郎生活。我脑子太乱了，我们还能更平静地再次相见吗？但愿如此。

我相信我们都在想着那个小家伙。既然你那么好，让他跟我同名，我就希望他有一个不像我这样心神不安的灵魂，我的灵魂正在崩溃。

我认为，我们根本不能指望加谢大夫。首先，他病得比我还重，或者可以说和我一样重？现在是一个瞎子领着另一个瞎子，我们俩会不会同时掉进沟里去？我不知道说什么好。当然，我上次发病很可怕，但那在很大程度上是受到了其他病人的影响；监狱压得我喘不过气来，可是老佩龙一点不在意，只是让我和其他人傻待在一起，结果大家都被传染了。

我能找到一个住处，3 间小屋，一年 150 法郎。如果找不到更好的地方，那里无论如何也比老唐吉的虱子洞强多了；我应该为自己和那些油画找一个遮风避雨的地方，让它们保持良好状态，这样才更有可能靠它们获得一些利益。我说的不光是我的油画，还有伯纳德、普雷沃、拉塞尔、吉约曼和让南的油画。如果放在那里，那些画会被毁掉的。这样的油画（我再次申明不是我的油画）是具有并能保持一定价值的商品，忽视这一点是造成我们共同困境的原因之一。

抛开所有雄心壮志不谈，还有一个理由说明为什么我们可以在一起生活许多年而不至毁掉彼此。算上留在圣雷米的油画，我至少还有 8 幅油画；我正在努力，争取不丧失这一技能。然而，一个绝对的事实是，要获得创作这些画的能力是很困难的，但是如果我停止画画，失去这一技能就会比获得时付出的代价和痛苦更快且更容易得多。前途越发暗淡，我看不到一点幸福的未来。我现在只能说，我认为我们都需要休息——我认为自己是完蛋了。我的事就讲这些——这是我的命，将来也不会有任何变化。

我正在努力画画，已经画了 4 幅油画写生、两幅素描。你会看到一座古老葡萄园的素描，上面有一个农妇的形象。我想把它画成大幅油画。我画了一幅 30 英寸见方的油画，画的是一个农妇，戴着黄色的大帽子，系着天蓝色丝带，脸上红扑扑的，穿着带橙色斑点的皮衣，背景是玉米穗。我担心画得粗糙了一点。然后是横幅的田野风景画，这个题材也许适合米歇尔，但颜色是柔和的绿色、黄色和蓝色。

我收到一封高更的来信，内容令人沮丧。他含含糊糊地说他已决意要去马达加斯加，可是他语焉不详，所以你看得出，他只是有这个想法，因为实在不知道他还能有什么别的想法。我刚刚收到约的来信。对我来说，这不啻一篇福音，它使我从痛苦中解脱出来。这种痛苦是我和你一起共度的时光造成的。对我们所有人来说，这种痛苦太难受，太折磨人了。当我们每天面临忍饥挨饿的危险时，这可不是一件小事；当我们感到自己的生命如此脆弱时，这也不是一件小事。

回到这里，我感到非常忧伤，而且始终觉得，威胁着你的风暴也在压迫着我。该怎么办呢？你明白，我一般尽量保持快乐，但我的生命从根本上受到了威胁，我现在步履蹒跚。我担心（不是很担心，而是有一点）因为我是你的负担，你会对我感到害怕，但是约的来信清楚地向我表明，你明白，就我而言，我和你一样处在痛苦与烦恼之中。

你瞧，回到这里后，我又重新投入了工作，尽管我几乎连画笔都握不稳；因为知道心里要什么，我又画了三幅大油画。它们是广袤的麦田，头顶上是乌云翻滚的天空，我无须特意去描写极端悲伤与孤独的场景。我希望你能很快看到它们，因为我几乎认为这些画将告诉你我无法用语言来表达的东西——我在这个国家看到的健康与力量。正是为了健康，我才有必要去花园里画画，去看花儿生长。

第三幅画是杜比尼的花园，是我来到这里之后一直在思考的一幅画。现在，我完全被眼前一望无际的平原吸引住了，山坡前面的麦田犹如浩瀚的海洋，那精致的黄色，精致而柔和的绿色，一片清除过杂草、翻耕过的紫色土地被开花的马铃薯绿色植物分隔成一块块整齐的方格状；天空下的一切都呈现出精致的蓝色、白色、粉红色和紫色调子。

我心情过于平静，无法把它画出来。

我宁愿给你写信，向你讲很多事情，但刚一动笔，就失去了写的欲望，而且觉得这没什么用。

我仍然热爱艺术和生活，但对于想娶一个妻子这件事，我现在已不抱信心。我太老了（至少我是这样想的），不能走回头路，也不想要别的任何东西。我已经不再抱有这种奢望，尽管由此造成的精神痛苦依然存在。我担心，比如在接近 40 岁（我宁愿不说出那个字）的时候，我不知道，完全不知道到时会发生什么变化。至于我关心的事，我只想专心画画，努力像我喜欢和钦佩的画家们那样，争取和他们做得一样好。

画家的处境日渐艰危。很好，但是让他们明白建立一个团体的好处，这一时刻是不是已经过去了呢？也许你会说，有些画商会为了印象派画家而团结起来，但那只是暂时性的。总而言之，我认为个人主动性依然软弱无力。有了这样的经历之后，我们是不是可以重新再来一次？

我新画了一幅旧茅屋顶的写生和两幅描绘雨后大片麦田

的油画。既然最重要的事进展顺利，对那些不那么重要的事，我还多说什么呢？在我们有可能更冷静地谈论正事前，也许还要走很长一段路。不管其他画家怎么想的，他们都本能地尽力回避实际卖画的话题。唉，事实上，我们只能让我们的作品说话。

然而，亲爱的弟弟，我一直告诉你一件事（我以一个勤奋努力的绘画之人的全部真诚再重复一遍），我一直认为，你不只是一个经销柯罗作品的画商；通过我这一中间环节，你参与了一些油画的实际创作并使这些画历经风雨仍保存完好。

因为这是我们必须做的事。在一个相对紧张的时刻，这是我可以告诉你的全部，抑或是主要的事——这是在经营已故艺术家作品的画商与经营在世艺术家作品的画商之间关系紧张的时刻。

唉，至于我的作品，那是我冒着生命危险创作出来的，我的理智现在已垮掉了一半。这没关系——但是你和别的画商不一样。你仍然可以选择自己的立场，以人道的方式行事，可那又有什么用？

致以精神上的握手！

远　见　成　就　未　来

Van Gogh

我在画布上耕耘，就如同农民在田野里耕地。使我们工作热情不减的，是对大自然的热爱。如果一个人竭尽全力掌握了画笔，他就不可能再放下手中的画笔。

Vincent

（文森特 · 梵高）

目录

Van Gogh

暴风雨中的斯海弗宁恩海岸

纸板布面油画，34.5cm × 51cm，1882 年 8 月作于海牙，2002 年 12 月 7 日在阿姆斯特丹梵高博物馆被盗后下落不明

我认为你可以想象，把这件仪器（透视仪）对准大海、对准绿色的草地、对准冬天的雪地，或对准秋天细长的树枝和树干组成的奇妙网状结构，或者对准暴风雨的天空，是一件多么令人愉快的事情。我们在斯海弗宁恩的沙滩、大海和天空中看见的东西，我当然希望能及时地表达出来。

我开始画描绘纺织工人的水彩画。这些人很难画，因为房间太小，画织布机的距离不够远；但我在这里找到一间可以画织布机的房间，那些织布机将耗费我大量的精力。它们是极好的绘画题材——灰色墙壁烘托出清一色的老橡木机器，但我们必须设法使它们在色彩和调子上与别的荷兰画协调一致。

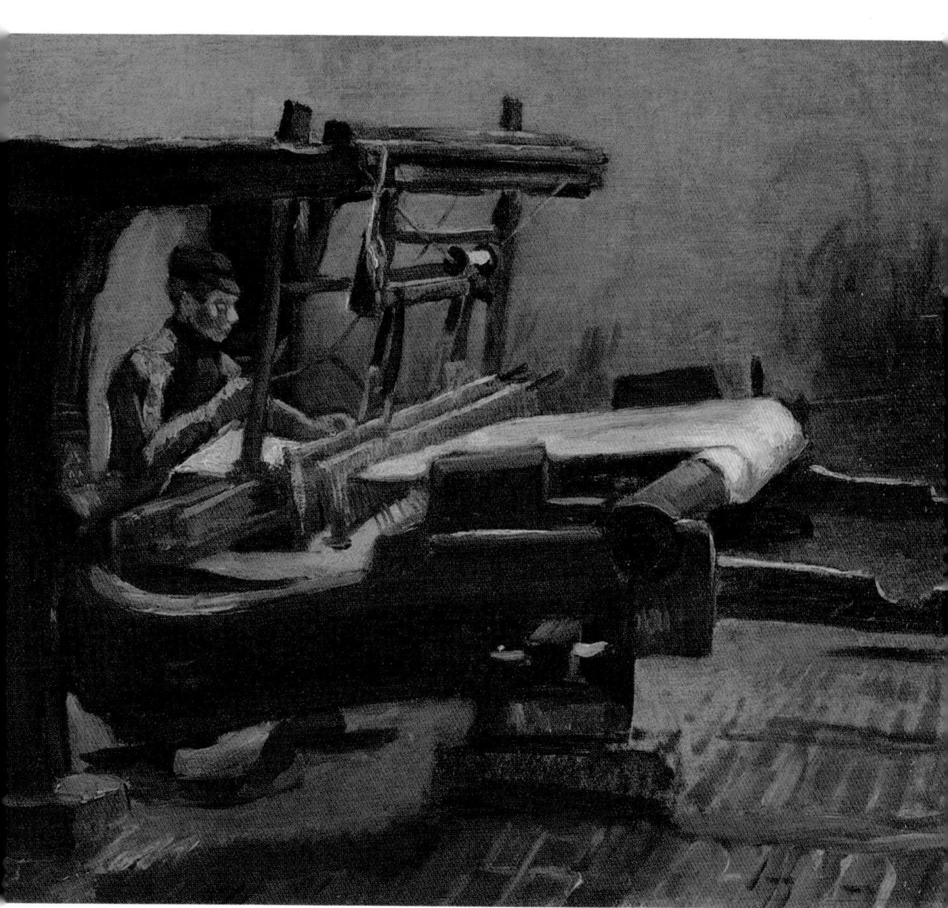

纺织工

嵌板布面油画，37cm × 45cm，1884 年 2 月作于尼厄嫩，现由私人收藏

耕田的农夫和种土豆的女人

布面油画，70.5cm × 170cm，1884 年 9 月作于尼厄嫩，现收藏于德国乌珀塔尔海德博物馆

我宁可接近丑陋的，或者衰老的，或者贫穷的，或者遭遇不幸的人，他们经历了苦难，而得到了一颗善良的心和灵魂，会使我更加受到感动。

一个劳动者的形象，一块耕地上的犁沟，一片沙滩、海洋与天空，都是重要的描绘对象，这些都是不容易画的，但同时都是美的。终生从事表现隐藏在它们之中的诗意，我确信是值得的……

戴白色帽子的农妇头像

纸板布面油画，47.5cm × 35.5cm，1885 年 4 月作于尼厄嫩，现收藏于爱丁堡苏格兰国家美术馆

吃土豆的人

布面油画，81.5cm × 114.5cm，1885 年 4 月作于尼厄嫩，现收藏于阿姆斯特丹梵高博物馆

我想尽力让人们明白，这些吃土豆的人就是用伸到盘里的双手去锄地的。所以，这幅油画描述的是体力劳动以及劳动者如何凭诚实劳动获得食物。我想给人留下这样一种印象：他们的生活方式与我们这些文明人截然不同。因此，我并不急于让每个人都喜欢它或者马上就能欣赏它。

两幢半塌的草屋因为年久而损坏，屋顶合成一体，互相支持，这使我想起一对年老的夫妇。

茅草屋、破旧谷仓和弯腰的女人

布面油画，62cm × 113cm，1885 年 7 月作于尼厄嫩，现由私人收藏

一个穿着粗布衣服下地的农民，比穿着礼服上教堂的农民更具有代表性。

村舍、农妇和山羊

布面油画，60cm × 85cm，1885 年 6—7 月作于尼厄嫩，现收藏于法兰克福市立美术馆

秋景

嵌板布面油画，64.8cm×86.4cm，1885 年 10 月作于尼厄嫩，现收藏于剑桥菲茨威廉博物馆

我画了一幅秋天的景色，画中树叶都是黄色的。当我设想它是一部黄色的交响乐时，作为基调的黄色与树叶的黄并不一致，有没有关系呢？没有关系。一切取决于我对颜色色调的无限丰富的知觉程度。

现在的森林里已经是秋天。飘零的树叶、柔和的光线、朦胧的事物和细长优雅的根茎，有时会让人产生一丝淡淡的抑郁感……树林里有一种更阴沉、更严肃的调子。

有四棵树的秋景

布面油画，64cm × 89cm，1885 年 11 月作于尼厄嫩，现收藏于荷兰克勒勒-米勒博物馆

我看到街上的人——嗯，我经常认为工人比绅士更有趣；在那些平凡的人当中，我发现了力量与活力。如果一个人想描绘他们的独特个性，他就必须用坚实的笔法、简单的技巧来画他们。

留着胡须的老人

布面油画，44.5cm × 33.5cm，1885 年 12 月作于安特卫普，现收藏于阿姆斯特丹梵高博物馆

我有时后悔自己没有坚持荷兰油画的灰调子着色法，没能毫不费力地画出蒙马特的风景。我也在考虑重新用芦苇笔画更多画，就像去年画马焦尔山的风景画一样，这种笔花费更少，也同样能转移我的注意力。

蒙马特山前的采石场

布面油画，52cm × 62.5cm，1886 年作于巴黎，现收藏于阿姆斯特丹梵高博物馆

对我而言，爱情总是极度不合适也几乎不可能，都快变成定式了。次次如此，只让我觉得羞愧和耻辱。

铃鼓咖啡馆里的阿戈斯蒂纳 · 塞加托里

布面油画，55.5cm × 46.5cm，1887 年 2—3 月作于巴黎，现收藏于阿姆斯特丹梵高博物馆

我认为，泥泞的鞋可以和玫瑰有同样的美。

一双鞋

布面油画，34cm×41.5cm，1887年早期作于巴黎，现收藏于巴尔的摩艺术博物馆“Cone藏品”

如果你的位置在麦田，就不要去留恋巴黎的街市。

有云雀的麦田

布面油画，54cm × 65.5cm，1887 年夏作于巴黎，现收藏于阿姆斯特丹梵高博物馆

许多风景画家缺乏对自然发自内心的认识，这种认识是从小就看惯田野的人才具有的。尽管每一个人从小会看到风景，但是他们能像小孩一样来反映吗？每一个看到风景的人也都爱灌木、田野、草地、森林以及雨雪风暴吗？

树和灌木丛

布面油画，46.5cm×36cm，1887年夏季作于巴黎，现收藏于阿姆斯特丹梵高博物馆

他是一个有意思的伙伴、好心肠的人，我常常想起他……当我足够老了，也许会成为像老爹那样的人，我对未来一无所知，只知道印象派会一直走下去。

唐吉老爹

布面油画，65cm × 51cm，1887—1888 年作于巴黎，现由私人收藏

透过这张面对镜子画的自画像，我得到了一个关于自己的概念：桃灰色的脸上长着一双绿眼，死灰的头发，额前与嘴周满是皱纹，呆僵木讷，非常红的胡子，被忽略而且充满哀伤。

自画像

布面油画，65.5cm × 50.5cm，1888 年早期作于巴黎，现收藏于阿姆斯特丹梵高博物馆在我看来，追悼莫夫的一切东西都必须既温柔又欢快，每幅画都不应带有过于悲伤的色彩……哦，不要以为死者已逝：只要这世上还有人活着，死者就活着……

盛开的桃花（纪念莫夫）

布面油画，73cm × 59.5cm，1888 年 3 月作于法国阿尔勒，现收藏于荷兰克勒勒-米勒博物馆

阿尔勒的朗卢桥和洗衣妇

布面油画，54cm × 65cm，1888 年 3 月作于法国阿尔勒，现收藏于荷兰克勒勒-米勒博物馆

今天，我带回一幅油画，画的是一座吊桥，桥上有一辆二轮小马车，在蓝天的衬托下显得轮廓分明；河水也是蓝色的，河岸是橘黄色的，草地是绿色的，河边有一群穿着罩衫、戴着五颜六色帽子的洗衣妇女。……老伙计，我觉得自己仿佛是在日本。我没有言过其实，然而，我还从没见过如此平凡而壮观的景色。

我想画一幅快乐得令人惊叹的普罗旺斯果树园，我还必须画一幅星空与柏树。……我们见过雷诺阿画玫瑰花园的一幅美丽油画。我期待着在这里找到同样的题材，果园里鲜花盛开时的确如此。

柏树林边，花朵盛开的果园

布面油画，32.5cm × 40cm，1888 年 4 月作于法国阿尔勒，现由私人收藏

眼前，这痛苦有时如此弥漫，布满整个地平线，以致酿成绝望的大洪水。我们最好去看麦田，即便是画中的麦田也行。

以鸢尾花为前景的阿尔勒景观

布面油画，54cm × 65cm，1888 年 5 月作于法国阿尔勒，现收藏于阿姆斯特丹梵高博物馆当大自然很美丽的时候，我的头脑就非常清醒；我浑然忘记了自我，那些画如在做梦般就完成了。

从麦田远望阿尔勒

布面油画，73cm × 54cm，1888年6月作于法国阿尔勒，现收藏于巴黎罗丹美术馆

我有情人一样的敏锐目光，也有情人一样的盲目。这几幅油画令我异常兴奋，我没有一丝疲惫感。

丰收

布面油画，73cm×92cm，1888 年 6 月作于法国阿尔勒，现收藏于阿姆斯特丹梵高博物馆

目前的成果是一些麦田和风景油画——还有一幅播种者的草图：紫色的土地向地平线延伸，一个播种者身穿蓝白相间的衣服，地平线上是一片成熟的矮麦田，黄色的天空，黄色的太阳。

播种者

布面油画，64cm × 80.5cm，1888 年 6 月作于法国阿尔勒，现收藏于荷兰克勒勒-米勒博物馆

巨大的船身躺在灼热的沙滩上，远处薄雾中是一片蔚蓝的大海。那天阳光明媚，太阳正位于我身后，因此人们只能通过投射在地上的倒影和沙土上颤动的热气来感受太阳。这只是一种印象，但我认为这种印象很重要。

在圣马迪拉莫海边的渔船

水彩画，39cm × 54cm，1888 年 6 月作于法国阿尔勒，现由私人收藏

这是个脸小脖子粗的年轻人，那目光凶得像老虎……还长着一颗像镀了青铜的猫一般的小脑袋。

坐着的朱阿夫兵

布面油画，81cm×65cm，1888 年 6 月作于法国阿尔勒，现由私人收藏

他是个邮差，身穿镶着金边的蓝色制服，一脸大胡子，很像苏格拉底的脸，是个比大多数人都更有趣的人。……我在画肖像的时候，总是感到很自信，因为我知道这幅画更有深度。总之，它是绘画中唯一使我内心深处感到激动的东西，比任何东西都能使我感到艺术永无止境。

邮差约瑟夫 · 鲁兰

布面油画，81.2cm × 65.3cm，1888 年 8 月作于法国阿尔勒，现收藏于波士顿美术博物馆

你知道，牡丹数让南画得好，蜀葵是科斯特的专长，但向日葵在一定程度上还是我画得好……全部作品将会是一首蓝色与黄色相间的交响曲。我将每天从日出时开始作画，因为花儿很快会凋谢；而我要做的，就是在短时间内画完一幅画。

静物写生：12 朵向日葵

布面油画，91cm × 72cm，1888 年 8 月作于阿尔勒，现收藏于慕尼黑巴伐利亚绘画陈列馆新馆

诗人的花园

布面油画，73cm × 92cm，1888 年作于法国阿尔勒，现收藏于芝加哥艺术博物馆

如果你把一棵柳树当成一个有生命的物体来画（树原本就是有生命的），那么周围的环境也会随之显得有生命力；只要你把注意力集中在一棵树上，直到赋予它某种生命为止。

秋天，那将是汇聚所有诗情画意的季节……要是秋天一直持续下去，我就没有足够的手、画布或颜色来描绘我看到的美丽的事物。

犁过的田地

布面油画，72.5cm × 92.5cm，1888 年 9 月作于法国阿尔勒，现收藏于阿姆斯特丹梵高博物馆

我想在画里面表达某种具有抚慰作用的东西，就像音乐安慰人一样；我想用圣光所象征的某种永恒的东西来描绘男人和女人，我们致力于通过色彩的实际光泽和震颤来达到这种效果。

欧仁 · 博什肖像画

布面油画，60cm×45cm，1888年作于法国阿尔勒，现收藏于巴黎奥塞美术馆

我想使它真正成为一座艺术家的房子：没有什么珍贵的物品，但是从椅子到图画，每一样东西都有特色。

梵高在阿尔勒的家（黄房子）

布面油画，72cm × 91.5cm，1888 年 9 月作于法国阿尔勒，现收藏于阿姆斯特丹梵高博物馆

这就是他们所谓的夜间咖啡馆，通宵营业。夜间无钱住宿或因房间客满无法入住的人，可以去那里消磨时间。

夜间的露天咖啡座

布面油画，81cm×65.5cm，1888 年 9 月作于法国阿尔勒，现收藏于荷兰克勒勒-米勒博物馆

在我的《夜间咖啡馆》那幅画中，我试图表达这样一种想法：咖啡馆是一个可以毁掉自己并让人发疯甚至犯罪的地方。我试图用红色或绿色来描绘人类的可怕情感——房间呈现出血红色和暗黄色，中间有一张绿色的台球桌；有四盏柠檬黄色的灯，发出橙色和绿色的灯光；空旷沉闷的房间里，在到处都是格格不入的红色和绿色的对比冲突调子中，能看到小流氓穿着紫色和蓝色衣服的熟睡身影；守夜人站在一个角落里，身上穿的白大褂被映照成柠檬黄色或淡绿色。……我试图描绘一家低级咖啡馆中的黑暗力量，这一切都通过像魔鬼一样的浅硫黄色或火炉的氛围表现出来。

夜间咖啡馆（内）

水彩画，44.4cm × 63.2cm，1888 年 9 月作于阿尔勒，现由私人收藏

我经常认为，夜晚比白天更有生气，更加色彩斑斓……只有你注意着它，你才会看到有些星星是淡黄色的，其他的星星有一种粉红色的光芒，或者泛着绿色、蓝色和勿忘我的光辉。不用说，只有蓝黑背景上放置白色的小点，显然是不够的。

罗纳河上的星夜

布面油画，72.5cm × 92cm，1888 年 9 月作于法国阿尔勒，现收藏于巴黎奥塞美术馆

当我画一个太阳，我希望人们感觉它在以惊人的速度旋转，正在发出骇人的光热巨浪；当我画一片麦田，我希望人们感觉到麦子正朝着它们最后的成熟和绽放努力。……如果生活中不再有某种无限的、深刻的、真实的东西，我不再眷恋人间……

夕阳下的柳树

布面油画，31.5cm × 34.5cm，1888 年秋季作于法国阿尔勒，现收藏于荷兰克勒勒-米勒博物馆

母亲的照片带给我极大快乐，因为你能看到她身体很健康，表情也很活泼。但是我看不清没有色彩的黑白照片。我正试着为她画一幅色彩协调的肖像，就像我记忆中看到她的样子。

梵高母亲的肖像

布面油画，40.5cm × 32.5cm，1888 年 12 月作于法国阿尔勒，现收藏于帕萨迪纳诺顿西蒙博物馆

那些细小的根茎是如何牢牢地扎根在地里的……
我开始用油画笔画根茎，但由于画布上地面的油彩颜料太黏稠，新画上去的颜料马上就被溶解了，
我只好从颜料管中挤出颜料来画树根和树干……

老紫杉树的树干

布面油画，91cm × 71cm，1888 年 10 月末作于法国阿尔勒，现由私人收藏

我沉寂在工作的发狂状态，我要画出一个欢天喜地的普罗旺斯葡萄园。

红色葡萄园

布面油画，75cm × 93cm，1888 年 11 月作于法国阿尔勒，现收藏于莫斯科普希金博物馆

这种『即兴创作的色彩』主要基于对米勒作品的回忆，而这种记忆……是我自己的诠释。

看书的吉努夫人

布面油画，91.4cm × 73.7cm，1888 年 11 月作于法国阿尔勒，现收藏于纽约大都会艺术博物馆

今天我一直在画我的空椅子，是一张白色的木椅，上面放着一个烟斗、一个烟袋——这幅画是高更椅子那幅油画的姊妹篇。在这两幅写生中，我试图运用清晰的色彩来达到光的效果。

梵高的椅子和烟斗

布面油画，93cm × 73.5cm，1888 年 12 月作于法国阿尔勒，现收藏于伦敦国家美术馆

这张画中，从粉红色到橙色都配以红色，但橙色的明朗度高到黄色，明亮的绿与暗淡的绿都变成了柠檬色。这张画如能完成是最好的，不过担心这位夫人会因丈夫不在，不想再当模特了。

摇篮曲（奥古斯汀 · 鲁兰）

布面油画，93cm × 73cm，1889 年 1 月作于法国阿尔勒，现收藏于芝加哥艺术博物馆

我倒不想做个疯子，可我别无选择，不过人得过一次『疯』，就不会再得了。

包扎着耳朵的自画像

布面油画，60cm × 49cm，1889 年 1 月作于法国阿尔勒，现收藏于伦敦考陶尔德学院画廊

出院之后，我要重画那条小路。好天气即将来临，到时我将开始画开花的果园。

阿尔勒盛开的果树园

布面油画，50.5cm × 65cm，1889 年 4 月作于法国阿尔勒，现收藏于阿姆斯特丹梵高博物馆

实际上，自然与真正的艺术家是和谐一致的。大自然当然是『难以捉摸』的，我们必须理解它，用强有力的手去理解它。

鸢尾花

布面油画，71cm × 93cm，1889 年 5 月作于法国圣雷米，现收藏于马利布 · 保罗-盖蒂博物馆

……仰望群星总让我陷入奇思妙想，仿佛梦见了地图上用来标识城市和乡村的一个个黑点。如果说我们乘坐火车可以前往塔拉斯孔或鲁昂，我们要到一颗星星上去，就必须通过死亡。

星空

布面油画，73.7cm × 92.1cm，1889 年 6 月作于法国圣雷米，现收藏于纽约现代艺术博物馆

从构思角度来看，以白云和山脉为背景的《初升月亮下的麦垛》及其夜景效果都带有夸张性；它们的线条就像古代森林一样被扭曲了。

初升月亮下的麦垛

布面油画，72cm × 92cm，1889 年 7 月初作于法国圣雷米，现收藏于荷兰克勒勒-米勒博物馆

阴郁的绿色和赭石调子很合我的心意，有一种悲伤的感觉，但这是健康的。这就是我对它百看不厌的缘故。

采石场入口

布面油画，60cm × 73.5cm，1889 年 7 月中旬作于法国圣米雷，现收藏于阿姆斯特丹梵高博物馆

我想画的人一定是以南部热火朝天的丰收景象为背景；因此就有了暴风雨般的橙色调子，像炽热的铁一样生动，也有了阴影中旧金器色的明亮调子。

年轻农民的肖像

布面油画，61cm × 50cm，1889 年 9 月作于法国圣雷米，现由私人收藏

麦田与柏树

布面油画，51.5cm × 65cm，1889 年 9 月作于法国圣雷米，现由私人收藏

脑子里始终浮现着柏树，很想把它画成像向日葵那样的作品。但是很奇怪，何以没有人画得像我所看到的一般。柏树的线条与比例确实很美，宛如埃及的宫女。

直接描绘生活，意味着日复一日地住在农舍里，像农民那样待在田野里；夏天要忍受烈日炙烤，冬天要忍受霜雪侵袭；不只待在室内，而是要来到户外，不光是闲庭信步，而是像农民那样日复一日地待在外面。显然，没有什么比描绘农民、拾荒者和各种劳动者更为简单的了，但是——油画中没有什么题材比描绘这些日常的人物更难！

收割者（摹米勒）

布面油画，43.5cm×25cm，1889年9月作于法国圣雷米，现收藏于罗切斯特大学纪念艺术馆

这次只画我的卧室，但是由颜色来决定一切。通过色彩的简化来赋予景物一个更宏大的风格，目的在于暗示这里是休息和睡觉的地方。总之，看图画应该让大脑得到休息，更确切地说，让大脑发挥想象力。

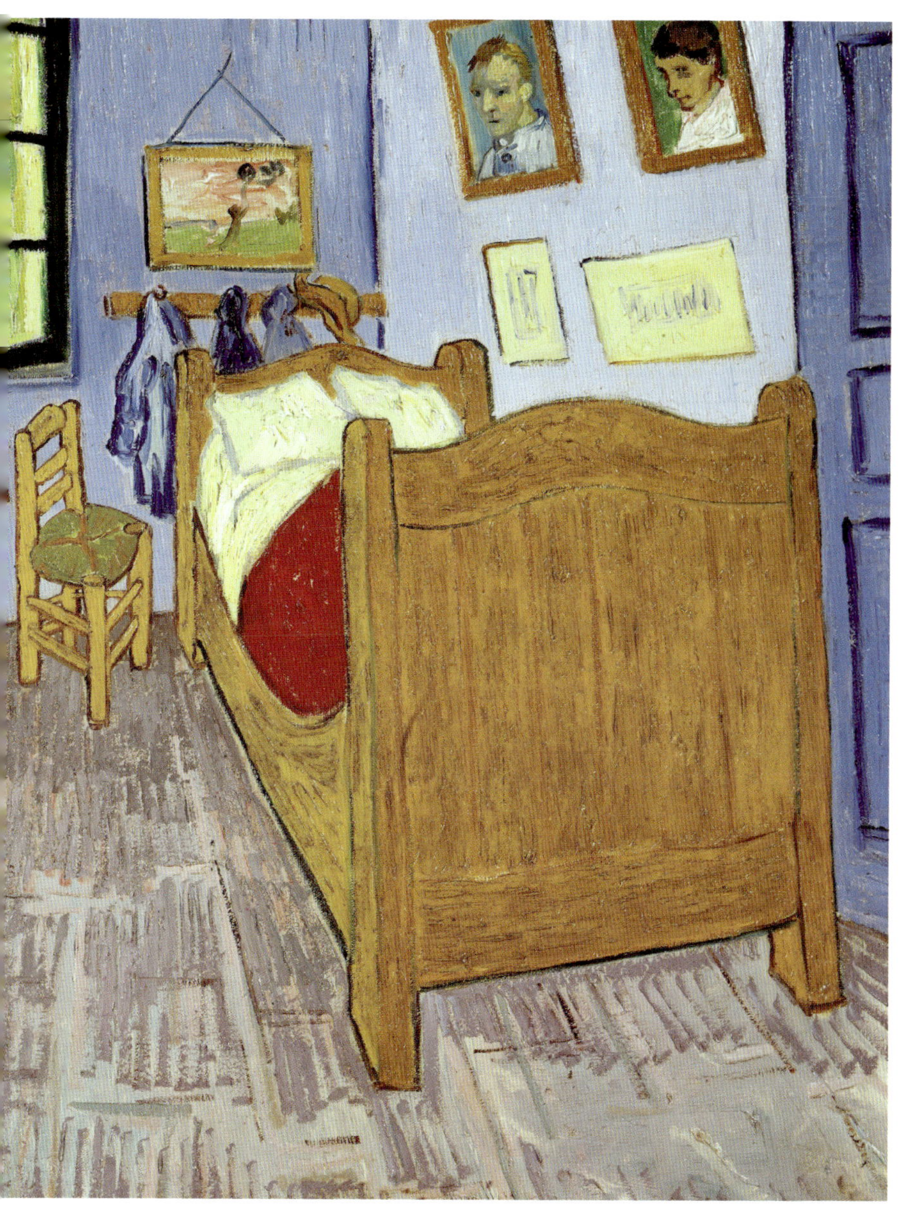

卧室

布面油画，73cm × 92cm，1889 年 9 月初作于法国圣雷米，现收藏于芝加哥艺术博物馆

这是一幅死亡画面，就像那部伟大的自然著作所描述的，但是我想把它画成『近似于微笑』的画面。除了一排紫色的小山丘，整个画面都是黄色基调，一种苍凉、美丽的黄色。我觉得很奇怪，我看这幅画的时候，像是从牢房的铁栅栏之间看它。

麦田里的收割者

布面油画，50.5cm × 100.5cm，1889 年 9 月作于法国圣雷米，现收藏于阿姆斯特丹国立梵高博物馆橄榄树很有特色，我正努力把它们画出来。它们呈古老的银器色，有时更接近蓝色，有时略带绿色，呈古铜色，在黄色、玫瑰色、紫罗兰色、橙色到红褐色的土壤上，显得有点泛白。但这种景色正合我意，吸引我立即将作品画成金黄色或银白色。也许有一天，我会按个人印象把它们画出来，就像用黄色来画向日葵那样。

橄榄树

布面油画，73.7cm × 92.7cm，1889 年 11 月作于法国圣雷米，现收藏于明尼阿波利斯艺术学院

橄榄林：在橘红色的天空下

布面油画，74cm×93cm，1889 年 11 月作于法国圣雷米，现收藏于哥特堡美术馆

这个月我曾经跑到橄榄林中去作画，因为伯纳德和高更画的《橄榄园中的基督》把我气坏了，他们根本没进行过认真观察。

我正在画一幅妇女采集橄榄的油画，我认为这幅画有可能适合制版。整幅画的调子都很谨慎。这是根据一幅同等大小的现场素描凭记忆画出来的，因为我想画很久以前被时光冲淡了记忆的某种东西。

橄榄采摘

布面油画，73cm × 92cm，1889 年 12 月作于法国圣雷米，现收藏于美国国家艺术博物馆

我认为，米勒（而非马奈）才是为许多人开辟了新视野的重要现代画家……《一个孩子的第一步》，米勒那幅画多美呀！

一个孩子的第一步（摹米勒）

布面油画，72.4cm × 91.2cm，1890 年 1 月作于法国圣雷米，现收藏于美国大都会艺术博物馆

描绘农民生活是一件严肃的事情。如果我努力完成的画作不能引起认真思考艺术和生活的人们的严肃思考，我就会责备自己。

午休（摹米勒）

布面油画，73cm×91cm，1890 年 1 月作于法国圣雷米，现收藏于巴黎奥塞美术馆……今天却是真正的春天天气；远处是紫色的小山丘，田野里的玉米长得很美，四处的杏树也在开花。……我马上为你画一幅画（作为侄子的受洗礼），挂在卧室里——蓝天下开着白色的杏花。

盛开的杏花

布面油画，73.5cm × 92cm，1890 年 2 月作于法国圣雷米，现收藏于阿姆斯特丹梵高博物馆

两幅大束的紫色鸢尾花的油画，其中一幅以粉色为背景，绿色、粉色和紫色和谐融合，效果柔和。

在另一幅油画中，紫色花束在令人惊讶的柠檬黄色背景的衬托下显得格外突出，花瓶和底座上还有其他黄调子，因此产生出一种与颜色互补——迥然相异的效果，颜色互补通过颜色的对比而相互加强。

有黄色背景的鸢尾花

布面油画，92cm × 73.5cm，1890 年 5 月作于法国圣雷米，现收藏于阿姆斯特丹梵高博物馆

这样一个小老头，当他安静地坐在炉边的角落里时，也许他自己也没有意识到，在他那无限感人的表情中，存在着某种高尚的东西、某种伟大的东西、某种注定不属于底层懦夫的东西。

悲伤的老人（永恒之门）

布面油画，81cm×65cm，1890 年 4—5 月作于法国圣雷米，现收藏于荷兰克勒勒-米勒博物馆

最后一幅是天上有一颗星的柏树，那是最后一次尝试（夜空中的月亮没有一点月光，一弯纤细的新月刚从大地的暗影中露出脸来）。那颗星发出明显夸张的星光（如果你喜欢这样说的话），在深蓝色的天空中形成一道玫瑰色和绿色的柔和光芒，一些云团匆匆掠过天空；下面有一条路，路边有高大的黄色藤蔓，远处是低矮的下阿尔卑斯山脉；路旁有一家老客栈，窗户里露出黄色的灯光，还有一棵高大挺拔的柏树，显得很忧郁；路上有一辆黄马车，一匹拖车的白马和两个迟到的旅客。非常浪漫（如果你喜欢这样描述的话），但是我认为，也很有普罗旺斯特色。

有丝柏的道路

布面油画，92cm×73cm，1890 年 5 月作于（巴黎近郊）奥维尔镇，现收藏于荷兰克勒勒-米勒博物馆

我画了村庄教堂的一幅大画，从整体的效果而言，建筑物带有紫色，跟深蓝色的天空相对。玻璃窗涂上了深蓝色，屋顶则夹杂着蓝紫色与橘色。在教堂前的草地上开满了鲜花，同时还布满了被阳光照射着的粉红色（玫瑰色）的沙土。这和我在故乡尼厄嫩所画的古塔与古墓的习作相似，但不同的是这幅画所用的色彩，看起来更富于表现力、更为华丽。

奥维尔的教堂

布面油画，94cm×74cm，1890年6月作于（巴黎近郊）奥维尔镇，现收藏于巴黎奥塞美术馆

我想替一位艺术家朋友画一幅肖像，他有大梦想，工作起来像夜莺歌唱一样，因为那是他的本性。……通过明亮的头像与丰富的蓝色背景的简单组合，我得到一种神秘的效果，头像就像蔚蓝色天空深处的一颗星。

加谢医生

布面油画，67cm × 56cm，1890 年 6 月作于奥维尔镇（巴黎近郊），现由私人收藏

杜比尼花园

布面油画，50cm × 101.5cm，1890 年 7 月作于奥维尔镇（巴黎近郊），现由鲁道夫 · 施特赫林家族基金会借给巴塞尔艺术博物馆展出

第三幅画是杜比尼的花园，是我来到这里之后一直在思考的一幅画。现在，我完全被眼前一望无际的平原吸引住了，山坡前面的麦田犹如浩瀚的海洋，那精致的黄色，精致而柔和的绿色，一片清除过杂草、翻耕过的紫色土地，被开花的马铃薯绿色植物分隔成一块块整齐的方格状；天空下的一切都呈现出精致的蓝色、白色、粉红色和紫色调子。

我正埋头创作一幅以像海那样广大的丘陵为背景、有黄色与绿色微妙色彩的广袤麦田的画。这一切存在于青色、白色、粉红色、紫色等色调的微妙天空之下。我现在非常安宁、肃静，可以说很适合创作这幅画。

乌云密布的天空下的麦田

布面油画，73cm × 92cm，1890 年 7 月作于奥维尔镇（巴黎近郊），现收藏于匹兹堡卡内基学院艺术博物馆

有乌鸦的麦田

布面油画，50.5cm × 103cm，1890 年 7 月作于奥维尔镇（巴黎近郊），现收藏于阿姆斯特丹梵高博物馆

你明白，我一般尽量保持快乐，但我的生命从根本上受到了威胁，我现在步履蹒跚。……因为知道心里要什么，我又画了三幅大油画。它们是广袤的麦田，头顶上是乌云翻滚的天空，我无须特意去描写极端悲伤与孤独的场景。

在服装上你可以看到非常漂亮的浅色组合，如果你能叫住从你面前经过的人，把他们的肖像画下来，你的画会和过去任何时期的画一样漂亮。我甚至认为，大自然中经常存在一种皮维的图画所表现出来的魅力——介乎艺术与自然的魅力。

穿过麦田的两个女人

布面油画，30.3cm × 59.7cm，1890 年 7 月作于奥维尔镇（巴黎近郊），现收藏于圣安东尼奥麦克内伊艺术博物馆

Mon cher Theo, encore une fois je t'écris pour d
que la santé continue à aller bien, pa
je me sens un peu éreinté par cette longue
et j'ose croire que le changement projeté
me rafraichira davantage les idées
Je crois que le mieux sera que j'aille
moi même voir ce médecin à la campagne
le plus tôt possible ; alors on pourra bientô
décider si c'est chez lui ou provisoirement
à l'auberge que j'irai loger ; et ainsi on
évitera un séjour trop prolongé à Paris, cho
que je redouterais –

St Rémy Avril 1890

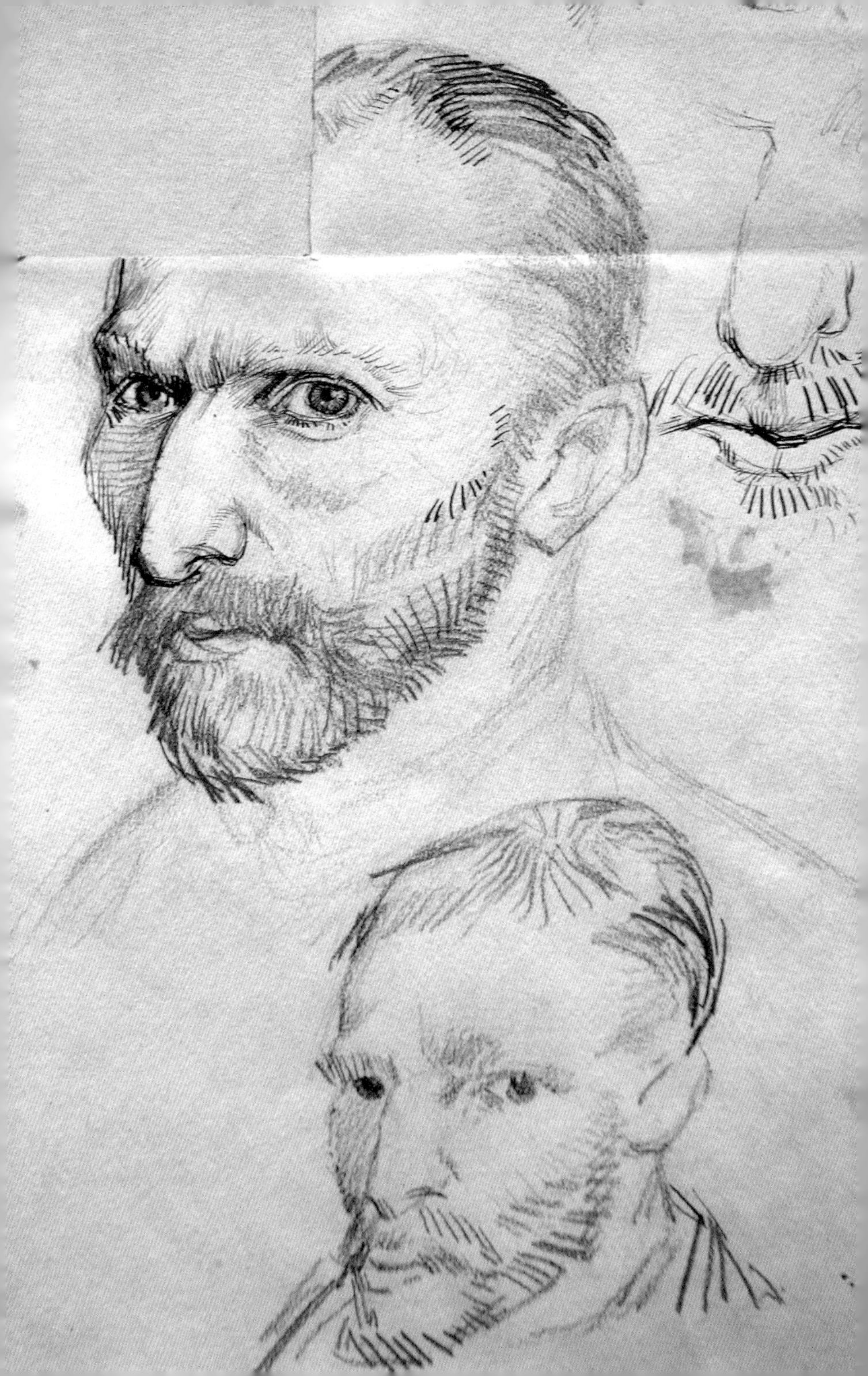

wel zelf is geen zwart dan in gebroken toestand.

het zwart 't donkerst is zetten de groots
waarde. — donkergroen bruin
dien, en geloof me dat somtijden
n lach dat de lui mij/die eigentlijk
ar een vriend van de / natuur van
— ook van menschen vooral / verder
waardaardigheden en absurditeiten waarom
zn hoofd denkt. Enfin — tot ziens
net t. t.

Vincent